:: 中華文化促進會主持編纂

:: 國家"十一五"重點圖書出版規劃項目

:: 中國社會科學院哲學社會科學創新工程學術出版資助項目

出品人 王石 段先念

今注本二十四史

三國志

晉 陳壽 撰　　宋 裴松之 注

楊耀坤 揭克倫 校注

五

魏書〔五〕

中國社會科學出版社

三國志 卷一六

魏書十六

任蘇杜鄭倉傳第十六

　　任峻字伯（達）〔遠〕，[1]河南中牟人也。[2]漢末擾
亂，關東皆震。[3]中牟令楊原愁恐，欲棄官走。峻説原
曰：“董卓首亂，天下莫不側目，然而未有先發者，非
無其心也，勢未敢耳。明府若能唱之，[4]必有和者。”
原曰：“爲之奈何？”峻曰：“今關東有十餘縣，能勝
兵者不減萬人，若權行河南尹事，[5]總而用之，無不濟
矣。”原從其計，以峻爲主簿。[6]峻乃爲原表行尹事，
使諸縣堅守，遂發兵。會太祖起關東，入中牟界，衆
不知所從，峻獨與同郡張奮議，舉郡以歸太祖。峻又
別收宗族及賓客家兵數百人，願從太祖。太祖大悦，
表峻爲騎都尉，[7]妻以從妹，甚見親信。太祖每征伐，
峻常居守以給軍。是時歲饑旱，軍食不足，羽林監潁
川棗祗建置屯田，[8]太祖以峻爲典農中郎將，[9]〔募百
姓屯田於許下，得穀百萬斛，郡國列置田官〕，[10]數年

中所在積粟，倉廩皆滿。官渡之戰，[11]太祖使峻典軍器糧運。賊數寇鈔絕糧道，乃使千乘爲一部，十道方行，爲複陳以營衞之，[12]賊不敢近。軍國之饒，起於棗祗而成於峻。〔一〕太祖以峻功高，乃表封爲都亭侯，[13]邑三百户，遷長水校尉。[14]

〔一〕《魏武故事》載令曰："故陳留太守棗祗，[15]天性忠能。始共舉義兵，周旋征討。後袁紹在冀州，[16]亦貪祗，欲得之。祗深附託於孤，使領東阿令。[17]吕布之亂，兗州皆叛，[18]惟范、東阿完在，[19]由祗以兵據城之力也。後大軍糧乏，得東阿以繼，祗之功也。及破黄巾定許，得賊資業，當興立屯田，時議者皆言當計牛輸穀，[20]佃科以定。[21]施行後，祗白以爲僦牛輸穀，[22]大收不增穀，有水旱災除，[23]大不便。反覆來説，孤猶以爲當如故，大收不可復改易。祗猶執之，孤不知所從，使與荀令君議之。[24]時故軍祭酒侯聲云：[25]‘科取官牛，爲官田計。如祗議，於官便，於客不便。’[26]聲懷此云云，以疑令君。祗猶自信，據計畫還白，執分田之術，[27]孤乃然之，使爲屯田都尉，[28]施設田業。其時歲則大收，後遂因此大田，[29]豐足軍用，摧滅羣逆，克定天下，以隆王室。祗興其功，不幸早没，追贈以郡，猶未副之。今重思之，祗宜受封，稽留至今，孤之過也。祗子處中，宜加封爵，以祀祗爲不朽之事。"[30]

《文士傳》曰：祗本姓棘，先人避難，易爲棗。孫據，字道彦，晉冀州刺史。據子嵩，字臺産，散騎常侍。[31]並有才名，多所著述。嵩兄腴，字玄方，襄城太守，[32]亦有文采。

[1]峻：盧弼《集解》本誤作"俊"，百衲本、殿本、校點本皆作"峻"。　伯遠：各本皆作"伯達"。梁章鉅《旁證》謂《太平御覽》卷二四一引《魏志》作"伯遠"。趙幼文《校箋》又謂

《藝文類聚》卷五一、《太平御覽》卷二〇〇引"達"字俱作"遠"。今從梁、趙所列之證據改。

[2] 河南：即河南尹。東漢建都洛陽，將京都附近二十一縣合爲一行政區，稱河南尹，相當於一郡。治所在洛陽。 中牟：縣名。治所在今河南中牟縣東。

[3] 關東：地區名。指函谷關以東之地。

[4] 明府：漢代人尊稱郡守爲府君，亦稱明府君，簡稱明府。任峻擬推楊原暫代河南尹事，故稱他爲明府。 唱：倡導。

[5] 河南尹：官名。秩二千石。河南尹地區的長官亦稱河南尹，地區名與官名相同。

[6] 主簿：官名。漢代中央及州郡官府皆置此官，以典領文書，辦理事務。

[7] 騎都尉：官名。屬光禄勳，秩比二千石，掌羽林騎兵。

[8] 羽林監：官名。東漢置羽林左、右監各一人，分別主羽林左、右騎，秩皆六百石，屬羽林中郎將，職掌宿衛宮禁，護從皇帝。

[9] 典農中郎將：官名。建安初曹操設置的屯田官。曹操施行民屯制度，在郡國設置典農中郎將（秩二千石）或典農校尉（秩比二千石），管理該屯田區的農業生產、民政和田租，地位相當於郡太守，但直屬中央大司農。

[10] 募百姓屯田於許下得穀百萬斛郡國列置田官：此十九字，各本皆無。何焯及殿本《考證》皆謂《太平御覽》引有以上十九字，趙一清《注補》亦謂《晉書·食貨志》有以上十八字（少"於"字）。校點本即從何焯説增十九字，今從校點本。許下，許縣附近。許縣在今河南許昌市東。

[11] 官渡：地名。在今河南中牟縣東北。

[12] 複陳：即複陣。梁章鉅《旁證》謂《通典》卷一三七載《李衛公兵法》所云之"方陣"，即祖此制。

[13] 都亭侯：爵名。位在鄉侯下，食禄於都亭。都亭，城郭

附近之亭。

[14] 長水校尉：官名。秩比二千石，掌京師宿衛兵。

[15] 陳留：郡名。治所陳留縣，在今河南開封市東南。

[16] 冀州：東漢末，州牧刺史治所常設在鄴，在今河北臨漳縣西南鄴鎮東一里半。

[17] 東阿：縣名。治所在今山東陽谷縣東北阿城鎮。

[18] 兗州：州牧刺史治所昌邑縣，在今山東金鄉縣西北。

[19] 范：縣名。治所在今山東梁山縣西北范城。

[20] 計牛輸穀：謂按屯田民租用官牛的數目以定租額。

[21] 佃科：佃田的章程。

[22] 僦（jiù）：租賃。

[23] 除：免去。

[24] 荀令君：即荀彧。當時荀彧守尚書令，故稱令君。

[25] 軍祭酒：官名。即軍師祭酒，參謀軍事之官。

[26] 客：屯田客。

[27] 分田之術：指按屯田作物產量，分成收租的辦法。當時規定，屯田民用官牛者，官收其產量的六成，民得四成；不用官牛者，官民各半。

[28] 屯田都尉：官名。此即典農都尉。秩六百石或四百石，主管該屯田區的農業生產、民政和田租，地位相當於縣令、長，但不屬郡國，而屬典農中郎將或典農校尉。

[29] 大田：謂大興屯田。

[30] 爲不朽之事：趙幼文《校箋》謂郝經《續後漢書》句下有"遂賜處中爵關内侯"。

[31] 散騎常侍：官名。秩比二千石，第三品。爲門下重職，侍從皇帝左右，諫諍得失，應對顧問，與侍中等共平尚書奏事，有異議得駁奏。

[32] 襄城：殿本、校點本作"襄陽"，百衲本、盧弼《集解》本作"襄城"，《晉書》卷九二《棗據傳》亦作"襄城"。今從百衲

本等。襄城郡治所襄城縣，在今河南襄城縣。

　　峻寬厚有度而見事理，每有所陳，太祖多善之。於饑荒之際，收卹朋友孤遺，中外貧宗，周急繼乏，信義見稱。建安九年薨，[1]太祖流涕者久之。子先嗣。先薨，無子，國除。文帝追録功臣，謚峻曰成侯。復以峻中子覽爲關內侯。[2]

　　[1] 建安：漢獻帝劉協年號（196—220）。

　　[2] 關內侯：爵名。漢制二十級爵之十九級，次於列侯，祇有封户收取租税而無封地。魏文帝定爵制爲十等，關內侯在亭侯下，仍爲虛封，無食邑。

　　蘇則字文師，扶風武功人也。[1]少以學行聞，舉孝廉、茂才，[2]辟公府，皆不就。起家爲酒泉太守，[3]轉安定、武都，[一][4]所在有威名。太祖征張魯，過其郡，見則悦之，使爲軍導。魯破，則綏安下辯諸氐，[5]通河西道，[6]徙爲金城太守。[7]是時喪亂之後，吏民流散飢窮，户口損耗，則撫循之甚謹。外招懷羌胡，得其牛羊，以養貧老。與民分糧而食，旬月之間，流民皆歸，得數千家。乃明爲禁令，有干犯者輒戮，其從教者必賞。親自教民耕種，其歲大豐收，由是歸附者日多。李越以隴西反，[8]則率羌胡圍越，越即請服。太祖崩，西平麴演叛，[9]稱護羌校尉。[10]則勒兵討之。演恐，乞降。文帝以其功，加則護羌校尉，賜爵關內侯。[二]

〔一〕《魏書》曰：則剛直疾惡，常慕汲黯之爲人。[11]

《魏略》曰：則世爲著姓，興平中，[12]三輔亂，[13]飢窮，避難北地。[14]客安定，依富室師亮。亮待遇不足，則慨然歎曰："天下會安，當不久爾，必還爲此郡守，折庸輩士也。"[15]後與馮翊吉茂等隱於郡南太白山中，[16]以書籍自娛。及爲安定太守，而師亮等皆欲逃走，[17]則聞之，豫使人解語，[18]以禮報之。

〔二〕《魏名臣奏》載文帝令問雍州刺史張既曰："試守金城太守蘇則，[19]既有綏民平夷之功，聞又出軍西定湟中，[20]爲河西作聲勢，吾甚嘉之。則之功効，爲可加爵邑未邪？封爵重事，故以問卿。密白意，且勿宣露也。"既答曰："金城郡，昔爲韓遂所見屠剝，死喪流亡，或竄戎狄，或陷寇亂，戶不滿五百。則到官，內撫彫殘，外鳩離散，今見戶千餘。又梁燒雜種羌，昔與遂同惡，遂斃之後，越出障塞。則前後招懷，歸就郡者三千餘落，皆卹以威恩，爲官效用。西平麴演等唱造邪謀，[21]則尋出軍，臨其項領，[22]演即歸命送質，破絕賊糧。則既有恤民之効，又能和戎狄，盡忠効節。遭遇聖明，有功必録。若則加爵邑，誠足以勸忠臣，勵風俗也。"

[1] 扶風：郡名。即右扶風，治所槐里縣，在今陝西興平市東南。　武功：縣名。治所在今陝西扶風縣東南。

[2] 孝廉：漢代選拔官吏的主要科目。孝指孝子，廉指廉潔之士。原本爲二科，後混同爲一科，也不再限於孝子和廉士。東漢後期，定制爲不滿四十歲者不得察舉；被舉者先詣公府課試，以觀其能。郡國每年要向中央推舉一至二人。　茂才：即秀才，東漢人避光武帝劉秀諱改，爲漢代薦舉人材科目之一。東漢之制，州牧刺史歲舉一人。三國沿之，或稱秀才。

[3] 酒泉：郡名。治所禄福縣，在今甘肅酒泉市。

[4] 安定：郡名。治所臨涇縣，在今甘肅鎮原縣東南。　武

都：郡名。治所下辯縣，在今甘肅成縣西。

〔5〕綏安：殿本、盧弼《集解》本、校點本作"綏定"，百衲本作"綏安"，郝經《續後漢書》卷四四《蘇則傳》亦作"綏安"。今從百衲本。　下辯諸氐：下辯爲氐族聚居地。

〔6〕河西：地區名。指黃河上游以西之地，即今甘肅河西走廊一帶。

〔7〕金城：郡名。治所允吾縣，在今甘肅永靖縣西北湟水南岸。

〔8〕隴西：郡名。治所原在狄道縣，今甘肅臨洮縣，漢安帝永初五年（111）徙治所於襄武縣，在今甘肅隴西縣東南。

〔9〕西平：郡名。漢獻帝建安中，分金城郡置；又分臨羌縣置西都縣，爲西平郡治所，在今青海西寧市。

〔10〕護羌校尉：官名。東漢章帝以後常置，秩比二千石，多以邊郡太守、都尉轉任。除監護內附羌人各部落外，亦常將羌兵協同作戰，戍衛邊塞。魏、晉沿置。

〔11〕汲黯：西漢濮陽（今河南濮陽縣西南）人。漢武帝時，任東海太守，繼爲主爵都尉。爲人耿介，常犯顏直諫。武帝稱之爲"社稷之臣"。(見《漢書》卷五〇《汲黯傳》)

〔12〕興平：漢獻帝劉協年號（194—195）。

〔13〕三輔：地區名。西漢都城在長安，遂以長安爲中心置京兆尹、右扶風、左馮（píng）翊（yì），合稱三輔。東漢定都洛陽，以三輔陵廟所在，不改其號，仍稱三輔。轄區在今陝西渭水流域一帶。

〔14〕北地：郡名。東漢屬涼州，治所富平縣，在今寧夏吳忠市西南。漢末，郡徙寓左馮翊境內，寓治所於今陝西富平縣東。(本王先謙《後漢書郡國志集解》)

〔15〕折庸輩士：趙幼文《校箋》謂郝經《續後漢書》"輩"下無"士"字。

〔16〕馮翊：郡名。即左馮翊，漢代所謂"三輔"之一。馮翊

原治所在高陵，在今陝西高陵縣西南。東漢獻帝"建安初，關中始開，詔分馮翊西數縣爲左內史郡，治高陵；以東數縣爲本郡，治臨晉"。（本書卷二三《裴潛傳》裴注引《魏略》）臨晉縣治所在今陝西大荔縣。　太白山：又稱太一山、太乙山，泛指今陝西秦嶺，又稱爲終南山；又今陝西太白縣東南秦嶺之主峰亦稱太白山。

[17] 逃走：趙幼文《校箋》謂郝經《續後漢書》"走"字作"匿"。

[18] 解語：趙幼文《校箋》謂郝經《續後漢書》"語"字作"止"。

[19] 守：官吏試職稱守。漢朝官吏有試職之制，限期一年，歲滿轉正，即爲"真"，得食全俸。魏晉南北朝則以低職署理高職，或以高職署理低職均稱守。

[20] 聞：各本皆作"聞"，盧弼《集解》疑作"間"。吳金華《校詁》亦謂作"間"，可從，間猶言"近日"，與上"既有"相呼應。　軍：盧弼《集解》本作"車"，百衲本、殿本、校點本作"軍"。今從百衲本等。　湟中：地區名。指今青海湟水兩岸一帶。

[21] 唱：盧弼《集解》本、校點本作"倡"，百衲本、殿本作"唱"。按二字相通，今從百衲本等。

[22] 項領：比喻要害之地。

後演復結旁郡爲亂，張掖張進執太守杜通，[1]酒泉黃華不受太守辛機，進、華皆自稱太守以應之。又武威三種胡並寇鈔，[2]道路斷絶。武威太守毌丘興告急於則。時雍、涼諸豪皆驅略羌胡以從進等，[3]郡人咸以爲進不可當。又將軍郝昭、魏平先是各屯守金城，亦受詔不得西度。[4]則乃見郡中大吏及昭等與羌豪帥謀曰："今賊雖盛，然皆新合，或有脅從，未必同心；因釁擊之，善惡必離，離而歸我，我增而彼損矣。既獲益衆之實，且有倍氣之勢，率以進討，破之必矣。若待大軍，曠日持久，善人無歸，必合於惡，善惡既合，勢難卒離。雖有詔命，違而合權，專之可也。"於是昭等從之，乃發兵救武威，降其三種胡，與興擊進於張掖。演聞之，將步騎三千迎則，辭來助軍，而實欲爲變。則誘與相見，因斬之，出以徇軍，其黨皆散走。則遂與諸軍圍張掖，破之，斬進及其支黨，衆皆降。演軍敗，華懼，出所執乞降，河西平。乃還金城。進封都亭侯，邑三百戶。

徵拜侍中，[5]與董昭同寮。昭嘗枕則膝臥，則推下之，曰："蘇則之膝，非佞人之枕也。"初，則及臨菑侯植聞魏氏代漢，皆發服悲哭，文帝聞植如此，而不聞則也。帝在洛陽，嘗從容言曰："吾應天受禪，[6]而聞有哭者，何也？"則謂爲見問，鬚髯悉張，欲正論以對。侍中傅巽掐音苦洽反。[7]則曰："不謂卿也。"於是乃止。[一]文帝問則曰："前破酒泉、張掖，西域通使，燉煌獻徑寸大珠，[8]可復求市益得不？"[9]則對曰："若陛下化洽中國，德流沙漠，即不求自至；求而得之，不足貴也。"帝默然。後則從行獵，槎桎拔，[10]失鹿，帝大怒，踞胡牀拔刀，[11]悉收督吏，將斬之。則稽首曰："臣聞古之聖王不以禽獸害人，今陛下方隆唐堯之化，而以獵戲多殺羣吏，愚臣以爲不可。敢以死請！"帝曰："卿，直臣也。"遂皆赦之。然以此見憚。黃初四年，[12]左遷（東平）〔河東〕相。[13]未至，道病薨，謚曰剛侯。子怡嗣。[14]怡薨，無子，弟愉襲封。愉，咸

熙中爲尚書。〔二〕[15]

〔一〕《魏略》曰：舊儀，侍中親省起居，故俗謂之執虎子。[16]始則同郡吉茂者，是時仕甫歷縣令，遷爲宂散。茂見則，嘲之曰：“仕進不止執虎子。”則笑曰：“我誠不能效汝蹇蹇驅鹿車馳也。”[17]初，則在金城，聞漢帝禪位，以爲崩也，乃發喪；後聞其在，自以不審，意頗默然。臨菑侯植自傷失先帝意，亦怨激而哭。其後文帝出游，追恨臨菑，顧謂左右曰：“人心不同，當我登大位之時，天下有哭者。”時從臣知帝此言，有爲而發也，而則以爲爲己，欲下馬謝。侍中傅巽目之，乃悟。

孫盛曰：夫士不事其所非，不非其所事，趣舍出處，而豈徒哉！則既策名新朝，委質異代，而方懷貳心生念，[18]欲奮爽言，豈大雅君子去就之分哉？《詩》云：“士也罔極，二三其德。”[19]士之二三，猶喪妃偶，況人臣乎？

〔二〕愉字休豫，歷位太常、光禄大夫，[20]見《晋百官名》。山濤《啓事》稱愉忠篤有智意。[21]

臣松之案愉子紹，字世嗣，爲吴王師。石崇妻，紹之女兄也。[22]紹有詩在《金谷集》。[23]紹弟慎，左衞將軍。[24]

[1]張掖：郡名。治所觻（lù）得縣，在今甘肅張掖市西北。

[2]武威：郡名。治所姑臧縣，在今甘肅武威市。

[3]雍：州名。刺史治所長安縣，在今陝西西安市西北。涼：州名。刺史治所姑臧縣，在今甘肅武威市。

[4]西度：謂西渡黄河。金城郡治所在黄河之東，而武威、張掖、酒泉等郡皆在黄河之西。

[5]侍中：官名。曹魏時，第三品。爲門下侍中寺長官。職掌門下衆事，侍從左右，顧問應對，拾遺補闕，與散騎常侍、黄門侍郎等共平尚書奏事。晋沿置，爲門下省長官。

　　[6] 受：校點本作“而”，百衲本、殿本、盧弼《集解》本作“受”。今從百衲本等。

　　[7] 傅巽：趙幼文《校箋》謂《太平御覽》卷三七四引“巽”作“選”。揎：百衲本作“揺”，下小字注“苦洽反”；殿本亦作“揺”，而無小字注；盧弼《集解》本作“揎”，亦無小字注；校點本作“揎”，小字注“音苦洽反”。按，揺音滔（tāo），不得注“苦洽反”；揎音袷（qiā），正是“苦洽反”。是校點本兼取二者之長而改。今從校點本。

　　[8] 燉煌：郡名。治所敦煌縣，在今甘肅敦煌市西。

　　[9] 益得不：趙幼文《校箋》謂《太平御覽》卷八〇二引無“益”字。

　　[10] 樝（chá）桎（zhì）：攔截野獸的木欄。梁章鉅《旁證》：沈欽韓曰：“蓋竹木格圈鹿者。”《庶物異名疏》：“樝桎，檻獸之具。”趙幼文《校箋》又謂《太平御覽》卷八三六引作“蹉跎”，《北堂書鈔》卷一三五引作“樝挂”。

　　[11] 胡牀：殿本、盧弼《集解》本無“胡”字，百衲本、校點本有。今從百衲本等。胡牀，可折叠的輕便坐具。因從胡地傳入，故名。後世又稱交牀。

　　[12] 黃初：魏文帝曹丕年號（220—226）。

　　[13] 河東相：各本皆作“東平相”。盧弼《集解》謂《太平御覽》卷四五三引《魏略》謂蘇則“後出以爲河東相”，與傳文“左遷東平相”不合。又按，《武文世王公傳》：黃初三年立曹霖爲河東王，太和六年曹徽改封東平王。而蘇則爲相在黃初四年，是時尚無東平國，故“東平”當爲“河東”之訛。又《世說新語·賞譽篇》（應爲《品藻篇》）注引《魏書》亦云則爲河東相。趙幼文《校箋》謂盧説是也。考《群書治要》卷二五、《册府元龜》卷一八一俱作“河東相”。今從盧、趙説改。河東王國，治所安邑，在今山西夏縣西北禹王城。相，官名。王國的相，由朝廷直接委派，執掌王國行政大權，相當於郡太守。

［14］怡：梁章鉅《旁證》謂《唐書·宰相世系表》作“恬”。

［15］咸熙：魏元帝曹奂年號（264—265）。

［16］虎子：便壺。因形如伏虎，故名。葛洪《西京雜記》卷四：“漢朝以玉爲虎子，以爲便器，使侍中執之，行幸以從。”

［17］蹇蹇：形容遲緩。

［18］貳心：百衲本作“貳心”，殿本、盧弼《集解》本、校點本作“二心”。按，二者義同，今從百衲本。

［19］“《詩》云”句：見《詩·衛風·氓》。罔極：沒有標準。二三：三心二意，反復無常。

［20］太常：官名。秩中二千石，第三品。掌禮儀祭祀，選試博士。 光禄大夫：官名。秩比二千石，第三品，位次三公。無定員，無固定職守，相當於顧問。諸公告老及在朝重臣加此銜以示優重。

［21］山濤啓事：《晋書》卷四三《山濤傳》謂晋武帝咸寧中，山濤爲尚書僕射，加侍中，領吏部，在選職十餘年。“濤所奏甄拔人物，各爲題目，時稱《山公啓事》。”《隋書·經籍志》總集類著録《山公啓事》三卷，《舊唐書·經籍志》則著録爲《山濤啓事》三卷。

［22］女兄：百衲本、殿本、盧弼《集解》本均作“兄女”，殿本《考證》云：“‘兄女’宋本作‘女兄’。”此所謂宋本，乃北宋本。校點本蓋據此作“女兄”。趙幼文《校箋》謂郝經《續後漢書》亦作“女兄”，宋本是也。今從校點本。又盧弼《集解》引《世説新語·品藻》“紹是石崇姊夫”，謂與裴氏所云相反。趙幼文《校箋》謂《説文·女部》：“姊，女兄也。”作“女兄”正與《世説新語》合。

［23］金谷集：金谷，地名。《世説新語·品藻》劉孝標注引石崇《金谷詩叙》，石崇自謂“有別廬在河南縣界金谷澗中”，“征西大將軍祭酒王詡當還長安，余與衆賢共送往澗中，晝夜游宴，屢遷其坐”。“遂各賦詩，以叙中懷。”“故具列時人官號、姓名、年

紀，又寫詩著後。後之好事者，其覽之哉！"據此，盧弼《集解》
云："《金谷集》蓋與《蘭亭詩》體例相同，皆匯集時人之詩也。"

〔24〕左衛將軍：官名。西晉初，屬中軍將軍，後屬領軍將軍
（中領軍）。掌宮禁宿衛，爲禁衛軍主要統帥之一，權任頗重，多由
皇帝親信之人擔任，四品。與領軍、護軍、驍騎、游擊等六將軍合
爲六軍。

　　杜畿字伯侯，京兆杜陵人也。[一][1]少孤，繼母苦
之，以孝聞。年二十，爲郡功曹，[2]守鄭縣令。[3]縣因
繫數百人，[4]畿親臨獄，裁其輕重，盡決遣之，雖未悉
當，郡中奇其年少而有大意也。[5]舉孝廉，除漢中府
丞。[6]會天下亂，遂棄官客荆州，[7]建安中乃還。荀彧
進之太祖，[二][8]太祖以畿爲司空司直，[9]遷護羌校尉，
使持節，[10]領西平太守。[三][11]

　　〔一〕《傅子》曰：畿，漢御史大夫杜延年之後。[12]延年父
周，自南陽徙茂陵，[13]延年徙杜陵，子孫世居焉。

　　〔二〕《傅子》曰：畿自荆州還，後至許，見侍中耿紀，語終
夜。[14]尚書令荀彧與紀比屋，[15]夜聞畿言，異之，旦遣人謂紀
曰：[16]"有國士而不進，何以居位？"既見畿，知之如舊相識者，
遂進畿於朝。

　　〔三〕《魏略》曰：畿少有大志。在荆州數歲，繼母亡後，以
三輔開通，負其母喪北歸。道爲賊所劫略，衆人奔走，畿獨不去。
賊射之，畿請賊曰："卿欲得財耳，今我無物，用射我何爲邪？"
賊乃止。畿到鄉里，京兆尹張時，[17]河東人也，[18]與畿有舊，署
爲功曹。嘗嫌其闊達，不助留意於諸事，言此家疏誕，[19]不中功
曹也。畿竊云："不中功曹，中河東太守也。"[20]

［1］京兆：東漢稱京兆尹，曹魏改稱京兆郡。治所長安縣，在今陝西西安市西北。　杜陵：縣名。治所在今陝西西安市東南。

［2］功曹：官名。漢代郡太守下設功曹史，簡稱功曹，爲郡太守之佐吏，除分掌人事外，並得參與一郡之政務。

［3］鄭縣：治所在今陝西華縣。

［4］縣囚繫數百人：趙幼文《校箋》謂《太平御覽》卷二六四引作“縣內繫囚數百”。

［5］大意：殿本作“大志”，百衲本、盧弼《集解》本、校點本作“大意”。今從百衲本等。

［6］漢中：郡名。治所南鄭縣，在今陝西漢中市東。　府丞：官名。東漢末稱郡丞爲府丞。郡丞爲郡太守之副，佐太守掌衆事，若太守病，則代行其事。秩六百石，由朝廷任命。魏、西晉沿置，八品。

［7］荊州：刺史的治所本在漢壽縣，在今湖南常德市東北。劉表爲刺史，移治所於襄陽縣，在今湖北襄陽市襄州區。

［8］進：徐紹楨《質疑》謂“進”即“薦”也。

［9］司空司直：官名。建安初，曹操爲司空時置爲司空府僚屬，掌監察。

［10］持節：漢朝官吏奉使外出時，由皇帝授予節杖，以提高其威權。漢末三國，則爲皇帝授予出征或出鎮的軍事長官的一種權力。至晉代，此種權力明確爲可殺無官位人，若軍事，可殺二千石以下官員。如皇帝派遣大臣出巡或祭吊等事務時，加持節，則表示權力和尊崇。

［11］領：兼任官職稱領。

［12］御史大夫：官名。西漢御史大夫爲丞相副貳，協佐丞相處理天下政務，而以監察、執法爲主要職掌，亦即全國最高監察、執法長官。丞相缺，常由其遞補。　杜延年：西漢南陽杜衍（今河南南陽市東南）人。漢昭帝初爲諫議大夫，又爲太僕、給事中等。漢宣帝時官至御史大夫。（見《漢書》卷六〇《杜周附延年傳》）

〔13〕南陽：郡名。治所宛縣，在今河南南陽市。 茂陵：縣名。治所在今陝西興平縣東北。

〔14〕語終夜：趙幼文《校箋》謂《太平御覽》卷四〇九引作"共語終夜"。

〔15〕尚書令：官名。東漢時爲尚書臺長官，秩千石。掌奏、下尚書曹文書衆事，選用署置官吏；總典臺中綱紀法度，無所不統。名義上仍隸少府。 荀彧與紀比屋：趙幼文《校箋》謂《太平御覽》卷四〇九引"彧"下有"家"字，"與紀比屋"作"與紀屋相比"。

〔16〕旦：盧弼《集解》本作"且"，百衲本、殿本、校點本作"旦"。今從百衲本等。趙幼文《校箋》謂《太平御覽》引"旦"上有"至"字。

〔17〕京兆尹：官名。西漢，在京都長安周圍設置京兆尹、左馮翊、右扶風，合稱三輔，相當於三郡。京兆尹即京兆尹地區的長官，治所在長安，職掌如太守。東漢雖都於洛陽，但以三輔陵廟所在，仍不改其名，沿稱京兆尹。

〔18〕河東：郡名。治所安邑縣，在今山西夏縣西北禹王城。

〔19〕此家：即此人。周一良《札記》云："家猶人也，而有尊敬之意。"

〔20〕太守：校點本無"太"字，百衲本、殿本、盧弼《集解》本皆有。今從百衲本等。

太祖既定河北，而高幹舉并州反。[1]時河東太守王邑被徵，河東人衛固、范先外以請邑爲名，[2]而內實與幹通謀。太祖謂荀彧曰："關西諸將，[3]恃險與馬，征必爲亂。張晟寇殽、澠間，[4]南通劉表，固等因之，吾恐其爲害深。河東被山帶河，四鄰多變，當今天下之要地也。[5]君爲我舉蕭何、寇恂以鎮之。"[6]彧曰："杜畿其人也。"〔一〕於是追拜畿爲河東太守。[7]固等使兵數千人絶陝津,[8]畿至不得渡。太祖遣夏侯惇討之,未至。或謂畿曰:[9]"宜須大兵。"畿曰:"河東有三萬户,[10]非皆欲爲亂也。今兵迫之急,欲爲善者無主,必懼而聽於固。固等勢專,必以死戰。討之不勝,四鄰應之,天下之變未息也;[11]討之而勝,是殘一郡之民也。且固等未顯絶王命,外以請故君爲名,必不害新君。吾單車直往,出其不意。固爲人多計而無斷,必僞受吾。吾得居郡一月,以計縻之,足矣。"遂詭道從郖津度。郖音豆。〔二〕[12]范先欲殺畿以威衆。〔三〕且觀畿去就,於門下斬殺主簿已下三十餘人,畿舉動自若。於是固曰:"殺之無損,徒有惡名;且制之在我。"遂奉之。畿謂衞固、范先曰:"衞、范,河東之望也,吾仰成而已。然君臣有定義,成敗同之,大事當共平議。"以固爲都督,行丞事,領功曹;[13]將校吏兵三千餘人,皆范先督之。固等喜,雖陽事畿,不以爲意。固欲大發兵,[14]畿患之,説固曰:"夫欲爲非常之事,不可動衆心。今大發兵,衆必擾,不如徐以貲募兵。"固以爲然,從之,遂爲貲調發,數十日乃定,諸將貪多應募而少遣兵。又入喻固等曰:[15]"人情顧家,諸將掾史,[16]可分遣休息,急緩召之不難。"固等惡逆衆心,又從之。於是善人在外,陰爲己援;惡人分散,各還其家,則衆離矣。會白騎攻東垣,[17]高幹入濩澤,[18]上黨諸縣殺長吏,[19]弘農執郡守,[20]固等密調兵未至。畿知諸縣附己,因出,單將數十騎,赴張辟拒守，[21]吏民多舉城助畿者，比數十日，得四千餘人。固等與幹、晟共攻畿，不下，略諸縣，無所得。會大兵至，幹、晟敗，固等伏誅，其餘黨與皆赦之，使復其居業。

〔一〕《傅子》曰：或稱畿勇足以當大難，智能應變，其可試之。

〔二〕《魏略》曰：初，畿與衛固少相狎侮，[22]固嘗輕畿。[23]畿嘗與固博而爭道，[24]畿嘗謂固曰：[25]"仲堅，[26]我今作河東也。"固裹衣罵之。及畿之官，而固爲郡功曹。張時故任京兆。[27]畿迎司隸，[28]與時會華陰，[29]時、畿相見，於儀當各持版。[30]時歎曰："昨日功曹，今爲郡將也！"[31]

〔三〕《傅子》曰：先云："既欲爲虎而惡食人肉，失所以爲虎矣。今不殺，必爲後患。"

[1] 并州：刺史治所晉陽，在今山西太原市西南古城營西古城。

[2] 請邑：此事又見本書卷一三《鍾繇傳》裴注引《魏略》。

[3] 關西：地區名。指函谷關以西之地。

[4] 殽澠間：指殽山與澠池縣之間。殽山在今河南洛寧縣西北，西接陝縣界，東接澠池縣界。漢代澠池縣在今河南澠池縣西。

[5] 要地：胡三省云："高幹據并州，馬騰、韓遂等據關中，往來交通皆由河東，故曰要地。"（《通鑑》卷六四漢獻帝建安十年注）

[6] 蕭何：秦末佐劉邦起兵，入咸陽後，遂留鎮關中，爲劉邦輸送士卒糧餉，劉邦因能戰勝項羽，奪取天下。（見《漢書》卷三九《蕭何傳》）寇恂：新莽末爲郡功曹。劉秀進兵河北後，恂與耿弇投奔劉秀。劉秀以之爲河內太守，負責轉輸軍需糧餉，功績卓

著。（見《後漢書》卷一六《寇恂傳》）

[7]追：殿本作“遂”，百衲本、盧弼《集解》本、校點本作“追”。今從百衲本等。

[8]陝津：津渡名。又名茅津，爲古黃河津渡，在今河南陝縣北黃河上。

[9]或：百衲本、殿本、盧弼《集解》本等均作“或”。陳景雲《辨誤》云：“‘或’當作‘彧’。畿自西平移守河東，雖由荀彧之薦，而是時畿在陝津，或留許下，不得參預軍謀，殆因前有‘荀彧’字而致誤。”校點本作“彧”。今從校點本。

[10]三萬户：沈家本《瑣言》謂《續漢書·郡國志》載河東郡有九萬三千五百四十三户，此云“三萬”，大較僅存三分之一；下文尚云河東最先定，耗減少，則其他郡之耗減可知矣。

[11]未：趙幼文《校箋》謂《季漢書》“未”下有“易”字，疑此脱也。

[12]郖津：津渡名。亦作“洇津”，古黃河之津渡，在今河南靈寶市東北黃河上。

[13]領功曹：胡三省云：“既以爲都督，又令行郡丞事，又領功曹也。都督掌兵，丞貳太守，於郡事無所不關，功曹掌選署功勞，陽以郡權悉與之也。”（《通鑑》卷六四漢獻帝建安十年注）

[14]發兵：徵兵。東漢光武帝雖罷郡國兵，但却未廢除徵兵制，故漢末尚可徵兵。

[15]又入喻固等曰：趙幼文《校箋》謂《通志》作“畿又喻固等曰”，無“入”字。

[16]掾史：校點本作“掾吏”，百衲本、殿本、盧弼《集解》本均作“掾史”。按，漢代之郡府有諸曹掾、史，掾爲長，史爲副，故從百衲本等作“掾史”。

[17]白騎：何焯云：“《龐德傳》云‘張白騎叛於弘農’，白騎即上張晟耶？《後漢書·朱儁傳》‘自黃巾賊後’，復有張白騎之徒並起山谷。騎白馬者爲張白騎。”（《義門讀書記》卷二六《三國

志·魏志》） 東垣：即垣縣，治所在今山西垣曲縣東南。徐紹楨《質疑》謂《説文》，《周禮·職方氏》鄭注、賈疏，《左傳·襄公元年》杜注，均提及東垣縣，而《漢書·地理志》《續漢書·郡國志》均作"垣"，無"東"字。疑《地理志》原有"東"字，後人傳寫奪之。

[18] 濩澤：縣名。治所在今山西陽城縣西北澤城。

[19] 上黨：郡名。東漢末治所在壺關縣，在今山西長治市北。

[20] 弘農：郡名。治所弘農縣，在今河南靈寶市東北。

[21] 張辟：趙一清《注補》云："張辟，即張城，亦曰東張城。"東張城在今山西臨猗縣西南東張村。

[22] 狎侮：百衲本、殿本、盧弼《集解》本作"侮狎"，盧氏云："馮本作'狎侮'。"校點本蓋從此本作"狎侮"。狎侮，輕侮之義，古已有之。僞古文《尚書·旅獒》："德盛不狎侮。狎侮君子，罔以盡人心；狎侮小人，罔以盡其力。"故從校點本作"狎侮"。

[23] 嘗：吴金華《校詁》謂當讀爲"常"。趙幼文《校箋》則謂"嘗"字疑衍。

[24] 博：指博戲，又稱局戲，古代的一種游戲，六箸十二棋。

[25] 嘗：吴金華《校詁》謂爲贅言，蓋涉上而衍。

[26] 仲堅：衛固字仲堅。

[27] 故任：百衲本"任"字作"在"，殿本、盧弼《集解》本、校點本作"任"。今從殿本等。

[28] 司隸：即司隸校尉，官名。秩比二千石。掌糾察京師百官違法者，並治所轄各郡，相當於州刺史。

[29] 華陰：縣名。治所在今陝西華陰市東南。

[30] 版：指笏，即手板。古代官吏上朝或謁見上司時所執之板，備記事之用。

[31] 郡將：百衲本、殿本、盧弼《集解》本作"郡將軍"。殿本《考證》云："'軍'字疑衍。"校點本無"軍"字。今從校點

本。按，漢代以來稱太守爲郡將。

　　是時天下郡縣皆殘破，河東最先定，少耗減。畿治之，崇寬惠，與民無爲。民嘗辭訟，有相告者，[1] 畿親見爲陳大義，遣令歸諦思之，[2] 若意有所不盡，更來詣府。鄉邑父老自相責怒曰：“有君如此，奈何不從其教？”自是少有辭訟。班下屬縣，舉孝子、貞婦、順孫，復其繇役，[3] 隨時慰勉之。漸課民畜牸牛、草馬，[4] 下逮雞豚犬豕，皆有章程。百姓勤農，[5] 家家豐實。畿乃曰：“民富矣，不可不教也。”於是冬月修戎講武，又開學官，[6] 親自執經教授，[7] 郡中化之。〔一〕[8]

〔一〕《魏略》曰：博士樂詳，[9] 由畿而升。至今河東特多儒者，則畿之由矣。

[1] 民嘗辭訟有相告者：趙幼文《校箋》謂《北堂書鈔》卷七四引“有”字在“嘗”字下，應據乙。

[2] 諦思：仔細思考。

[3] 復：免除。

[4] 牸（zì）牛：母牛。　草馬：母馬。

[5] 勤：盧弼《集解》本作“勸”，百衲本、殿本、校點本作“勤”。今從百衲本等。

[6] 學官：殿本、盧弼《集解》本、校點本作“學宮”，百衲本作“學官”。趙幼文《校箋》謂《北堂書鈔》卷三九、卷七四引作“學官”。按，《太平御覽》卷一六三引亦作“學官”。今從百衲本。

[7] 親自：趙幼文《校箋》謂《太平御覽》卷一六三引無

"自"字。

[8] 郡中化之：趙幼文《校箋》謂《太平御覽》引句下有"自後河東多儒者，閭閻之間習於程法"十五字。

[9] 博士：此爲太學博士，秩比六百石，第五品。掌以五經教諸子弟。

韓遂、馬超之叛也，弘農、馮翊多舉縣邑以應之。河東雖與賊接，民無異心。太祖西征至蒲阪，[1]與賊夾渭爲軍，[2]軍食一仰河東。及賊破，餘畜二十餘萬斛。太祖下令曰："河東太守杜畿，孔子所謂'禹，吾無閒然矣'。[3]增秩中二千石。"[4]太祖征漢中，遣五千人運，運者自率勉曰："人生有一死，不可負我府君。"終無一人逃亡，其得人心如此。〔一〕魏國既建，以畿爲尚書。[5]事平，[6]更有令曰："昔蕭何定關中，寇恂平河內，卿有其功，[7]間將授卿以納言之職；[8]顧念河東吾股肱郡，[9]充實之所，[10]足以制天下，故且煩卿臥鎮之。"[11]畿在河東十六年，常爲天下最。[12]

〔一〕《杜氏新書》曰：[13]平虜將軍劉勳，[14]爲太祖所親，貴震朝廷。嘗從畿求大棗，畿拒以他故。後勳伏法，太祖得其書，歎曰："杜畿可謂'不媚於竈'者也。"[15]稱畿功美，以下州郡，曰："昔仲尼之於顏子，[16]每言不能不歎，既情愛發中，又宜率馬以驥。今吾亦冀衆人仰高山，慕景行也。"[17]

[1] 蒲阪：縣名。治所在今山西永濟縣西南蒲州鎮。

[2] 渭：水名。即陝西渭河。

[3] 無閒然：謂無可批評之處。孔子此語見《論語·泰伯》。

[4] 中二千石：殿本誤作“中三千石”，百衲本、盧弼《集解》本、校點本均作“中二千石”。漢制，中二千石爲九卿之秩，二千石爲太守之秩，杜畿爲河東太守，本爲二千石，故曹操以中二千石嘉獎之。又東漢中期定制，中二千石月俸錢九千，米七十二斛；二千石錢六千五百，米三十六斛。

[5] 尚書：官名。曹魏置吏部、左民、客曹、五兵、度支等五曹尚書，秩皆六百石，第三品。其中吏部職要任重，徑稱爲吏部尚書，其餘諸曹均稱尚書。

[6] 事平：吴金華《校詁》云：“謂亂事平定。稽之史事，建安十八年十一月魏國置尚書，嗣後曹軍平隴右、征張魯，歷時三年之戰事至建安二十一年二月方始告一段落，此即畿傳所謂‘事平’也。”

[7] 卿有其功：百衲本無“其”字，殿本、盧弼《集解》本、校點本有。今從殿本等。趙幼文《校箋》謂《太平御覽》卷六二一引“其”字作“奇”。

[8] 納言：古官名。相傳舜時置。《尚書·舜典》：“命汝爲納言，夙夜出入朕命。”孔安國傳：“納言，喉舌之官也。聽下言納於上，受上言宣於下。”後世因以爲侍中之別稱。

[9] 股肱郡：謂能拱衛京都之要地。此語爲漢文帝始言。《漢書》卷三七《季布傳》謂季布爲河東郡守，漢文帝聽人言其賢，欲召之爲御史大夫；至京後又聽人言其酗酒難爲近臣，故一月後又令其返回。季布問其因，文帝曰：“河東吾股肱郡，故特召君耳。”

[10] 充實之所：趙幼文《校箋》謂《太平御覽》卷二六一引無“所”字。“充實之足以制天下”作一句讀。

[11] 卧鎮之：盧弼《集解》謂《太平御覽》引“卧”下有“而”字。

[12] 常爲天下最：胡三省云：“余竊謂杜氏仕於魏、晋，累世貴盛，必有家傳，史因而書之，固有過其實者。”（《通鑑》卷六四漢獻帝建安十年注）劉咸炘《知意》亦謂此傳“叙畿政甚詳，恐

多（杜）恕所文飾者"。趙幼文《校箋》謂"常"字上疑奪"政治"二字。

[13] 杜氏新書：姚振宗《三國藝文志》卷三引嚴可均輯杜恕《篤論》序，謂裴松之所引《杜氏新書》，即《篤論》之末篇。其書前數卷出恕手，後述叙家世、歷官引及《魏書》並引及王隱《晋書》，證知東晋時編附，故稱《新書》，猶今之全書，而《篤論》其總名也。

[14] 平虜將軍：官名。魏置，第三品。

[15] 竈：本指竈神，此喻權貴。《論語·八佾》："王孫賈問曰：'與其媚於奧，寧媚於竈，何謂也?'子曰：'不然，獲罪於天，無所禱也。'"

[16] 仲尼：孔子名丘，字仲尼。　顏子：即顏淵，名回，字子淵，孔子弟子。孔子曾多次稱贊他，見於《論語》的即有：子曰："賢哉，回也！一簞食，一瓢飲，在陋巷，人不堪其憂，回也不改其樂。賢哉，回也！"子曰："回也，其心三月不違仁，其餘則日月至焉而已矣。"哀公問："弟子孰爲好學?"孔子對曰："有顏回者好學，不遷怒，不貳過，不幸短命死矣，今也則亡，未聞好學者也。"（均見《雍也》，其餘不再列舉）

[17] 景行：高尚的德行。《詩·小雅·車舝》："高山仰止，景行行止。"

　　文帝即王位，賜爵關內侯，徵爲尚書。及踐阼，進封豐樂亭侯，[1]邑百户，〔一〕守司隸校尉。帝征吴，以畿爲尚書僕射，[2]統留事。其後帝幸許昌，[3]畿復居守。受詔作御樓船，於陶河試船，[4]遇風没。帝爲之流涕，〔二〕詔曰："昔冥勤其官而水死，稷勤百穀而山死。〔三〕故尚書僕射杜畿，於孟津試船，[5]遂至覆没，忠之至也。朕甚愍焉。"追贈太僕，[6]謚曰戴侯。子

恕嗣。〔四〕

〔一〕《魏略》曰：初毓在郡，被書録寡婦。[7]是時他郡或有已自相配嫁，依書皆録奪，啼哭道路。毓但取寡者，故所送少；及趙儼代毓而所送多。文帝問毓："前君所送何少，今何多也?"毓對曰："臣前所録皆亡者妻，今儼送生人婦也。"帝及左右顧而失色。

〔二〕《魏氏春秋》曰：初，毓嘗見童子謂之曰："司命使我召子。"[8]毓固請之，童子曰："今將爲君求相代者。君其慎勿言!"言卒，忽然不見。至此二十年矣，毓乃言之。其日而卒，時年六十二。

〔三〕韋昭《國語注》稱《毛詩傳》曰："冥，契六世孫也，[9]爲夏水官，勤於其職而死於水。稷，周棄也，[10]勤播百穀，死於黑水之山。"[11]

〔四〕《傅子》曰：毓與太僕李恢、東安太守郭智有好。[12]恢子豐交結英儁，[13]以才智顯於天下。智子沖有内實而無外觀，[14]州里弗稱也。毓爲尚書僕射，二人各脩子孫禮見毓。[15]既退，毓歎曰："孝懿無子；[16]非徒無子，殆將無家。君謀爲不死也，[17]其子足繼其業。"時人皆以毓爲誤。恢死後，豐爲中書令，[18]父子兄弟皆誅；沖爲代郡太守，[19]卒繼父業；世乃服毓知人。
《魏略》曰李豐父名義，與此不同，義蓋恢之別名也。

[1] 亭侯：爵名。漢制，列侯大者食縣邑，小者食鄉、亭。東漢後期遂以食鄉、亭者稱爲鄉侯、亭侯。

[2] 尚書僕射（yè）：官名。魏、晋時爲尚書省次官，秩六百石，第三品。或單置，或並置左、右。左、右並置時，左僕射居右僕射上。輔助尚書令執行政務，參議大政，諫諍得失，監察糾彈百官，可封還詔旨，常受命主管官吏選舉。

〔3〕許昌：縣名。治所在今河南許昌市東。

〔4〕陶河：即今河南孟縣、孟津縣之間的黃河河段。（本梁章鉅《旁證》）

〔5〕孟津：津渡名。在今河南孟津縣東北黃河上。

〔6〕太僕：官名。秩中二千石，掌皇帝車馬，兼管官府畜牧業，東漢尚兼掌兵器製作，織綬等。曹魏因之，三品。

〔7〕録：收取。

〔8〕司命：掌握人生命之神。

〔9〕契（xiè）：人名。商人之始祖，舜時助治水有功。舜又命之曰：“百姓不親，五品不訓，汝爲司徒而敬敷五教，五教在寬。”（《史記》卷三《殷本紀》）

〔10〕稷：人名。又稱后稷，名棄，故又稱周棄。周族之始祖，堯舜時爲農官。舜命之曰：“棄，黎民始飢，爾后稷播時百穀。”（《史記》卷四《周本紀》）

〔11〕黑水：未詳。《史記・周本紀》“后稷卒”《集解》引《山海經・大荒經》曰：“黑水、青水之間有廣都之野，后稷葬焉。”

〔12〕東安：郡名。本爲東安縣，建安中一度改爲郡，不久又復爲縣。治所在今山東沂水縣西南。

〔13〕豐：李豐，事見本書卷九《夏侯玄傳》及裴注引《魏略》等。

〔14〕沖：郭沖，事見本書卷三五《諸葛亮傳》裴注引《蜀記》。

〔15〕脩：百衲本作“隨”，殿本、盧弼《集解》本、校點本作“脩”。今從殿本等。

〔16〕孝懿：李恢字孝懿。李恢亦即李義，事見本書卷二三《裴潛傳》裴注引《魏略》。

〔17〕君謀：郭智字君謀。

〔18〕中書令：官名。秩千石，第三品。魏文帝黃初初，改秘書令置，與中書監並掌樞密。

[19]代郡：東漢治所高柳縣，在今山西陽高縣西北。曹魏移治所於代縣，在今河北蔚縣東北。

　　恕字務伯，太和中爲散騎、黃門侍郎。[一][1]恕推誠以質，不治飾，少無名譽。及在朝，不結交援，專心向公。每政有得失，常引綱維以正言，於是侍中辛毗等器重之。

　　〔一〕《杜氏新書》曰：恕少與馮翊李豐俱爲父任，總角相善。[2]及各成人，豐砥礪名行以要世譽，而恕誕節直意，與豐殊趣。豐竟馳名一時，京師之士多爲之游説。而當路者或以豐名過其實，而恕被褐懷玉也。[3]由此爲豐所不善。恕亦任其自然，不力行以合時。豐以顯仕朝廷，恕猶居家自若。明帝以恕大臣子，擢拜散騎侍郎，數月，轉補黃門侍郎。

　　[1]散騎：散騎侍郎，官名。曹魏置，第五品。與散騎常侍、侍中、黃門侍郎等侍從皇帝左右，顧問應對，諫静拾遺，共平尚書奏事。西晉沿置。　黃門侍郎：官名。即給事黃門侍郎，東漢時，秩六百石。掌侍從左右，給事禁中，關通中外。初無員數，漢獻帝定爲六員，與侍中出入禁中，近侍帷幄，省尚書奏事。三國沿置，魏定爲五品。

　　[2]總角：謂童年時。古代男女未成年時，將頭髮束爲兩結，形狀如角，故稱總角。後世因以指童年時。

　　[3]被褐懷玉：穿粗布衣而懷美玉。比喻人有美德而深藏不露。語見《老子》。

　　時公卿以下大議損益，恕以爲“古之刺史，奉宣六條，[1]以清静爲名，[2]威風著稱，今可勿令領兵，[3]

以專民事"。俄而鎮北將軍呂昭又領冀州,[一][4]乃上疏曰:

帝王之道,莫尚乎安民;安民之術,在於豐財。豐財者,務本而節用也。[5]方今二賊未滅,戎車亟駕,此自熊虎之士展力之秋也。然搢紳之儒,橫加榮慕,搤腕抗論,以孫、吳爲首,[6]州郡牧守,咸共忽恤民之術,脩將率之事。農桑之民,競干戈之業,不可謂務本。帑藏歲虛而制度歲廣,民力歲衰而賦役歲興,不可謂節用。今大魏奄有十州之地,[7]而承喪亂之弊,計其户口不如往昔一州之民,[8]然而二方僭逆,北虜未賓,[9]三邊遘難,繞天略帀;[10]所以統一州之民,經營九州之地,其爲艱難,譬策羸馬以取道里,豈可不加意愛惜其力哉?以武皇帝之節儉,府藏充實,猶不能十州擁兵;郡且二十也。[11]今荆、揚、青、徐、幽、并、雍、涼緣邊諸州皆有兵矣,[12]其所恃内充府庫外制四夷者,惟兗、豫、司、冀而已。[13]臣前以州郡典兵,則專心軍功,不勤民事,宜别置將守,以盡治理之務;而陛下復以冀州寵秩呂昭。冀州户口最多,田多墾闢,又有桑棗之饒,國家徵求之府,誠不當復任以兵事也。若以北方當須鎮守,自可專置大將以鎮安之。計所置吏士之費,與兼官無覺。[14]然昭於人才尚復易中;[15]朝苟乏人,兼才者勢不獨多。以此推之,知國家以人擇官,不爲官擇人也。官得其人,則政平訟理;政平故民富實，訟理故囹圄虛空。[16]陛下踐阼，天下斷獄百數十人，歲歲增多，至五百餘人矣。民不益多，法不益峻。以此推之，非政教陵遲，牧守不稱之明效歟？往年牛死，通率天下十能損二；麥不半收，秋種未下。若二賊游魂於疆場，[17]飛芻輓粟，[18]千里不及。究此之術，豈在彊兵乎？武士勁卒愈多，愈多愈病耳。夫天下猶人之體，腹心充實，四支雖病，終無大患；今兗、豫、司、冀亦天下之腹心也。是以愚臣慺慺，[19]實願四州之牧守，獨脩務本之業，以堪四支之重。然孤論難持，犯欲難成，[20]衆怨難積，疑似難分，故累載不爲明主所察。凡言此者，類皆疏賤；疏賤之言，實未易聽。若使善策必出於親貴，親貴固不犯四難以求忠愛，[21]此古今之所常患也。

〔一〕《世語》曰：昭字子展，東平人。長子巽，字長悌，爲相國掾，[22]有寵於司馬文王。[23]次子安，字仲悌，與嵇康善，與康俱被誅。次子粹，字季悌，河南尹。粹子預，字景虞，御史中丞。[24]

[1] 六條：即漢武帝監察郡的六條詔書。見本書卷一五《賈逵傳》"六條詔書"注。

[2] 清靜：殿本"靜"字作"凈"，百衲本、盧弼《集解》本、校點本作"靜"。今從百衲本等。

[3] 領兵：潘眉《考證》云："魏世州郡領兵之制，創議於司馬朗。"見本書卷一五《司馬朗傳》。

[4] 鎮北將軍：官名。魏爲二品，位次四征將軍，領兵如征北

將軍。多爲持節都督，出鎭方面。

　　［5］本：指農業。

　　［6］孫：指孫武。春秋齊國人，以《兵法》十三篇見吳王闔廬，被任命爲將，率吳軍攻破楚國，威震齊、晋。著有《孫子兵法》傳世。　吳：指吳起。戰國衛國人。善用兵。初爲魯將，繼任魏將，屢建戰功。後避害奔楚，曾任令尹，從事革新，使楚富强。而楚悼王死後，楚貴族羣起攻之，被殺害。亦著有《兵法》，今已佚。（俱見《史記》卷六五《孫子吳起列傳》）

　　［7］十州：沈家本《瑣言》云："此與下文‘十州擁兵’語，皆稱十州，而下文又詳十二州之名何邪？"

　　［8］不如往昔一州之民：趙幼文《校箋》謂皇甫謐《帝王世紀》曰："昔漢永和五年南陽户五十餘萬，汝南户四十餘萬。景元四年與蜀通計，民户九十四萬三千四百二十三，口五百三十七萬二千八百九十一人。"除去蜀領户二十八萬男女九十四萬餘人外，則魏當時所有人户，固不及漢一州之民也。

　　［9］北虜：指北方之鮮卑族。

　　［10］帀：殿本、盧弼《集解》本作"市"，百衲本、校點本作"帀"。今從百衲本等。《説文》："帀，周也。"又《廣雅・釋詁二》："帀，遍也。"

　　［11］郡且二十：趙幼文《校箋》引錢儀吉云："‘二十’當爲‘十二’，從宋本。"

　　［12］揚：州名。魏刺史治所壽春，在今安徽壽縣。　青：州名。治所臨淄縣，在今山東淄博市臨淄區北。　徐：州名。治所下邳縣，在今江蘇睢寧縣西北。　幽：州名。治所薊縣，在今北京城西南。　雍：州名。治所長安縣，在今陝西西安市西北。

　　［13］豫：州名。治所項縣，在今河南沈丘縣。　司：即司隸校尉部，通稱司州，治所洛陽縣，在今河南洛陽市東北白馬寺東。

　　［14］覺：盧弼《集解》本、校點本作"異"。百衲本、殿本作"覺"，中華再造善本影宋本亦作"覺"。今從百衲本等。吳金

華《校詁》謂"覺"爲差距之義。

[15] 易中：徐紹楨《質疑》云："易中，猶易得也。《周禮·地官·師氏》'掌國中失之事'注：'故書中爲得。'是其證。"

[16] 虛空：盧弼《集解》本、校點本作"空虛"，百衲本、殿本作"虛空"。今從百衲本等。

[17] 游魂：猶言苟延殘喘。

[18] 芻：此指食草的牛、馬。

[19] 僂僂（lóu）：恭謹、勤懇。

[20] 犯欲難成：徐紹楨《質疑》云："'犯'疑當作'獨'。獨欲難成，與上'孤論難持'語義相類。"

[21] 親貴：殿本、盧弼《集解》本無此二字，百衲本、校點本有。今從百衲本等。

[22] 相國掾：官名。相國府之屬官。魏相國府有諸曹掾。

[23] 司馬文王：即司馬昭。

[24] 御史中丞：官名。秩千石，第四品，爲御史臺長官，掌監察、執法。

時又大議考課之制，[1] 以考內外衆官。恕以爲用不盡其人，雖（才且）〔文具〕無益，[2] 所存非所務，所務非世要。上疏曰：

《書》稱"明試以功，三考黜陟"，[3] 誠帝王之盛制。使有能者當其官，有功者受其禄，譬猶烏獲之舉千鈞，[4] 良、樂之選驥足也。[5]（雖）〔然〕歷六代而考績之法不著，[6] 關七聖而課試之文不垂，[7] 臣誠以爲其法可粗依，其詳難備舉故也。語曰："世有亂人而無亂法。"若使法可專任，則唐、虞可不須稷、契之佐，殷、周無貴伊、吕之輔矣。[8]今奏考功者，陳周、漢之（法）〔云〕爲，[9]綴京房之本旨，[10]可謂明考課之要矣。於以崇揖讓之風，興濟濟之治，[11]臣以爲未盡善也。其欲使州郡考士，必由四科，[12]皆有事効，然後察舉，試辟公府，爲親民長吏，轉以功次補郡守者，或就增秩賜爵，此最考課之急務也。臣以爲便當顯其身，用其言，使具爲課州郡之法，[13]法具施行，立必信之賞，施必行之罰。至於公卿及內職大臣，[14]亦當俱以其職考課之也。

古之三公，坐而論道，內職大臣，納言補闕，無善不紀，無過不舉。且天下至大，萬機至衆，誠非一明所能徧照。故君爲元首，臣爲股肱，[15]明其一體相須而成也。是以古人稱廊廟之材，非一木之枝；[16]帝王之業，非一士之略。[17]由是言之，焉有大臣守職辨課可以致雍熙者哉！[18]且布衣之交，猶有務信誓而蹈水火，感知己而披肝膽，徇聲名而立節義者；況於束帶立朝，致位卿相，所務者非特匹夫之信，所感者非徒知己之惠，所徇者豈聲名而已乎！

諸蒙寵禄受重任者，不徒欲舉明主於唐、虞之上而已；身亦欲廁稷、契之列。是以古人不患於念治之心不盡，患於自任之意不足，此誠人主使之然也。唐、虞之君，委任稷、契、夔、龍而責成功，[19]及其罪也，殛鯀而放四凶。[20]今大臣親奉明詔，給事目下，其有夙夜在公，恪勤特立，當官不撓貴勢，執平不阿所私，危言危行以處朝廷者，自明主所察也。若尸祿以爲高，[21]拱默以爲智，[22]當官苟在於免負，立朝不忘於容身，絜行遜言以處朝廷者，亦明主所察也。誠使容身保位，無放退之辜，而盡節在公，抱見疑之勢，公義不脩而私議成俗，雖仲尼爲（謀）〔課〕，[23]猶不能盡一才，又況於世俗之人乎！今之學者，師商、韓而上法術，[24]競以儒家爲迂闊，不周世用，此最風俗之流弊，創業者之所致慎也。

後考課竟不行。[一]

〔一〕《杜氏新書》曰：時李豐爲常侍，[25]黃門郎袁侃見轉爲吏部郎，[26]荀俁出爲東郡太守，[27]三人皆恕之同班友善。[28]

[1] 考課：考覈官吏的成績。當時，魏明帝命劉劭作《都官考課》，詔下百官議論。見本書卷二一《劉劭傳》、卷二四《崔林傳》等。

[2] 文具：各本作“才且”。盧弼《集解》云：“何焯曰：宋本‘才且’作‘文具’。”趙幼文《校箋》云：“考《通典·選舉三》亦作‘文具’，疑作‘文具’爲是。文具猶言條文具備也。”按趙説有理，今從改。

[3] 《書》稱：此見《尚書·舜典》，但二句不緊接。

[4] 烏獲：戰國時秦國之大力士。（見《史記》卷五《秦本紀》）

[5] 良：指王良，春秋時善駕御車馬者。孟子謂趙簡子曾使王良駕御（見《孟子·滕文公下》）。荀子亦云：“王良、造父者，善服馭者也。”（《荀子·王霸篇》）而楊倞注云：“王良，趙簡子之

御。韓子曰字伯樂。”則以王良爲伯樂。　樂：指伯樂。春秋時，秦國之善相馬者。《呂氏春秋·恃君覽·觀表》謂“古之善相馬者”，“若趙之王良，秦之伯樂”。

[6] 然：各本皆作“雖”。吳金華《校詁》云：“‘雖’字不合上下文之語氣，當爲‘然’字之誤。《群書治要》卷二五‘雖’作‘然’，可據改。”按，《通鑑》卷七三魏明帝景初元年亦作“然”，故從改。　六代：胡三省云：“六代，唐、虞、夏、商、周、漢。”（《通鑑》卷七三魏明帝景初元年注）　不著：盧弼《集解》云：“宋本‘不’作‘以’。”趙幼文《校箋》云：“作‘以’字是，‘以’‘已’古通用，故下文云‘其法可粗依也’，若作‘不著’，何可云粗依乎？”按，百衲本、《群書治要》與《通鑑》皆作“不著”。“不著”與下句“不垂”相應。

[7] 關：殿本、盧弼《集解》本作“閞”，殿本《考證》尚云：“監本‘閞’誤作‘關’，照《册府》改正。”百衲本、校點本作“關”，《群書治要》卷二五作“關”，《通鑑》亦作“關”。胡三省注云：“關，通也。”（《通鑑》卷七三魏明帝景初元年注）今從百衲本等。　七聖：胡三省云：“七聖，堯、舜、禹、湯、文、武、周公。”（《通鑑》卷七三魏明帝景初元年注）

[8] 伊：指伊尹，佐商湯伐桀有功，後又爲湯相。（見《史記》卷三《殷本紀》）　呂：指呂尚，佐周武王滅紂有功，封於齊，又稱齊太公。（見《史記》卷三二《齊太公世家》）

[9] 云爲：各本皆作“法爲”，盧弼《集解》云：“《通鑑》‘法’作‘云’。”（見《通鑑》卷七三魏明帝景初元年）吳金華《校詁》亦謂可從《通鑑》作“云爲”，並列舉“云爲”一詞之本義。《易·繫辭下》“是故變化云爲”孔穎達疏：“口之所云”，“身之所爲”。今從盧、吳説改。

[10] 綴：百衲本作“終”，殿本、盧弼《集解》本、校點本作“綴”。今從殿本等。　京房：西漢後期人，善《易》學。漢元帝時，初爲郎官，因西羌反，天象又異常，京房多先有預見，得到

元帝之信任，因而數被召問。京房曾對曰："宜令百官各試其功，災異可息。"元帝遂"使房作其事，房奏考功課吏法"。（見《漢書》卷七五《京房傳》）

[11] 濟濟：形容莊重嚴肅。《詩·大雅·公劉》："蹌蹌濟濟，俾筵俾几。"鄭箋："蹌蹌濟濟，士大夫之威儀也。"

[12] 四科：趙幼文《校箋》謂《群書治要》卷二五引"科"下有"者"字。按，四科，指東漢之四科選士。《續漢書·百官志》劉昭注引應劭《漢官儀》曰："世祖詔：'方今選舉，賢佞朱紫錯用。丞相故事，四科取士。一曰德行高妙，志節清白；二曰學通行修，經中博士；三曰明達法令，足以決疑，能案章覆問，文中御史；四曰剛毅多略，遭事不惑，明足以決，才任三輔令：皆有孝悌廉公之行。自今以後，審四科辟召。'"

[13] 使具：殿本"具"字作"其"，百衲本、盧弼《集解》本、校點本作"具"。今從百衲本等。

[14] 內職：指內朝官，亦稱中朝官，如侍中、給事中等。

[15] 爲：百衲本、校點本作"作"，殿本、盧弼《集解》本作"爲"，《群書治要》卷二五亦作"爲"。趙幼文《校箋》謂《册府元龜》卷六三五引作"作"，《通志》同。按二字義同。今從殿本等。

[16] 枝：校點本作"支"，百衲本、殿本、盧弼《集解》本均作"枝"。今從百衲本等。

[17] 非一士之略：《漢書》卷四三《贊》："語曰：'廊廟之材，非一木之枝；帝王之功，非一士之略。'"顏師古注："此語本出《慎子》。"（參盧弼《集解》）

[18] 大臣守職：趙幼文《校箋》謂《白孔六帖》卷四四引"守"上有"但"字。 雍熙：謂和樂升平。張平子《東京賦》："百姓同於饒衍，上下共其雍熙。"薛綜注："言富饒是同，上下咸悅，故能雍和而廣也。"

[19] 夔：人名。舜時爲樂官。舜命曰："以夔爲典樂，教稚

子，直而温，寬而栗，剛而無虐，簡而無傲；詩言意，歌長言，聲依永，律和聲，八音能諧，毋相奪倫，神人以和。”（《史記》卷一《五帝本紀》） 龍：人名。舜時爲納言。舜命曰：“龍，朕畏忌讒説殄僞，振驚朕衆，命汝爲納言，夙夜出入朕命，惟信。”（《史記·五帝本紀》）

[20] 鯀（gǔn）：禹之父。堯時受命治水，九年無成。舜代堯後，“行視鯀之治水無狀，乃殛鯀於羽山以死。天下皆以舜之誅爲是”。（《史記》卷二《夏本紀》） 四凶：盧弼《集解》謂宋本作“驩兜”，而百衲本等作“四凶”，不知所指是否北宋本。今仍從百衲本等。四凶，指舜時所驅逐的渾敦、窮奇、檮杌、饕餮。《左傳·文公十八年》：大史克謂舜“流四凶族：渾敦、窮奇、檮杌、饕餮投諸四裔，以禦螭魅”。

[21] 尸禄：謂受俸禄而不理事。

[22] 拱默：拱手而無言。

[23] 爲課：各本“課”作“謀”。盧弼《集解》云：“《通鑑》‘謀’作‘課’。”趙幼文《校箋》云：“作‘課’者是也。《廣雅·釋言》：‘課，試也。’此篇論考課利弊，作‘課’字於義爲長。‘課’‘謀’或以形近而誤。”按趙説是。今從盧、趙説改。

[24] 商：指商鞅，公孫氏，名鞅，商乃封邑，戰國時衛國人。入秦佐秦孝公，施行變法革新，秦因而國富兵强。有《商君書》傳世。（本《史記》卷六八《商君列傳》） 韓：指韓非，戰國末韓國人。不爲韓所用，遂著《孤憤》《五蠹》《説難》等十餘萬言，得秦王政之重視。後奉命使秦，被李斯嫉妒，死於獄中。有《韓非子》傳世。（本《史記》卷六三《韓非列傳》）

[25] 常侍：蓋爲散騎常侍之省稱。

[26] 黄門郎：官名。即給事黄門侍郎，秩六百石，第五品。掌侍從左右，關通中外，與侍中俱出入宫中，近侍帷幄，省尚書奏事。 吏部郎：官名。尚書吏部曹之長官，屬吏部尚書，主管官吏選任銓叙調動事務，可建議任免五品以下官吏。秩四百石，六品。

[27] 東郡：治所濮陽縣，在今河南濮陽縣西南。

[28] 三人：百衲本作“二人”，殿本、盧弼《集解》本、校點本作“三人”。今從殿本等。

樂安廉昭以才能拔擢，[1] 頗好言事。[2] 恕上疏極諫曰：

伏見尚書郎廉昭奏左丞曹璠以罰當關不依詔，[3] 坐判問。[4] 又云“諸當坐者別奏”。[5] 尚書令陳矯自奏不敢辭罰，亦不敢以處重爲恭，意至懇惻。臣竊憫然爲朝廷惜之！夫聖人不擇世而興，不易民而治，然而生必有賢智之佐者，蓋進之以道，帥之以禮故也。[6] 古之帝王之所以能輔世長民者，莫不遠得百姓之歡心，近盡羣臣之智力。誠使今朝任職之臣皆天下之選，而不能盡其力，不可謂能使人；若非天下之選，亦不可謂能官人。陛下憂勞萬機，或親燈火，而庶事不康，刑禁日弛，豈非股肱不稱之明效歟？原其所由，非獨臣有不盡忠，亦主有不能使。百里奚愚於虞而智於秦，[7] 豫讓苟容中行而著節智伯，[8] 斯則古人之明驗矣。今臣言一朝皆不忠，是誣一朝也；然其事類，可推而得。陛下感帑藏之不充實，而軍事未息，至乃斷四時之賦衣，薄御府之私穀，帥由聖意，舉朝稱明，與聞政事密勿大臣，寧有懇懇憂此者乎？

騎都尉王才、幸樂人孟思所爲不法，振動京都，而其罪狀發於小吏，公卿大臣初無一言。[9] 自陛下踐阼以來，司隸校尉、御史中丞寧有舉綱維以督奸宄，使朝廷肅然者邪？若陛下以爲今世無良才，朝廷乏賢佐，豈可追望稷、契之遐蹤，坐待來世之儁乂乎！[10]今之所謂賢者，盡有大官而享厚祿矣，然而奉上之節未立，向公之心不一者，委任之責不專，而俗多忌諱故也。臣以爲忠臣不必親，親臣不必忠。何者？以其居無嫌之地而事得自盡也。今有疏者毀人不實其所毀，而必曰私報所憎，譽人不實其所譽，而必曰私愛所親，左右或因之以進憎愛之說。非獨毀譽有之，政事損益，亦皆有嫌。陛下當思所以闡廣朝臣之心，篤厲有道之節，使之自同古人，望與竹帛耳。[11]反使如廉昭者擾亂其間，臣懼大臣遂將容身保位，坐觀得失，爲來世戒也！

昔周公戒魯侯曰"無使大臣怨乎不以"，[12]言賢愚明，[13]皆當世用也。堯數舜之功，稱去四凶，不言大小，有罪則去也。今者朝臣不自以爲不能，以陛下爲不任也；不自以爲不智，[14]以陛下爲不問也。陛下何不遵周公之所以用，大舜之所以去？使侍中、尚書坐則侍帷握，行則從華輦，[15]親對詔問，所陳必達，則羣臣之行，能否皆可得而知；忠能者進，闇劣者退，誰敢依違而不自盡？以陛下之聖明，親與羣臣論議政事，使羣臣人得自盡，[16]人自以爲親，人思所以報，賢愚能否，在陛下之所用。以此治事，何事不辦？以此建功，何功不成？每有軍事，詔書常曰："誰當憂此者邪？吾當自憂耳。"近詔又曰："憂公忘私者必不然，但先公後私即自辦也。"[17]伏讀明詔，乃知聖思究盡下情，然亦怪陛下不治其本而憂其末也。[18]人之能否，實有本性，雖臣亦以爲朝臣不盡稱職也。明主之用人也，使能者不敢遺其力，而不能者不得處非其任。選舉非其人，未必爲有罪也；舉朝共容非其人，乃爲怪耳。陛下知其不盡力也，而代之憂其職，知其不能也，而教之治其事，豈徒主勞而臣逸哉？雖聖賢並世，終不能以此爲治也。

陛下又患臺閣禁令之不密，人事請屬之不絶，聽伊尹作迎客出入之制，[19]選司徒更惡吏以守寺門；[20]威禁由之，實未得爲禁之本也。昔漢安帝時，[21]少府竇嘉辟廷尉郭躬無罪之兄子，猶見舉奏，章劾紛紛。近司隸校尉孔羨辟大將軍狂悖之弟，而有司嘿爾，望風希指，甚於受屬。選舉不以實，人事之大者也。[一]嘉有親戚之寵，[22]躬非社稷重臣，猶尚如此；以今況古，陛下自不督必行之罰以絶阿黨之原耳。伊尹之制，與惡吏守門，非治世之具也。使臣之言少蒙察納，何患於姦不削滅，而養若昭等乎！

夫糾摘姦宄，忠事也，然而世憎小人行之者，以其不顧道理而苟求容進也。若陛下不復考其終始，必以違衆忤世爲奉公，密行白人爲盡節，焉有通人大才而更不能爲此邪？誠顧道理而弗爲耳。
使天下皆背道而趨利，則人主之所最病者，陛下
將何樂焉，胡不絕其萌乎！夫先意承旨以求容美，
率皆天下淺薄無行義者，其意務在於適人主之心
而已，非欲治天下安百姓也。陛下何不試變業而
示之，彼豈執其所守以違聖意哉？夫人臣得人主
之心，安業也；處尊顯之官，榮事也；食千鍾之
禄，厚實也。人臣雖愚，未有不樂此而喜干迕者
也，迫於道，自彊耳。誠以爲陛下當憐而佑
之，[23]少委任焉，如何反録昭等傾側之意，而忽
若人者乎？今者外有伺隙之寇，内有貧曠之民，
陛下當大計天下之損益，政事之得失，誠不可以
怠也。
恕在朝八年，其論議亢直，皆此類也。

〔一〕臣松之案，大將軍，司馬宣王也。《晋書》云："宣王
第五弟，名通，爲司隸從事。"[24]疑恕所云狂悖者。通子順，封龍
陽亭侯。晋初受禪，以不達天命，守節不移，削爵土，徙武威。

[1]樂安：郡名。東漢質帝時，改樂安國置，治所高苑縣，在
今山東鄒平縣東北苑城鎮。
[2]言事：殿本《考證》、盧弼《集解》謂宋本無"言"字，
而百衲本、盧弼《集解》本、校點本皆有。今仍從百衲本等。
[3]尚書郎：官名。東漢之制，取孝廉之有才能者入尚書臺，
初入臺稱守尚書郎中，滿一年稱尚書郎，三年稱侍郎，統稱尚書
郎。曹魏襲之，而分曹有異。曹魏有殿中、吏部、駕部、度支等二
十五郎，秩皆四百石，第六品，主作文書起草。　左丞：即尚書左

丞。魏、晋時仍爲尚書省佐官，位次尚書，秩四百石，第六品。主省内禁令，監察糾彈諸官，並分管宗廟祠祀、朝儀禮制、選授官吏等文書奏事。　罰當關不依詔：胡三省云：“罰，罪罰也。關，白也。言有罪罰當關白而不依詔。”（《通鑑》卷七二魏明帝太和六年注）

[4] 判問：胡三省云：“判，剖也，析也；問，責問也。剖析其事而責問之也。”（《通鑑》卷七二魏明帝太和六年注）

[5] 諸當坐者別奏：胡三省云：“廉昭又云‘諸當坐者別奏’，意欲並奏令、僕坐之。”（《通鑑》卷七二魏明帝太和六年注）

[6] 帥：校點本作“率”，百衲本、殿本、盧弼《集解》本作“帥”。按，二字義同，今從百衲本等。

[7] 百里奚：春秋時，初爲虞國大夫，虞君不能用。晋獻公滅虞，與虞君俱被俘，又被作爲陪嫁之臣送往秦國。後逃往楚，爲楚人所執。秦穆公聞其賢，遣人至楚以五張羖羊（黑公羊）皮贖回，任爲大夫。與蹇叔等同佐穆公成就霸業。（本《史記》卷五《秦本紀》）

[8] 豫讓：春秋晋人。初事范氏、中行氏，未得重用。智伯滅范氏、中行氏後，轉事智伯，得到尊寵。及趙襄子聯合韓、魏滅智伯後，豫讓爲與智伯報仇，竟兩次殘身毁形謀刺趙襄子，後被擒。趙襄子當面責之曰：“子不嘗事范、中行氏乎？智伯滅范、中行氏，而子不爲報讎，反委質事智伯。智伯已死，子獨何爲報讎之深也？”豫讓曰：“臣事范、中行氏，范、中行氏以衆人遇臣，臣故衆人報之。智伯以國士遇臣，臣故國士報之。”請刺趙襄子衣。趙襄子乃從其請。豫讓遂擊刺襄子衣而自殺。（見《戰國策·趙策一》）

[9] 初：完全。

[10] 儁乂：同“俊乂”。才德出衆之人。《尚書·皋陶謨》“俊乂在官”孔穎達疏：“馬、王、鄭皆云，才德過千人爲俊，百人爲乂。”

[11] 望與竹帛：留名載籍之意。《通鑑》即作“垂名竹帛”。

（《通鑑》卷七二魏明帝太和六年）

　　[12] 魯侯：指周公之子伯禽，封於魯。　不以：百衲本
"以"字作"已"，殿本、盧弼《集解》本、校點本作"以"。今從
殿本等。《論語·微子》周公謂魯公曰："君子不施其親，不使大
臣怨乎不以。"劉寶楠《正義》云："不以，謂不用其言也。"又
云："蓋既用爲大臣，當非不賢之人。"

　　[13] 言：殿本、盧弼《集解》本、校點本"言"上皆有
"不"字，百衲本無。趙幼文《校箋》謂《群書治要》卷二五、
《册府元龜》卷五三八引俱無"不"字，《通志》同。今從百衲本。

　　[14] 智：百衲本作"知"，殿本、盧弼《集解》本、校點本
作"智"。按二字通，今從殿本等。

　　[15] 華輦：趙幼文《校箋》謂《群書治要》卷二五引"華"
字作"輿"，《册府元龜》作"車"。

　　[16] 盡：殿本、盧弼《集解》本作"進"，百衲本、校點本
作"盡"。今從百衲本等。

　　[17] 辦：殿本、盧弼《集解》本作"辨"，百衲本、校點本
作"辦"。今從百衲本等。

　　[18] 治：殿本、盧弼《集解》本作"知"，百衲本、校點本
作"治'。今從百衲本等。《通鑑》亦作"治"，胡三省注云："爲
治之本，在於任賢；事之治不治，乃其末也。"（《通鑑》卷七二魏
明帝太和六年注）

　　[19] 伊尹：此費解。或以喻執政大臣。《通鑑》無"聽伊尹"
三字。趙幼文《校箋》則云："竊疑'伊'字或是'門'字之殘
訛。《國語·周語》：'敵國賓至，門尹除門。'韋昭注：'門尹，
司門也。'"

　　[20] 選司徒：此費解。《通鑑》無"選司徒"三字。　寺門：
官府之門。

　　[21] 安帝時：胡三省謂《後漢書·郭躬傳》載，郭躬於章帝
元和三年（86）拜廷尉，和帝永元六年（94）卒，不及安帝

（107—125 年在位）時。蓋躬死後，竇嘉方辟其兄子也。（見《通鑑》卷七二魏明帝太和六年注）而《後漢書》卷二三《竇融傳》，謂竇嘉"和帝初，爲少府。及大將軍憲被誅，免就國"。《後漢書》卷四《和帝紀》又謂竇憲之被免官自殺，在永元四年六月。則永元四年後，竇嘉已無少府之職，不得辟郭躬之兄子爲吏。故侯康《補注續》、梁章鉅《旁證》皆謂"安帝"當作"和帝"。

〔22〕親戚：竇嘉之兄女，乃漢章帝皇后。

〔23〕佑：百衲本作"祐"，殿本、盧弼《集解》本、校點本作"佑"。今從殿本等。

〔24〕司隸從事：即司隸校尉所置僚屬諸從事的泛稱。如漢代的別駕從事、治中從事、都官從事、兵曹從事等等。

　　出爲弘農太守，數歲轉趙相，[一][1] 以疾去官。[二] 起家爲河東太守，歲餘，遷淮北都督護軍，[2] 復以疾去。恕所在，務存大體而已，其樹惠愛，益得百姓歡心，不及於畿。頃之，拜御史中丞。恕在朝廷，以不得當世之和，[3] 故屢在外任。復出爲幽州刺史，加建威將軍，[4] 使持節，護烏丸校尉。[5] 時征北將軍程喜屯薊，[6] 尚書袁侃等戒恕曰："程申伯處先帝之世，[7] 傾田國讓於青州。[8] 足下今俱杖節，使共屯一城，[9] 宜深有以待之。"[10] 而恕不以爲意。至官未期，有鮮卑大人兒，不由關塞，徑將數十騎詣州，州斬所從來小子一人，無表言上，喜於是劾奏恕，下廷尉，[11] 當死。以父畿勤事水死，免爲庶人，徙章武郡，[12] 是歲嘉平元年。[三][13] 恕倜儻任意，而思不防患，終至此敗。

　　〔一〕《魏略》曰：恕在弘農，寬和有惠愛。及遷，以孟康代

恕爲弘農。康字公休，安平人。[14]黃初中，以於郭后有外屬，[15]
并受九親賜拜，遂轉爲散騎侍郎。是時，散騎皆以高才英儒充其
選，而康獨緣妃嬪雜在其間，故于時皆共輕之，號爲阿九。康既
（無）才敏，[16]因在宂官，博讀書傳，後遂有所彈駁，其文義雅
而切要，衆人乃更加意。正始中，[17]出爲弘農，[18]領典農校尉。
康到官，清己奉職，[19]嘉善而矜不能，省息獄訟，緣民所欲，因
而利之。郡領吏二百餘人，涉春遣休，常四分遣一。事無宿諾，
時出案行，皆豫敕督郵、平水，[20]不得令屬官遣人探候，修設曲
敬。[21]又不欲煩損吏民，常豫敕吏卒，[22]行各持鐮，所在自刈馬
草，不止亭傳，[23]露宿樹下，又所從常不過十餘人。郡帶道路，
其諸過賓客，自非公法無所出給；若知舊造之，自出於家。康之
始拜，衆人雖知其有志量，以其未嘗宰牧，不保其能也；而康恩
澤治能乃爾，吏民稱歌焉。嘉平末，徙渤海太守徵入爲中書
令，[24]後轉爲監。[25]

〔二〕《杜氏新書》曰：恕遂去京師，營宜陽一泉塢，[26]因其
壘塹之固，小大家焉。明帝崩時，人多爲恕言者。

〔三〕《杜氏新書》曰：喜欲恕折節謝己，諷司馬宋權示之以
微意。[27]恕答權書曰："況示委曲。夫法天下事，[28]以善意相待，
無不致快也；以不善意相待，無不致嫌隙也。而議者言，凡人天
性皆不善，不當待以善意，更墮其調中。[29]僕得此輩，便欲歸蹈
滄海乘桴耳，[30]不能自諧在其間也。然以年五十二，不見廢棄，
頗亦遭明達君子亮其本心；[31]若不見亮，使人刳心著地，正與數
斤肉相似，何足有所明？故終不自解說。程征北功名宿著，在僕
前甚多，有人出征北乎？若令下官事無大小，咨而後行，則非上
司彈繩之意；若咨而不從，又非上下相順之宜。故推一心，任一
意，直而行之耳。殺胡之事，天下謂之是邪，是僕諧也；呼爲非
邪，僕自受之，無所怨咎。程征北明之亦善，不明之亦善，諸君
子自共爲其心耳，不在僕言也。"喜於是遂深文劾恕。

[1] 趙：王國名。原爲郡，魏明帝太和中改爲國，治所房子縣，在今河北高邑縣西南。

[2] 都督護軍：官名。魏、晋時諸軍事要鎮之長官，第五品。

[3] 不得當世之和：趙一清《注補》云：“《晋書·杜預傳》父恕‘與宣帝不相能，遂以幽死’。承祚所謂‘不得當世之和’者，此也。”

[4] 建威將軍：官名。西漢末新莽時置，爲領兵將領。東漢、魏、晋沿置。魏、晋爲四品。

[5] 護烏丸校尉：官名。亦作護烏桓校尉。漢武帝時已置烏桓校尉，監領烏桓，後不常設。東漢光武帝建武中，復置護烏丸校尉，秩比二千石，屯上谷廣寧縣（今河北張家口市），常領烏丸等部與度遼將軍等共戍衛邊塞。魏、晋沿置，屯地有所不同。

[6] 征北將軍：官名。秩二千石，第二品，黄初中位次三公，領兵屯薊，統幽、冀、并三州刺史。　薊：縣名。治所在今北京城西南。

[7] 程申伯：程喜字申伯。

[8] 田國讓：百衲本、殿本、盧弼《集解》本均作“田園讓”；校點本作“田國讓”。此處實指田豫（字國讓），故從校點本。

[9] 使：趙幼文《校箋》謂《太平御覽》卷二三九、《册府元龜》卷四四〇引無“使”字。　一城：指幽州刺史之治所薊城。

[10] 待：趙幼文《校箋》謂《太平御覽》卷二三九引作“禮”。

[11] 廷尉：官名。秩中二千石，第三品，掌司法刑獄。

[12] 章武郡：建安中曹操所置，治所東平舒縣，在今河北大城縣。（本趙一清《注補》）

[13] 嘉平：魏少帝齊王曹芳年號（249—254）。

[14] 安平：東漢爲王國，曹魏改爲郡，治所信都縣，在今河北冀縣。何焯又云：“此孟康，即注《漢書》者。顏師古曰安平廣

宗人。"（《義門讀書記》卷二六《三國志·魏志》）　廣宗，縣名。
治所在今河北威縣東。

[15] 外屬：外家親屬。按，本書卷五《文德郭皇后傳》，郭
后之姊子名孟武，則孟康與孟武爲一家。

[16] 康既才敏：百衲本、殿本、盧弼《集解》本均作"康既
無才敏"。殿本《考證》云："宋本作'康既才敏'，無'無'
字。"校點本又從何焯説《太平御覽》無"無"字，作"康既才
敏"。今從之。趙幼文《校箋》則謂《北堂書鈔》卷七五引作"康
既有才，敏而好學"。疑"康既有才"絶句。康既有才又好學，故
下文乃云"因在冗官，博讀書傳，後遂有所彈駁，其文義雅而切
要"。文義正相密附，似當據《北堂書鈔》所引訂正。

[17] 正始：魏少帝齊王曹芳年號（240—249）。

[18] 爲弘農：趙幼文《校箋》謂《太平御覽》卷一九、《册
府元龜》卷八六〇引"農"下有"守"字。

[19] 清己：盧弼《集解》謂《北堂書鈔》卷七四引《魏略》
"清己"下有"平賦"二字。趙幼文《校箋》謂《北堂書鈔》卷七
四引作"清己平賦"，無"奉職"二字。《白孔六帖》卷四〇引同。

[20] 督郵：官名。本名督郵書掾（或督郵曹掾），省稱督郵
掾、督郵。漢置，郡府屬吏，秩六百石。主要職掌除督送郵書外，
又代表郡守督察屬縣，宣達教令，並兼司獄訟捕亡等。每郡督郵皆
分部，有二部、三部、四部、五部不等。　平水：官名。《續漢
書·百官志》云："（凡郡縣）有水池及魚利多者，置水官，主平
水，收漁税。"曹魏沿置。周一良《札記》亦云："曹魏之平水與
督郵並列，當是郡守下掌水之屬官。"

[21] 修設：謂設宴招待。（參周一良《札記》）

[22] 吏卒：趙幼文《校箋》謂《白孔六帖》卷四〇、《太平
御覽》卷二六一引無"吏"字。

[23] 亭傳：驛站。

[24] 渤海：郡名。東漢治所南皮縣，在今河北南皮縣東北。

[25] 監：即中書監。官名。秩千石，第三品。黃初中，改秘書令爲中書令，又置中書監，並高於令，掌贊詔命，作文書，典尚書奏事。若密詔下州郡及邊將，則不由尚書。與中書令並掌機密。

[26] 宜陽：縣名。治所在今河南宜陽縣西福昌鎮。　一泉塢：城邑名。在今河南洛寧縣東北洛河北岸。

[27] 司馬：官名。將軍府之屬官，掌參贊軍務，管理府内武職，位僅次於長史。

[28] 夫：趙幼文《校箋》謂《册府元龜》卷四四〇引作"奉"。

[29] 墮其調中：吳金華《校詁》引徐復説，"調"謂欺誕之術。"墮其調中"，猶言墮其術中。

[30] 便：百衲本作"隨"，殿本、盧弼《集解》本、校點本作"便"。今從殿本等。

[31] 亦遭：百衲本無"亦"字，殿本、盧弼《集解》本、校點本有。今從殿本等。

　　初，恕從趙郡還，陳留阮武亦從清河太守徵，[1]俱自（薄）〔簿〕廷尉。[2]謂恕曰："相觀才性可以由公道而持之不厲，器能可以處大官而求之不順，才學可以述古今而志之不一，此所謂有其才而無其用。今向閒暇，可試潛思，成一家言。"在章武，遂著《體論》八篇。〔一〕[3]又著《興性論》一篇，[4]蓋興於爲己也。四年，卒於徙所。[5]

〔一〕《杜氏新書》曰：以爲人倫之大綱，莫重於君臣；立身之基本，莫大於言行；安上理民，莫精於政法；勝殘去殺，莫善於用兵。夫禮也者，萬物之體也，萬物皆得其體，無有不善，故謂之《體論》。[6]

[1] 清河：郡名。治所清河縣，在今山東臨清市東北。

[2] 簿：各本皆作“薄”，趙一清《注補》云：“‘薄’當作‘簿’，謂對簿也。”此說有理，今從之。趙幼文《校箋》亦謂《通志》正作“簿”，趙說是也。

[3] 體論：嚴可均《全三國文》卷四二謂《隋書·經籍志》儒家類載《杜氏體論》四卷，杜恕撰。《舊唐書·經籍志》《新唐書·藝文志》同。八篇者，一君、二臣、三言、四行、五政、六法、七聽察、八用兵。四卷者，卷凡二篇。其書蓋亡於唐末。《群書治要》載有六千餘言，不著篇名。今録出校定爲一卷。

[4] 興性論：嚴可均《全三國文》卷四二云：“據《意林》引《篤論》水性勝火，人性勝志。考實性行二事，證知《興性論》即《篤論》之首篇。”

[5] 徙所：梁章鉅《旁證》云：“《通典·州郡七》云：河南福昌縣北，有魏杜畿、杜恕墓。”唐代福昌縣治所在今河南宜陽縣西。

[6] 謂之體論：嚴可均《全三國文》謂裴注此引“蓋用《體論·自敘篇》”。

甘露二年，[1] 河東樂詳年九十餘，上書訟畿之遺績，朝廷感焉。詔封恕子預爲豐樂亭侯，邑百户。〔一〕

〔一〕《魏略》曰：樂詳字文載。少好學，建安初，詳聞公車司馬令南郡謝該善《左氏傳》，[2] 乃從南陽步〔涉〕詣〔許，從〕該問疑難諸要，[3] 今《左氏樂氏問七十二事》，[4] 詳所撰也。所問既了而歸鄉里，時杜畿爲太守，亦甚好學，署詳文學祭酒，[5] 使教後進，於是河東學業大興。至黃初中，徵拜博士。于時太學初立，有博士十餘人，學多褊狹，[6]又不熟悉，略不親教，[7]備員而已。惟詳五業並授，[8]其或難解，[9]質而不解，詳無慍色，以杖畫地，牽譬引類，至忘寢食，以是獨擅名於遠近。詳學既精悉，又善推步三五，[10]別受詔與太史典定律曆。太和中，轉拜騎都尉。詳學優能少，故歷三世，竟不出爲宰守。至正始中，以年老罷歸於舍，本國宗族歸之，門徒數千人。

[1] 甘露：魏少帝高貴鄉公曹髦年號（256—260）。

[2] 公車司馬令：官名。秩六百石，第六品。掌皇宮南闕門，凡吏民上章、四方貢獻及徵詣公車者，均由公車司馬令呈達。

[3] “乃從”二句：各本皆作“乃從南陽步詣該問疑難諸要”，《後漢書》卷七九下《謝該傳》李賢注引《魏略》作“乃從南陽步涉詣許從該問疑難諸要”。何焯據此《後漢書》注改，殿本《考證》亦指出。校點本即從何焯之校改。今從校點本。

[4] 左氏樂氏問七十二事：《隋書·經籍志》等未著録此書，《後漢書·謝該傳》則云：“建安中，河東樂詳條《左氏》疑滯數十事以問，該皆爲通解之，名爲《謝氏釋》，行於世。”姚振宗《三國藝文志》謂謝氏之釋當亦録入樂詳《左氏問七十二事》。

[5] 文學祭酒：官名。東漢末置，郡府屬官，掌教授生徒。不常設。曹魏亦曾置。

[6] 褊：殿本作“偏”，百衲本、盧弼《集解》本、校點本作“褊”。今從百衲本等。

[7] 略不親教：趙幼文《校箋》謂《太平御覽》卷二三六引作“不敢親教”。

[8] 五業：盧弼《集解》解引惠棟曰：“五業，五經也。”

[9] 難解：百衲本“解”字作“教”，殿本、盧弼《集解》本、校點本作“解”。今從殿本等。

[10] 推步三五：謂天文曆法之術。

恕奏議論駁皆可觀，掇其切世大事著于篇。[一]

〔一〕《杜氏新書》曰：恕弟理，字務仲。少而機察精要，幾奇之，故名之曰理。年二十一而卒。弟寬，[1] 字務叔。清虛玄靜，敏而好古。以名臣門户，少長京師，而篤志博學，絶於世務，其意欲探賾索隱，由此顯名，當塗之士多交焉。舉孝廉，除郎中。[2] 年四十二而卒。經傳之義，多所論駁，皆草創未就，[3] 惟刪集《禮記》及《春秋左氏傳》解，今存于世。

預字元凱，司馬宣王女壻。王隱《晋書》稱預智謀淵博，[4] 明於理亂，[5] 常稱“德者非所（以）企及，[6] 立功立言，所庶幾也”。[7] 大觀羣典，謂《公羊》《穀梁》，詭辯之言。[8] 又非先儒説《左氏》未究丘明意，而横以二傳亂之。乃錯綜微言，著《春秋左氏經傳集解》，[9] 又參考衆家，謂之《釋例》，又作《盟會圖》《春秋長曆》，備成一家之學，至老乃成。尚書郎摯虞甚重之，曰：“左丘明本爲《春秋》作傳，而《左傳》遂自孤行；《釋例》本爲傳設，而所發明何但《左傳》，故亦孤行。”預有大功名於晋室，位至征南大將軍，[10] 開府，封當陽侯，食邑八千户。子錫，字世嘏，尚書左丞。

《晋諸公贊》曰：（嘏）〔錫〕有器局。[11] 預從兄斌，[12] 字世將，亦有才望，爲黄門郎，爲趙王倫所枉殺。（嘏）〔錫〕子乂，字弘治。[13] 少有令名，爲丹陽丞，[14] 早卒。阮武者，亦拓落大才也。[15] 案《阮氏譜》：武父諶，字士信，徵辟無所就，造《三禮圖》傳於世。[16]

《杜氏新書》曰：武字文業，闊達博通，淵雅之士。位止清河太守。武弟炳，字叔文，河南尹。精意醫術，撰藥方一部。[17] 炳子坦，字弘舒，晋太子少傅，[18] 平東將軍。[19] 坦弟柯，字士度。

荀綽《兖州記》曰：坦出紹伯父，亡，次兄當襲爵，父愛柯，言名傳之，遂承封，時幼小，不能讓，及長悔恨，遂幅巾而

居，[20] 後雖出身，[21] 未嘗釋也。性純篤閑雅，好禮無違，存心經
誥，博學洽聞。選爲濮陽王文學，[22] 遷領軍長史，[23] 喪官。王衍
時爲領軍，[24] 哭之甚慟。

[1] 弟寬：百衲本“弟”字作“子”，殿本、盧弼《集解》
本、校點本作“弟”。今從殿本等。殿本《考證》謂“弟寬”監本
作“子寬”。李龍官云：“按恕字務伯，理字務仲，寬字務叔，皆
兄弟也。韓愈《杜中散墓誌》亦云‘畿季子寬’，可知‘子’字爲
‘弟’字之誤，今改正。”潘眉《考證》亦云：“《唐書·宰相世系
表》：畿三子：恕、理、寬。”盧弼《集解》又云：“《意林》引
《篤論》作‘少子寬’，畿之少子也。”

[2] 郎中：官名。東漢時，秩比三百石，分隸五官、左、右三
署中郎將，名義上備宿衛，實爲後備官吏人才。魏、晉雖罷五官、
左、右三署中郎將，仍置郎中，州郡所舉秀才、孝廉，多先授郎
中，再出補長吏。

[3] 皆：盧弼《集解》本無“皆”字，百衲本、殿本、校點
本有。今從百衲本等。

[4] 智謀：百衲本、殿本“謀”字作“謨”，盧弼《集解》
本、校點本作“謀”，《世説新語·方正篇》劉孝標注引亦作
“謀”。按，二字義同，今從《集解》本等。

[5] 理亂：趙幼文《校箋》謂《世説新語·方正篇》注引
“理”字作“治”。疑是。

[6] 德者非所企及：各本“所”下有“以”字。趙幼文《校
箋》謂《世説新語·方正篇》注引“德”上有“立”字，“所”
下無“以”字。吳金華《〈三國志〉斠議》謂孔穎達《春秋左傳正
義》卷二“杜氏”注引王隱《晋書》亦無“以”字。今據趙、吳
所引删“以”字。

[7] 所：趙幼文《校箋》謂《册府元龜》卷七七二引作

“可”。

[8] 辩：盧弼《集解》本、校點本作“辨”，百衲本、殿本作“辯”。今從百衲本等。

[9] 春秋左氏經傳集解：《晉書》卷三四《杜預傳》亦云：“（預）既立功之後，從容無事，乃耽思經籍，爲《春秋左氏經傳集解》。又參考衆家譜第，謂之《釋例》。又作《盟會圖》《春秋長曆》，備成一家之學，比老乃成。”《隋書·經籍志》亦著録《春秋左氏經傳集解》三十卷，杜預撰；《春秋釋例》十五卷，杜預撰；《春秋左氏傳評》二卷，杜預撰。至于《盟會圖》與《春秋長曆》，《四庫全書總目提要》謂爲《釋例》中之二篇，並非别爲一書。

[10] 征南大將軍：官名。秩二千石，第二品，位次三公。開府者位從公，升爲一品。

[11] 錫：各本均作“嘏”。錢劍夫《三國志標點本商榷》謂兩“嘏”字都應作“錫”字。其注云：“此注上引《杜氏新書》云‘子錫，字世嘏’，則‘錫’爲其名，即不得單稱其字。《晉書·杜預傳》亦但稱‘錫’，不單稱‘嘏’，亦其徵。而《晉諸公贊》撰者爲傅暢，其先世亦無名‘錫’者，見《晉書·傅祗傳》，似亦無由緣家諱而改。”（《中國語文》1978 年第 2 期）此説有理，今從之。

[12] 斌：百衲本作“武”，殿本《考證》亦云：“‘斌’宋本作‘武’。”殿本、盧弼《集解》本、校點本均作“斌”，而再無其他依據，故從殿本等。

[13] 弘治：殿本、盧弼《集解》本、校點本作“洪治”，百衲本作“弘治”，《晉書》卷九三《杜乂傳》作“弘理”；“理”爲唐人避諱改。《世説新語·賞譽》云：“杜弘治墓崩，哀容不稱。”注引《晉陽秋》曰：“杜乂字弘治，京兆人。”作“弘治”爲是，故從百衲本。

[14] 丹陽：縣名。治所在今安徽當塗縣東北小丹陽鎮。　丞：官名。縣令之副佐。漢代，職掌文書及倉獄事宜，秩四百石至二百石。曹魏時，大縣之丞秩四百石，第八品；次縣、小縣第九

品。晋同。

［15］拓落：形容心胸寬廣。

［16］三禮圖：《隋書·經籍志》著録有"《三禮圖》九卷，鄭玄及後漢侍中阮諶等撰"。

［17］藥方一部：《隋書·經籍志》醫方類謂梁有《阮河南藥方》十六卷，阮文叔撰，亡。《舊唐書·經籍志》又著録《阮河南方》十六卷，阮炳撰。盧弼《集解》云："此作'字叔文'，《隋志》作'文叔'，未知孰是。"

［18］太子少傅：官名。與太子太傅並稱太子二傅。東漢時秩中二千石，掌輔導太子及東宮衆務。曹魏以二傅並攝東宮事務，與尚書東曹並掌太子、諸侯官屬選舉，三品。西晉同。

［19］平東將軍：官名。漢末建安初置。曹魏時，與平西、平南、平北將軍合稱四平將軍，權任頗重，多持節都督或監某一地區軍事，時或爲刺史等地方長官兼理軍務之加官，第三品。晋沿置。

［20］幅巾：男子用絹一幅束髮稱幅巾。此謂不著封爵之冠，祇幅巾而已。

［21］出身：謂做官。

［22］濮陽：王國名。治所濮陽縣，在今河南濮陽縣西南。
文學：官名。曹魏置太子文學，諸王亦置，常爲皇帝監督諸王的耳目；諸國亦置。晋朝諸王、諸王世子亦置。

［23］領軍長史：官名。領軍將軍之僚屬，秩六百石，第七品。

［24］領軍：官名。即領軍將軍，禁衛軍之最高統帥。西晉初省，惠帝時復置。

鄭渾字文公，河南開封人也。[1]（高）〔曾〕祖父衆，[2]衆父興，[3]皆爲名儒。〔一〕渾兄泰，與荀攸等謀誅董卓，爲揚州刺史，卒。〔二〕渾將泰小子袤避難淮南，[4]袁術賓禮甚厚。渾知術必敗。時華歆爲豫章太守，[5]素與泰善，渾乃渡江投歆。太祖聞其篤行，召爲掾，[6]復遷下蔡長、邵陵令。[7]天下未定，民皆剽輕，[8]不念產殖；其生子無以相活，率皆不舉。渾所在奪其漁獵之具，課使耕桑，[9]又兼開稻田，重去子之法。[10]民初畏罪，後稍豐給，無不舉贍；[11]所育男女，多以鄭爲字。[12]辟爲丞相掾屬，遷左馮翊。[13]

〔一〕《續漢書》曰：興字少贛，諫議大夫。[14]衆字子師，[15]大司農。[16]

〔二〕張璠《漢紀》曰：泰字公業。少有才略，多謀計，知天下將亂，陰交結豪傑。家富於財，有田四百頃，而食常不足，名聞山東。[17]舉孝廉，三府辟，公車徵，[18]皆不就。何進輔政，徵用名士，以泰爲尚書侍郎，[19]加奉車都尉。[20]進將誅黃門，[21]欲召董卓爲助，泰謂進曰：“董卓彊忍寡義，志欲無厭，若借之朝政，授之大事，將肆其心以危朝廷。以明公之威德，據阿衡之重任，[22]秉意獨斷，誅除有罪，誠不待卓以爲資援也。且事留變生，其鑒不遠。”[23]又爲陳時之要務，進不能用，乃棄官去。謂潁川人荀攸曰：[24]“何公未易輔也。”進尋見害，卓果專權，廢帝。[25]關東義兵起，卓會議大發兵，[26]羣寮咸憚卓，莫敢忤旨。泰恐其彊，益將難制，乃曰：“夫治在德，不在兵也。”卓不悅曰：“如此，兵無益邪？”衆人莫不變容，爲泰震慄。泰乃詭辭對曰：[27]“非以無益，[28]以山東不足加兵也。[29]今山東議欲起兵，州郡相連，人衆相動，非不能也。然中國自光武以來，無雞鳴狗吠之驚，[30]百姓忘戰日久；仲尼有言‘不教民戰，是謂棄之’，[31]雖衆不能爲害，一也。明公出自西州，[32]少爲國將，閑習軍事，數踐戰場，名稱當世；以此威民，民懷懾服，二也。袁本初公卿子弟，[33]生處京師，體長婦人；[34]張孟卓東平長者，[35]坐不窺堂；[36] 孔公緒能清談高論，[37] 噓枯吹生，[38] 無軍帥之才，[39] 負霜露之勤；臨鋒履刃，決敵雌雄，皆非明公敵，三也。察山東之士，力能跨馬控弦，勇等孟賁，[40] 捷齊慶忌，[41] 信有聊城之守，[42] 策有良平之謀；[43] 可任以偏師，責以成功，未聞有其人者，四也。就有其人，王爵不相加，婦姑位不定，[44] 各恃衆怙力，將人人慕時，以觀成敗，不肯同心共膽，率徒旅進，[45] 五也。關西諸郡，[46] 北接上黨、太原、馮翊、扶風、安定，[47] 自頃以來，數與胡戰，婦女載戟挾矛，弦弓負矢，[48] 況其悍夫；以此當山東忘戰之民，譬驅羣羊向虎狼，其勝可必，六也。且天下之權勇，[49] 今見在者不過并、涼、匈奴屠各、湟中義從、八種西羌，[50] 皆百姓素所畏服，而明公權以爲爪牙，[51] 壯夫震慄，[52] 況小醜乎！七也。又明公之將帥，皆中表腹心，周旋日久，自三原、硤口以來，[53] 恩信醇著，忠誠可遠任，智謀可特使，以此當山東解（合）〔后〕之虛誕，[54] 實不相若，八也。夫戰有三亡：以亂攻治者亡，以邪攻正者亡，以逆攻順者亡。今明公秉國政平，討夷凶宦，忠義克立；以三德待於三亡，奉辭伐罪，誰人敢禦？九也。東州有鄭康成，[55] 學該古今，儒生之所以集；北海邴根矩，[56] 清高直亮，羣士之楷式。彼諸將若詢其計畫，案典校之彊弱，燕、趙、齊、梁非不盛，[57] 終見滅於秦，吳、楚七國非不衆，[58] 而不敢踰滎陽，[59] 況今德政之赫赫，股肱之邦良，[60] 欲造亂以徼不義者，必不相然贊，[61] 成其凶謀，十也。若十事少有可采，無事徵兵以驚天下，使患役之民，相聚爲非，棄德恃衆，以輕威重。”卓乃悅，以泰爲將軍，統諸軍擊關東。或謂卓曰：“鄭泰智略過人，而結謀山東，今資之士馬，使就其黨，竊爲明公懼之。”[62] 卓收其兵馬，留拜議郎。[63] 後又與王允謀共誅卓，[64] 泰脫身自武關走，[65] 東歸。後將軍袁術以爲揚州刺史，[66] 未至官，道卒，時年四十一。[67]

　　［1］開封：縣名。治所在今河南開封市南。

　　［2］曾祖：各本皆作“高祖”。沈家本《瑣言》謂《後漢書》
卷七八《鄭眾傳》曰“曾孫公業”，《鄭太傅》曰“司農眾之曾
孫”，渾既泰弟，則當云曾祖父眾，“高”字誤。按此説有理，
故從改。

　　［3］興：鄭興，東漢初著名的古文經學家，長於《春秋左傳》
及《周禮》。子眾，亦傳父業，精於《左傳》，兼通《詩》《易》。
(見《後漢書》卷三六《鄭興傳》及附《眾傳》)

　　［4］淮南：錢大昕《三史拾遺》卷五云：“初平四年（193），
袁術殺揚州刺史陳温，遂據淮南，淮南即壽春也。”壽春，縣名。
治所在今安徽壽縣。

　　［5］豫章：郡名。治所南昌縣，在今江西南昌市。

　　［6］掾：屬官之統稱。漢朝三公府及其他重要官府皆置掾、
屬，分曹治事。

　　［7］下蔡：縣名。治所在今安徽鳳臺縣。　邵陵：縣名。亦即
召陵縣，治所在今河南漯河市郾城區東。

　　［8］剽輕：謂强悍而輕浮不定。

　　［9］耕桑：趙幼文《校箋》謂《太平御覽》卷二六七引“桑”
字作“種”。

　　［10］重去子之法：潘眉《考證》云：“《零陵先賢傳》云：
‘漢末多事，國用不足，産子一歲，輒出口錢，民多不舉子。’蓋是
時民窮財盡，懼出口錢，因不舉子。鄭渾先課耕桑，開稻田，令其
豐給，無不舉育，法之善者也。”

　　［11］舉贍：趙幼文《校箋》謂《太平御覽》卷二六七引
“贍”字作“育”，是。

　　［12］字：趙幼文《校箋》謂《太平御覽》引作“名”，是。

　　［13］左馮翊：官名。漢武帝以後，京都所在地之附近三郡，
稱京兆尹、右扶風、左馮翊，合稱三輔；東漢建都洛陽，以三輔陵
廟所在，不改其號，仍稱三輔。其長官名與地區名相同，職位相當

於郡太守。左馮翊治所高陵縣，在今陝西高陵縣西南。漢獻帝建安初又移於臨晉縣，在今陝西大荔縣。

[14] 諫議大夫：官名。秩六百石。屬光禄勳，掌議論，無定員。

[15] 子師：《後漢書》卷三六《鄭興附衆傳》作"仲師"。

[16] 大司農：官名。秩中二千石，漢列卿之一。掌全國租賦收入和國家財政開支；原屬少府管理的帝室財政開支，東漢時亦並歸大司農。

[17] 山東：地區名。指崤山以東之地。

[18] 公車：官署名。以公車司馬令主之。東漢時掌皇宮南闕門，並接待臣民上書及徵召。

[19] 尚書侍郎：官名。尚書臺郎曹長官。東漢尚書臺六曹各置六員，分隸列曹尚書。初入臺稱郎（郎中），任滿三年（一説滿一年）者始得稱侍郎，亦統稱爲尚書郎。

[20] 奉車都尉：官名。秩比二千石，掌皇帝車輿，入侍左右。

[21] 黃門：此指宦官。東漢黃門令、中黃門諸官皆以宦官爲之，故以黃門稱宦官。

[22] 阿衡：商湯時，伊尹所任官名。《詩·商頌·長發》："實維阿衡，實左右商王。"毛傳："阿衡，伊尹也。左右，助也。"鄭箋："阿，倚；衡，平也。伊尹，湯所依倚而取平，故以爲官名。"

[23] 其鑒不遠：胡三省云："謂竇武之事可爲殷鑒也。"（《通鑑》卷五九漢靈帝中平六年注）竇武，漢桓帝竇皇后之父，桓帝死，迎立靈帝，爲大將軍執掌朝政。後與陳蕃、李膺等謀誅宦官，事泄，兵敗自殺。（見《後漢書》卷六九《竇武傳》）

[24] 潁川：郡名。治所陽翟縣，在今河南禹州市。

[25] 廢帝：謂廢少帝劉辯。

[26] 卓會議：趙幼文《校箋》謂《冊府元龜》卷八三三引作"卓會公卿議"，多"公卿"二字，《季漢書》同。

〔27〕對曰：殿本、盧弼《集解》本"對曰"上有"而"字，百衲本、校點本無。今從百衲本等。

〔28〕非以無益：趙幼文《校箋》謂《册府元龜》卷八三三引"以"字作"謂"。按，宋本《册府元龜》引"益"字作"用"。

〔29〕山東：戰國秦漢間人稱"山東"，一般指崤山以東。鄭泰此時在洛陽，所説"山東"，當指太行山以東。如《史記》卷三九《晉世家》"晉兵先下山東"，即指太行山以東。

〔30〕雞鳴狗吠之驚：盧弼《集解》本作"雞鳴犬吠之驚"，並注云："馮本'犬'作'狗'，'驚'作'警'。"校點本作"雞鳴狗吠之警"，百衲本、殿本皆作"雞鳴狗吠之驚"。今從百衲本等。

〔31〕仲尼有言：孔子此語，見《論語·子路》。

〔32〕西州：指凉州。

〔33〕袁本初：袁紹字本初。

〔34〕體長婦人：謂在高官府第中由侍妾、女婢侍奉長大。

〔35〕張孟卓：張邈字孟卓，時爲陳留太守，與袁紹同時起兵討董卓。

〔36〕坐不窺堂：《後漢書》卷七〇《鄭太傳》王先謙《集解》云："言不出帷房也。"

〔37〕孔公緒：孔伷字公緒，時爲豫州刺史，與袁紹同時起兵討董卓。

〔38〕噓枯吹生：《後漢書》卷七〇《鄭太傳》李賢注："枯者噓之使生，生者吹之使枯。言談論有所抑揚。"亦即謂言談雖然動聽，而抑揚褒貶不合實際。

〔39〕軍帥：盧弼《集解》云："宋本'軍'作'將'。"而百衲本亦作"軍"。趙幼文《校箋》又謂《册府元龜》卷八三三引"帥"字作"旅"。《後漢書·鄭太傳》同。疑作"軍旅"者是。

〔40〕孟賁（bēn）：戰國勇士。《史記》卷一〇一《袁盎列傳》之《索隱》引《尸子》云："孟賁水行不避蛟龍，陸行不避

兇虎。"

［41］慶忌：春秋時吳王僚之子，以勇聞名。《吳越春秋·闔閭内傳》：吳王曰："慶忌之勇，世所聞也，筋骨果勁，萬人莫當，走追奔獸，手接飛鳥，骨騰肉飛，拊膝數百里。"

［42］聊城之守：《史記》卷八三《魯仲連列傳》："燕將攻下聊城，聊城人或讒之燕，燕將懼誅，因保守聊城，不敢歸。齊田單攻聊城歲餘，士卒多死而聊城不下。"

［43］良平：即張良、陳平，漢高祖劉邦之重要謀士。

［44］婦姑位不定：婦，兒媳；姑，婆婆。謂尊卑之位未定。此句《後漢書·鄭太傳》即作"尊卑無序"。

［45］率徒：百衲本"率"字作"牵"，殿本、盧弼《集解》本、校點本作"率"。今從殿本等。 旅進：《禮記·樂記》："今夫古樂，進旅退旅。"鄭玄注："旅，俱也。俱進俱退，主一齊也。"

［46］關西：地區名。指函谷關以西之地。

［47］太原：郡名。治所晉陽縣，在今山西太原市西南古城營西古城。

［48］弦弓：《後漢書·鄭太傳》作"挾弓"。盧弼《集解》謂當從《後漢書》作"挾弓"。趙幼文《校箋》謂《冊府元龜》卷八三三引亦作"挾弓"。上句"挾矛"《冊府元龜》作"操矛"。錢劍夫則云："'弦弓'者即緊其弓或堅其弓，中醫謂人脈急曰弦，亦由此義引申。"（《三國志集解校點記》）

［49］權勇：吳金華《校詁》謂即強勇。《詩·齊風·盧令》："其人美且鬈。"鄭玄箋："鬈當讀權。權，勇壯也。"可見東漢稱強勇爲"權"，"權勇"連文，乃同義字之平列。

［50］匈奴屠各：屠各爲匈奴族之一種。 湟中義從：歸順漢朝居於湟中地區的月氏胡人。 八種西羌：羌族内部支系繁多，《後漢書》卷八七《西羌傳》云："自爰劍後，子孫支分，凡百五十種。"此八種西羌，當指居於凉州之燒當羌八種。《後漢書·西羌傳》又云："延熹二年，訪卒，以中郎將段熲爲校尉。時燒當八種

寇隴右。"

［51］權：《後漢書・鄭太傳》作"擁"。盧弼《集解》謂《後漢書》正確。

［52］震慄：殿本、盧弼《集解》本"慄"字作"悚"，百衲本、校點本作"慄"。今從百衲本等。

［53］三原：地區名。在漢馮翊池陽縣界，即今陝西涇陽縣一帶。 硤口：百衲本、殿本、盧弼《集解》本均作"狹口"。趙一清《注補》云："'狹口'當作'硤口'，即望垣硤，見《後漢書・董卓傳》。"校點本作"硤口"。今從趙説與校點本。又按，"望垣硤"見本書卷六《董卓傳》，乃地名。其地在望垣縣境，望垣縣治所在今甘肅天水市西北。

［54］解后：各本皆作"解合"，校點本從吳承仕《緪齋讀書記》説改爲"解后"。今從校點本。又按，"解后"即"邂逅"，謂彼此不期而遇。

［55］東州：指青州。 鄭康成：鄭玄字康成，青州北海郡高密縣（今山東高密市西南）人。

［56］邴根矩：邴原字根矩。

［57］燕趙齊梁：指戰國之四國。梁即魏國，因魏曾遷都大梁（今河南開封市西北），故又以梁稱之。

［58］吳楚七國：漢景帝三年，吳、膠西、楚、趙等七王國起兵反叛，景帝命周亞夫將兵擊之。亞夫至滎陽（今河南滎陽市東北），堅壁固守。吳、楚軍食盡，引去，亞夫出精兵追擊，遂大破之。（見《漢書》卷四〇《周勃附亞夫傳》）

［59］滎陽：殿本、盧弼《集解》本作"熒陽"，百衲本、校點本作"滎陽"。今從百衲本等。

［60］邦良：趙幼文《校箋》謂《冊府元龜》卷八三三引"邦"字作"惟"。

［61］然讚：稱許，贊成。

［62］竊：百衲本作"切"，殿本、盧弼《集解》本、校點本

作"竊"。今從殿本等。

〔63〕議郎：官名。郎官之一種，屬光祿勳，秩六百石，不入直宿衛，得參預朝政議論。

〔64〕與王允謀共誅卓：何焯云："《後漢書》作'與何顒、荀攸共謀誅卓'，爲得其實。"（《義門讀書記》卷二六《三國志·魏志》）沈家本《瑣言》亦云："以王允、董卓傳考之，誅卓時無鄭泰名，則何説誠是。"

〔65〕武關：關隘名。在今陝西商州市西南丹江北岸。

〔66〕後將軍：官名。位如上卿，與前、左、右將軍掌京師兵衛和邊防屯警。

〔67〕四十一：百衲本作"四十二"，盧弼《集解》亦云："宋本作'四十二'，范書同。"而《後漢書·鄭太傳》實作"四十一"，殿本、盧弼《集解》本、校點本均作"四十一"。今從殿本、《後漢書》等。

時梁興等略吏民五千餘家爲寇鈔，[1]諸縣不能禦，皆恐懼，寄治郡下。[2]議者悉以爲當移就險，渾曰："興等破散，竄在山阻。雖有隨者，率脅從耳。今當廣開降路，宣喻恩信。而保險自守，此示弱也。"乃聚斂吏民，治城郭，爲守禦之備。遂發民逐賊，明賞罰，與要誓，其所得獲，十以七賞。百姓大悦，皆願捕賊，多得婦女、財物。賊之失妻子者，皆還求降。渾責其得他婦女，然後還其妻子，於是轉相寇盜，黨與離散。又遣吏民有恩信者，分布山谷告喻，出者相繼，乃使諸縣長吏各還本治以安集之。[3]興等懼，將餘衆聚郿城。[4]太祖使夏侯淵就助郡擊之，渾率吏民前登，斬興及其支黨。[5]又賊靳富等，脅將夏陽長、邵陵令并其吏民人磑山，[6]渾復討擊破富等，獲二縣長吏，將其所略還。及趙青龍者，殺左內史程休，[7]渾聞，遣壯士就梟其首。前後歸附四千餘家，由是山賊皆平，民安產業。轉爲上黨太守。

太祖征漢中，以渾爲京兆尹。渾以百姓新集，爲制移居之法，使兼複者與單輕者相伍，[8]溫信者與孤老爲比，[9]勤稼穡，明禁令，以發姦者。由是民安於農，而盜賊止息。及大軍入漢中，運轉軍糧爲最。又遣民田漢中，無逃亡者。太祖益嘉之，復入爲丞相掾。文帝即位，爲侍御史，[10]加駙馬都尉，[11]遷陽平、沛郡二太守。[12]郡界下溼，[13]患水潦，[14]百姓飢乏。渾於蕭、相二縣界，[15]興陂遏，[16]開稻田。郡人皆以爲不便，渾曰：“地勢洿下，宜溉灌，終有魚稻經久之利，[17]此豐民之本也。”遂躬率吏民，興立功夫，[18]一冬間皆成。比年大收，頃畝歲增，租入倍常，民賴其利，刻石頌之，號曰鄭陂。[19]轉爲山陽、魏郡太守，[20]其治放此。[21]又以郡下百姓，苦乏材木，[22]乃課樹榆爲籬，[23]並益樹五果；[24]榆皆成藩，五果豐實。入魏郡界，村落齊整如一，民得財足用饒。明帝聞之，下詔稱述，布告天下。遷將作大匠。[25]渾清素在公，妻子不免於飢寒。及卒，以子崇爲郎中。[一]

〔一〕《晋陽秋》曰：泰子袤，字林叔。[26]泰與華歆、荀攸善。見袤曰：“鄭公業爲不亡矣。”初爲臨菑侯文學，稍遷至光禄大夫。泰始七年，[27]以袤爲司空，[28]固辭不受，終於家。子默，字思元。[29]

《晋諸公贊》曰：默遵守家業，以篤素稱，位至太常。默弟質、舒、詡，皆爲卿。默子球，清直有理識，尚書右僕射、領選。球弟豫，爲尚書。

[1] 梁興：關中割據勢力韓遂、馬超的餘黨。

[2] 寄治郡下：謂遷縣公署於郡城。

[3] 長吏：指諸縣令、長。

[4] 鄜城：即鄜縣城。鄜縣，西漢置，東漢省。謝鍾英《補三國疆域志補注》謂東漢末又立。治所在今陝西洛川縣東南鄜城。

[5] 斬興：盧弼《集解》謂本書《夏侯淵傳》所載，斬梁興者夏侯淵，與此所説不同。

[6] 夏陽：縣名。治所在今陝西韓城市南。　郃陵：梁章鉅《旁證》引何焯説，渾爲司隷部左馮翊，夏陽乃其屬城，若邵陵，則屬汝郡，與左馮翊無涉，此因前有渾爲邵陵令之文而誤耳。地當去夏陽不遠，或“郃陽”之誤。按，何焯的推論大體正確。郃陽縣治所在今陝西合陽縣東南夏陽鎮南。　礀山：未詳確址，當在夏陽與郃陽附近。

[7] 左内史：官名。本書卷二三《裴潛傳》裴注引《魏略》云：“建安初，關中始開。詔分馮翊西數縣爲左内史郡，治高陵。”此郡名與官名相同。高陵縣治所在今陝西高陵縣西南。

[8] 兼複者：謂强宗富室。　單輕者：謂單家貧户。　伍：鄰伍。

[9] 比：比鄰。

[10] 侍御史：官名。秩六百石，第七品。掌察舉非法，受公卿群吏奏事，有違失者舉劾之。

[11] 駙馬都尉：官名。秩比二千石，掌皇帝副車之馬。曹魏時第六品，無定員或爲加官。

[12] 陽平：郡名。魏文帝黄初二年分魏郡置，治所館陶縣，在今河北館陶縣。　沛郡：魏初治所沛縣，在今江蘇沛縣。

[13] 郡界：此謂"郡界下濕，患水潦，百姓飢乏"，專指沛郡而言，觀下文"渾于蕭、相二縣興陂遏"云云可知。蕭、相二縣均屬沛郡。

[14] 患水潦：盧弼《集解》謂《太平御覽》卷二六一引"患"上有"常"字。

[15] 蕭：縣名。治所在今安徽蕭縣西北。　相：縣名。治所在今安徽濉溪縣西北。

[16] 陂遏：錢大昭《辨疑》云："《晉書‧食貨志》'遏'作'堨'，疑與'堰'同。"陂遏，塘堰。

[17] 終有魚稻經久之利：趙幼文《校箋》謂《太平御覽》卷二六一引作"終成稻田經久之利"。

[18] 功夫：工役。

[19] 鄭陂：在蕭縣西北，久堙。

[20] 山陽：郡名。治所昌邑縣，在今山東金鄉縣西北。　魏郡：治所鄴縣，在今河北臨漳縣西南鄴鎮東一里半。

[21] 放：同"仿"。

[22] 材木：趙幼文《校箋》謂《北堂書鈔》卷七四引"材"字作"林"。

[23] 樹：趙幼文《校箋》謂《北堂書鈔》卷七四、《藝文類聚》卷八八引"樹"字俱作"種"。

[24] 五果：指桃、李、杏、栗、棗五種果樹。

[25] 將作大匠：官名。漢代，秩二千石，掌宮室、宗廟、陵寢及其他土木之營建。曹魏沿置，第三品。

[26] 林叔：殿本、盧弼《集解》本作"材叔"，百衲本、校點本作"林叔"，《晋書》卷四四《鄭袤傳》亦作"林叔"。今從百衲本等。

[27] 泰始：晋武帝司馬炎年號（265—274）。

[28] 司空：官名。西晋時，第一品，爲名譽宰相，無實際職掌，多爲大臣加官。

[29] 元：殿本、盧弼《集解》本、校點本作“玄”，百衲本作“元”，《晉書》卷四四《鄭袤附默傳》亦作“元”。若以名與字的關係看，似應作“玄”，百衲本之作“元”，可視爲宋人之避諱，而唐人之《晉書》亦作“元”，故仍從百衲本。

倉慈字孝仁，淮南人也。[1] 始爲郡吏。建安中，太祖開募屯田於淮南，以慈爲綏集都尉。[2] 黄初末，爲長安令，[3] 清約有方，吏民畏而愛之。太和中，遷燉煌太守。郡在西陲，以喪亂隔絶，曠無太守二十歲，大姓雄張，[4] 遂以爲俗。前太守尹奉等，[5] 循故而已，無所匡革。慈到，抑挫權右，撫恤貧羸，甚得其理。舊大族田地有餘，而小民無立錐之土；慈皆隨口割賦，[6] 稍稍使畢其本直。[7] 先是屬城獄訟衆猥，縣不能決，多集治下；慈躬往省閲，料簡輕重，自非殊死，[8] 但鞭杖遣之，[9] 一歲決刑曾不滿十人。[10] 又常日西域雜胡欲來貢獻，[11] 而諸豪族多逆斷絶；既與貿遷，欺詐侮易，多不得分明。胡常怨望，慈皆勞之。欲詣洛者，[12] 爲封過所，[13] 欲從郡還者，官爲平取，輒以府見物與共交市，使吏民護送道路，由是民夷翕然稱其德惠。數年卒官，吏民悲感如喪親戚，圖畫其形，思其遺（像）〔愛〕。[14] 及西域諸胡聞慈死，悉共會聚於戊己校尉及長吏治下發哀，[15] 或有以刀畫面，以明血誠，又爲立祠，遥共祠之。〔一〕

〔一〕《魏略》曰：天水王遷，[16] 承代慈，雖循其迹，不能及也。金城趙基承遷後，復不如遷。至嘉平中，安定皇甫隆代基爲太守。初，燉煌不甚曉田，常灌溉滀水，使極濡洽，[17]然後乃耕。又不曉作耬犁，[18]用水，及種，人牛功力既貴，而收穀更少。隆到，教作耬犁，[19]又教衍溉，[20]歲終率計，其所省庸力過半，得穀加五。[21]又燉煌俗，婦人作裙，攣縮如羊腸，用布一匹；隆又禁改之，所省復不訾。[22]故燉煌人以爲隆剛斷嚴毅不及於慈，至於勤恪愛惠，爲下興利，可以亞之。

[1] 淮南：郡名。治所壽春縣，在今安徽壽縣。

[2] 綏集都尉：官名。蓋爲管理屯田之官，與典農都尉大體相同。

[3] 長安：縣名。治所在今陝西西安市西北。

[4] 雄張：盧弼《集解》謂《太平御覽》引“張”字作“豪”。趙幼文《校箋》謂見《太平御覽》卷二六一。考《册府元龜》卷六九六引仍作“張”，作“張”字是。雄張，《後漢書》卷四七《班超傳》注：“猶熾盛也。”

[5] 尹奉：尹奉爲敦煌太守，見本書卷一八《閻溫傳》。

[6] 隨口割賦：謂按人口將大族之田地割割給貧民。

[7] 畢其本直：謂貧民償還完所得大族田地所值之錢。

[8] 殊死：《漢書》卷一下《高帝紀下》“其赦天下殊死以下”顏師古注引韋昭曰：“殊死，斬刑也。”

[9] 但鞭杖遣之：趙幼文《校箋》謂《太平御覽》卷二六一引作“便杖而遣之”。按，《册府元龜》卷六九〇引亦作“但鞭杖遣之”。

[10] 決刑：死刑。　曾：趙幼文《校箋》謂《册府元龜》卷六九〇引作“曹”。

[11] 常：趙幼文《校箋》謂《册府元龜》卷四二九引作“當”。

[12] 洛：指京都洛陽，在今河南洛陽市東北白馬寺東。

〔13〕過所：官府發給行人的過關憑證。

〔14〕思其遺愛：各本作"思其遺像"。趙幼文《校箋》謂《白孔六帖》卷七七引"像"字作"愛"，是也。既已圖畫其形，則不當復云思其遺像。思其遺愛猶云懷念其遺惠也。"像"係誤字，當改作"愛"。今從趙説改。

〔15〕戊己校尉：官名。魏時秩比二千石，第四品，職責是安撫西域。治所高昌，在今新疆吐魯番市東。

〔16〕天水：郡名。治所冀縣，在今甘肅甘谷縣東。（本謝鍾英《補三國疆域志補注》）

〔17〕濡洽：濕潤。

〔18〕耬（lóu）犁：殿本作"樓犂"，百衲本、盧弼《集解》本、校點本作"耬犂"。今從百衲本等。耬犁，又稱耬車，是西漢趙過創制的播種農具。一人在前牽引，一人挽耬。後多用畜力牽引，人扶於後，開溝下種同時完成，一日可種地一頃。

〔19〕教作：趙幼文《校箋》謂《太平御覽》卷八二三引"教"上有"乃"字，《晋書·食貨志》《齊民要術》引同。

〔20〕衍溉：灌溉。

〔21〕加五：增加五成。

〔22〕訾：通"貲"，計量。

自太祖迄于咸熙，[1]魏郡太守陳國吴瓘、清河太守樂安任燠、京兆太守濟北顏斐、弘農太守太原令狐邵、濟南相魯國孔乂，[2]或哀矜折獄，或推誠惠愛，或治身清白，或擿姦發伏，咸爲良二千石。〔一〕

〔一〕瓘、燠事行無所見。《魏略》曰：顏斐字文林。有才學。[3]丞相召爲太子洗馬，[4]黄初初轉爲黄門侍郎，後爲京兆太守。始，京兆從馬超破後，民人多不專於農殖，又歷數四二千石，取解目前，亦不爲民作久遠計。斐到官，乃令屬縣整阡陌，樹桑果。是時民多無車牛。斐又課民以閒月取車材，使轉相教匠作車。又課民無牛者，令畜猪狗，賣以買牛。[5]始者民以爲煩，一二年閒，家家有丁車、大牛。[6]又起文學，[7]聽吏民欲讀書者，復其小徭。又於府下起菜園，使吏（役）〔投〕閒鉏治。[8]又課民當輸租時，車牛各因便致薪兩束，爲冬寒冰炙筆硯。於是風化大行，吏不煩民，民不求吏。京兆與馮翊、扶風接界，二郡道路既穢塞，田疇又荒萊，人民饑凍，而京兆皆整頓開明，[9]豐富常爲雍州十郡最。[10]斐又清己，仰奉而已，於是吏民恐其遷轉也。至青龍中，[11]司馬宣王在長安立軍市，而軍中吏士多侵侮縣民，[12]斐以白宣王。宣王乃發怒召軍市候，[13]便於斐前杖一百。時長安典農與斐共坐，[14]以爲斐宜謝，乃私推築斐。斐不肯謝，良久乃曰：“斐意觀明公受分陝之任，[15]乃欲一齊衆庶，必非有所左右也。[16]而典農竊見推築，欲令斐謝；假令斐謝，是更爲不得明公意也。”宣王遂嚴持吏士。自是之後，軍營、郡縣各得其分。後數歲，遷爲平原太守，[17]吏民啼泣遮道，車不得前，步步稽留，十餘日乃出界。[18]東行至崤而疾困，[19]斐素心戀京兆，其家人從者見斐病甚，勸之，言：“平原當自勉勵作健。”[20]斐曰：“我心不願平原，汝曹等呼我，何不言京兆邪？”遂卒，還平原。[21]京兆聞之，皆爲流涕，爲立碑，於今稱頌之。[22]

令狐邵字孔叔。父仕漢，爲烏丸校尉。[23]建安初，袁氏在冀州，邵去本郡家居鄴。[24]九年，暫出到武安毛城中。[25]會太祖破鄴，遂圍毛城。城破，執邵等輩十餘人，皆當斬。太祖閱見之，疑其衣冠也，問其祖考，而識其父，乃解放，署軍謀掾。[26]仍歷宰守，後徙丞相主簿，[27]出爲弘農太守。所在清如冰雪，妻子希到官省；[28]舉善而教，恕以待人，不好獄訟，與下無忌。是時，郡無知經者，乃歷問諸吏，有欲遠行就師，輒假遣，令詣河東就樂詳學經，粗明乃還，因設文學。由是弘農學業轉興。至黄初初，徵拜羽林郎，[29] 遷虎賁中郎將，[30] 三歲，[31] 病亡。始，邵族子愚，爲白衣時，[32] 常有高志，衆人謂愚必榮令狐氏，而邵獨以爲"愚性倜儻，不修德而願大，必滅我宗"。愚聞邵言，其心不平。及邵爲虎賁郎將，而愚仕進已多所更歷，所在有名稱。愚見邵，因從容言次，微激之曰："先時聞大人謂愚爲不繼，愚今竟云何邪？"邵熟視而不答也。然私謂其妻子曰："公治性度猶如故也。[33] 以吾觀之，終當敗滅。但不知我久當坐之不邪？將逮汝曹耳！"邵没之後，十餘年間，愚爲兖州刺史，果與王淩謀廢立，家屬誅滅。邵子華，時爲弘農郡丞，[34] 以屬疏得不坐。

案《孔氏譜》：[35] 孔乂字元儁，孔子之後。曾祖疇，字元矩，陳相。漢桓帝立老子廟於苦縣之賴鄉，[36] 畫孔子象於壁；疇爲陳相，立孔子碑於像前，今見存。乂父祖皆二千石，乂爲散騎常侍，上疏規諫。語在《三少帝紀》。至大鴻臚，[37] 子恂字士信，晋平東將軍、衛尉也。[38]

[1] 咸熙：魏元帝曹奐年號（264—265）。

[2] 陳國：王國名。治所陳縣，在今河南淮陽縣。　濟北：王國名。治所盧縣，在今山東長清縣南。　濟南：王國名。治所東平陵縣，在今山東章丘市西北。　魯國：王國名。治所魯縣，在今山東曲阜市東古城。

[3] 有才學：趙幼文《校箋》謂《北堂書鈔》卷六六引"有"字作"以"。

[4] 太子洗（xiǎn）馬：官名。東宮屬官。"洗"亦作"先"。先馬，即前驅。秩比六百石，掌賓贊受事，太子出行則爲前導。東漢屬太子少傅。曹魏因之，第七品。

[5] 令畜豬狗賣以買牛：殿本《考證》云："《太平御覽》作'令畜豬貴時賣以買牛'。"吳金華《校詁》謂《齊民要術序》稱顏斐"又課民無牛者，令畜豬，投貴時賣以買牛"，似當以訂補。趙

幼文《校箋》亦謂《晋書・食貨志》作"令養猪投貴賣以買牛"。據諸書所引，則此注"狗"字或"投"字之誤，且奪"貴時"二字，遂致文義不可解矣，似應訂補。

[6] 丁車：大車。

[7] 文學：指學校。

[8] 投閒鉏治：百衲本無"投"字，殿本、盧弼《集解》本、校點本皆作"役閒"。盧弼《集解》又謂《太平御覽》卷八二四作"投閒灌治之"。吴金華《校詁》謂作"投閒"文較順。投閒，猶言找空隙時間。趙幼文《校箋》謂《白孔六帖》卷一一引亦作"投閒"。"役"當爲"投"字之形誤。今從盧、吴、趙説改。

[9] 整頓開明：趙幼文《校箋》謂《北堂書鈔》卷七五引"明"字作"闢"，是。此句正承上文"道路穢塞，田疇荒萊"而言，"開闢"蓋對"荒萊"而言之，"明"字於此無義。

[10] 十郡：魏初雍州十郡指京兆、馮翊、扶風、上郡、安定、隴西、漢陽、北地、武都、南安等郡。(本沈家本《瑣言》)

[11] 青龍：魏明帝曹叡年號 (233—237)。

[12] 侵侮：殿本、盧弼《集解》本作"侮侵"，百衲本、校點本作"侵侮"，盧弼《集解》謂北宋本作"侵侮"。今從百衲本等。

[13] 軍市候：官名。曹魏置。軍隊出征，駐屯一地時，則立軍市，與民貿易以供軍需，置此官以掌其事。

[14] 典農：指典農都尉。

[15] 分陝：周成王時，周公與召公分陝而治。陝指陝陌 (又稱陝原)，在今河南陝縣西南。周公治陝以東，召公治陝以西。(見《公羊傳・隱公五年》) 後世因將中央官員出任地方長官稱爲分陝。

[16] 左右：謂輕重厚薄。

[17] 平原：郡名。治所平原縣，在今山東平原縣西南。

[18] 乃出界：趙幼文《校箋》謂《北堂書鈔》卷七六引"乃"下有"得"字。

［19］崤：指崤山，在今河南洛寧縣北。

［20］作健：吳金華《校詁》云：“《釋名·釋言語》：‘健，建也。能有所建爲也。’能立功立事，謂之‘作健’。”

［21］還平原：趙幼文《校箋》謂郝經《續後漢書》無此三字，疑應删。

［22］稱頌之：殿本、盧弼《集解》本“之”下有“也”字，百衲本、校點本無。今從百衲本等。

［23］烏丸校尉：即護烏丸校尉。

［24］鄴：縣名。治所在今河北臨漳縣西南鄴鎮東一里半。

［25］武安：縣名。治所在今河北武安市西南。趙幼文《校箋》謂《太平御覽》卷二四九引“武安”作“安邑”。按，安邑距鄴遠，恐誤。　毛城：地名。在今河北涉縣西北。

［26］軍謀掾：官名。東漢末曹操置爲司空、丞相府之僚屬，以參議軍政。

［27］丞相主簿：官名。曹操爲丞相後，於丞相府置主簿四人，皆省録衆事。

［28］到：百衲本作“到”，殿本、盧弼《集解》本、校點本作“至”。趙幼文《校箋》謂《太平御覽》卷二六一、《册府元龜》卷六七九引俱作“到”。今從百衲本。

［29］羽林郎：官名。秩比三百石，掌宿衛侍從，無定員。魏、晋時爲第八品。

［30］虎賁（bēn）中郎將：官名。秩比二千石，掌虎賁宿衛，屬光禄勳。魏、晋沿之，第五品。

［31］三歲：殿本作“二歲”，百衲本、盧弼《集解》本、校點本均作“三歲”。今從百衲本等。

［32］白衣：古人未出仕時著白衣，猶後世言布衣。如《史記》卷一二一《儒林列傳》謂公孫弘“漢《春秋》白衣爲天子三公”。

［33］公治：令狐愚字公治。

[34] 郡丞：官名。郡太守之副，佐掌衆事。秩六百石，第八品。

[35] 孔氏譜：沈家本《三國志注所引書目》謂《隋書》《舊唐書》之《經籍志》、《新唐書・藝文志》，皆未著録。《漢書》卷八一《孔光傳》顏師古注謂"孔氏自爲譜諜"。

[36] 苦（hù）縣：治所在今河南鹿邑縣東。

[37] 大鴻臚：官名。漢列卿之一，秩中二千石。掌少數族君長、諸侯王、列侯之迎送、接待，安排朝會、封授、襲爵及奪爵削土之典禮；諸侯王死，則奉詔護理喪事，宣讀誄策謚號；百官朝會，掌贊襄引導；兼管京都之郡國邸舍及郡國上計吏之接待；又兼管少數族之朝貢使節及侍子。三國沿之，魏爲三品。

[38] 衛尉：官名。秩中二千石，第三品，掌宮門及宮中警衛。西晉時尚兼管武庫、冶鑄。

評曰：任峻始興義兵，以歸太祖，闢土殖穀，倉庾盈溢，庸績致矣。蘇則威以平亂，既政事之良，又矯矯剛直，[1]風烈足稱。杜畿寬猛克濟，惠以康民。鄭渾、倉慈，恤理有方。抑皆魏代之名守乎！恕屢陳時政，經綸治體，[2]蓋有可觀焉。

[1] 矯矯：形容威武。

[2] 經綸：殿本、盧弼《集解》本、校點本作"經論"，百衲本作"經綸"；殿本《考證》亦謂宋本作"經綸"，張照曰："'經綸'本《易・屯・象傳》，而古本《易》有作'經論'字者，'綸'亦可作'論'。"雖然二字可通，而不致歧義，以作"經綸"爲妥，故從百衲本。經綸，謂籌劃治國大事。

三國志 卷一七

魏書十七

張樂于張徐傳第十七

　　張遼字文遠，雁門馬邑人也。[1]本聶壹之後，[2]以避怨變姓。少爲郡吏。漢末，并州刺史丁原以遼武力過人，[3]召爲從事，[4]使將兵詣京都。何進遣詣河北募兵，得千餘人。還，進敗，以兵屬董卓。卓敗，以兵屬呂布，遷騎都尉。[5]布爲李傕所敗，從布東奔徐州，[6]領魯相，[7]時年二十八。太祖破呂布於下邳，[8]遼將其衆降，拜中郎將，[9]賜爵關内侯。[10]數有戰功，遷裨將軍。[11]袁紹破，別遣遼定魯國諸縣。與夏侯淵圍昌豨於東海，[12]數月糧盡，議引軍還，遼謂淵曰："數日已來，每行諸圍，豨輒屬目視遼。又其射矢更稀，此必豨計猶豫，故不力戰。遼欲挑與語，儻可誘也？"乃使謂豨曰："公有命，使遼傳之。"豨果下與遼語，遼爲説"太祖神武，方以德懷四方，先附者受大賞"。豨乃許降。遼遂單身上三公山，[13]入豨家，拜妻子。[14]豨歡喜，隨詣太祖。太祖遣豨還，責遼曰："此非大將法也。"遼謝曰："以明公威信著於四海，遼奉聖旨，豨必不敢害故也。"從討袁譚、袁尚於黎陽，[15]有功，行中堅將軍。[16]從攻尚於鄴，[17]尚堅守不下。太祖還許，[18]使遼與樂進拔陰安，[19]徙其民河南。復從攻鄴，鄴破，遼別徇趙國、常山，[20]招降緣山諸賊及黑山孫輕等。[21]從攻袁譚，譚破，別將徇海濱，[22]破遼東賊柳毅等。[23]還鄴，太祖自出迎遼，引共載，以遼爲盪寇將軍。[24]復別擊荊州，[25]定江夏諸縣，[26]還屯臨潁，[27]封都亭侯。[28]從征袁尚於柳城，[29]卒與虜遇，遼勸太祖戰，氣甚奮，太祖壯之，自以所持麾授遼。遂擊，大破之，斬單于蹋頓。[一]

〔一〕《傅子》曰：太祖將征柳城，遼諫曰："夫許，天下之會也。今天子在許，[30]公遠北征，若劉表遣劉備襲許，據之以號令四方，公之勢去矣。"[31]太祖策表必不能任備，遂行也。

［1］雁門：郡名。東漢時治所陰館縣，在今山西朔州市東南夏關城；曹魏時移治所於廣武縣，在今山西代縣西南古城。　馬邑：漢代爲縣，治所在今山西朔州市。曹魏廢置。

［2］聶壹：西漢雁門馬邑人。漢武帝元光二年（前133），命韓安國、李廣、公孫賀、王恢、李息等誘擊匈奴。又使聶壹亡入匈奴，誘單于曰："吾能斬馬邑令、丞，以城降，財物可盡得。"單于信之，率十萬騎往，未至馬邑百餘里，即發覺有伏兵，遂撤還。（見《漢書》卷五二《韓安國傳》）

［3］并州：刺史治所晉陽，在今山西太原市西南古城營西古城。

[4] 從事：官名。漢代州牧刺史的佐吏，有別駕從事史、治中從事史、兵曹從事史、部從事史等，均可簡稱爲從事。

[5] 騎都尉：官名。屬光禄勳，秩比二千石，掌羽林騎兵。

[6] 徐州：刺史治所本在郯縣（今山東郯城縣北），東漢末移於下邳，在今江蘇睢寧縣西北。（本吳增僅《三國郡縣表附考證》）

[7] 魯：王國名。治所魯縣，在今山東曲阜市東古城。　相：官名。王國的相，由朝廷直接委派，執掌王國行政大權，相當於郡太守。

[8] 下邳：縣名。治所在今江蘇睢寧縣西北。

[9] 中郎將：官名。東漢統兵將領之一，位次將軍，秩比二千石。

[10] 關內侯：爵名。漢制二十級爵之十九級，次於列侯，祇有封户收取租税而無封地。魏文帝定爵制爲十等，關內侯在亭侯下，仍爲虛封，無食邑。

[11] 裨將軍：官名。漢代雜號將軍之低級者。

[12] 東海：郡名。治所郯縣，在今山東郯城縣北。

[13] 三公山：在今山東郯城縣境。

[14] 拜妻子：吳金華《校詁》謂《册府元龜》卷四二六引作"拜其妻"，於情似較合。同輩相交，交厚者有升堂見妻之禮。若"拜妻子"不誤，則宜解爲昌豨使其妻兒出拜。

[15] 黎陽：縣名。治所在今河南浚縣東北。

[16] 中堅將軍：官名。漢獻帝建安初曹操置，主領兵征伐。

[17] 鄴：縣名。治所在今河北臨漳縣西南鄴鎮東一里半。

[18] 許：縣名。治所在今河南許昌縣東。

[19] 陰安：縣名。治所在今河南南樂縣西南。

[20] 趙國：王國名。治所邯鄲縣，在今河北邯鄲市西南。常山：王國名。治所元氏縣，在今河北元氏縣西北。

[21] 黑山：在今河南浚縣西北太行山脈中。東漢末，與黄巾軍同時起義的一支農民軍，以黑山一帶爲根據地，被稱爲"黑山

賊"。

　　[22] 別將徇：吳金華《三國志斠議》謂宋本《册府元龜》卷三四二作"別徇"，似可據之删"將"字。按，郝經《續後漢書》亦作"別將徇"，暫不删字。

　　[23] 遼東：郡名。治所襄平縣，在今遼寧遼陽市老城區。

　　[24] 盪寇將軍：官名。東漢末置，爲雜號將軍，統兵出征。

　　[25] 荆州：刺史的治所本在漢壽縣，在今湖南常德市東北。劉表爲刺史，移治所於襄陽縣，在今湖北襄陽市襄州區。

　　[26] 江夏：郡名。原治所西陵縣，在今湖北新洲縣西。劉表以黃祖爲江夏太守，治所沙羡（yí）縣，在今湖北武漢市武昌區西南。黃祖死後，劉琦爲江夏太守，卻屯夏口，在今武漢市漢水入長江處。

　　[27] 臨潁：縣名。治所在今河南臨潁縣西北。

　　[28] 都亭侯：爵名。位在鄉侯下，食禄於都亭。都亭，城郭附近之亭。

　　[29] 柳城：西漢縣名。西漢時屬遼西郡。東漢省。治所在今遼寧朝陽市西南十二臺營子。（本《〈中國歷史地圖集〉釋文匯編（東北卷）》）

　　[30] 許：趙幼文《校箋》謂郝經《續後漢書》"許"字作"焉"，疑是。上文已言"夫許天下之會"，此不必重出"許"字，於文爲順。

　　[31] 公之勢去矣：趙幼文《校箋》謂郝經《續後漢書》作"則公之事去矣"，蕭常《續後漢書》"勢"亦作"事"。

　　時荆州未定，復遣遼屯長社。[1] 臨發，軍中有謀反者，夜驚亂起火，一軍盡擾。遼謂左右曰："勿動。是不一營盡反，必有造變者，欲以動亂人耳。"乃令軍中："其不反者安坐！"遼將親兵數十人，中陣而立。[2]有頃定，即得首謀者殺之。陳蘭、梅成以（氐）〔灊〕、六縣叛，[3]太祖遣于禁、臧霸等討成，遼督張郃、朱蓋等討蘭。[4]成僞降禁，禁還。成遂將其衆就蘭，轉入灊山。[5]灊中有天柱山，[6]高峻二十餘里，道險狹，步徑裁通，蘭等壁其上。遼欲進，諸將曰：“兵少道險，難用深入。”遼曰：“此所謂一與一，[7]勇者得前耳。”遂進到山下安營，攻之，斬蘭、成首，盡虜其衆。太祖論諸將功，曰：“登天山，履峻險，以取蘭、成，盪寇功也。”增邑，假節。[8]

太祖既征孫權還，使遼與樂進、李典等將七千餘人屯合肥。[9]太祖征張魯，教與護軍薛悌，[10]署函邊曰“賊至乃發”。俄而權率十萬衆圍合肥，乃共發教，教曰：“若孫權至者，張、李將軍出戰；樂將軍守護軍，勿得與戰。”諸將皆疑。遼曰：“公遠征在外，比救至，彼破我必矣。是以教指及其未合逆擊之，折其盛勢，以安衆心，然後可守也。成敗之機，在此一戰，諸君何疑？”李典亦與遼同。於是遼夜募敢從之士，[11]得八百人，椎牛饗將士，明日大戰。平旦，遼被甲持戟，先登陷陣，[12]殺數十人，斬二將，大呼自名，衝壘入，至權麾下。權大驚，衆不知所爲，走登高冢，以長戟自守。遼叱權下戰，權不敢動，望見遼所將衆少，乃聚圍遼數重。遼左右麾圍，直前急擊，圍開，遼將麾下數十人得出，餘衆號呼曰：“將軍棄我乎！”遼復還突圍，拔出餘衆。權人馬皆披靡，無敢當者。自旦戰至日中，[13]吳人奪氣，還修守備，衆心乃安，諸將咸服。權（守）〔攻〕合肥十餘日，[14] 城不可拔，乃引退。遼率諸軍追擊，幾復獲權。太祖大壯遼，拜征東將軍。[一][15] 建安二十一年，[16] 太祖復征孫權，到合肥，循行遼戰處，歎息者良久。乃增遼兵，多留諸軍，徙屯居巢。[17]

〔一〕孫盛曰：夫兵固詭道，奇正相資，[18] 若乃命將出征，推轂委權，[19] 或賴率然之形，[20] 或憑掎角之勢，羣帥不和，[21] 則棄師之道也。至於合肥之守，縣弱無援，專任勇者則好戰生患，專任怯者則懼心難保。且彼衆我寡，必懷貪惰；以致命之兵，擊貪惰之卒，其勢必勝；勝而後守，守則必固。是以魏武推選方員，[22] 參以同異，爲之密教，節宣其用；事至而應，若合符契，妙矣夫！[23]

[1] 長社：縣名。治所在今河南長葛縣東北。

[2] 陣：校點本作“陳”，百衲本、殿本、盧弼《集解》本均作“陣”。固然“陳”“陣”可通，今仍從百衲本等。

[3] 灊（qián）六：各本皆作“氐六”。梁章鉅《旁證》引陳景雲曰：“‘氐’當作‘灊’，繁欽《征天臺山賦》爲遼平蘭、成而作，其詞云‘群舒蠢動，割有灊、六’。斯其證也。蘭、成初叛，本分割二邑，繼乃并兵於灊。此傳所載，與繁賦合。”梁氏又云：“按《通鑑》亦作‘灊、六’。灊、六二縣皆屬廬江郡。”按，陳、梁之説極是，今從之。灊縣，治所在今安徽霍山縣東北。六縣，西漢爲六安王國治所，在今安徽六安市東北。東漢改六縣爲六安侯國，治所未變。

[4] 朱蓋：百衲本、校點本作“牛蓋”。殿本、盧弼《集解》本作“朱蓋”；殿本《考證》亦謂宋本作“牛蓋”。蕭常《續後漢書》及《册府元龜》卷三四二引皆作“朱蓋”。又本書卷一七《徐

晃傳》亦有曹操之部將"朱蓋",故從殿本等。

[5] 灊山：漢代灊縣之山，即今安徽霍山縣之霍山。（本盧弼《集解》）

[6] 天柱山：霍山之最高峰。（本盧弼《集解》）

[7] 一與一：謂一敵一。《左傳·襄公二十五年》：（閭丘）嬰曰："崔、慶其追我。"（申）鮮虞曰："一與一，誰能懼我?"楊伯峻注："道狹，車不能並行，相鬭，只能一敵一，不足使我懼。與，敵也。"

[8] 假節：漢末三國時期，皇帝賜予臣下的一種權力。至晉代，此種權力明確爲因軍事可殺犯軍令者。

[9] 七千餘人：趙幼文《校箋》謂《太平御覽》卷三〇九引無"七"字，《文選》陳孔璋《檄吳將校部曲文》李善注、《通典·兵一》同。按，中華書局1988年校點本《通典》又據《魏志·張遼傳》於"千"字上增"七"字。 合肥：縣名。治所在今安徽合肥市西。

[10] 護軍：官名。此爲軍中監督之官。

[11] 敢從之士：趙幼文《校箋》謂《太平御覽》卷三〇九、卷四三四、《册府元龜》卷三九四引"從"字俱作"死"，《通典》同。

[12] 陣：校點本作"陳"，百衲本、殿本、盧弼《集解》本作"陣"。今從百衲本等。

[13] 旦：趙幼文《校箋》謂《太平御覽》卷三〇九引作"朝"。

[14] 攻：各本作"守"。趙幼文《校箋》謂《册府元龜》卷三四二引作"攻"，《通典》同。作"攻"字是。按，守合肥者乃張遼、李典、樂進，作"攻"字與下文"城不可拔"義正相承。今從趙説改。

[15] 征東將軍：官名。秩二千石。黃初中位次三公，第二品。資深者爲大將軍。

［16］建安：漢獻帝劉協年號（196—220）。

［17］居巢：縣名。治所在今安徽巢湖市東北。

［18］奇正：指奇兵與正兵。《孫子兵法・兵勢篇》："凡戰者，以正合，以奇勝。"曹操注："正者當敵，奇兵從旁擊不備也。"亦即謂以正兵合戰，以奇兵制勝，得相互配合。

［19］推轂：比喻薦舉人才。

［20］率然：傳説的一種蛇。《孫子兵法・九地篇》："故善用兵者，譬如率然。率然者，常山之蛇也。擊其首則尾至，擊其尾則首至，擊其中則首尾俱至。"

［21］帥：百衲本作"師"，殿本、盧弼《集解》本、校點本作"帥"。今從殿本等。

［22］推選方員：百衲本"員"字作"圓"，殿本、盧弼《集解》本、校點本作"員"。今從殿本等。方員，方面之大員。殿本《考證》云："《太平御覽》作'雜選武力'。"

［23］妙矣夫：百衲本無"夫"字，殿本、盧弼《集解》本、校點本有。今從殿本等。

　　關羽圍曹仁於樊，[1]會權稱藩，召遼及諸軍悉還救仁。遼未至，徐晃已破關羽，仁圍解。遼與太祖會摩陂。[2]遼軍至，太祖乘輦出勞之，還屯陳郡。[3]文帝即王位，轉前將軍。[一][4]分封兄汎及一子列侯。[5]孫權復叛，遣遼還屯合肥，進遼爵都鄉侯。[6]給遼母輿車，及兵馬送遼家詣屯，敕遼母至，導從出迎。[7]所督諸軍將吏皆羅拜道側，觀者榮之。文帝踐阼，封晉陽侯，[8]增邑千户，并前二千六百户。黄初二年，[9]遼朝洛陽宮，文帝引遼會建始殿，親問破吴意狀。帝歎息顧左右曰："此亦古之召虎也。"[10]爲起第舍，又特爲遼母作殿，[11]以遼所從破吳軍應募步卒，皆爲虎賁。[12]孫權復稱藩。遼還屯雍丘，[13]得疾。帝遣侍中劉曄將太醫視疾，[14]虎賁問消息，道路相屬。疾未瘳，帝迎遼就行在所，車駕親臨，執其手，賜以御衣，太官日送御食。[15]疾小差，還屯。孫權復叛，[16]帝遣遼乘舟，與曹休至海陵，[17]臨江。權甚憚焉，敕諸將：“張遼雖病，不可當也，愼之！”是歲，遼與諸將破權將呂範。遼病遂篤，薨于江都。[18]帝爲流涕，謚曰剛侯。子虎嗣。六年，帝追念遼、典在合肥之功，詔曰：“合肥之役，遼、典以步卒八百，破賊十萬，自古用兵，未之有也。使賊至今奪氣，可謂國之爪牙矣。其分遼、典邑各百戶，賜一子爵關內侯。”虎爲偏將軍，[19]薨。子統嗣。

〔一〕《魏書》曰：王賜遼帛千匹，穀萬斛。

[1] 樊：城名。在襄陽縣北，與襄陽隔漢水相對，在今湖北襄陽市樊城區。

[2] 摩陂：地名。在今河南郏縣東南。

[3] 陳郡：東漢中爲陳國，漢末陳王劉寵被袁紹所殺，國除爲郡（本《元和郡縣圖志》），治所陳縣，在今河南商丘市淮陽區。

[4] 前將軍：官名。在漢代，與後、左、右將軍皆位如上卿，掌京師兵衛與邊防屯警。魏、晉亦置，第三品。權位漸低，略高於一般雜號將軍，不典禁兵，不與朝政。

[5] 列侯：爵名。漢代二十級爵之最高者。金印紫綬，有封邑，食租稅。功大者食縣，小者食鄉亭。曹魏初亦沿襲有列侯。

[6] 都鄉侯：爵名。列侯食邑爲都鄉（近城之鄉）者，稱都

鄉侯。位次於縣侯，高於鄉侯。

[7] 導從：官員出行時的儀仗隊伍，前爲導，後爲從。

[8] 晉陽：原爲縣名，此爲侯國名。治所在今太原市西南古城營西古城。

[9] 黄初：魏文帝曹丕年號（220—226）。

[10] 召虎：百衲本、盧弼《集解》本“召”字作“邵”，殿本、校點本作“召”。按，二字同。今從殿本等。召虎，周宣王之大臣，曾受命平定淮夷。《詩·大雅·江漢》序：“《江漢》，尹吉甫美宣王也。能興衰撥亂，命召公平淮夷。”毛傳：“召公，召穆公也，名虎。”

[11] 殿：盧弼《集解補》：“顧炎武曰：《後漢書·蔡茂傳》‘夢坐大殿’注：屋之大者古通呼爲殿。”

[12] 虎賁（bēn）：官名。即虎賁郎，職掌宿衛，禁衛皇宫。由虎賁中郎將率領。

[13] 雍丘：縣名。治所在今河南杞縣。

[14] 侍中：官名。曹魏時，第三品。爲門下侍中寺長官。職掌門下衆事，侍從左右，顧問應對，拾遺補闕，與散騎常侍、黄門侍郎等共平尚書奏事。晉沿置，爲門下省長官。 太醫：官名。即太醫令。東漢時，秩六百石，掌諸醫，屬少府。曹魏沿置，第七品。按《宋書·百官志》謂漢代三公病，“遣中黄門問病。魏、晉則黄門郎，尤重者或侍中也”。趙一清《注補》云：“遼位未至公，而遣侍中，蓋寵之也。”

[15] 太官：官署名。漢代有太官署，掌宫廷膳食，由令、丞主之，屬少府。魏沿置。

[16] 孫權復叛：趙一清《注補》謂孫權無再服再叛之事。沈家本《瑣言》則據本書卷四七《孫權傳》、卷九《曹仁傳》以及《孫權傳》裴注引《魏略》等，列舉大量事實，證明孫權有再服再叛之事。

[17] 海陵：西漢縣名。治所在今江蘇泰州市。東漢廢置，漢

末又一度復置，曹魏又廢。（本《續漢書・郡國志》王先謙《集解》引馬與龍説）又洪亮吉《補三國疆域志》謂此"海陵"係"廣陵"之訛，見本書《文帝紀》可知。廣陵縣治所則在今江蘇揚州市西北蜀岡上。

［18］遼病遂篤薨于江都：校點本及盧弼《集解》所説馮本作"遼病篤遂薨于江都"；百衲本、殿本、盧弼《集解》本均作"遼病遂篤薨于江都"。按，張遼本有疾病，在破呂範後病遂篤而死，於情較合，故從百衲本等。江都，漢代爲縣，治所在今江蘇揚州市西南。三國吳沿置。

［19］偏將軍：官名。雜號將軍中地位較低者，第五品，無定員。

樂進字文謙，陽平衞國人也。[1]容貌短小，以膽烈從太祖，爲帳下吏。[2]遣還本郡募兵，得千餘人，還爲軍假司馬、陷陣都尉。[3]從擊呂布於濮陽，[4]張超於雍丘，橋蕤於苦，[5]皆先登有功，封廣昌亭侯。[6]從征張繡於安衆，[7]圍呂布於下邳，（破）別將擊睢固於射犬，[8]攻劉備於沛，[9]皆破之，拜討寇校尉。[10]渡河攻獲嘉，[11]還，從擊袁紹於官渡，[12]力戰，斬紹將淳于瓊。[13]從擊譚、尚於黎陽，斬其大將嚴敬，行遊擊將軍。[14]別擊黃巾，破之，定樂安郡。[15]從圍鄴，鄴定，從擊袁譚於南皮，[16]先登，入譚東門。譚敗，別攻雍奴，[17]破之。建安十一年，[18]太祖表漢帝，稱進及于禁、張遼曰："武力既弘，計略周備，質忠性一，守執節義，每臨戰攻，[19]常爲督率，奮强突固，無堅不陷，自援枹鼓，手不知倦。又遣別征，統御師旅，撫衆則和，奉令無犯，當敵制決，靡有遺失。論功紀用，宜各顯寵。"於是禁爲虎威;[20] 進,折衝;[21] 遼,盪寇將軍。

進別征高幹,從北道入上黨,[22] 回出其後,幹等還守壺關,連戰斬首。幹堅守未下,會太祖自征之,乃拔。太祖征管承,軍淳于,[23] 遣進與李典擊之。[24] 承破走,逃入海島,海濱平。荊州未服,遣屯陽翟。[25] 後從平荊州,留屯襄陽,[26] 擊關羽、蘇非等,皆走之,南郡諸縣山谷蠻夷詣進降。[27] 又討劉備臨沮長杜普、旌陽長梁太,[28] 皆大破之。後從征孫權,假進節。太祖還,留進與張遼、李典屯合肥,增邑五百,并前凡千二百戶。以進數有功,分五百戶,封一子列侯;進遷右將軍。[29] 建安二十三年薨,謚曰威侯。子綝嗣。綝果毅有父風,官至揚州刺史。諸葛誕反,掩襲殺綝,詔悼惜之,追贈衛尉,[30] 謚曰愍侯。子肇嗣。

[1] 陽平:郡名。魏文帝黃初二年分魏郡置,治所館陶縣,在今河北館陶縣。　衞國:縣名。治所在今河南清豐縣東南。

[2] 帳下吏:官名。東漢末曹操置,軍中官佐。

[3] 軍假司馬:官名。漢制,校尉所領營部,置軍司馬以佐之。不置校尉之部,則軍司馬爲長官,又置軍假司馬爲副職,協助管理軍務。　陷陣都尉:校點本作"陷陳都尉",百衲本、殿本、盧弼《集解》本皆作"陷陣都尉"。今從百衲本等。陷陣都尉,東漢建安初曹操置,領兵,隨從征伐。

[4] 濮陽:縣名。治所在今河南濮陽縣西南。

[5] 苦(hù):縣名。治所在今河南鹿邑縣東。

[6] 亭侯:爵名。漢制,列侯大者食縣邑,小者食鄉亭。東漢後期,遂以食鄉、亭者稱爲鄉侯、亭侯。

[7] 安眾：縣名。治所在今河南鎮平縣東南。

[8] 別將：“別將”前各本有“破”字。吳金華《〈三國志〉箋記》謂宋本《册府元龜》卷三四二引無“破”字，應據删。今從吳説删。　射犬：聚邑名。在今河南修武縣西南。

[9] 沛：縣名。治所在今江蘇沛縣。

[10] 討寇校尉：官名。漢末建安初曹操所置，領兵，武職。

[11] 獲嘉：縣名。治所在今河南新鄉縣西南。

[12] 官渡：地名。在今河南中牟縣東北。

[13] 斬紹將淳于瓊：盧弼《集解》引何焯云：“俘之未斬也。”見本書卷一《武帝紀》建安五年及裴注引《曹瞞傳》。

[14] 遊擊將軍：官名。漢代之雜號將軍。

[15] 樂安郡：東漢質帝時改樂安國置，治所高苑縣，在今山東鄒平縣東北苑城鎮。

[16] 南皮：縣名。治所在今河北南皮縣東北。

[17] 雍奴：縣名。治所在今天津市武清區西北。

[18] 十一年：盧弼《集解》引何焯云：“宋本作‘十二年’。”而百衲本作“十一年”。盧弼《集解》則云：“按《武帝紀》建安十年冬高幹以并州叛，十一年公征幹，八月公東征海賊管承。此表在征高幹、管承之前，應作‘十年’；《張遼傳》遼爲蕩寇將軍在從征袁尚於柳城之前，亦應在建安十年，此表同稱進及于禁、張遼，其爲‘十年’無疑。”

[19] 戰攻：百衲本、殿本作“戰功”，盧弼《集解》本、校點本作“戰攻”。盧弼《集解》云：“宋本、元本、吳本、監本、官本‘攻’作‘功’誤，馮本、毛本不誤。”今從《集解》本等。

[20] 虎威：即虎威將軍，漢末建安中曹操置。

[21] 折衝：即折衝將軍，前代曾一度置，建安中曹操亦置。

[22] 上黨：郡名。東漢末治所壺關縣，在今山西長治市北。

[23] 淳于：縣名。治所在今山東安丘市東北杞城。

[24] 與：殿本、盧弼《集解》本無“與”字，百衲本、校點

本有。今從百衲本等。

　　[25] 陽翟：縣名。治所在今河南禹州市。

　　[26] 襄陽：縣名。治所在今湖北襄陽市。

　　[27] 南郡：治所江陵縣，在今湖北荆州市江陵區。　諸縣：校點本作“諸郡”，百衲本、殿本、盧弼《集解》本皆作“諸縣”。今從百衲本等。

　　[28] 臨沮：縣名。治所在今湖北遠安縣西北。　旌陽：縣名。治所在今湖北枝江市北。　梁太：校點本作“梁大”，百衲本、殿本、盧弼《集解》本作“梁太”。今從百衲本等。

　　[29] 右將軍：官名。位如上卿，與前、後、左將軍掌京師兵衛與邊防屯警。

　　[30] 衛尉：官名。秩中二千石，第三品，掌宮門及宮中警衛。

　　于禁字文則，泰山鉅平人也。[1]黄巾起，鮑信招合徒衆，禁附從焉。及太祖領兗州，[2]禁與其黨俱詣爲都伯，[3]屬將軍王朗。[4]朗異之，薦禁才任大將（軍）。[5]太祖召見與語，拜軍司馬，[6]使將兵詣徐州，攻廣戚，[7]拔之，拜陷陣都尉。從討吕布於濮陽，別破布二營於城南，又別將破高雅於須昌。[8]從攻壽張、定陶、離狐，[9]圍張超於雍丘，皆拔之。從征黄巾劉辟、黄邵等，屯版梁，[10]邵等夜襲太祖營，禁帥麾下擊破之，斬（辟）邵等，[11]盡降其衆。遷平虜校尉。[12]從圍橋蕤於苦，斬蕤等四將。從至宛，[13]降張繡。繡復叛，太祖與戰不利，軍敗，還舞陰。[14]是時軍亂，各間行求太祖，禁獨勒所將數百人，且戰且引，雖有死傷不相離。虜追稍緩，禁徐整行隊，鳴鼓而還。未至太祖所，道見十餘人被創裸走，禁問其故，曰：“爲青州兵

所劫。"初，黃巾降，號青州兵，太祖寬之，故敢因緣
爲略。禁怒，令其衆曰："青州兵同屬曹公，而還爲賊
乎！"乃討之，數之以罪。青州兵遽走詣太祖自訴。禁
既至，先立營壘，不時謁太祖。或謂禁："青州兵已訴
君矣，宜促詣公辨之。"禁曰："今賊在後，追至無
時，不先爲備，何以待敵？且公聰明，譖訴何緣！"[15]
徐鑿塹安營訖，乃入謁，具陳其狀。太祖悦，謂禁曰：
"淯水之難，[16]吾其急也，[17]將軍在亂能整，討暴堅
壘，有不可動之節，雖古名將，何以加之！"於是錄禁
前后功，封益壽亭侯。復從攻張繡於穰，[18]禽吕布於
下邳，別與史渙、曹仁攻眭固於射犬，破斬之。

　　太祖初征袁紹，紹兵盛，禁願爲先登。太祖壯之，
乃選步騎二千人，[19]使禁將，守延津以拒紹，[20]太祖
引軍還官渡。劉備以徐州叛，太祖東征之。紹攻禁，
禁堅守，紹不能拔。復與樂進等將步騎五千，擊紹別
營，從延津西南緣河至汲、獲嘉二縣，[21]焚燒保聚三
十餘屯，斬首獲生各數千，降紹將何茂、王摩等二十
餘人。太祖復使禁別將屯原武，[22]擊紹別營於杜氏
津，[23]破之。遷裨將軍，後從還官渡。太祖與紹連營，
起土山相對。紹射營中，士卒多死傷，軍中懼。禁督
守土山，力戰，氣益奮。紹破，遷偏將軍。冀州
平。[24]昌豨復叛，遣禁征之。禁急進攻豨；豨與禁有
舊，詣禁降。諸將皆以爲豨已降，當送詣太祖，禁曰：
"諸君不知公常令乎！圍而後降者不赦。[25]夫奉法行
令，事上之節也。豨雖舊友，[26]禁可失節乎！"自臨與

豨決，隕涕而斬之，[27]是時太祖軍淳于，聞而歎曰：“豨降不詣吾而歸禁，豈非命耶！”益重禁。〔一〕東海平，拜禁虎威將軍。後與臧霸等攻梅成，張遼、張郃等討陳蘭。禁到，成舉衆三千餘人降。既降復叛，其衆奔蘭。[28]遼等與蘭相持，軍食少，禁運糧前後相屬，遼遂斬蘭、成。增邑二百户，并前千二百户。是時，禁與張遼、樂進、張郃、徐晃俱爲名將，太祖每征伐，咸遞行爲軍鋒，還爲後拒；而禁持軍嚴整，得賊財物，無所私入，由是賞賜特重。然以法御下，不甚得士衆心。太祖常恨朱靈，[29]欲奪其營。以禁有威重，遣禁將數十騎，齎令書，徑詣靈營奪其軍，靈及其部衆莫敢動；乃以靈爲禁部下督，衆皆震服，其見憚如此。遷左將軍，假節鉞，[30]分邑五百户，封一子列侯。

〔一〕臣松之以爲圍而後降，法雖不赦；因而送之，未爲違命。禁曾不爲舊交希冀萬一，而肆其好殺之心，以戾衆人之議，所以卒爲降虜，死加惡謚，宜哉。

[1] 泰山：郡名。治所奉高縣，在今山東泰安市東。　鉅平：侯國名。治所在今山東泰安市南。

[2] 兖州：州牧刺史治所昌邑縣，在今山東金鄉縣西北。

[3] 都伯：武官名。《通典·兵二》引曹操《步戰令》：“伍中有不進，伍長殺之。伍長有不進者，什長殺之。什長有不進者，都伯殺之。”梁章鉅《旁證》云：“是都伯即隊長。”

[4] 王朗：非本書卷一三《王朗傳》之王朗。趙幼文《校箋》謂《太平御覽》卷二四〇引“朗”字作“服”，疑是。

[5] 大將：各本皆作“大將軍”。盧弼《集解》云：“‘軍’

字疑衍，大將軍位次最高，豈此時之王朗所能薦乎！”吳金華《校詁》謂《通志》卷一一五正作“薦禁才任大將”，此文“軍”字可據刪。趙幼文《校箋》謂《太平御覽》卷二四〇引無“軍”字。今從盧、趙、吳説刪“軍”字。

［6］軍司馬：官名。漢代校尉所領營部，置以佐之。不置校尉之部，則爲長官，領兵征伐，秩比千石。

［7］廣戚：百衲本、殿本、盧弼《集解》本、校點本第1版均作“廣威”。謝鍾英《補三國疆域志補注》云：“考徐州諸郡無廣威縣，即‘廣戚’之訛。”校點本第2版改“廣威”爲“廣戚”，但未在《校記》中説明。今從謝説與校點本第2版。廣戚縣治所在今江蘇沛縣東南廣戚鄉。

［8］須昌：縣名。治所在今山東東平縣西北。

［9］壽張：縣名。治所在今山東東平縣西南。　定陶：縣名。治所在今山東定陶縣西北。　離狐：殿本作“狐離”，百衲本、盧弼《集解》本、校點本作“離狐”。今從百衲本等。離狐，縣名。治所在今河南濮陽縣東南。

［10］版梁：地名。未詳。

［11］斬邵等：各本皆作“斬辟邵等”。趙一清《注補》云：“此傳之誤，與《武紀》同，曹公破辟、邵在建安元年，而五年又云汝南降賊劉辟叛，則此時邵死而辟降可知，不得並斬也。”校點本即從此趙説刪“辟”字，今從之。

［12］平虜校尉：官名。漢末建安初曹操置，爲領兵武職，隨從征伐，

［13］宛：縣名。治所在今河南南陽市。

［14］舞陰：縣名。治所在今河南泌陽縣西北。

［15］何緣：趙幼文《校箋》謂《通志》　“緣”下有“而入”二字。

［16］淯（yù）水：即今白河。源出今河南嵩縣南伏牛山，東南流經南陽市東。曹操被張繡所敗處，當在此附近

〔17〕吾其急也：吳金華《校詁》謂審其辭氣，當作"吾甚急也"，"其"疑"甚"字之殘。

〔18〕穰：縣名。治所在今河南鄧州市。

〔19〕選步騎：校點本作"遣步卒"，百衲本、殿本、盧弼《集解》本作"選步騎"。今從百衲本等。

〔20〕延津：津渡名。是當時黃河之重要渡口，在今河南新鄉市東南。在當時白馬、黎陽之西。漢、魏又在此地置延津關。曹操命于禁"守延津"以拒袁紹，即指延津關。

〔21〕汲：縣名。治所在今河南衛輝市西南。

〔22〕原武：縣名。治所在今河南原陽縣。

〔23〕杜氏津：津渡名。在今河南原陽縣西北古黃河上。

〔24〕冀州：東漢末，州牧刺史治所常設在鄴，在今河北臨漳縣西南鄴鎮東一里半。

〔25〕圍而後降者：趙幼文《校箋》謂《太平御覽》卷六四五引"圍"上有"先"字。

〔26〕舊友：趙幼文《校箋》謂《太平御覽》引"友"字作"交"。

〔27〕隕涕而斬之：趙幼文《校箋》謂《太平御覽》引句下有"郡中震慄，無求不獲"八字。

〔28〕其衆：盧弼《集解》謂"其"上當有"將"字。

〔29〕朱靈：原爲袁紹將，後歸曹操。見本卷後"徐晃傳"。

〔30〕左將軍：官名。位如上卿，與前、後、右將軍掌京師兵衛和邊防屯警。　假節鉞：漢末三國時期，皇帝賜予重臣的一種權力。加此號者，可代行皇帝旨意，掌握生殺特權。

建安二十四年，太祖在長安，使曹仁討關羽於樊，又遣禁助仁。秋，大霖雨，漢水溢，平地水數丈，禁等七軍皆没。禁與諸將登高望水，無所回避，羽乘大

船就攻禁等，禁遂降，惟龐悳不屈節而死。太祖聞之，
哀歎者久之，曰：“吾知禁三十年，[1]何意臨危處難，
反不及龐悳邪！”[2]會孫權禽羽，獲其衆，禁復在吳。
文帝踐阼，權稱藩，遣禁還。帝引見禁，鬚髮皓白，
形容顦顇，泣涕頓首。帝慰諭以荀林父、孟明視故
事，[一][3]拜爲安遠將軍。[4]欲遣使吳，先令北詣鄴謁高
陵。[5]帝使豫於陵屋畫關羽戰克、龐悳憤怒、禁降服之
狀。[6]禁見，慚恚發病薨。子圭嗣，封益壽亭侯。謚禁
曰厲侯。

〔一〕《魏書》載制曰：“昔荀林父敗績于邲，孟明喪師於殽，
秦、晉不替，使復其位。其後晉獲狄土，秦霸西戎，區區小國，
猶尚若斯，而況萬乘乎？樊城之敗，水災暴至，[7]非戰之咎，其
復禁等官。”

[1] 三十年：沈家本《瑣言》云：“上文‘太祖領兗州’，禁
爲都伯。操領兗州在初平三年，至建安二十四年爲二十八年，言
‘三十’者，舉成數也。”

[2] 及：校點本作“如”，百衲本、殿本、盧弼《集解》本作
“及”。今從百衲本等。

[3] 荀林父：春秋時晉國執政。晉景公三年（前597），任中
軍帥，與楚戰於邲（今河南滎陽市東北），因內部軍將不睦而敗。
晉景公仍然用之。三年後，荀林父即敗赤狄。（見《左傳·宣公十
二年》《十五年》） 孟明視：春秋時秦國將，百里奚之子。秦穆
公三十三年（前627），奉命與西乞術、白乙丙率師襲鄭，回師經
殽，爲晉所襲，被俘。旋得釋回，仍爲穆公所重用。後終敗晉師，
穆公遂霸西戎。（見《史記》卷五《秦本紀》）

　　〔4〕安遠將軍：官名。東漢末始置，多用以任命降將或邊遠地區的地方長官。曹魏沿置，第三品。

　　〔5〕高陵：曹操之陵墓。

　　〔6〕畫關羽戰克：趙幼文《校箋》謂《太平御覽》卷三七三引"畫"字作"圖"、卷四九一引作"圖畫關羽"云云，疑此句"畫"上脱"圖"字。

　　〔7〕暴至：趙幼文《校箋》謂《册府元龜》卷一四九引"至"字作"長"。按，宋本《册府元龜》亦作"至"。

　　張郃字儁乂，河間鄭人也。[1]漢末應募討黄巾，爲軍司馬，屬韓馥。馥敗，以兵歸袁紹。紹以郃爲校尉，[2]使拒公孫瓚。瓚破，郃功多，遷寧國中郎將。[3]太祖與袁紹相拒於官渡，〔一〕紹遣將淳于瓊等督運屯烏巢，[4]太祖自將急擊之。[5]郃説紹曰："曹公兵精，[6]往必破瓊等；瓊等破，則將軍事去矣，宜急引兵救之。"郭圖曰："郃計非也。不如攻其本營，勢必還，此爲不救而自解也。"[7]郃曰："曹公營固，攻之必不拔，若瓊等見禽，吾屬盡爲虜矣。"紹但遣輕騎救瓊，而以重兵攻太祖營，不能下。太祖果破瓊等，紹軍潰。圖慚，又更譖郃曰："郃快軍敗，出言不遜。"郃懼，乃歸太祖。〔二〕

　　〔一〕《漢晋春秋》曰：郃説紹曰："公雖連勝，然勿與曹公戰也，密遣輕騎鈔絶其南，則兵自敗矣。"紹不從之。

　　〔二〕臣松之案《武紀》及《袁紹傳》並云袁紹使張郃、高覽攻太祖營，郃等聞淳于瓊破，遂來降，紹衆於是大潰。是則緣郃等降而後紹軍壞也。至如此傳，爲紹軍先潰，懼郭圖之譖，然後歸太祖，[8]爲參錯不同矣。[9]

[1] 河間：王國名。治所樂成縣，在今河北獻縣東南。　鄭：縣名。治所在今河北任丘市北。

[2] 校尉：官名。漢代軍職之稱。東漢末，位次於中郎將。魏、晉沿置，而名號繁多，品秩亦高低不等。

[3] 寧國中郎將：官名。漢末建安初袁紹置，爲統兵武職。

[4] 烏巢：地名。因其地有烏巢澤而得名。在今河南延津縣東南。

[5] 急擊之：趙幼文《校箋》謂《册府元龜》卷四二八引無“急”字。

[6] 兵精：《後漢書》卷七四上《袁紹傳》李賢注引《魏志》作“精兵”，《通鑑》卷六三《漢紀》建安五年亦同，郝經《續後漢書》又作“兵精”。按，二者皆通，不必改動。

[7] 此爲：趙幼文《校箋》謂《册府元龜》引“爲”字作“謂”。

[8] 然後歸太祖：殿本作“來歸太祖”，百衲本作“然歸太祖”，盧弼《集解》本、校點本作“然後歸太祖”。今從《集解》本等。

[9] 參錯不同：盧弼《集解》引姜宸英説：“此必郃家傳自文其醜，故與《武紀》《紹傳》互異。”盧氏則云：“按承祚紀事，多於本傳諱之，而錯見於他傳。”

太祖得郃甚喜，謂曰：“昔子胥不早寤，[1]自使身危，豈若微子去殷、韓信歸漢邪？”[2]拜郃偏將軍，封都亭侯。授以衆，從攻鄴，拔之。又從擊袁譚於渤海，[3]別將軍圍雍奴，[4]大破之。從討柳城，[5]與張遼俱爲軍鋒，以功遷平狄將軍。[6]別征東萊，[7]討管承，又與張遼討陳蘭、梅成等，破之。從破馬超、韓遂於渭南。[8]圍安定，[9]降楊秋。與夏侯淵討鄜賊梁興及武都氐；[10]又破馬超，平宋建。太祖征張魯，先遣郃督諸軍討興和氐王竇茂。[11]太祖從散關入漢中，[12]又先遣郃督步卒五千於前通路。至陽平，[13]魯降，太祖還，留郃與夏侯淵等守漢中，拒劉備。郃別督諸軍降巴東、巴西二郡，[14]徙其民於漢中。進軍宕渠，[15]爲備將張飛所拒，引還南鄭。拜盪寇將軍。劉備屯陽平，郃屯廣石。[16]備以精卒萬餘，分爲十部，夜急攻郃。郃率親兵搏戰，備不能克，其後備於走馬谷燒都圍，[17]淵救火，從他道與備相遇，交戰，短兵接刃。淵遂没，郃還陽平。[一]當是時，新失元帥，恐爲備所乘，三軍皆失色。淵司馬郭淮乃令衆曰：[18]“張將軍，國家名將，劉備所憚；今日事急，非張將軍不能安也。”遂推郃爲軍主。郃出，勒兵安陣，諸將皆受郃節度，衆心乃定。太祖在長安，遣使假郃節。太祖遂自至漢中，劉備保高山不敢戰。太祖乃引出漢中諸軍，郃還屯陳倉。[19]

〔一〕《魏略》曰：淵雖爲都督，[20]劉備憚郃而易淵。及殺淵，備曰：“當得其魁，用此何爲邪！”

[1] 子胥：指伍子胥，春秋時楚國人。因其父兄被楚平王枉殺，遂逃入吳，助吳王闔閭取得王位，後又攻破楚國。及吳王夫差敗越王勾踐後，子胥諫不可聽和，夫差不納。後夫差兩度伐齊，子胥均諫阻。太宰嚭因讒毀子胥，吳王夫差遂賜子胥劍逼令自殺。子

胥死前告其舍人曰："抉吾眼懸吳東門之上，以觀越寇之入滅吳也。"（見《史記》卷六六《伍子胥列傳》）

　　[2]微子：殷商末人，殷紂王之庶兄。紂王無道，微子數諫，不聽。其後箕子、比干相繼進諫，亦不被采納。箕子因佯狂爲奴，比干竟被刳心而死。微子遂抱其祭器而奔周。周武王復其故位。及周公受成王命平定武庚之亂，遂封微子於宋以奉殷祀。（見《史記》卷三八《宋微子世家》）　韓信：秦末兵起，初投項梁、項羽，不被重用；後投劉邦，得蕭何力薦，劉邦任之爲大將。遂助劉邦滅項羽。西漢建立後，封爲楚王。（見《史記》卷九二《淮陰侯列傳》）

　　[3]渤海：即"勃海"，郡名。治所南皮縣，在今河北南皮縣東北。

　　[4]別將軍：趙幼文《校箋》謂《太平御覽》卷一六一（當爲一六二）引無"軍"字。郝經《續後漢書》同。疑無"軍"字者是。

　　[5]從討：殿本、盧弼《集解》本"從"字作"後"，百衲本、校點本作"從"。今從百衲本等。

　　[6]平狄將軍：官名。漢末建安中曹操置，領兵征討。

　　[7]東萊：郡名。治所黃縣，在今山東龍口市東南舊黃縣東黃城集。

　　[8]渭南：指渭水之南。

　　[9]安定：郡名。治所臨涇縣，在今甘肅鎮原縣東南。

　　[10]鄜：縣名。治所在今陝西洛川縣東南鄜城。　武都：郡名。治所下辯縣，在今甘肅成縣西。

　　[11]興和：地名。約在今甘肅徽縣北。

　　[12]散關：關隘名。亦名大散關。在今陝西寶雞市西南的大散嶺上，地勢險要，古爲軍事重地。　漢中：郡名。治所南鄭縣，在今陝西漢中市東。

　　[13]陽平：關隘名。在今陝西勉縣西北白馬城。今寧强縣亦

有陽平關，乃後代移置，非古陽平關。

[14] 巴東：郡名。治所魚復縣，在今重慶奉節縣東白帝城。巴西：郡名。治所閬中縣，在今四川閬中市。

[15] 宕渠：縣名。治所在今四川渠縣東北土溪鄉。

[16] 廣石：地名。在今陝西勉縣西。

[17] 走馬谷：謝鍾英《補三國疆域志補注》云："時先主南渡沔水，擊淵於定軍山，走馬谷疑即定軍山之谷。"盧弼《集解》云："按之地勢，以謝説爲是。"定軍山在今陝西勉縣東南。

[18] 司馬：官名。將軍府之屬官，掌參贊軍務，管理府內武職，位僅次於長史。當時夏侯淵爲征西將軍，郭淮爲其府之司馬。

[19] 陳倉：縣名。治所在今陝西寶雞市東渭水北岸。

[20] 都督：此都督，謂軍隊統帥。

　　文帝即王位，以郃爲左將軍，進爵都鄉侯。及踐阼，進封鄭侯。詔郃與曹真討安定盧水胡及東羌，[1] 召郃與真並朝許宮，遣南與夏侯尚擊江陵。郃別督諸軍渡江，取洲上屯塢。[2] 明帝即位，遣南屯荊州，與司馬宣王擊孫權別將劉阿等，追至祁口，[3] 交戰，破之。諸葛亮出祁山。[4] 加郃位特進，[5] 遣督諸軍，拒亮將馬謖於街亭。[6] 謖依阻南山，不下據城。郃絶其汲道，擊，大破之。南安、天水、安定郡反應亮，[7] 郃皆破平之。詔曰："賊亮以巴蜀之衆，當虓虎之師。將軍被堅執鋭，所向克定，朕甚嘉之。益邑千户，并前四千三百户。"司馬宣王治水軍於荊州，[8] 欲順沔入江伐吳，[9] 詔郃督關中諸軍往受節度。[10] 至荊州，會冬水淺，大船不得行，乃還屯方城。[11] 諸葛亮復出，急攻陳倉，帝驛馬召郃到京都。帝自幸河南城，[12] 置酒送郃，遣南北軍士三萬及分遣武衞、虎賁使衞郃，[13]因問郃曰：
"遲將軍到，[14]亮得無已得陳倉乎！"郃知亮縣軍無穀，
不能久攻，對曰："比臣未到，亮已走矣；屈指計亮糧
不至十日。"郃晨夜進至（南）鄭，[15]亮退。詔郃還京
都，拜征西、車騎將軍。[16]

　　郃識變數，善處營陳，料戰勢地形，無不如計，
自諸葛亮皆憚之。郃雖武將，而愛樂儒士，嘗薦同鄉
（卑）〔畢〕湛經明行修，[17]詔曰："昔祭遵爲將，[18]
奏置五經大夫，居軍中，與諸生雅歌投壺。[19]今將軍
外（勒）〔勤〕戎旅，[20]内存國朝。朕嘉將軍之意，
今擢湛爲博士。"[21]

　　諸葛亮復出祁山，詔郃督諸將西至略陽，[22]亮還
保祁山，郃追至木門，[23]與亮軍交戰，飛矢中郃右膝，
薨，〔一〕謚曰壯侯。子雄嗣。郃前後征伐有功，明帝分
郃户，封郃四子列侯。賜小子爵關内侯。

　　〔一〕《魏略》曰：亮軍退，司馬宣王使郃追之，郃曰："軍
法，[24]圍城必開出路，[25]歸軍勿追。"宣王不聽。郃不得已，遂
進。蜀軍乘高布伏，弓弩亂發，矢中郃髀。[26]

　　[1] 盧水胡：少數民族名。東漢以後居於盧水（約在今青海
西寧市西）一帶的匈奴族後裔，被稱爲盧水胡。至東漢末，分布甚
廣，不限於盧水一帶。（本唐長孺《魏晉雜胡考》）

　　[2] 洲：指江陵中洲。胡三省云："江陵中洲即百里洲也。其
洲自枝江縣西，至上明東及江津，江津北岸即江陵故城。"（《通
鑑》卷七〇魏文帝黄初三年注）按，胡氏所言之百里洲，在今湖北
枝江市南長江中。

[3] 祁口：趙一清《注補》謂"祁口"即"沶口"，魏晋間"祁""沶"可通。按，沶口在今湖北宜城市西，即沶水入鄢水（今蠻河）之口。

[4] 祁山：山名。在今甘肅禮縣東。

[5] 特進：官名。漢制，凡諸侯大臣功德優盛，朝廷所敬異者，加位特進，朝會時位在三公下，車服俸禄仍從本官。魏、晋沿襲之。

[6] 街亭：地名。在今甘肅秦安縣東北九十里的隴城鎮。

[7] 南安：郡名。治所獂（huán）道，在今甘肅隴西縣東南渭水東岸。　天水：郡名。治所冀縣，在今甘肅甘谷縣東南。（本謝鍾英《補三國疆域志補注》）

[8] 司馬宣王：司馬懿。

[9] 沔：水名。即漢水，古時漢水始出嶓冢山，稱漾水，東南流稱沔水，襄陽以下又稱夏水。今則統稱漢水。

[10] 關中：地區名。指函谷關以内之地。包括今陝西和甘肅、寧夏、内蒙古的部分地區。

[11] 方城：山名。在今河南葉縣南，方城縣東北，西連伏牛山脈。春秋時楚曾築方城經其東麓。

[12] 河南城：舊城名。在今河南洛陽市西郊澗水東岸。原稱王城，戰國時加以擴建，稱河南城，爲西周君所居。秦、漢時置爲河南縣。

[13] 南北軍：此指禁衛軍。西漢京都的禁衛軍分爲南軍和北軍。南軍負責守衛皇宫，由衛尉（後稱光禄勳）統領；北軍負責京城及附近地區的警衛，由中尉（後稱執金吾）統領。東漢仍有北軍，而北軍之屯騎、越騎、步兵、長水、射聲等五校尉營則由北軍中候監管；至於衛尉、光禄勳，雖設其職，但已無南軍之名稱。曹魏時，雖仍有屯騎等五校尉之設置，但已無北軍之名稱；五校尉所領之營，亦非宿衛軍之主力。故此所謂"南北軍"，僅借西漢禁衛軍之名而已。　武衛：盧弼《集解》本作"武威"，百衲本、殿

本、校點本作“武衛”。今從百衲本等。此“武衛”，指武衛將軍
所統領的中軍宿衛禁兵。　　虎賁：此指虎賁中郎將所統領的
宿衛兵。

　　［14］遲：比及，等到。

　　［15］鄭：各本皆作“南鄭”。郁松年《續後漢書劄記》謂南
鄭爲漢中郡治，時漢兵方圍陳倉，郃何得遽至南鄭？考之《續漢
志》，當作“鄭”，“南”字衍。吳金華《校詁》云：“由河南城奔
潼關，至鄭，約五百里；由鄭至西安，向陳倉，亦五百里許。張郃
之進軍，莫便乎此道。郁氏謂‘南鄭’之‘南’爲衍文，其説甚
辯。”今從郁、吳説删“南”字。鄭，縣名。治所在今陝西華縣。

　　［16］征西：即征西將軍。官名。秩二千石，第二品，位次三
公。多授予都督雍、涼二州諸軍事，領兵屯駐長安。資深者爲征西
大將軍。　　車騎將軍：官名。東漢時位比三公，常以貴戚充任。出
掌征伐，入參朝政，漢靈帝時常作贈官。魏、晋時位次驃騎將軍，
在諸名號將軍上，多作爲軍府名號，加授大臣、重要州郡長官，無
具體職掌，二品。開府者位從公，一品。

　　［17］同鄉畢湛：趙幼文《校箋》謂《白孔六帖》卷五二引
“鄉”字作“郡”。古未有稱“同鄉”者，疑作“郡”字是。按，
《漢書》卷九七上《外戚史皇孫王夫人傳》謂王媪“年十四嫁爲同鄉
王更得妻”。是古代有同鄉之稱。而《太平御覽》卷六三一引此
“鄉”字亦作“郡”，《册府元龜》卷四一三引又作“鄉”。畢湛，各
本皆作“卑湛”。盧弼《集解》云：“何焯校‘卑’爲‘畢’。”趙幼
文《校箋》謂《太平御覽》卷六三一引“卑”作“畢”，郝經《續
後漢書》《通志》及張采《三國文》亦作“畢”。今從盧、趙説改。

　　［18］祭遵：東漢初潁川潁陽（今河南許昌市西）人。初從劉
秀轉戰河北，劉秀即帝位後，爲征虜將軍等。祭遵重儒學及儒雅之
士，博士范升上疏有云：“遵爲將軍，取士皆用儒術，對酒設樂，
必雅歌投壺。又建爲孔子立後，奏置五經大夫。雖在軍旅，不忘俎
豆，可謂好禮悦樂，守死善道者也。”（《後漢書》卷二〇《祭遵

傳》）

[19] 投壺：古代宴會禮制，亦爲一種娛樂活動。設壺一個，賓主依次投矢其中，以投中多少定勝負，多者勝，負者飲酒。

[20] 外勤：各本皆作“外勒”。趙幼文《校箋》謂《太平御覽》卷六三一、《册府元龜》卷四一三引“勒”字作“勤”。作“勤”字是。今從趙説改。

[21] 博士：此爲太學博士，秩比六百石，第五品。掌以五經教諸子弟。

[22] 諸將：趙幼文《校箋》謂《太平御覽》卷三一〇引“將”字作“軍”。 略陽：縣名。治所在今甘肅秦安縣東北。

[23] 木門：關隘名。在今甘肅天水市西南五十公里處。

[24] 軍法：趙幼文《校箋》謂郝經《續後漢書》作“兵法”。按，《太平御覽》卷三七二引亦作“軍法”。

[25] 圍城必開出路：趙幼文《校箋》謂《太平御覽》卷三七一（當爲三七二）引作“圍城必闕”，無“開出路”三字。疑“開”字爲“闕”字之誤，“出路”二字應衍。

[26] 髀：趙幼文《校箋》謂《太平御覽》引“髀”下有“股”字。

　　徐晃字公明，河東楊人也。[1]爲郡吏，從車騎將軍楊奉討賊有功，[2]拜騎都尉。李傕、郭氾之亂長安也，晃説奉，令與天子還洛陽，奉從其計。天子渡河至安邑，[3]封晃都亭侯。及到洛陽，韓暹、董承日争鬥，晃説奉令歸太祖；奉欲從之，後悔。太祖討奉於梁，[4]晃遂歸太祖。太祖授晃兵，使擊卷、卷音墟權反。原武賊，[5]破之，拜裨將軍。從征吕布，别降布將趙庶、李鄒等。與史渙斬眭固於河内。[6]從破劉備，又從破顔良，拔白馬，[7]進至延津，破文醜，拜偏將軍。與曹洪擊濦彊賊

祝臂，[8] 破之，又與史渙擊袁紹運車於故市，[9] 功最
多，封都亭侯。[10] 太祖既圍鄴，破邯鄲，[11] 易陽令韓
範僞以城降而拒守，[12] 太祖遣晃攻之。晃至，飛矢城
中，爲陳成敗。範悔，晃輒降之。既而言於太祖曰：
"二袁未破，諸城未下者傾耳而聽，今日滅易陽，明日
皆以死守，恐河北無定時也。願公降易陽以示諸城，
則莫不望風。"[13] 太祖善之，別討毛城，[14] 設伏兵掩
擊，破三屯。從破袁譚於南皮，討平原叛賊，[15] 克之。
從征蹋頓，拜橫野將軍。[16] 從征荊州，別屯樊，討中
廬、臨沮、宜城賊。[17] 又與滿寵討關羽於漢津，[18] 與
曹仁擊周瑜於江陵。[19] 十五年，[20] 討太原反者，[21] 圍大
陵，[22] 拔之，斬賊帥商曜。韓遂、馬超等反關右，[23]
遣晃屯汾陰以撫河東，[24] 賜牛酒，令上先人墓。太祖
至潼關，[25] 恐不得渡，召問晃。晃曰："公盛兵於此，
而賊不復別守蒲阪，[26] 知其無謀也。今假臣精兵[一]渡
蒲坂津，[27] 爲軍先置，以截其裏，[28] 賊可擒也。"太祖
曰："善。"使晃以步騎四千人渡津。作塹柵未成，賊
梁興夜將步騎五千餘人攻晃，晃擊走之，太祖軍得渡。
遂破超等，使晃與夏侯淵平隃麋、汧諸氐，[29] 與太祖
會安定。太祖還鄴，使晃與夏侯淵平鄠、夏陽餘
賊，[30] 斬梁興，降三千餘户。從征張魯。別遣晃討攻
櫝、仇夷諸山氐，[31] 皆降之。遷平寇將軍。[32] 解將軍
張順圍。擊賊陳福等三十餘屯，皆破之。

〔一〕臣松之云：案晃于時未應稱臣，傳寫者誤也。

[1] 河東：郡名。治所安邑縣，在今山西夏縣西北禹王城。楊：縣名。治所在今山西洪洞縣東南范村東古城。

[2] 車騎將軍：官名。東漢時位比三公，常以貴戚充任。出掌征伐，入參朝政，漢靈帝時常作贈官。

[3] 安邑：縣名。治所在今山西夏縣西北禹王城。

[4] 梁：縣名。治所在今河南汝州市南。

[5] 卷：縣名。治所在今河南原陽縣舊原武西北。

[6] 河內：郡名。治所懷縣，在今河南武陟縣西南。

[7] 白馬：縣名。治所在今河南滑縣東南城關鎮東。

[8] 隱彊：縣名。治所在今河南臨潁縣東。

[9] 故市：地名。在今河南延津縣界。（本盧弼《集解》）

[10] 都亭侯：梁章鉅《旁證》引姜宸英曰："前已書封都亭侯，此又封，殆以前封非出操邪！"盧弼《集解》則引沈家本説，謂此有奪誤，當云封某某亭侯，非與前文複也。

[11] 邯鄲：縣名。治所在今河北邯鄲市西南。

[12] 易陽：縣名。治所在今河北永年縣東南。

[13] 望風：趙幼文《校箋》謂《册府元龜》卷四〇二引"風"下有"歸矣"二字，詞意乃備。

[14] 毛城：地名。在今河北涉縣西北。

[15] 平原：縣名。治所在今山東平原縣西南。

[16] 横野將軍：官名。東漢置，爲雜號將軍中位較低者。

[17] 中廬：縣名。治所在今湖北南漳縣東北。 宜城：縣名。治所在今湖北宜城市南。

[18] 漢津：津渡名。在今湖北荆門市東漢水上。

[19] 江陵：縣名。治所在今湖北荆州市荆州區。

[20] 十五年：指建安十五年。此事本書卷一《武帝紀》載於建安十六年。（參錢大昭《辨疑》）

[21] 太原：郡名。治所晉陽縣，在今山西太原市西南古城營西古城。

[22] 大陵：百衲本、殿本、盧弼《集解》本均作"太陵"，盧氏云："按《武紀》云'太原商曜等以大陵叛'，此作'太陵'誤。"校點本作"大陵"。今從之。大陵，縣名。治所在今山西文水縣東北武陵村。

[23] 關右：地區名。指函谷關以西之地，故又稱關西。

[24] 汾陰：縣名。治所在今山西萬榮縣西南廟前村北古城。

[25] 潼關：關隘名。在今陝西潼關縣東北黃河南岸潼關。

[26] 蒲阪：縣名。治所在今山西永濟縣西南蒲州鎮。

[27] 蒲阪津：蒲阪縣西之黃河渡口。

[28] 以截其裏：趙幼文《校箋》謂《册府元龜》卷三六二引"裏"字作"衆"。按，宋本《册府元龜》亦作"裏"。

[29] 隃麋：《續漢書·郡國志》作"渝麋"，侯國名。治所在今陝西千陽縣東。 汧（qiān）：縣名。治所在今陝西隴縣東南。

[30] 夏陽：縣名。治所在今陝西韓城市南。

[31] 檟：未詳。 仇夷：即仇池，山名。在今甘肅西和縣西南。《後漢書》卷八六《西南夷列傳》謂白馬氏"居於河池，一名仇池，方百頃，四面斗絕"。李賢注："仇池，山，在今成州上祿縣南。"又引酈道元《水經注》云："羊腸盤道三十六回，《開山圖》謂之仇夷。"

[32] 平寇將軍：官名。漢末建安中曹操置，曹魏時定爲第三品。

太祖還鄴，留晃與夏侯淵拒劉備於陽平。備遣陳式等十餘營絕馬鳴閣道，[1]晃別征破之，賊自投山谷，多死者。太祖聞，甚喜，假晃節，令曰："此閣道，漢中之險要喉咽也。[2]劉備欲斷絕外內，以取漢中。將軍一舉，克奪賊計，善之善者也。"太祖遂自至陽平，引出漢中諸軍。復遣晃助曹仁討關羽，屯宛。會漢水暴溢，[3]于禁等没。羽圍仁於樊，又圍將軍呂常於襄陽。
晃所將多新卒，以羽難與争鋒，遂前至陽陵陂屯。[4]太
祖復（還）遣將軍徐商、呂建等詣晃，[5]令曰："須兵
馬集至，乃俱前。"賊屯偃城。[6]晃到，詭道作都塹，
示欲截其後，賊燒屯走。晃得偃城，兩面連營稍前，
去賊圍三丈所。未攻，太祖前後遣殷署、朱蓋等凡十
二營詣晃。賊圍頭有屯，又別屯四冢。[7]晃揚聲當攻圍
頭屯，而密攻四冢。羽見四冢欲壞，自將步騎五千出
戰，晃擊之，退走，[8]遂追陷與俱入圍，破之，或自投
沔水死。太祖令曰："賊圍塹鹿角十重，[9]將軍致戰全
勝，遂陷賊圍，多斬首虜。吾用兵三十餘年，及所聞
古之善用兵者，未有長驅徑入敵圍者也。且樊、襄陽
之在圍，過於莒、即墨，[10]將軍之功，踰孫武、穰
苴。"[11]晃振旅還摩陂，太祖迎晃七里，置酒大會。太
祖舉巵酒勸晃，且勞之曰："全樊、襄陽，將軍之功
也。"時諸軍皆集，太祖案行諸營，士卒咸離陣觀，而
晃軍營整齊，將士駐陣不動。太祖歎曰："徐將軍可謂
有周亞夫之風矣。"[12]

　　文帝即王位，以晃爲右將軍，進封逯鄉侯。及踐
阼，進封楊侯。與夏侯尚討劉備於上庸，[13]破之。以
晃鎮陽平，徙封陽平侯。明帝即位，拒吳將諸葛瑾於
襄陽。增邑二百，并前三千一百户。病篤，遺令斂以
時服。

　　性儉約畏慎，將軍常遠斥候，[14]先爲不可勝，然
後戰，追奔争利，士不暇食。常歎曰："古人患不遭明

君，今幸遇之，當以功自効，何用私譽爲！"終不廣交援。太和元年薨，[15]諡曰壯侯。子蓋嗣。蓋薨，子霸嗣。明帝分晃户，封晃子孫二人列侯。

初，清河朱靈爲袁紹將。[16]太祖之征陶謙，紹使靈督三營助太祖，戰有功。紹所遣諸將各罷歸，靈曰："靈觀人多矣，無若曹公者，此乃真明主也。今已遇，復何之？"遂留不去。所將士卒慕之，皆隨靈留。靈後遂爲好將，名亞晃等，至後將軍，[17]封高唐（亭）侯。[一][18]

〔一〕《九州春秋》曰：初，清河季雍以鄃叛袁紹而降公孫瓚，[19]瓚遣兵衛之。紹遣靈攻之。靈家在城中，瓚將靈母弟置城上，[20]誘呼靈。靈望城涕泣曰：[21]"丈夫一出身與人，豈復顧家耶！"遂力戰拔之，生擒雍而靈家皆死。

《魏書》曰：靈字文博。太祖既平冀州，遣靈將新兵五千人騎千匹守許南。太祖戒之曰："冀州新兵，數承寬緩，[22]暫見齊整，意尚快快。卿名先有威嚴，善以道寬之，不然即有變。"[23]靈至陽翟，中郎將程昂等果反，即斬昂，以狀聞。太祖手書曰："兵中所以爲危險者，外對敵國，內有姦謀不測之變。昔鄧禹中分光武軍西行，[24]而有宗歆、馮愔之難，後將二十四騎還洛陽，[25]禹豈以是減損哉？來書懇惻，多引咎過，未必如所云也。"文帝即位，封靈鄃侯，增其户邑。詔曰："將軍佐命先帝，典兵歷年，威過方、邵，[26]功踰絳、灌。[27]圖籍所美，何以加焉？朕受天命，帝有海內，元功之將，社稷之臣，皆朕所與同福共慶，傳之無窮者也。今封隃侯。富貴不歸故鄉，如夜行衣繡。若平常所志，願勿難言。"靈謝曰："高唐，宿所願。"於是更封高唐侯，薨，諡曰威侯。子術嗣。[28]

[1] 馬鳴閣道：《續漢書·郡國志》：益州廣漢郡葭萌。王先謙《集解》謂有馬鳴閣道，在昭化縣北百里。按，昭化縣即今四川廣元市西南昭化鎮。則昭化北百里之馬鳴閣道，即古巴蜀入漢中之棧道。

[2] 喉咽：百衲本作"喉咽"。盧弼《集解》亦云："宋本、元本、吳本、毛本作'喉咽'。"中華再造善本影宋本亦作"喉咽"。而殿本、盧弼《集解》本、校點本作"咽喉"。今從百衲本。

[3] 暴溢：校點本作"暴隘"，百衲本、殿本、盧弼《集解》本皆作"暴溢"。今從百衲本等。

[4] 陽陵陂：塘堰名。在今湖北襄陽市西北。（本謝鍾英《補三國疆域志補注》）

[5] 太祖復遣：各本皆作"太祖復還遣"。盧弼《集解》云："'還'字疑衍。"吳金華《校詁》謂"太祖復還"四字，前無所承，又與下文不屬。按，本書卷一《武帝紀》建安二十四年八月、十月所載曹操之行踪，知此"還"字有誤，盧氏疑衍，可從。刪此"還"字，可與上下文密合無間。今從盧、吳之説刪"還"字。趙幼文《校箋》則云："本志《武帝紀》：'建安二十四年冬十月，軍還洛陽。'疑此'復還'二字乙，'還'字下有脱文。"

[6] 偃城：城名。在今湖北襄陽市襄州區北。

[7] 四冢：地名。在今湖北襄陽市附近。（本謝鍾英《補三國疆域志補注》）

[8] 退走：趙幼文《校箋》謂《通志》引"退"上有"羽"字。

[9] 鹿角：營房四周埋插削尖的帶枝樹木，以之防備敵人的攻襲，因形似鹿角，故名。

[10] 莒即墨：戰國時齊國之二城邑。齊湣王末，燕將樂毅攻下齊國七十餘城，唯莒、即墨二城堅守不下。後田單以即墨反攻，擊敗燕軍，光復七十餘城。（見《史記》卷八二《田單列傳》）

[11] 孫武：春秋齊國人。以《兵法》十三篇見吳王闔閭，被

任爲將，因攻破楚國，北威齊、晋，名顯諸侯。（見《史記》卷六五《孫子列傳》） 穰苴：即司馬穰苴。春秋齊國人，田氏，名穰苴，官司馬。齊景公時，晋國、燕國侵占齊部分城地。晏嬰遂薦穰苴於景公，景公任以爲將。穰苴乃嚴整軍紀，盡復齊國失地。（見《史記》卷六四《司馬穰苴列傳》）

[12] 周亞夫：西漢初周勃之子。漢文帝後元六年（前 158），匈奴大入邊境，文帝於長安附近的霸上、棘門、細柳三地聚集軍隊以防禦，各以劉禮、徐厲、周亞夫爲將軍。文帝親往勞軍，至霸上、棘門，徑馳入營內，將以下皆下騎送迎；至細柳周亞夫營，吏士威嚴，軍紀嚴格，若無將軍令，雖皇帝亦不能擅入。文帝深加贊賞説：“嗟夫，此真將軍矣！曩者霸上、棘門軍，若兒戲耳，其將固可襲而虜也。至於亞夫，可得而犯邪！”（《史記》卷五七《絳侯周勃世家》）

[13] 上庸：縣名。治所在今湖北竹山縣西南。

[14] 斥候：候望，偵察。

[15] 太和：魏明帝曹叡年號（227—233）。

[16] 清河：郡名。漢桓帝前稱清河國，桓帝建和二年（148）改稱甘陵國，獻帝建安十一年（206）國除，稱甘陵郡，曹魏時又改稱清河郡。治所清河縣，在今山東臨清市東北。

[17] 後將軍：官名。東漢時位如上卿，與前、左、右將軍掌京師兵衛與邊防屯警。魏、晋亦置，第三品。權位漸低，略高於一般雜號將軍，不典禁兵，不與朝政，僅領兵征戰。

[18] 高唐侯：各本皆作“高唐亭侯”。殿本《考證》盧明楷曰：“按注引《魏書》云‘文帝即位，封靈鄮侯’；又云‘更封高唐侯’。‘亭’字宜衍。”其後梁章鉅《旁證》、徐紹楨《質疑》、盧弼《集解》等皆有同説。今從諸説删“亭”字。高唐，縣名。治所在今山東禹城市西南。

[19] 鄮：縣名。治所在今山東平原縣西南。

[20] 將：趙幼文《校箋》謂《太平御覽》卷三一〇引作

"以"。

[21] 涕泣：趙幼文《校箋》謂《太平御覽》引"涕"字作"上"。

[22] 數承：殿本"承"作"乘"，百衲本、盧弼《集解》本、校點本作"承"。今從百衲本等。

[23] 即有變：校點本1982年7月第2版誤作"既有變"。

[24] 鄧禹：漢光武帝劉秀之功臣。當劉秀轉戰河北時，赤眉軍已西向長安，將據關中。劉秀遂平分所率之軍二萬與鄧禹，令其西入關。鄧禹率馮愔、宗歆、樊崇、鄧尋等西行，首先攻據河東，再引軍向三輔地區。而赤眉軍新入長安後，軍銳財足，不易攻破。鄧禹遂引軍北至枸邑（今陝西旬邑縣東北），將進據上郡、北地、安定三郡。光武帝卻令鄧禹進攻長安。鄧禹仍行己意，遣將別攻上郡諸縣，留馮愔、宗歆守枸邑，禹則引軍至大要（今甘肅寧縣東南）。馮愔、宗歆卻在枸邑爭權相攻，愔殺歆，又反禹。後赤眉軍退出長安，鄧禹乃南下，駐軍昆明池。赤眉軍又復還長安，與鄧禹戰。禹敗，軍又乏食，光武帝乃命禹還。鄧禹與鄧弘又再與赤眉軍戰，仍大敗，衆皆死散。鄧禹僅與二十四騎還宜陽（今河南宜陽縣西），乃上交大司徒、梁侯印綬。光武帝仍復其侯爵，任爲右將軍。（見《後漢書》卷一六《鄧禹傳》）

[25] 洛陽：各本皆作"洛陽"，吳金華《校詁》據《後漢書》卷一七《馮異傳》與卷一六《鄧禹傳》，謂"洛陽"當作"宜陽"。按，曹操手書所用此典，目的在說明鄧禹受挫返還後，漢光武帝仍未責罰他。至於所說返還之地不很確切，亦不傷本意。不必更改。

[26] 方：指方叔。周宣王時的大臣，曾北伐玁狁，南征荆蠻。《詩·小雅·采芑》："顯允方叔，征伐玁狁，荆蠻來威。" 邵：指召虎。亦周宣王時大臣，曾平淮夷。

[27] 絳：指絳侯周勃。漢高祖劉邦之功臣。事見《史記》卷五七《絳侯周勃世家》。 灌：指灌嬰。亦漢高祖之功臣。事見《史記》卷九五《灌嬰列傳》。

[28] 子術嗣：百衲本、殿本、盧弼《集解》本皆有此三字，校點本無。今從百衲本等。

評曰：太祖建兹武功，而時之良將，五子爲先。于禁最號毅重，然弗克其終。張郃以巧變爲稱，樂進以驍果顯名，而鑒其行事，未副所聞。或注記有遺漏，未如張遼、徐晃之備詳也。

三國志 卷一八

魏書十八

二李臧文呂許典二龐閻傳第十八

李典字曼成，山陽鉅野人也。[1]典從父乾，有雄氣，合賓客數千家在乘氏。[2]初平中，[3]以眾隨太祖，破黃巾於壽張，[4]又從擊袁術，征徐州。[5]呂布之亂，太祖遣乾還乘氏，慰勞諸縣。布別駕薛蘭、治中李封招乾，[6]欲俱叛，乾不聽，遂殺乾。太祖使乾子整將乾兵，與諸將擊蘭、封。蘭、封破，從平兗州諸縣有功，[7]稍遷青州刺史。[8]整卒，典徙潁陰令，[9]爲中郎將，[10]將整軍，〔一〕遷離狐太守。[11]

〔一〕《魏書》曰：典少好學，不樂兵事，乃就師讀《春秋左氏傳》，博觀羣書。太祖善之，故試以治民之政。

[1] 山陽：郡名。治所昌邑縣，在今山東金鄉縣西北。　鉅野：縣名。治所在今山東巨野縣東北。

　　[2] 乘氏：縣名。治所在今山東巨野縣西南。

　　[3] 初平：漢獻帝劉協年號（190—193）。

　　[4] 壽張：縣名。治所在今山東東平縣西南。

　　[5] 徐州：刺史治所本在郯縣，今山東郯城縣北。東漢末移於下邳，在今江蘇睢寧縣西北。（本吳增僅《三國郡縣表附考證》）

　　[6] 別駕：官名。別駕從事史的簡稱，爲州牧刺史的主要屬吏。州牧刺史巡行各地時，別乘傳車從行，故名別駕。　治中：即治中從事。官名。州牧刺史的主要屬吏，居中治事，主衆曹文書。

　　[7] 兗州：州牧刺史治所昌邑縣，在今山東金鄉縣西北。

　　[8] 青州：刺史治所臨淄縣，在今山東淄博市東北臨淄區北。

　　[9] 潁陰：縣名。治所在今河南許昌市。

　　[10] 中郎將：官名。東漢統兵將領之一，位次將軍，秩比二千石。

　　[11] 離狐：本爲縣名，治所在今河南濮陽縣東南。錢大昕云："離狐縣，前漢屬東郡，後漢屬濟陰郡，史無置郡之文。蓋建安初暫置而即罷耳。"（《廿二史考異》卷一五）

　　時太祖與袁紹相拒官渡，[1]典率宗族及部曲輸穀帛供軍。紹破，以典爲裨將軍，[2]屯安民。[3]太祖擊譚、尚於黎陽，[4]使典與程昱等以船運軍糧。會尚遣魏郡太守高蕃將兵屯河上，[5]絶水道，太祖敕典、昱："若船不得過，下從陸道。"典與諸將議曰："蕃軍少甲而恃水，有懈怠之心，擊之必克。軍不內御；苟利國家，專之可也，宜亟擊之。"昱亦以爲然。遂北渡河，攻蕃，破之，水道得通。劉表使劉備北侵，至葉，[6]太祖遣典從夏侯惇拒之。備一旦燒屯去，惇率諸軍追擊之，典曰："賊無故退，疑必有伏。南道狹窄，草木深，不可追也。"惇不聽，與于禁追之，典留守。惇等果入賊伏裏，戰不利，典往救，備望見救至，乃散退。[7]從圍鄴，[8]鄴定，與樂進圍高幹於壺關，[9]擊管承於長廣，[10]皆破之。遷捕虜將軍，[11]封都亭侯。[12]典宗族部曲三千餘家，[13]居乘氏，自請願徙詣魏郡。太祖笑曰："卿欲慕耿純邪？"[14]典謝曰："典駑怯功微，而爵寵過厚，誠宜舉宗陳力；加以征伐未息，宜實郊遂之内，[15]以制四方，非慕純也。"遂徙部曲宗族萬三千餘口居鄴。[16]太祖嘉之，遷破虜將軍。[17]與張遼、樂進屯合肥，[18]孫權率衆圍之，遼欲奉教出戰。進、典、遼皆素不睦，遼恐其不從，典慨然曰："此國家大事，顧君計何如耳，吾可以私憾而忘公義乎！"[19]乃率衆與遼破走權。增邑百户，并前三百户。

典好學問，貴儒雅，不與諸將爭功。敬賢士大夫，恂恂若不及，軍中稱其長者。年三十六薨，子禎嗣。文帝踐阼，追念合肥之功，增禎邑百户，賜典一子爵關内侯，[20]邑百户；謚典曰愍侯。

[1] 官渡：地名。在今河南中牟縣東北。

[2] 裨將軍：官名。漢代雜號將軍之低級者。

[3] 安民：亭名。在今山東渾城縣東。（本謝鍾英《補三國疆域志補注》）

[4] 黎陽：縣名。治所在今河北浚縣東北。

[5] 魏郡：治所鄴縣，在今河北臨漳縣西南鄴鎮東一里半。河：指黃河。

[6] 葉（shè）：縣名。治所在今河南葉縣西南。徐紹楨《質

疑》云：《先主傳》云表"使拒夏侯惇、于禁等於博望。久之，先主設伏兵，自燒屯僞遁，惇等追之，爲伏兵所破"。據此，博望之役爲惇來侵，而先主拒之。與《典傳》不同。以《典傳》考之，此事書於曹公破紹之後圍鄴之前，《武帝紀》載有建安八年（203）秋八月"公征劉表，軍西平"之語，正在其時，意此爲曹公征表而遣惇等先之。《先主傳》當得其實。是時葉及博望均屬南陽郡，爲劉表所有，亦不得云劉備侵葉也。

〔7〕乃：百衲本作"軍"，殿本、盧弼《集解》本、校點本作"乃"。今從殿本等。

〔8〕鄴：縣名。治所在今河北臨漳縣西南鄴鎮東一里半。

〔9〕壺關：縣名。治所在今山西長治市北。

〔10〕長廣：縣名。治所在今山東萊陽市東。

〔11〕捕虜將軍：官名。東漢初置，爲雜號將軍，統兵出征。後省。漢末建安中曹操復置。曹魏定爲第五品。

〔12〕都亭侯：爵名。位在鄉侯下，食禄於都亭。都亭，城郭附近之亭。

〔13〕三千餘家：盧弼《集解》本誤作"三十餘家"，百衲本、殿本、校點本不誤。

〔14〕耿純：東漢初鉅鹿宋子（今河北趙縣東北）人。更始時，爲騎都尉。後率宗族賓客二千餘人歸劉秀，老病者皆載棺木自隨。後純又遣人返鄉焚其舊居房舍，以絶衆人反顧之望。深爲劉秀所信重。（見《後漢書》卷二一《耿純傳》）

〔15〕郊遂：謂都城周圍之地。古代都城以外百里爲郊，郊外百里爲遂。

〔16〕萬三千餘口：盧弼《集解》本作"萬二千餘口"，百衲本、殿本、校點本均作"萬三千餘口"。今從百衲本等。

〔17〕破虜將軍：官名。漢獻帝初平初置，雜號將軍之一。

〔18〕合肥：縣名。治所在今安徽合肥市西。

〔19〕吾可：百衲本、盧弼《集解》本作"吾不可"，殿本、

校點本作“吾可”。今從殿本等。

[20] 關內侯：爵名。漢制二十級爵之十九級，次於列侯，祇有封戶收取租稅而無封地。魏文帝定爵制爲十等，關內侯在亭侯下，仍爲虚封，無食邑。

　　李通字文達，江夏平春人也。[一][1] 以俠聞於江、汝之間。[2] 與其郡人陳恭共起兵於朗陵，[3] 衆多歸之。時有周直者，衆二千餘家，與恭、通外和内違。通欲圖殺直而恭難之。通知恭無斷，乃獨定策，與直克會，[4] 酒酣殺直。衆人大擾，通率恭誅其黨帥，盡并其營。後恭妻弟陳郃，殺恭而據其衆。通攻破郃軍，斬郃首以祭恭墓。又生禽黄巾大帥吴霸而降其屬。遭歲大饑，通傾家振施，與士分糟糠，皆争爲用，由是盗賊不敢犯。

〔一〕《魏略》曰：通小字萬億。

[1] 平春：縣名。治所在今河南信陽市西。

[2] 俠：盧弼《集解》謂《太平御覽》“俠”上有“游”字。趙幼文《校箋》謂見《太平御覽》卷二四〇。　江：指長江。汝：指汝水。汝水上游即今河南汝河，自郾城縣以下，故道南流至西平縣東會沉水（今洪河），又南流經上蔡縣西至遂平縣東會瀙水（今沙河）；此下即今南汝河及新蔡縣以下洪河。

[3] 朗陵：縣名。治所在今河南確山縣西南。

[4] 與直克會：趙幼文《校箋》謂《通志》“克”字作“恭”，下文“通率恭誅其黨帥”，則作“恭”疑是。

　　建安初，[1] 通舉衆詣太祖於許。[2] 拜通振威中郎將，[3] 屯汝南西界。[4] 太祖討張繡，劉表遣兵以助繡，太祖軍不利。通將兵夜詣太祖，太祖得以復戰，通爲先登，大破繡軍。拜裨將軍，封建功侯。[5] 分汝南二縣，以通爲陽安都尉。[6] 通妻伯父犯法，朗陵長趙儼收治，致之大辟。[7] 是時殺生之柄，決於牧守，通妻子號泣以請其命。通曰：“方與曹公戮力，義不以私廢公。”嘉儼執憲不阿，與爲親交。太祖與袁紹相拒於官渡。紹遣使拜通征南將軍，[8] 劉表亦陰招之，通皆拒焉。通親戚部曲流涕曰：“今孤危獨守，以失大援，亡可立而待也，不如亟從紹。”通按劍以叱之曰：“曹公明哲，必定天下。紹雖彊盛，而任使無方，終爲之虜耳。吾以死不貳。”即斬紹使，送印綬詣太祖。又擊羣賊瞿恭、江宮、沈成等，[9] 皆破，殘其衆，[10] 送其首。遂定淮、汝之地。改封都亭侯，拜汝南太守。時賊張赤等五千餘家聚桃山，通攻破之。劉備與周瑜圍曹仁於江陵，[11] 別遣關羽絕北道。通率衆擊之，下馬拔鹿角入圍，且戰且前，以迎仁軍，勇冠諸將。通道得病薨，時年四十二。追增邑二百戶，并前四百戶。文帝踐阼，謚曰剛侯。詔曰：“昔袁紹之難，自許、蔡以南，[12] 人懷異心。通秉義不顧，使攜貳率服，朕甚嘉之。不幸早薨，子基雖已襲爵，未足酬其庸勳。[13] 基兄緒，前屯樊城，又有功。世篤其勞，其以基爲奉義中郎將，[14] 緒平虜中郎將，[15] 以寵異焉。”〔一〕

〔一〕王隱《晉書》曰：緒子秉，字玄胄，有儁才，爲時所貴，[16]官至秦州刺史。[17]秉嘗答司馬文王問，因以爲《家誡》曰：“昔侍坐於先帝，[18]時有三長吏俱見。[19]臨辭出，上曰：‘爲官長當清，當慎，當勤，修此三者，何患不治乎？’並受詔。既出，上顧謂吾等曰：‘相誡敕正當爾不？’侍坐衆賢，莫不贊善。上又問曰：[20]‘必不得已，[21]於斯三者何先？’或對曰：‘清固爲本。’次復問吾，對曰：‘清慎之道，相須而成，必不得已，慎乃爲大。[22]夫清者不必慎，慎者必自清，亦由仁者必有勇，勇者不必有仁，是以《易》稱括囊無咎，[23]藉用白茅，[24]皆慎之至也。’上曰：‘卿言得之耳。[25]可舉近世能慎者誰乎？’諸人各未知所對，吾乃舉故太尉荀景倩、尚書董仲連、僕射王公仲並可謂爲慎。[26]上曰：‘此諸人者，温恭朝夕，執事有恪，亦各其慎也。然天下之至慎，其惟阮嗣宗乎！[27]每與之言，言及玄遠，而未曾評論時事，[28]臧否人物，真可謂至慎矣。’吾每思此言，亦足以爲明誡。凡人行事，年少立身，不可不慎，勿輕論人，勿輕説事，如此則悔吝何由而生，患禍無從而至矣。”

秉子重，字茂曾。少知名，歷位吏部郎、平陽太守。[29]《晉諸公贊》曰：重以清尚稱。相國趙王倫以重望取爲右司馬。[30]重以倫將爲亂，辭疾不就。倫逼之不已，重遂不復自（活）〔治〕，[31]至於困篤，扶曳受拜，數日卒，贈散騎常侍。[32]重二弟，尚字茂仲，矩字茂約，永嘉中並典郡；[33]矩至江州刺史。[34]重子式，字景則，官至侍中。[35]

〔1〕建安：漢獻帝劉協年號（196—220）。

〔2〕許：縣名。治所在今河南許昌市東。

〔3〕振威中郎將：官名。漢末建安初曹操置，爲領兵武職。

〔4〕汝南：郡名。治所平輿縣，在今河南平輿縣北。

〔5〕建功侯：封爵名。類似於建安二十年所設之名號侯，

爲虛封。

[6] 陽安：本縣名。治所在今河南確山縣東北。趙一清《注補》引《讀史方輿紀要》卷五〇云："曹操分汝南置陽安都尉，以朗陵縣屬焉，亦曰陽安郡。尋罷。"按，本書卷二三《趙儼傳》裴注引《魏略》謂朗陵長與陽安太守李通同治所，則陽安郡治所應在朗陵縣，朗陵縣治所在今確山縣西南。 都尉：官名。西漢時郡置都尉，輔佐郡守並掌本郡軍事。東漢廢除，僅在邊郡或關塞之地置都尉及屬國都尉，並漸漸分縣治民，職如太守。陽安與朗陵既非邊地，亦非關塞之地，蓋劃此二縣爲郡，僅以都尉稱其長官（即太守）。

[7] 大辟：死刑。

[8] 征南將軍：官名。在漢代，爲雜號將軍。

[9] 羣：校點本作"郡"，百衲本、殿本、盧弼《集解》本作"羣"。今從百衲本等。

[10] 殘：殿本、盧弼《集解》本作"殲"，百衲本、校點本作"殘"。今從百衲本等。按此句標點從吳金華《〈三國志集解〉箋記》説。

[11] 江陵：縣名。治所在今湖北荆州市江陵區。

[12] 蔡：指上蔡縣，治所在今河南上蔡縣西南。

[13] 酬：百衲本作"疇"，殿本、盧弼《集解》本、校點本作"酬"。按二字可通，今從殿本等。

[14] 其以基：百衲本、殿本、盧弼《集解》本無"其"字，盧氏云："馮本'以'上有'其'字。"校點本有"其"字。按，此"其"字爲秦漢以後之詔書所常用，今從校點本。 奉義中郎將：官名。曹魏初置，秩比二千石，第四品。

[15] 平虜中郎將：官名。曹魏初置，秩比二千石，第四品。

[16] 爲時所貴：殿本、盧弼《集解》本作"爲時人所貴"，百衲本、校點本作"爲時所貴"。今從百衲本等。

[17] 秦州：校點本1982年7月第2版誤作"泰州"。秦州，

晋武帝泰始五年（269）置，刺史治所冀縣，在今甘肅甘谷縣東；太康三年（282）廢，七年復置，刺史治所移於上邽縣，在今甘肅天水市。

[18] 昔侍坐：趙幼文《校箋》謂《世説新語·德行篇》注引"昔"下有"嘗"字。

[19] 長吏：趙幼文《校箋》謂《世説新語·德行篇》注引"吏"字作"史"，《太平御覽》卷四三〇引同。郝經《續後漢書》亦作"史"。 見：盧弼《集解》本作"免"，百衲本、殿本、校點本作"見"。今從百衲本等。

[20] 問曰：殿本、盧弼《集解》本無"曰"字，百衲本、校點本有。今從百衲本等。

[21] 必不得已：趙幼文《校箋》謂《世説新語·德行篇》注引句下有"而去"二字。

[22] 大：趙幼文《校箋》謂《太平御覽》卷三四〇（當作四三〇）引"大"字作"先"。

[23] 括囊無咎：《易·坤》六四《象》曰："括囊無咎，慎不害也。"括囊，把口袋口拴住。

[24] 藉用白茅：《易·大過》初六："藉用白茅，無咎。"《繫辭上》："苟錯諸地而可矣，藉之用茅，何咎之有？慎之至也。夫茅之爲物薄而用可重也，慎斯術也以往，其無所失矣。"意謂：本來將物置於地上是可以的，而在物之下再鋪上白茅，哪裏會有過錯？這是慎重之極的。

[25] 耳：百衲本作"爾"，殿本、盧弼《集解》本、校點本作"耳"。按，二字通。今從殿本等。趙幼文《校箋》則謂《世説新語·德行篇》注引作"矣"。《太平御覽》卷四三〇引同。

[26] 太尉：官名。西晉仍列三公之首，第一品，爲名譽宰相，無實際職掌，多爲加官。 荀景倩：荀顗字景倩。見本書卷一〇《荀彧傳》裴注引《晋陽秋》）。 尚書：官名。西晋初，置吏部、三公、客曹、駕部、屯田、度支六曹尚書，秩皆六百石，第三品。

其中吏部職要任重，徑稱吏部尚書，其餘諸曹均稱尚書。　董仲連：趙幼文《校箋》謂《世説新語·德行篇》注引"連"字作"達"。僕射（yè）：即尚書僕射，官名。魏、晉時爲尚書省次官，秩六百石，第三品。或單置，或並置左、右。左、右並置時，左僕射居右僕射上。輔助尚書令執行政務，參議大政，諫諍得失，監察糾彈百官，可封還詔旨，常受命主管官吏選舉。

　　[27] 阮嗣宗：阮籍字嗣宗。見本書卷二一《王粲傳》裴注及所引《魏氏春秋》。

　　[28] 未曾：趙幼文《校箋》謂《世説新語·德行篇》注引"曾"字作"嘗"。

　　[29] 吏部郎：官名。尚書吏部曹之長官，屬吏部尚書，主管官吏選任銓叙調動事務，可建議任免五品以下官吏。秩四百石，第六品。　平陽：郡名。治所平陽縣，在今山西臨汾市西南金殿。

　　[30] 相國：官名。西晉時，位尊於丞相，職權品秩略同，非尋常人臣之職。　右司馬：《晉書》卷四六《李重傳》作"左司馬"。（盧弼《集解》校）此"右司馬"或"左司馬"皆謂相國司馬，爲相國府之高級幕僚，位僅次長史，職責是參贊軍務，秩千石。或分置左、右。

　　[31] 自治：各本皆作"自活"。吳金華《校詁》謂《世説新語·品藻篇》注引此文作"自治"；《賢媛》注文叙此事又云"有疾不治"。是"活"乃"治"字之誤。今從吳説改。

　　[32] 散騎常侍：官名。曹魏初始置，西晉沿置，位比侍中，秩比二千石，第三品。爲門下重職，散騎省長官。職掌侍從皇帝左右，諫諍得失，應對顧問，與侍中等共平尚書奏事，有異議得駁奏。亦常爲宰相、諸公等加官，得入宮禁議政。

　　[33] 永嘉：晉懷帝司馬熾年號（307—313）。

　　[34] 江州：西晉惠帝元康元年（291）置，刺史治所南昌縣，在今江西南昌市。東晉成帝咸康六年（340），徙治所於尋陽縣，在今湖北黃梅縣西南。

［35］侍中：官名。曹魏時，第三品。爲門下侍中寺長官。職掌門下衆事，侍從左右，顧問應對，拾遺補闕，與散騎常侍、黃門侍郎等共平尚書奏事。晋沿置，爲門下省長官。

臧霸字宣高，泰山華人也。[1]父戒，爲縣獄掾，[2]據法不聽太守欲所私殺。太守大怒，令收戒詣府，時送者百餘人。霸年十八，將客數十人徑於費西山中要奪之，[3]送者莫敢動，因與父俱亡命東海，[4]由是以勇壯聞。黃巾起，霸從陶謙擊破之，拜騎都尉。[5]遂收兵於徐州，與孫觀、吳敦、尹禮等並聚衆，霸爲帥，屯於開陽。[6]太祖之討吕布也，霸等將兵助布。既禽布，霸自匿。太祖募索得霸，見而悦之，使霸招吳敦、尹禮、孫觀、觀兄康等，皆詣太祖。太祖以霸爲琅邪相，[7]敦利城、禮東莞、觀北海、康城陽太守，[8]割青、徐二州，[9]委之於霸。太祖之在兖州，以徐翕、毛暉爲將。兖州亂，翕、暉皆叛。後兖州定，翕、暉亡命投霸。太祖語劉備，令語霸送二人首。霸謂備曰："霸所以能自立者，以不爲此也。[10]霸受公生全之恩，[11]不敢違命。然王霸之君可以義告，願將軍爲之辭。"備以霸言白太祖，太祖歎息，謂霸曰："此古人之事而君能行之，孤之願也。"乃皆以翕、暉爲郡守。時太祖方與袁紹相拒，而霸數以精兵入青州，故太祖得專事紹，不以東方爲念。太祖破袁譚於南皮，[12]霸等會賀。霸因求遣子弟及諸將父兄家屬詣鄴，太祖曰："諸君忠孝，豈復在是！[13]昔蕭何遣子弟入侍，[14]而高祖不拒，耿純焚室輿櫬以從，而光武不逆，吾將何以易之哉！"東州擾攘，^[15]霸等執義征暴，清定海岱，^[16]功莫大焉，皆封列侯。^[17]霸爲都亭侯，加威虜將軍。^[18]又與于禁討昌豨，與夏侯淵討黃巾餘賊徐和等，有功，遷徐州刺史。沛國（公）武周爲下邳令，^[19]霸敬異周，身詣令舍。部從事諰詗不法，^[20]周得其罪，便收考竟，^[21]霸益以善周。從討孫權，先登，再入巢湖，^[22]攻居巢，^[23]破之。張遼之討陳蘭，霸別遣至皖，^[24]討吳將韓當，使權不得救蘭。當遣兵逆霸，霸與戰於逢龍，^[25]當復遣兵邀霸於夾石，^[26]與戰破之，還屯舒。^[27]權遣數萬人乘船屯舒口，^[28]分兵救蘭，聞霸軍在舒，遁還。霸夜追之，比明，行百餘里，邀賊前後擊之。賊窘急，不得上船，赴水者甚衆。由是賊不得救蘭，遼遂破之。霸從討孫權於濡須口，^[29]與張遼爲前鋒，行遇霖雨，大軍先（及）〔反〕，^[30]水遂長，賊船稍（進）〔近〕，將士皆不安。遼欲去，霸止之曰："公明於利鈍，寧肯捐吾等邪？"明日果有令。遼至，以語太祖。太祖善之，拜〔霸〕揚威將軍，^[31]假節。^[32]後權乞降，太祖還，留霸與夏侯惇等屯居巢。

　　文帝即王位，遷鎮東將軍，^[33]進爵武安鄉侯，^[34]都督青州諸軍事。^[35]及踐阼，進封開陽侯，徙封良成侯。^[36]與曹休討吳賊，破呂範於洞浦，^[37]徵爲執金吾，^[38]位特進。^[39]每有軍事，帝常咨訪焉。〔一〕^[40]明帝即位，增邑五百，并前三千五百戶。薨，謚曰威侯。子艾嗣。〔二〕艾官至青州刺史、少府。^[41]艾薨，謚曰恭侯。子權嗣。霸前後有功，封子三人列侯，賜一人爵

關內侯。^{〔三〕}

〔一〕《魏略》曰：霸一名奴寇。孫觀名嬰子。吳敦名黠奴。尹禮名盧兒。建安二十四年，霸遣別軍在洛。會太祖崩，霸所部及青州兵，以爲天下將亂，皆鳴鼓擅去。文帝即位，以曹休都督青、徐，^[42]霸謂休曰：“國家未肯聽霸耳！^[43]若假霸步騎萬人，必能橫行江表。”^[44]休言之於帝，帝疑霸軍前擅去，今意壯乃爾。遂東巡，因霸來朝而奪其兵。

〔二〕《魏書》曰：艾少以才理稱，爲黃門郎，^[45]歷位郡守。

〔三〕霸一子舜，字太伯，晋散騎常侍，見《武帝百官名》。此《百官名》，不知誰所撰也，皆有題目，稱舜“才穎條暢，識贊時宜”也。

[1] 泰山：郡名。治所奉高縣，在今山東泰安市東。　華：縣名。治所在今山東費縣東北。周壽昌《注證遺》云：“《後漢書·郡國志》泰山郡屬無華縣，霸生漢末，尚稱華人何也？考《泰山郡都尉孔宙碑》陰有‘故吏泰山華田樓覬’，碑爲桓帝延熹六年立，是時尚有泰山華縣，與《霸傳》尤合，《郡國志》或偶遺之。”

[2] 父戒：趙幼文《校箋》謂《白孔六帖》卷四五〇引“戒”字作“式”。　獄掾：官名。縣府屬吏，職掌刑獄。

[3] 數十人：趙幼文《校箋》謂《白孔六帖》卷四五〇、《太平御覽》卷四三四引“數”下無“十”字。　費：侯國名。治所在今山東費縣西北。　西山：趙一清《注補》云：“西山即蒙山也，在費縣西北五十里。”

[4] 東海：郡名。治所郯縣，在今山東郯城縣北。

[5] 騎都尉：官名。屬光禄勳，秩比二千石，掌羽林騎兵。

[6] 開陽：縣名。治所在今山東臨沂市北。

[7] 琅邪：王國名。治所即開陽縣。　相：官名。王國相，由

朝廷直接委派，執掌王國行政大權，相當於郡太守。

[8] 利城：郡名。本爲縣，曹操設爲郡，治所在今江蘇贛榆縣西古城。　東莞：郡名。治所東莞縣，在今山東沂水縣東北。　北海：王國名。治所劇縣，在今山東昌樂縣西。　城陽：郡名。西漢時城陽國，東漢并入北海國，建安初曹操又分置城陽郡。治所東武縣，在今山東諸城市。

[9] 青：州名。刺史治所臨淄縣，在今山東淄博市臨淄區北。二州：趙幼文《校箋》謂《册府元龜》卷九九引“州”下有“附於海”三字。

[10] 爲：百衲本作“謂”，殿本、盧弼《集解》本、校點本作“爲”。今從殿本等。

[11] 公生全之恩：趙幼文《校箋》謂蕭常《續後漢書》“公”上有“曹”字。《册府元龜》卷八○二引“生”字作“成”。

[12] 南皮：縣名。治所在今河北南皮縣東北。

[13] 在：趙幼文《校箋》謂《册府元龜》卷七六五引作“任”。

[14] 蕭何：漢高祖劉邦之功臣。劉邦爲漢王後，以蕭何爲丞相。楚漢相爭中，蕭何留守關中，使劉邦軍足食足兵。而劉邦與項羽爭戰之次年，卻常遣使回關中勞問丞相。鮑生謂丞相曰：“王暴衣露蓋，數使使勞苦君者，有疑君之心也。爲君計，莫若遣君子孫昆弟能勝兵者悉詣軍所，上必益信君。”蕭何從其計，劉邦大悦。（見《史記》卷五三《蕭相國世家》）

[15] 東州：指青州一帶。

[16] 海岱：地區名。指東海與岱山（泰山）一帶地區，即當時青、徐、兗三州交界的一帶地區。

[17] 列侯：爵名。漢代二十級爵之最高者。金印紫綬，有封邑，食租税。功大者食縣，小者食鄉、亭。曹魏初亦沿襲有列侯。

[18] 威虜將軍：官名。東漢初置，後省。漢末建安中曹操復置，爲無固定職掌的名號將軍。曹魏沿置，第五品。

［19］沛國武周：百衲本、殿本、盧弼《集解》本皆作“沛國公武周”。殿本《考證》朱良裘云：“按《胡質傳》注引虞預《晋書》曰‘武周字伯南，沛國竹邑人’。此‘公’字疑衍。”盧弼《集解》亦引陳景雲曰：“‘公’字衍，武周沛國竹邑人，詳《胡質傳》注。”校點本即從陳景雲説删“公”字。今從校點本。沛國治所相縣，在今安徽濉溪縣西北。　下邳：縣名。治所在今江蘇睢寧縣西北。

［20］部從事：官名。即部郡國從事史，州牧刺史的屬吏，每郡國一人，主督促文書，察舉非法。　譀（còng）詷（dòng）：夸誕，言過其實。元應《一切經音義》卷八《阿彌陀經》下卷：“譀詷：《通俗文》言過謂之譀詷。”

［21］考竟：《釋名·釋喪制》云：“獄死曰考竟。考得其情，竟其命於獄也。”按，此謂拷問窮竟，拷問清楚。

［22］巢湖：湖名。即今安徽巢湖。

［23］居巢：縣名。治所在今安徽巢湖市東北。

［24］霸别遣：趙幼文《校箋》謂《文選》陸士衡《辨亡論》李善注引作“别遣霸”，應據乙。　皖：縣名。治所在今安徽潛山縣。

［25］逢龍：地名。謝鍾英云：“逢龍當與夾石相近。”（《補三國疆域志補注》）

［26］夾石：地名。在今安徽桐城市北。

［27］舒：縣名。治所在今安徽廬江縣西南。

［28］舒口：地名。在今安徽舒城縣東。謝鍾英云：“當即今巴洋河入巢湖之口。”（《補三國疆域志補注》）

［29］濡須口：古濡須水在今安徽境内，源出巢湖，東南流，經今無爲縣東南入長江。入長江處稱濡須口。

［30］先反：各本皆作“先及”，又下句“稍近”各本皆作“稍進”。殿本《考證》謂《太平御覽》“先及”作“先反”“稍進”作“稍近”。吴金華《校詁》又謂臧霸、張遼爲先鋒，不得稱

"大軍"; 此云"大軍先及", 殊不可解。《通志》卷一一六"先及"作"未至", 可以參考。又《太平御覽》卷二四〇"先及"作"先反", 與下文"遼欲去"云云頗爲接合; "稍近"亦較"稍進"爲優。似以《太平御覽》爲實。今從吳説據《太平御覽》改。

[31] 拜霸揚威將軍: 各本皆無"霸"字。盧弼《集解》云: "'拜'下當有'霸'字。"趙幼文《校箋》謂《太平御覽》卷二四〇引"拜"下有"霸"字, 應據增。今從盧、趙説增。揚武將軍, 官名。漢末建安中曹操置, 爲領兵之官。魏、晋沿置, 第四品。

[32] 假節: 漢末三國時期, 皇帝賜予臣下的一種權力。至晋代, 此種權力明確爲因軍事可殺犯軍令者。

[33] 鎮東將軍: 官名。曹魏時第二品。位次四征將軍, 領兵如征東將軍。多爲持節都督, 出鎮方面。

[34] 鄉侯: 爵名。漢制, 列侯大者食縣邑, 小者食鄉、亭。東漢後期, 遂以食鄉、亭者稱爲鄉侯、亭侯。

[35] 都督: 官名。魏文帝黄初中, 置都督諸州軍事, 或兼領刺史, 或統領所督州之軍事, 無固定品級, 多帶將軍名號。晋代沿置。

[36] 良成: 縣名。治所在今江蘇邳州市東南。

[37] 洞浦: 地名。在今安徽和縣西南長江邊。

[38] 執金吾: 官名。建安十八年 (213) 魏國置中尉, 黄初元年 (220) 改爲執金吾, 秩中二千石, 第三品, 掌宫外及京都警衛, 皇帝出行, 則充任護衛及儀仗。

[39] 特進: 官名。漢制, 凡諸侯大臣功德優盛, 朝廷所敬異者, 加位特進, 朝會時位在三公下, 車服俸禄仍從本官。魏、晋沿襲之。

[40] 常: 盧弼《集解》本誤作"嘗", 百衲本、殿本、校點本不誤, 作"常"。今從百衲本等。

[41] 少府: 官名。秩中二千石。東漢時, 掌宫中御衣、寶貨、

珍膳等。魏、晋沿之，主要管理宮廷手工業。三品。

[42] 都督：官名。魏文帝黃初中，置都督諸州軍事，或兼領刺史，或統領所督州之軍事，無固定品級，多帶將軍名號。晋代沿置。

[43] 國家：漢魏人稱皇帝爲國家。

[44] 江表：古稱長江以南之地爲江表。

[45] 黃門郎：官名。即黃門侍郎，亦稱給事黃門侍郎。東漢時，秩六百石。掌侍從左右，給事禁中，關通中外。初無員數，漢獻帝定爲六員，與侍中出入禁中，近侍帷幄，省尚書奏事。三國沿置，魏定爲五品。

　　而孫觀亦至青州刺史，假節，從太祖討孫權，戰被創，薨。子毓嗣，亦至青州刺史。〔一〕

〔一〕《魏書》曰：孫觀字仲臺，泰山人。與臧霸俱起，討黃巾，拜騎都尉。太祖破吕布，使霸招觀兄弟，皆厚遇之。與霸俱戰伐，觀常爲先登，征定青、徐羣賊，功次於霸，封吕都亭侯。[1]康亦以功封列侯。與太祖會南皮，遣子弟入居鄴，拜觀偏將軍，[2]遷青州刺史。從征孫權於濡須口，假節。攻權，爲流矢所中，傷左足，[3]力戰不顧，太祖勞之曰："將軍被創深重，而猛氣益奮，不當爲國愛身乎？"轉振威將軍，[4]創甚，[5]遂卒。

[1] 吕都：西漢縣名。治所在今山東菏澤市西吕陵集。趙一清《注補》云："吕都，《前漢書·地理志》屬濟陰郡，後漢省，今以封孫觀，蓋縣廢而城存耳。"

[2] 偏將軍：官名。雜號將軍中位較低者。

[3] 傷：趙幼文《校箋》謂《太平御覽》卷七四二引作"穿"。

　　〔4〕振威將軍：官名。東漢置，爲雜號將軍，統兵出征。
　　〔5〕創甚：趙幼文《校箋》謂《太平御覽》卷七四二引"創"上有"及"字。按，《太平御覽》引"創"皆作"瘡"。

　　文聘字仲業，南陽宛人也，[1]爲劉表大將，使禦北方。表死，其子琮立。太祖征荆州，琮舉州降，呼聘欲與俱，聘曰："聘不能全州，當待罪而已。"太祖濟漢，聘乃詣太祖，太祖問曰："來何遲邪？"聘曰："先日不能輔弼劉荆州以奉國家，荆州雖没，常願據守漢川，[2]保全土境，生不負於孤弱，死無愧於地下，而計不得已，以至於此。實懷悲慚，無顔早見耳。"遂歔欷流涕。太祖爲之愴然，曰："仲業，卿真忠臣也。"厚禮待之。授聘兵，使與曹純追討劉備於長阪。[3]太祖先定荆州，江夏與吳接，[4]民心不安，乃以聘爲江夏太守，使典北兵，委以邊事，賜爵關内侯。〔一〕與樂進討關羽於尋口，[5]有功，進封延壽亭侯，[6]加討逆將軍。[7]又攻羽輜重於漢津，[8]燒其船於荆城。[9]文帝踐阼，進爵長安鄉侯，假節。與夏侯尚圍江陵，使聘别屯沔口，[10]止石梵，[11]自當一隊，禦賊有功，遷後將軍，[12]封新野侯。[13]孫權以五萬衆自圍聘於石陽，[14]甚急。聘堅守不動，權住二十餘日乃解去。聘追擊破之。〔二〕增邑五百户，并前千九百户。

　　〔一〕孫盛曰：資父事君，忠孝道一。臧霸少有孝烈之稱，文聘著垂泣之誠，是以魏武一面，委之以二方之任，豈直壯武見知於倉卒之間哉！

〔二〕《魏略》曰：孫權嘗自將數萬衆卒至。時大雨，城柵崩壞，人民散在田野，未及補治。聘聞權到，不知所施，乃思惟莫若潛默可以疑之。乃敕城中人使不得見，又自臥舍中不起。權果疑之，語其部黨曰："北方以此人忠臣也，故委之以此郡，今我至而不動，此不有密圖，必當有外救。"遂不敢攻而去。《魏略》此語，與《本傳》反。

[1] 南陽：郡名。治所宛縣，在今河南南陽市。

[2] 漢川：指襄陽一帶漢水兩岸之地。此實代指荊州。

[3] 長阪：地名。在今湖北荊門市西南。

[4] 江夏：郡名。原治所西陵縣，在今湖北武漢市新州區西。劉表以黃祖爲江夏太守，治所沙羨（yí）縣，在今武漢市武昌區西南。黃祖死後，劉琦爲江夏太守，屯夏口，在今漢口市漢水入長江處。此後，魏、吳並置江夏郡。魏文聘爲江夏太守，治所石陽縣，在今漢川縣西北。（本吳增僅《三國郡縣表附考證》）

[5] 尋口：地名。在今湖北鍾祥市西南漢水東南。（本謝鍾英《補三國疆域志補注》）

[6] 亭侯：爵名。漢制，列侯大者食縣邑，小者食鄉、亭。東漢後期遂以食鄉、亭者稱爲鄉侯、亭侯。

[7] 討逆將軍：官名。漢末建安初置，後曹魏沿置，第五品。

[8] 漢津：津渡名。在今湖北荊門市東漢水上。

[9] 荊城：地名。在今湖北鍾祥市西南。

[10] 沔口：地名。又名夏口、漢口，在今湖北武漢市，原漢水入長江處。

[11] 石梵：地名。在今湖北天門市東南。（本謝鍾英《補三國疆域志補注》）

[12] 後將軍：官名。東漢時位如上卿，與前、左、右將軍掌京師兵衞與邊防屯警。魏、晉亦置，第三品。權位漸低，略高於一

般雜號將軍，不典禁兵，不與朝政，僅領兵征戰。

[13] 新野：縣名。治所在今河南新野縣。

[14] 石陽：縣名。即文聘爲江夏太守之治所。

聘在江夏數十年，有威恩，名震敵國，賊不敢侵。分聘戶邑封聘子岱爲列侯，又賜聘從子厚爵關内侯。聘薨，謚曰壯侯。岱又先亡，聘養子休嗣。卒，子武嗣。

嘉平中，[1] 譙郡桓禺爲江夏太守，[2] 清儉有威惠，名亞於聘。

[1] 嘉平：魏少帝齊王曹芳年號（249—254）。

[2] 譙郡：治所譙縣，在今安徽亳州市。 江夏：郡名。魏江夏郡自嘉平中王基築上昶城，治所遂遷於上昶城。上昶城屬安陸縣，在今湖北雲夢縣西南，安陸縣則在今湖北安陸市西北。

呂虔字子恪，任城人也。[1] 太祖在兗州，聞虔有膽策，以爲從事，[2] 將家兵守湖陸。[3]（襄陵）〔襄賁〕校尉杜松部民炅母等作亂，[4] 與昌豨通。太祖以虔代松。虔到，招誘炅母渠率及同惡數十人，賜酒食。簡壯士伏其側，虔察炅母等皆醉，使伏兵盡格殺之。撫其餘衆，羣賊乃平。太祖以虔領泰山太守。郡接山海，世亂，聞民人多藏竄。袁紹所置中郎將郭祖、公孫犢等數十輩，保山爲寇，百姓苦之。虔將家兵到郡，開恩信，[5] 祖等黨屬皆降服，諸山中亡匿者盡出安土業。簡其彊者補戰士，泰山由是遂有精兵，冠名州郡。濟

南黃巾徐和等，[6]所在劫長吏，攻城邑。虜引兵與夏侯
淵會擊之，前後數十戰，斬首獲生數千人。太祖使督
青州諸郡兵以討東萊羣賊李條等，[7]有功。太祖令曰：
"夫有其志，必成其事，蓋烈士之所徇也。卿在郡以
來，禽姦討暴，百姓獲安，躬蹈矢石，所征輒克。昔
寇恂立名於汝、潁，[8]耿弇建策於青、兗，[9]古今一
也。"舉茂才，[10]加騎都尉，典郡如故。虜在泰山十數
年，甚有威惠。文帝即王位，加裨將軍，封益壽亭侯，
遷徐州刺史，加威虜將軍。請琅邪王祥爲別駕，[11]民
事一以委之，世多其能任賢。〔一〕討利城叛賊，斬獲有
功。明帝即位，徙封萬年亭侯，增邑二百，并前六百
户。虜薨，子翻嗣。翻薨，子桂嗣。

〔一〕孫盛《雜語》曰：祥字休徵。性至孝，後母苛虐，每
欲危害祥，祥色養無怠。盛寒之月，後母曰："吾思食生魚。"祥
脫衣，將剖冰求之，（有）少〔頃〕，[12]堅冰解，下有魚躍出，因
奉以供，時人以爲孝感之所致也。供養三十餘年，母終乃仕，以
淳誠貞粹見重於時。

王隱《晋書》曰：祥始出仕，年過五十矣，稍遷至司隸校
尉。[13]高貴鄉公入學，以祥爲三老，[14]遷司空、太尉。[15]司馬文
王初爲晋王，[16]司空荀顗要祥盡敬，祥不從。語在《三少帝
紀》。[17]晋武踐阼，拜祥爲太保，[18]封睢陵公。[19]泰始四年，[20]
年八十九薨。祥弟覽，字玄通，光禄大夫。[21]《晋諸公贊》稱覽
率素有至行。覽子孫繁衍，頗有賢才相係，[22]奕世之盛，[23]古今
少比焉。

[1] 任城：王國名。治所任城縣，在今山東微山縣西北。

　　［2］從事：官名。漢代州牧刺史的佐史，有別駕從事史、治中從事史、兵曹從事史、部從事史等，均可簡稱爲從事。

　　［3］湖陸：縣名。治所在今山東魚臺縣東南。

　　［4］襄賁（féi）：各本皆作“襄陵”。趙一清《注補》云：“‘襄陵’字誤，當作‘襄賁’。《漢郡國志》東海郡襄賁縣。賁音肥。是時昌豨作亂於東海，故炅母得與豨通。若河東之襄陵與陳留襄邑之亦名襄陵，皆去東海甚遠。‘陵’字爲誤無疑。”校點本即從趙氏此説改“襄陵”爲“襄賁”。今從校點本。襄賁縣治所在今山東蒼山縣東南。　　校尉：漢制，縣置尉，主防治盜賊事。《續漢書·百官志》云：“尉，大縣二人，小縣一人。”本注曰：“尉主盜賊。凡有賊發，主名不立，則推索行尋，案察奸宄，以起端緒。”襄賁爲縣，當稱“尉”，此稱“校尉”，有誤。　　炅母：殿本、盧弼《集解》本作“炅毋”，百衲本、校點本作“炅母”。今從百衲本等。

　　［5］開恩信：趙幼文《校箋》謂《册府元龜》卷六九二引“開”下有“示”字。按，宋本《册府元龜》亦無“示”字。

　　［6］濟南：王國名。治所東平陵縣，在今山東章丘市西北。

　　［7］東萊：郡名。治所黃縣，在今山東龍口市東南舊黃縣東黃城集。

　　［8］寇恂：東漢初光武帝劉秀之功臣。劉秀定河內郡（治所在今河南武陟縣西南），以恂爲河內太守，恂轉輸軍糧，前後不絕。光武帝即位後，潁川郡（治所在今河南禹州市）人嚴終、趙敦等聚衆爲寇，光武帝即以寇恂爲潁川太守，數月後便平定寇亂。次年，汝南郡（治所在今河南平輿縣北）盜賊猖獗，光武帝又以寇恂爲汝南太守，不久，又肅清盜賊，郡得安定。恂乃興立學校，教授生徒。數年後，調爲執金吾。次年，潁川盜賊又群起，恂隨光武帝南討，盜賊悉降，百姓遂請留恂爲太守。恂因鎮撫吏民，受納餘降。（見《後漢書》卷一六《寇恂傳》）　　汝、潁：即指汝南郡與潁川郡。

［9］耿弇：東漢初光武帝劉秀之功臣。光武帝即位後，以弇爲建威大將軍。及破延岑，降杜弘後，弇因自請北收上谷兵，然後定彭寵於漁陽，取張豐於涿郡，還收富平、獲索，東攻張步，以平齊地。光武帝許之。耿弇遂逐步用兵，終於破降張步，齊地悉平。（見《後漢書》卷一九《耿弇傳》）　青、兗：指青州、兗州，大體爲古之齊地。

［10］茂才：即秀才，東漢人避光武帝劉秀諱改，爲漢代薦舉人材科目之一。東漢之制，州牧刺史歲舉一人。三國沿之，或稱秀才。

［11］琅邪：王國名。治所開陽縣，在今山東臨沂市北。

［12］少頃：百衲本、殿本、盧弼《集解》本均作“有少”。殿本《考證》云：“宋本‘有少’下多‘頃’字。”校點本則從何焯説作“少頃”。今從校點本。

［13］司隸校尉：官名。秩比二千石，第三品。掌糾察京師百官違法者，並治所轄各郡，相當於州刺史。

［14］三老：官名。職掌教化。漢代初於鄉、縣置三老，後來郡國亦置。皆選有德行，能率衆爲善，年五十以上者爲之。東漢明帝時又以年高德重之大臣爲三老，以示孝悌天下。三國時一般不置鄉、縣三老，而依漢明帝之制，於國置三老。

［15］司空：官名。曹魏後期，第一品，爲名譽宰相，無實際職掌，多爲大臣加官。　太尉：官名。曹魏後期，與司空相同，爲名譽宰相，無實際職掌，多爲大臣加官。

［16］司馬文王：即司馬昭。

［17］三少帝紀：殿本、盧弼《集解》本作“二少帝紀”，百衲本、校點本作“三少帝紀”。今從百衲本等。

［18］太保：官名。西晉時與太宰、太傅並爲上公，第一品。爲尊貴虛銜，無職掌。

［19］睢陵：縣名。治所在今江蘇睢寧縣。

［20］泰始：晉武帝司馬炎年號（265—274）。

　　[21] 光禄大夫：官名。西晉時位在諸卿上，第三品，多授予年老有病的致仕官員，無具體職掌。

　　[22] 相係：殿本、盧弼《集解》本作"相繼"，百衲本、校點本作"相係"。今從百衲本等。

　　[23] 奕世：累世。東晉南朝的第一高門琅邪王氏，即王覽一系之子孫後代。

　　許褚字仲康，譙國譙人也。[1]長八尺餘，腰大十圍，[2]容貌雄毅，[3]勇力絕人。漢末，聚少年及宗族數千家，共堅壁以禦寇。時汝南葛陂賊萬餘人攻褚壁，[4]褚衆少不敵，力戰疲極。兵矢盡，乃令壁中男女，聚治石如杅斗者置四隅。[5]褚飛石擲之，所值皆摧碎。賊不敢進。糧乏，僞與賊和，以牛與賊易食，賊來取牛，牛輒奔還。褚乃出陳前，一手逆曳牛尾，行百餘步。賊衆驚，遂不敢取牛而走。由是淮、汝、陳、梁間，[6]聞皆畏憚之。

　　太祖徇淮、汝，褚以衆歸太祖。太祖見而壯之曰："此吾樊噲也。"[7]即日拜都尉，[8]引入宿衛。諸從褚俠客，皆以爲虎士。[9]從征張繡，先登，斬首萬計，遷校尉。[10]從討袁紹於官渡。時常從士徐他等謀爲逆，以褚常侍左右，憚之不敢發。伺褚休下日，[11]他等懷刀入。褚至下舍心動，即還侍。他等不知，入帳見褚，大驚愕。他〔等〕色變，[12]褚覺之，即擊殺他等。太祖益親信之，出入同行，不離左右。從圍鄴，力戰有功，賜爵關內侯。從討韓遂、馬超於潼關。[13]太祖將北渡，臨濟河，先渡兵，獨與褚及虎士百餘人留南岸

斷後。超將步騎萬餘人，來奔太祖軍，矢下如雨。褚
白太祖，賊來多，今兵渡已盡，[14]宜去，乃扶太祖上
船。賊戰急，軍爭濟，[15]船重欲没。褚斬攀船者，左
手舉馬鞍蔽太祖。船工爲流矢所中死，褚右手並泝
船，[16]僅乃得渡。是日，微褚幾危。其後太祖與遂、
超等單馬會語，[17]左右皆不得從，唯將褚。超負其力，
陰欲前突太祖，素聞褚勇，疑從騎是褚。[18]乃問太祖
曰：“公有虎侯者安在？”太祖顧指褚，褚瞋目盼之。
超不敢動，乃各罷。後數日會戰，大破超等，褚身斬
首級，遷武衛中郎將。[19]武衛之號，自此始也。軍中
以褚力如虎而癡，故號曰（虎癡）〔癡虎〕；[20]是以超
問虎侯，至今天下稱焉，皆謂其姓名也。

　　褚性謹慎奉法，質重少言。曹仁自荆州來朝謁，
太祖未出，入與褚相見於殿外。仁呼褚入便坐語，褚
曰：“王將出。”便還入殿，仁意恨之。或以責褚曰：
“征南宗室重臣，[21]降意呼君，君何故辭？”褚曰：
“彼雖親重，外藩也。褚備内臣，衆談足矣，入室何私
乎？”太祖聞，愈愛待之，遷中堅將軍。[22]太祖崩，褚
號泣歐血。文帝踐阼，進封萬歲亭侯，遷武衛將軍，
都督中軍宿衛禁兵，[23]甚親近焉。初，褚所將爲虎士
者從征伐，太祖以爲皆壯士也，同日拜爲將，其後以
功爲將軍封侯者數十人，都尉、校尉百餘人，皆劍客
也。明帝即位，進〔封〕牟鄉侯，[24]邑七百户，賜子
爵一人關内侯。褚薨，謚曰壯侯。子儀嗣。褚兄定，
亦以軍功（封）爲振威將軍，[25]都督徼道虎賁。[26]太

和中，^[27]帝思褚忠孝，下詔褒贊，復賜褚子孫二人爵關內侯。儀爲鍾會所殺。泰始初，子綜嗣。

[1] 譙國：王國。魏文帝黃初三年曹林進爵爲譙郡王，此時稱譙國；黃初五年又復爲譙縣王，則譙國復稱譙郡。治所始終爲譙縣，在今安徽亳州市。（本吳增僅《三國郡縣表附考證》）

[2] 圍：計度圓周的量詞。而説法不一，有説一尺爲圍，五寸爲圍；又有説一抱爲圍。總之，“腰大十圍”係極言其身腰粗大，不可拘泥於具體長度。吳金華《〈三國志〉待質録》又謂“大”可能是“帶”的音近之誤。

[3] 雄毅：趙幼文《校箋》謂《太平御覽》卷三七一引“毅”字作“異”，疑作“異”者是。

[4] 葛陂：陂塘名。在今河南新蔡縣北。上承澺水（今洪河），東出爲鮦水、富水等注入淮河。周三十里。今陂與鮦水、富水皆湮。

[5] 杅（yú）：通“盂”。盛湯或食物的器皿。

[6] 淮：淮水。　汝：汝水。　陳：陳國。治所陳縣，在今河南淮陽縣。　梁：梁國。治所睢陽縣，在今河南商丘市南。

[7] 君：百衲本作“君”，殿本、盧弼《集解》本、校點本作“吾”。盧弼注云：“宋本、元本‘吾’作‘君’。”趙幼文《校箋》則謂《通志》亦作“君”。然《太平御覽》卷四三四引孔演《漢晉春秋》俱作“此樊噲也”。疑是“君”字或後人妄增，又譌爲“吾”也。今從百衲本。　樊噲：漢高祖劉邦之勇將。

[8] 都尉：官名。此爲兩漢之高級武官，稍低於校尉。

[9] 虎士：曹操的宿衛兵。

[10] 校尉：官名。漢代軍職之稱。東漢末，位次於中郎將。魏、晉沿置，而名號繁多，品秩亦高低不等。

[11] 休下日：例假日。吳金華《校詁》謂魏晉之“休下日”，

即漢代之“休沐日”。

〔12〕他等色變：各本皆無“等”字。趙幼文《校箋》謂《册府元龜》卷六二七引“他”下有“等”字，應據補，與上下文相應。今從趙説補。

〔13〕潼關：關隘名。在今陝西潼關縣東北黄河南岸潼關。

〔14〕已：百衲本、盧弼《集解》本作“以”，殿本、校點本作“已”。今從殿本等。

〔15〕爭濟：殿本、盧弼《集解》本作“爭濟船”，百衲本、校點本作“爭濟”。今從百衲本等。

〔16〕泝（sù）：殿本《考證》云：“《太平御覽》作‘棹’。”

〔17〕太祖與遂超等單馬會語：本書卷一《武帝紀》建安十六年謂與曹操會語者僅韓遂一人，故《通鑑考異》云：“按時超不與遂同在，彼故疑。此説妄也。”（《通鑑》卷六六漢獻帝建安十六年）盧弼《集解》亦同《考異》之説。而本書卷三六《馬超傳》亦同本傳之説，又《武帝紀》載曹操與韓遂單獨會語後，裴松之注引《魏書》又謂“公後日復與遂等會語”云云，則曹操與韓遂會語非僅一次；又既云“遂等”，亦可有馬超；《太平御覽》卷七〇四引《江表傳》亦載“魏太祖與馬超單馬會語，超負其多力”云云，則確有馬超與曹操會語之事，故本傳之説不宜輕易否定。

〔18〕是褚：趙幼文《校箋》謂《太平御覽》卷三六〇引“是”下無“褚”字，語意已足，無緣重贅“褚”字。

〔19〕武衛中郎將：官名。漢末建安中曹操置，掌率親軍護衛。魏文帝黄初初改稱武衛將軍。

〔20〕癡虎：各本皆作“虎癡”。趙幼文《校箋》謂《北堂書鈔》卷六四、《太平御覽》卷三八六、卷四九〇、卷七三九，《珮玉集》卷一二引並作“癡虎”。今從趙所列證據改。

〔21〕征南：征南將軍。曹仁在曹操定荆州後行征南將軍，故此呼爲征南。

〔22〕中堅將軍：官名。漢末建安中曹操置，主領兵征伐。

[23] 中軍：中央軍。魏晉時期，中央統轄的軍隊（包括禁軍）稱中軍，州郡之地方部隊則稱外軍。

[24] 進封：各本皆無“封”字。陳景雲《辨誤》謂當作“進封”。校點本即從《辨誤》增“封”字。今從校點本。

[25] 爲振威將軍：各本皆作“封爲振威將軍”。陳景雲《辨誤》云：“按將軍乃官號，非國邑，不當言封；而上文‘進牟鄉侯’當作‘進封’，蓋‘功’下衍字，正前所脱也。”校點本亦從《辨誤》刪“封”字。今從校點本。

[26] 徼道虎賁：巡查警衛道路的禁衛兵。

[27] 太和：魏明帝曹叡年號（227—233）。

　　典韋，陳留己吾人也。[1]形貌魁梧，旅力過人，有志節任俠。[2]襄邑劉氏與睢陽李（永）〔禮〕爲讎，[3]韋爲報之。（永）〔禮〕故富春長，[4]備衞甚謹。[5]韋乘車載雞酒，僞爲候者，門開，懷匕首入殺（永）〔禮〕，并殺其妻，徐出，取車上刀戟，步（出）〔去〕。[6]（永）〔禮〕居近市，一市盡駭。追者數百，莫敢近。行四五里，遇其伴，轉戰得脱。由是爲豪傑所識。初平中，張邈舉義兵，韋爲士，屬司馬趙寵。[7]牙門旗長大，[8]人莫能勝，[9]韋一手建之，寵異其才力。後屬夏侯惇，數斬首有功，拜司馬。太祖討呂布於濮陽。[10]布有別屯在濮陽西四五十里，太祖夜襲，比明破之。未及還，會布救兵至，三面掉戰。時布身自搏戰，自旦至日昳數十合，[11]相持急。太祖募陷陣，韋先占，將應募者數十人，[12]皆重衣兩鎧，棄楯，但持長矛撩戟。[13]時西面又急，韋進當之，賊弓弩亂發，矢至如雨，韋不視，謂等人曰：[14]“虜來十步，乃白之。"等人曰："十步矣。"又曰："五步乃白。"等人懼，疾言："虜至矣！"韋手持十餘戟，大呼起，所抵無不應手倒者。[15] 布衆退。會日暮，太祖乃得引去。拜韋都尉，引置左右，將親兵數百人，常繞大帳。[16] 韋既壯武，其所將皆選卒，每戰鬬，常先登陷陣。遷爲校尉。性忠至謹重，常晝立侍終日，夜宿帳左右，稀歸私寢。好酒食，飲噉兼人，每賜食於前，大飲長歠，左右相屬，數人益乃供，太祖壯之。韋好持大雙戟與長刀等，軍中爲之語曰："帳下壯士有典君，提一雙戟八十斤。"

太祖征荆州，至宛，張繡迎降，太祖甚悦，延繡及其將帥，置酒高會。太祖行酒，韋持大斧立後，刃徑尺，太祖所至之前，韋輒舉斧目之。竟酒，繡及其將帥莫敢仰視。後十餘日，繡反，襲太祖營，太祖出戰不利，輕騎引去。韋戰於門中，賊不得入。兵遂散從他門並入。[17] 時韋校尚有十餘人，[18] 皆殊死戰，無不一當十。賊前後至稍多，韋以長戟左右擊之，一叉入，輒十餘矛摧。左右死傷者略盡。韋被數十創，短兵接戰，賊前搏之。韋雙挾兩賊擊殺之，餘賊不敢前。韋復前突賊，殺數人，創重發，瞋目大罵而死。賊乃敢前，取其頭，傳觀之，覆軍就視其軀。太祖退住舞陰，[19] 聞韋死，爲流涕，募閒取其喪，親自臨哭之，遣歸葬襄邑，[20] 拜子滿爲郎中。[21] 車駕每過，常祠以中牢。[22] 太祖思韋，拜滿爲司馬，引自近。文帝即王位，以滿爲都尉，賜爵關内侯。

　　［1］陳留：郡名。治所陳留縣，在今河南開封市東南。　己吾：縣名。治所在今河南寧陵縣西南。

　　［2］有志節任俠：趙幼文《校箋》謂《太平御覽》卷三四五、卷三四六引俱作"好節俠"。疑此"任"上脱"好"字。

　　［3］襄邑：縣名。治所在今河南睢縣。　睢陽：縣名。治所在今河南商丘縣南。　李禮：各本皆作"李永"。盧弼《集解》云："《御覽》'永'字作'禮'。"趙幼文《校箋》謂《太平御覽》卷三四五、卷四七三、卷四八一，《册府元龜》卷八九六引"永"字俱作"禮"。蓋"禮"或作"礼"，因誤爲"永"也。今從趙所列證據改。下同。

　　［4］富春：縣名。治所在今浙江富陽市。

　　［5］備衞：趙幼文《校箋》謂《太平御覽》卷四七六（當作四七三）、卷四八一，《册府元龜》卷八九六引"衞"字俱作"怨"。按，《太平御覽》卷三四五引亦作"怨"。

　　［6］步去：各本皆作"步出"。殿本《考證》云："《太平御覽》'步出'作'步去'。"校點本則從何焯説改爲"步去"。今從校點本。

　　［7］司馬：官名。將軍府之屬官，掌參贊軍務，管理府内武職，位僅次於長史。

　　［8］牙門旗：軍營門前之大旗。趙幼文《校箋》謂《藝文類聚》卷六〇、《白孔六帖》卷五六引無"旗"字。

　　［9］人莫：趙幼文《校箋》謂《北堂書鈔》卷一二〇、《藝文類聚》卷六〇、《太平御覽》卷三三九"莫"上俱無"人"字。

　　［10］濮陽：縣名。治所在今河南濮陽縣西南。

　　［11］日昳（dié）：午後日偏斜。

　　［12］數十人：百衲本、殿本、盧弼《集解》本作"數千人"，殿本《考證》云："《太平御覽》作'數十人'。"校點本作"數十人"。今從校點本。

　　［13］撩戟：殿本、盧弼《集解》本作"撩戰"，百衲本、校

點本作"撩戟"。今從百衲本等。撩戟，投擲兵器，類似投槍。

[14] 等人：趙幼文《校箋》謂《禮記·文王世子》"乃進其等"疏："等，輩類也。"等人，猶言同輩，謂應募者。

[15] 抵：擲。

[16] 大帳：趙幼文《校箋》謂《北堂書鈔》卷六三，《藝文類聚》卷二〇，及《太平御覽》卷四一八、卷六九九引俱無"大"字。

[17] 兵遂散從他門並入：趙幼文《校箋》謂《初學記》卷一七引《魏國統》"從"上有"賊"字，疑此脫，則語意不完。

[18] 校：部，軍隊之一部。

[19] 舞陰：縣名。治所在今河南泌陽縣西北。

[20] 襄邑：典韋之故鄉本己吾，而此時己吾已并入襄邑，故此稱襄邑。

[21] 郎中：官名。東漢時，秩比三百石，分隸五官、左、右三署中郎將，名義上備宿衛，實爲後備官吏人才。魏、晉雖罷五官、左、右三署中郎將，仍置郎中，州郡所舉秀才、孝廉，多先授郎中，再出補長吏。

[22] 中牢：以猪、羊二牲祭祀稱中牢。

龐悳字令明，南安狟道人也。[1]狟音桓。少爲郡吏州從事。初平中，從馬騰擊反羌叛氐，數有功，稍遷至校尉。建安中，太祖討袁譚、尚於黎陽，譚遣郭援、高幹等略取河東，[2]太祖使鍾繇率關中諸將討之。悳隨騰子超拒援、幹於平陽，[3]悳爲軍鋒，進攻援、幹，大破之，親斬援首。〔一〕拜中郎將，封都亭侯。後張白騎叛於弘農，[4]悳復隨騰征之，破白騎於兩殽間。[5]每戰，常陷陣卻敵，勇冠騰軍。後騰徵爲衛尉，[6]悳留屬超。太祖破超於渭南，[7]惠隨超亡入漢陽，[8]保冀城。後復隨超奔漢中，[9]從張魯。太祖定漢中，惠隨衆降。[10]太祖素聞其驍勇，[11]拜立義將軍，[12]封關門亭侯，邑三百户。

〔一〕《魏略》曰：惠手斬一級，不知是援。戰罷之後，衆人皆言援死而不得其首。援，鍾繇之甥。惠晚後於鞬中出一頭，[13]繇見之而哭。惠謝繇，繇曰："援雖我甥，乃國賊也。卿何謝之？"[14]

[1] 南安：郡名。治所獂（huán）道，在今甘肅隴西縣東南渭水東岸。　狟道：即"獂道"。

[2] 河東：郡名。治所安邑縣，在今山西夏縣西北禹王城。

[3] 平陽：東漢爲侯國，曹魏爲縣，治所在今山西臨汾市西南。

[4] 弘農：縣名。治所在今河南靈寶市東北。

[5] 兩殽：即"兩崤"。指東、西二崤山，在今河南洛寧縣西北，西北接陝縣界。

[6] 衞尉：官名。漢諸卿之一，秩中二千石。掌宮門警衛。

[7] 渭南：指渭水之南。

[8] 漢陽：郡名。治所冀縣，在今甘肅甘谷縣東。

[9] 漢中：郡名。治所南鄭縣，在今陝西漢中市東。

[10] 隨衆：趙幼文《校箋》謂《太平御覽》卷二〇〇引"隨"字作"以"。按，《太平御覽》卷二四〇引亦作"以"。

[11] 素聞：趙幼文《校箋》謂《太平御覽》卷二〇〇、卷二四〇引俱無"素"字。

[12] 立義將軍：官名。建安中曹操置，曹魏定爲第五品。

[13] 鞬（jiān）：裝弓之袋。

[14] 之：趙幼文《校箋》謂《太平御覽》卷三六三引“之”字作“焉”。

侯音、衛開等以宛叛，[1] 惪將所領與曹仁共攻拔宛，斬音、開，遂南屯樊，[2] 討關羽。樊下諸將以惪兄在漢中，頗疑之。[一] 惪常曰：[3] “我受國恩，義在效死。我欲身自擊羽。今年我不殺羽，羽當殺我。”後親與羽交戰，射羽中額。時惪常乘白馬，羽軍謂之白馬將軍，[4] 皆憚之。仁使惪屯樊北十里，會天霖雨十餘日，漢水暴溢，樊下平地五六丈，惪與諸將避水上堤。[5] 羽乘船攻之，以大船四面射堤上。惪被甲持弓，箭不虛發。將軍董衡、部曲將董超等欲降，[6] 惪皆收斬之。自平旦力戰至日過中，羽攻益急，矢盡，短兵接戰。[7] 惪謂督將成何曰：“吾聞良將不怯死以苟免，烈士不毀節以求生，今日，我死日也。”戰益怒，氣愈壯，而水浸盛，吏士皆降。惪與麾下將一人，伍伯二人，[8] 彎弓傅矢，乘小船欲還仁營。水盛船覆，失弓矢，獨抱船覆水中，爲羽所得，立而不跪。羽謂曰：“卿兄在漢中，我欲以卿爲將，不早降何爲？”惪罵羽曰：“豎子，何謂降也！魏王帶甲百萬，威振天下。汝劉備庸才耳，豈能敵邪！我寧爲國家鬼，不爲賊將也。”遂爲羽所殺。太祖聞而悲之，爲之流涕，封其二子爲列侯。文帝即王位，乃遣使就惪墓賜謚，策曰：“昔先軫喪元，[9] 王蠋絕脰，[10] 隕身徇節，前代美之。惟侯戎昭果毅，[11] 蹈難成名，聲溢當時，義高在昔，寡人愍焉。謚曰壯侯。”又賜子會等四人爵關內侯，邑

各百户。會勇烈有父風，官至中衞將軍，[12] 封列侯。〔二〕

〔一〕《魏略》曰：惠從兄名柔，[13] 時在蜀。

〔二〕王隱《蜀記》曰：[14] 鍾會平蜀，前後鼓吹，迎惠屍喪還葬鄴，冢中身首如生。

臣松之案惠死於樊城，文帝即位，又遣使至惠墓所，則其屍喪不應在蜀。此王隱之虛説也。

[1] 宛：縣名。治所在今河南南陽市樊城區。

[2] 樊：城名。在襄陽縣北，與襄陽隔漢水相對，在今湖北襄陽市樊城區。

[3] 惪常曰：趙幼文《校箋》謂《册府元龜》卷三九二引作“嘗言曰”。

[4] 白馬將軍：趙幼文《校箋》謂《藝文類聚》卷五九、《太平御覽》卷二七九引無“軍”字。

[5] 上堤：趙幼文《校箋》謂蕭常《續後漢書》《通志》作“堤上”。

[6] 部曲將：官名。屬部曲督，軍中及州郡皆置。　董超等：殿本《考證》云：“《太平御覽》作‘統超等’。”趙幼文《校箋》謂見《太平御覽》卷三一二。

[7] 短兵接戰：趙幼文《校箋》謂《群書治要》卷二五引無“戰”字。

[8] 伍伯：百衲本作“伍伯”，殿本、盧弼《集解》本、校點本作“五伯”。按，二者同，今從百衲本。伍伯，漢代官府的侍從小吏，職在導引、問事。

[9] 先軫喪元：先軫，春秋晉國執政，曾率軍大破楚軍於城濮，晉襄公元年（前627）又敗秦軍於崤山；但不久，狄人攻晉

國，晋襄公出征，先軫奮勇衝入狄陣而死。狄人歸其首（即元），面目如生。（見《左傳·僖公三十三年》）

[10] 王蠋：戰國時齊國之賢士。齊湣王時，燕軍攻入齊國，連下數十城，至臨淄西北之畫邑，聞邑中王蠋賢，燕將乃令軍中曰：“環畫邑三十里無入。”又使人謂蠋曰：“齊人多高子之義，吾以子爲將，封子萬家。”王蠋固辭。燕將又曰：“子不聽，吾引軍而屠畫邑。”王蠋曰：“忠臣不事二君，貞女不更二夫。齊王不聽吾諫，故退而耕於野。國既破亡，吾不能存；今又劫之以兵，爲君將，是助桀爲暴也。與其生而無義，固不如烹！”遂繋其頸於樹枝，“自奮絶脰而死”。（《史記》卷八二《田單列傳》）又《索隱》引何休云：“脰，頸，齊語也。音豆。”

[11] 戎昭果毅：戎昭，百衲本、盧弼《集解》本作“戎昭”，殿本、校點本作“式昭”。今從百衲本等。《左傳·宣公二年》：“戎昭果毅以聽之之謂禮。”楊伯峻對“戎昭果毅”注云：“謂兵戎之事在於表明果毅精神。”

[12] 中衛將軍：校點本誤作“中尉將軍”，百衲本、殿本、盧弼《集解》本皆作“中衛將軍”。中衛將軍，魏元帝咸熙二年（265）於晋王司馬昭相國府置，統兵，位在驍騎將軍、左右長史之上。司馬炎即晋王位後，分爲左、右衛將軍。

[13] 憙：殿本、盧弼《集解》本作“其”，百衲本、校點本作“憙”。今從百衲本等。

[14] 蜀記：沈家本《三國志注所引書目》云：“案《隋志》不著録，二《唐志》有《删補蜀記》七卷，在雜史。其稱删補者，不知何人删之補之；抑原有《蜀記》，而隱删補之邪？隱著書以多，此書止七卷，殆後人删補之邪？其書久佚，無可考矣。此傳所引鍾會平蜀迎憙屍喪一事，裴以爲虛説；《諸葛亮傳》引郭沖五事，裴逐漸難之。其書殆是非參半矣。”

龐淯字子異，[1]酒泉表氏人也。[2]初以涼州從事守
破羌長，[3]會武威太守張猛反，[4]殺刺史邯鄲商，猛令
曰：“敢有臨商喪，死不赦。”淯聞之，棄官，晝夜奔
走，號哭喪所訖，詣猛門，衷匕首，[5]欲因見以殺猛。
猛知其義士，敕遣不殺，由是以忠烈聞。〔一〕太守徐揖
請爲主簿。[6]後郡人黃昂反，圍城。淯棄妻子，夜踰城
出圍，告急於張掖、燉煌二郡，[7]初疑未肯發兵，淯欲
伏劍，二郡感其義，遂爲興兵。軍未至而郡城邑已
陷，[8]揖死。淯乃收斂揖喪，送還本郡，行服三年乃
還。太祖聞之，辟爲掾屬。[9]文帝踐阼，拜駙馬都
尉，[10]遷西海太守，[11]賜爵關內侯。後徵拜中散大
夫，[12]薨。子曾嗣。

〔一〕《魏略》曰：猛兵欲來縛淯，猛聞之，歎曰：“猛以殺
刺史爲罪。此人以至忠爲名，如又殺之，何以勸一州履義之士
邪！”遂使行服。

《典略》曰：張猛字叔威，本燉煌人也。猛父奐，桓帝時仕歷
郡守、中郎將、太常，[13]遂居華陰，[14]終因葬焉。建安初，猛仕
郡爲功曹，[15]是時河西四郡以去涼州治遠，[16]隔以河寇，上書求
別置州。詔以陳留人邯鄲商爲雍州刺史，[17]別典四郡。時武威太
守缺，詔又以猛父昔在河西有威名，乃以猛補之。商、猛俱西。
初，猛與商同歲，每相戲侮，及共之官，行道更相責望。暨到，
商欲誅猛。猛覺之，遂勒兵攻商。商治舍與猛側近，商聞兵至，
恐怖登屋，呼猛字曰：“叔威，汝欲殺我耶？然我死者有知，汝亦
族矣。請和解，尚可乎？”猛因呼曰：“來！”商踰屋就猛，猛因
責數之，語畢，以商屬督郵。[18]督郵錄商，閉置傳舍。[19]後商欲
逃，事覺，遂殺之。是歲建安十四年也。至十五年，將軍韓遂自

上討猛，猛發兵遣軍東拒。其吏民畏遂，乃反共攻猛。初奐爲武
威太守時，猛方在孕。母夢帶奐印綬，登樓而歌，旦以告奐。奐
訊占夢者，曰："夫人方生男，後當復臨此郡，其必死官乎！"及
猛被攻，自知必死，曰："使死者無知則已矣，若有知，豈使吾頭
東過華陰歷先君之墓乎？"乃登樓自燒而死。

［1］子異：殿本、盧弼《集解》本作"子冀"，百衲本、校點
本作"子異"；梁章鉅《旁證》謂《太平御覽》卷四三八引《魏
志》亦作"子異"。今從百衲本等。

［2］酒泉：郡名。治所福祿縣，在今甘肅酒泉市。　表氏：縣
名。治所在今甘肅高臺縣西北。

［3］涼州：漢靈帝中平後，迄於建安末，刺史治所在冀縣，在
今甘肅甘谷縣東。（本《續漢書・郡國志》王先謙《集解》引馬與
龍説）　破羌：縣名。治所在今青海樂都縣東南。

［4］武威：郡名。治所武威縣，在今甘肅武威市。

［5］衷匕首：將匕首藏於衣內。《左傳・襄公二十七年》："楚
人衷甲。"杜預注："甲在衣中。"

［6］主簿：官名。漢代中央及州郡縣官府皆置此官，以典領文
書，辦理事務。

［7］張掖：郡名。治所觻得縣，在今甘肅張掖市西北。　燉
煌：郡名。治所敦煌縣，在今甘肅敦煌市西。

［8］郡城邑：盧弼《集解》云："'邑'字疑衍。"趙幼文
《校箋》謂《太平御覽》卷二六五引"郡"下無"城"字。《册府
元龜》卷八〇二引無"邑"字。疑衍"邑"字爲是。

［9］掾屬：屬官之統稱。漢代，三公府與其他重要官府以及郡
縣官府皆置掾屬。正曰掾，副曰屬。

［10］駙馬都尉：官名。秩比二千石，掌皇帝副車之馬。曹魏
時第六品，無定員或爲加官。

　　[11] 西海：郡名。漢末建安中置，治所居延縣，在今内蒙古
額濟納旗東南。

　　[12] 中散大夫：官名。東漢時隷屬光禄勳，秩六百石，掌應
對顧問，無常事。魏、晋沿置，多養老疾，無職事，第七品。

　　[13] 太常：官名。東漢時仍爲列卿之首，秩中二千石，掌禮
儀祭祀，選試博士等。

　　[14] 華陰：縣名。治所在今陝西華陰市東南。

　　[15] 功曹：官名。漢代郡太守下設功曹史，簡稱功曹，爲郡
太守之佐吏，除分掌人事外，並得參與一郡之政務。

　　[16] 河西四郡：指黄河上游以西的敦煌、酒泉、張掖、武威
等四郡。《後漢書》卷九《獻帝紀》興平元年六月“分涼州河西四
郡爲雍州”。李賢注：“謂金城、酒泉、敦煌、張掖。”吴增僅云：
“今考武威，地居金城、張掖之中，金城地在河東，實非河西之
地。”（《三國郡縣表附考證》）

　　[17] 雍州：興平元年初置後，刺史治所在姑臧縣，在今甘肅
武威市。建安十八年又移治所於長安，在今陝西西安市西北。

　　[18] 督郵：官名。本名督郵書掾（或督郵曹掾），省稱督郵
掾、督郵。漢置，郡府屬吏，秩六百石。主要職掌除督送郵書外，
又代表郡守督察屬縣，宣達教令，並兼司獄訟捕亡等。每郡督郵皆
分部，有二部、三部、四部、五部不等。

　　[19] 傳舍：官府置以供往來差派人員之住宿處所。

　　初，湆外祖父趙安爲同縣李壽所殺，湆舅兄弟三
人同時病死，壽家喜。湆母娥自傷父讎不報，乃幟車
袖劍，[1] 白日刺壽於都亭前，訖，徐詣縣，顏色不變，
曰：“父讎已報，[2] 請受戮。”禄福長尹嘉解印綬縱
娥，[3] 娥不肯去，遂彊載還家。會赦得免，州郡歡貴，
刊石表閭。[一]

〔一〕皇甫謐《列女傳》曰:[4]酒泉烈女龐娥親者,[5]表氏龐子夏之妻,禄福趙君安之女也。君安爲同縣李壽所殺,娥親有男弟三人,皆欲報讐,壽深以爲備。會遭災疫,三人皆死。壽聞大喜,請會宗族,共相慶賀,云:"趙氏彊壯已盡,唯有女弱,何足復憂!"防備懈弛。娥親子淯出行,聞壽此言,還以啓娥親。娥親既素有報讐之心,及聞壽言,感激愈深,愴然隕涕曰:"李壽,汝莫喜也,終不活汝!戴履天地,爲吾門户,吾三子之羞也。焉知娥親不手刃殺汝,而自儌倖邪?"陰市名刀,[6]挾長持短,晝夜哀酸,志在殺壽。壽爲人凶豪,聞娥親之言,更乘馬帶刀,鄉人皆畏憚之。比鄰有徐氏婦,憂娥親不能制,恐逆見中害,每諫止之,曰:"李壽,男子也,凶惡有素,加今備衞在身。趙雖有猛烈之志,而彊弱不敵。邂逅不制,則爲重受禍於壽,絶滅門户,痛辱不輕也。願詳舉動,爲門户之計。"娥親曰:"父母之讐,不同天地共日月者也。李壽不死,娥親視息世間,活復何求!今雖三弟早死,門户泯絶,[7]而娥親猶在,豈可假手於人哉!若以卿心況我,則李壽不可得殺;論我之心,壽必爲我所殺明矣。"夜數磨礪所持刀訖,扼腕切齒,悲涕長歎,家人及鄰里咸共笑之。[8]娥親謂左右曰:"卿等笑我,[9]直以我女弱不能殺壽故也。要當以壽頸血污此刀刃,令汝輩見之。"遂棄家事,乘鹿車伺壽。[10]至光和二年二月上旬,[11]以白日清時,於都亭之前,與壽相遇,便下車扣壽馬,叱之。壽驚愕,[12]迴馬欲走。娥親奮刀斫之,并傷其馬。馬驚,壽擠道邊溝中。娥親尋復就地斫之,探中樹蘭,[13]折所持刀。壽被創未死,娥親因前欲取壽所佩刀殺壽,壽護刀瞋目大呼,跳梁而起。[14]娥親迺挺身奮手,左抵其額,右椿其喉,反覆盤旋,應手而倒。遂拔其刀以截壽頭,持詣都亭,歸罪有司,徐步詣獄,辭顏不變。時禄福長漢陽尹嘉不忍論娥親,[15]即解印綬去官,弛法縱之。娥親曰:"讐塞身死,[16]妾之明分也。治獄制刑,君之常典也。何敢貪生以枉官法？"鄉人聞之，傾城奔往，觀者如堵焉，莫不爲之悲喜慷慨嗟嘆也。守尉不敢公縱，^[17]陰語使去，以便宜自匿。娥親抗聲大言曰："枉法逃死，非妾本心。今讐人已雪，死則妾分，乞得歸法以全國體。雖復萬死，於娥親畢足，不敢貪生爲明廷負也。"尉故不聽所執，娥親復言曰："匹婦雖微，猶知憲制。殺人之罪，法所不縱。今既犯之，義無可逃。乞就刑戮，隕身朝市，肅明王法，娥親之願也。"辭氣愈厲，面無懼色。^[18]尉知其難奪，彊載還家。涼州刺史周洪、酒泉太守劉班等並共表上，稱其烈義，刊石立碑，顯其門閭。太常弘農張奐貴尚所履，以束帛二十端禮之。海內聞之者，莫不改容贊善，高大其義。故黃門侍郎安定梁寬追述娥親，^[19]爲其作傳。玄晏先生以爲父母之讐，^[20]不與共天地，蓋男子之所爲也。而娥親以女弱之微，念父辱之酷痛，感讐黨之凶言，奮劍仇頸，人馬俱摧，塞亡父之怨魂，^[21]雪三弟之永恨，近古已來，未之有也。《詩》云"修我戈矛，^[22]與子同仇"，娥親之謂也。

[1] 幛：百衲本作"帷"，殿本、盧弼《集解》本、校點本作"幛"。按二字義同，皆謂用幕布遮蔽。今從殿本等。

[2] 已：校點本作"己"，百衲本、殿本作"巳"，盧弼《集解》本作"已"。今從《集解》本。

[3] 祿福：縣名。《漢書·地理志》作"祿福"，《續漢書·郡國志》作"福祿"，而此又作"祿福"，《曹全碑》亦作"祿福"，但同爲一縣，治所皆在今甘肅酒泉市。

[4] 列女傳：百衲本、殿本、盧弼《集解》本作"烈女傳"，盧氏云："馮本'烈'作'列'是。"校點本作"列女傳"。今從校點本。

[5] 龐娥親：趙一清《注補》曰："姜云：據士安作傳，'娥親'是其名，而志但云'娥'，豈傳寫之訛，或'娥'是女子之通

稱乎？一清案：傳云‘趙君安’，亦與陳志不同。”趙幼文《校箋》謂《北堂書鈔》卷一二三、《藝文類聚》卷三三引《列女傳》，《太平御覽》卷四〇引孔衍《漢晉春秋》、卷四八引《東觀漢記》，“娥”下俱無“親”字。惟《太平御覽》卷四一五引《列女後傳》作“娥親”。是諸家書均作“娥”，惟皇甫謐書作“娥親”也。

〔6〕陰市名刀：趙幼文《校箋》謂《太平御覽》卷三四五引作“乃陰市刀”，無“名”字，有“乃”字。

〔7〕泯絕：盧弼《集解》本作“泯滅”，百衲本、殿本、校點本均作“泯絕”。今從百衲本等。

〔8〕鄰里：殿本、盧弼《集解》本作“鄉里”，百衲本、校點本作“鄰里”。今從百衲本等。

〔9〕笑我：盧弼《集解》本無“我”字，百衲本、殿本、校點本皆作“笑我”。今從百衲本等。

〔10〕鹿車：用人力推挽的小車。《太平御覽》卷七七五引《風俗通》：“鹿車窄小，裁容鹿也。或云樂車”，“無牛馬而能行者，獨一人所致耳”。

〔11〕光和：漢靈帝劉宏年號（178—184）。

〔12〕驚愕：盧弼《集解》本作“驚憚”，百衲本、殿本、校點本作“驚愕”。今從百衲本等。

〔13〕探中：此當爲“斫中”之義。

〔14〕跳梁：跳躍。

〔15〕漢陽：殿本、盧弼《集解》本作“壽陽”，百衲本、校點本作“漢陽”。今從百衲本等。

〔16〕塞：吳金華《校詁》云：“猶今語報復。”

〔17〕尉：官名。漢制，大縣置尉二人，小縣一人，掌管軍事，防止盜賊。

〔18〕面：殿本、盧弼《集解》本作“而”，百衲本、校點本作“面”。今從百衲本等。

〔19〕安定：郡名。治所臨涇縣，在今甘肅鎮原縣東南。

[20] 玄晏先生：皇甫謐自稱玄晏先生。見《晋書》卷五一《皇甫謐傳》。

[21] 塞：酬神。《漢書·郊祀志上》："冬塞禱祠。"顏師古注："塞謂報其所祈也。"

[22] "《詩》云"句：此詩見《詩·秦風·無衣》。

閻溫字伯儉，天水西城人也。[1]以凉州別駕守上邽令。[2]馬超走奔上邽，[3]郡人任養等舉衆迎之。溫止之，不能禁，乃馳還州。超復圍州所治冀城甚急，州乃遣溫密出，告急於夏侯淵。[4]賊圍數重，溫夜從水中潛出。明日，賊見其迹，遣人追遮之，於顯親界得溫，[5]執還詣超。超解其縛，謂曰："今成敗可見，足下爲孤城請救而執於人手，義何所施？若從吾言，反謂城中'東方無救'，此轉禍爲福之計也。不然，今爲戮矣。"溫僞許之，超乃載溫詣城下。溫向城大呼曰："大軍不過三日至，勉之！"城中皆泣，稱萬歲。超怒數之曰："足下不爲命計邪？"溫不應。時超攻城久不下，故徐誘溫，冀其改意。復謂溫曰："城中故人，有欲與吾同者不？"溫又不應。遂切責之，溫曰："夫事君有死無貳，而卿乃欲令長者出不義之言，吾豈苟生者乎？"超遂殺之。

先是，河右擾亂，[6]隔絶不通，燉煌太守馬艾卒官，府又無丞。[7]功曹張恭素有學行，郡人推行長史事，[8]恩信甚著，乃遣子就東詣太祖，請太守。時酒泉黄華、張掖張進各據其郡，欲與恭（艾）并勢。[9]就至酒泉，爲華所拘執，劫以白刃。就終不回，私與恭疏曰："大人率厲燉煌，忠義顯然，豈以就在困厄之中而替之哉？昔樂羊食子，[10]李通覆家，[11]經國之臣，寧懷妻孥邪？今大軍垂至，但當促兵以掎之耳；[12]願不以下流之愛，[13]使就有恨於黃壤也。"恭即遣從弟華攻酒泉沙頭、乾齊二縣。[14]恭又連兵尋繼華後，以爲首尾之援。別遣鐵騎二百，迎吏官屬，東緣酒泉北塞，徑出張掖北河，逢迎太守尹奉。於是張進須黃華之助；華欲救進，西顧恭兵，恐急擊其後，遂詣金城太守蘇則降。[15]就竟平安。奉得之官。黃初二年，[16]下詔襃揚，賜恭爵關內侯，拜西域戊己校尉。[17]數歲徵還，將授以侍臣之位，而以子就代焉。恭至燉煌，固辭疾篤。太和中卒，贈執金吾，就後爲金城太守，父子著稱於西州。[一][18]

〔一〕《世語》曰：就子畯，字祖文，弘毅有幹正，晉武帝世爲廣漢太守。[19]王濬在益州，[20]受中制募兵討吳，無虎符，[21]畯收濬從事列上，由此召畯還。帝責畯："何不密啓而便收從事？"畯曰："蜀漢絕遠，劉備嘗用之。輒收，臣猶以爲輕。"帝善之。官至匈奴中郎將。[22]畯子固，字元安，有畯風，爲黃門郎，早卒。畯，一本作勖。

《魏略·勇俠傳》載孫賓碩、祝公道、楊阿若、鮑出等四人，賓碩雖漢人，而魚豢編之魏書，蓋以其人接魏，事義相類故也。論其行節，皆龐、閻之流。其祝公道一人，已見《賈逵傳》。今列賓碩等三人于後。

孫賓碩者，[23]北海人也，家素貧。當漢桓帝時，常侍左悺、唐衡等權侔人主。[24]延熹中，[25]衡弟爲京兆虎牙都尉，[26]秩比二千石，而統屬郡。衡弟初之官，不脩敬於京兆尹，[27]入門不持版，郡功曹趙息呵廊下曰：“虎牙儀如屬城，何得放臂入府門？”促收其主簿。衡弟顧促取版，既入見尹，[28]尹欲脩主人，[29]敕外爲市買。息又啓云：“（左）〔衡〕、悟子弟，[30]來爲虎牙，非德選，不足爲特酤買，宜隨中舍菜食而已。”及其到官，遣吏奉牋謝尹，息又敕門，言“無常見此無陰兒輩子弟邪，用其箋記爲通乎？”晚乃通之，又不得即令報。衡弟皆知之，甚恚，欲滅諸趙。因書與衡，求爲京兆尹，旬月之間，得爲之。息自知前過，乃逃走。時息從父仲臺，見爲涼州刺史，於是衡爲詔徵仲臺，遣歸。遂詔中都官及郡部督郵，[31]捕諸趙尺兒以上，[32]及仲臺皆殺之，有藏者與同罪。時息從父岐爲皮氏長，[33]聞有家禍，因從官舍逃，走之河間，[34]變姓字，又轉詣北海，著絮巾布袴，常於市中販胡餅。賓碩時年二十餘，乘犢車，[35]將騎入市。觀見岐，疑其非常人也。因問之曰：“自有餅邪，販之邪？”岐曰：“販之。”賓碩曰：“買幾錢？賣幾錢？”岐曰：“買三十，賣亦三十。”賓碩曰：“視處士之望，[36]非似賣餅者，殆有故！”乃開車後戶，顧所將兩騎，令下馬扶上之。時岐以爲是唐氏耳目也，[37]甚怖，面失色。賓碩閉車後戶，下前襜，[38]謂之曰：“視處士狀貌，既非販餅者，加今面色變動，即不有重怨，則當亡命。我北海孫賓碩也，闔門百口，又有百歲老母在堂，勢能相度者也，終不相負，必語我以實。”岐乃具告之。賓碩遂載岐驅歸。住車門外，先入，白母言：“今日出，[39]得死友在外，當來入拜。”乃出，延岐入，椎牛鍾酒，快相娛樂。一二日，因載著別田舍，藏置複壁中。後數歲，唐衡及弟皆死。岐乃得出，還本郡。三府並辟，展轉仕進，至郡守、刺史、太僕，[40]而賓碩亦從此顯名於東國，仕至豫州刺史。[41]初平末，賓碩以東方饑荒，南客荊州。[42]至興平中，[43]趙岐以太僕持節使安慰天下，[44]南詣荊州，乃復與賓碩相遇，相對流涕。岐爲劉表陳其本末，由是益禮賓碩。頃之，賓碩病亡，岐在南，爲行喪也。

　　楊阿若後名豐，字伯陽，酒泉人。少遊俠，常以報讐解怨爲事，故時人爲之號曰：“東市相斫楊阿若，西市相斫楊阿若。”至建安年中，^[45]太守徐揖誅郡中彊族黃氏。時黃昂得脫在外，^[46]乃以其家粟金數斛，^[47]募眾得千餘人以攻揖。揖城守。豐時在外，以昂爲不義，乃告揖，揖遣妻子走詣張掖求救。會張掖又反，殺太守，而昂亦陷城殺揖，二郡合勢。昂恚豐不與己同，乃重募取豐，欲令張掖以麻繫其頭，^[48]生致之。豐遂逃走。武威太守張猛假豐爲都尉，使齎檄告酒泉，聽豐爲揖報讎。豐遂單騎入南羌中，合眾得千餘騎，從（樂浪）〔樂涫〕南山中出，^[49]指趨郡城。^[50]未到三十里，皆令騎下馬，曳柴揚塵。酒泉郡人望見塵起，以爲東大兵到，遂破散。昂獨走出，羌捕得昂，豐謂昂曰：^[51]“卿前欲生繫我頸，今反爲我所繫，云何？”昂慚謝，^[52]豐遂殺之。時黃華在東，又還領郡。豐畏華，復走依燉煌。至黃初中，河西興復，黃華降，豐乃還郡。郡舉孝廉，^[53]州表其義勇，詔即拜駙馬都尉。後二十餘年，病亡。

鮑出字文才，京兆新豐人也。^[54]少遊俠。興平中，三輔亂，^[55]出與老母兄弟五人家居本縣，以飢餓，留其母守舍，相將行採蓬實，合得數升，使其二兄初、雅及其弟成持歸，爲母作食，獨與小弟在後採蓬。初等到家，而啖人賊數十人已略其母，以繩貫其手掌，^[56]驅去。初等怖恐，不敢追逐。^[57]須臾，出從後到，^[58]知母爲賊所略，欲追賊。兄弟皆云：“賊眾，當如何？”出怒曰：“有母而使賊貫其手，將去煮啖之，用活何爲？”乃攘臂結袿獨追之，^[59]行數里及賊。賊望見出，乃共布列待之。出到，回從一頭斫賊四五人。^[60]賊走，復合聚圍出，^[61]出跳越圍斫之，又殺十餘人。時賊分布，驅出母前去。賊連擊出，不勝，乃走與前輩合。出復追擊之，還見其母與比舍嫗同貫相連，出遂復奮擊賊。賊問出曰：“卿欲何得？”^[62]出責數賊，指其母以示之，賊乃解還出母。比舍嫗獨不解，遙望出求哀。出復斫賊，賊謂出曰：“已還卿母，何爲不止？”出又指求哀嫗：“此我嫂也。”賊復解還之。

出得母還，遂相扶將，[63]客南陽。建安五年，關中始開，出來北歸，而其母不能步行，兄弟欲共輿之。出以輿車歷山險危，不如負之安穩，乃以籠盛其母，獨自負之，到鄉里。鄉里士大夫嘉其孝烈，欲薦州郡，郡辟召出，出曰：“田民不堪冠帶。”至青龍中，[64]母年百餘歲乃終，出時年七十餘，行喪如禮，於今年八九十，才若五六十者。

魚豢曰：昔孔子歎顏回，[65]以爲三月不違仁者，蓋觀其心耳，[66]孰如孫、祝菜色於市里，顛倒於牢獄，據有實事哉？且夫濮陽周氏不敢匿迹，[67]魯之朱家不問情實，是何也？懼禍之及，且心不安也。而太史公猶貴其竟脫季布，[68]豈若二賢，厥義多乎？今故遠收孫、祝，而近錄楊、鮑，既不欲其泯滅，[69]且敦薄俗。至於鮑出，不染禮教，心痛意發，[70]起於自然，亦雖在編户，[71]與篤烈君子何以異乎？若夫楊阿若，少稱任俠，長遂蹈義，自西徂東，摧討逆節，可謂勇而有仁者也。[72]

[1] 天水：郡名。治所冀縣，在今甘肅甘谷縣東。　西城：錢大昕云：“天水無西城縣，蓋即西縣。”（《廿二史考異》卷一五）西縣治所在今甘肅天水市西南。

[2] 上邽：縣名。治所在今甘肅天水市。

[3] 走奔：趙幼文《校箋》謂《太平御覽》卷四二〇、《册府元龜》卷八〇二引無“走”字。

[4] 夏侯淵：胡三省云：“夏侯淵時屯長安。”（《通鑑》卷六六漢獻帝建安十八年注）

[5] 顯親：侯國名。治所在今甘肅秦安縣西北。

[6] 河右：地區名。即河西。指黄河上游以西之地，即今甘肅河西走廊一帶。

[7] 丞：官名。即郡丞，郡太守之副，佐掌衆事。秩六百石。

[8] 長史：官名。東漢時，諸王國、邊郡、屬國不置郡丞而置

長史，掌兵馬，故又常稱將兵長史。

　　[9] 與恭并勢：各本"恭"下有"艾"字。錢大昭《辨疑》云："太守馬艾已卒，功曹張恭行長史事也。'艾'字衍。"盧弼《集解》引何焯説亦云："《册府》引此無'艾'字。"校點本即从錢、何説删"艾"字，今從之。

　　[10] 樂羊：戰國魏將。《戰國策·魏策一》："樂羊爲魏將攻中山，其子在中山，中山之君烹其子而遺之羹。樂羊坐於幕下而啜之，盡一盂。"

　　[11] 李通：東漢初南陽宛縣（今河南南陽市）人。其父李守，王莽時爲宗卿師。新莽末，下江、新市兵起，李通即謀議劉秀起事。李通又謀劫南陽太守兵，事泄而逃走。王莽得知後，遂在長安收殺李守；南陽太守亦捕殺宛城的李通兄弟及門宗六十四人，並焚屍宛市。及劉秀即帝位後，以通爲大司農，常居守京師，鎮撫百姓。後通欲避榮寵而辭位。大司徒侯霸等曰："王莽簒漢，傾亂天下。通懷伊、呂、蕭、曹之謀，建造大策，扶助神靈，輔成聖德。破家爲國，忘身奉主，有扶危存亡之義。功德最高，海内所聞。"（《後漢書》卷一五《李通傳》）

　　[12] 掎（jǐ）：拖住。

　　[13] 下流：魏晉人稱子孫爲下流。

　　[14] 沙頭：縣名。東漢以池頭縣改名，治所在今甘肅玉門市西北。　乾齊：縣名。治所在今甘肅玉門市西北玉門鎮附近。

　　[15] 金城：郡名。治所允吾，在今甘肅永靖縣西北湟水南岸。曹魏時移治所於榆中縣，在今甘肅榆中縣西北黃河南岸。

　　[16] 黃初：魏文帝曹丕年號（220—226）。

　　[17] 西域戊己校尉：官名。始置於西漢元帝時，秩比二千石，隸屬西域都護，管理屯田事務。新莽至東漢初或置或省。和帝永元三年（91）復置。安帝永初元年（107）罷西域都護後，遂與西域長史共同管理西域事務。

　　[18] 西州：指涼州。

　　〔19〕廣漢：郡名。晉武帝太康六年（285）改蜀漢之東廣漢郡置，治所廣漢縣，在今四川射洪縣南柳樹鎮。

　　〔20〕益州：刺史治所成都縣，在今四川成都市舊東西城區。

　　〔21〕虎符：征調兵的憑證。爲銅鑄，虎形，背有銘文，分爲兩半，右半留中央，左半授予統兵將帥或地方長官。調兵時由使臣持符驗合，方能有效。

　　〔22〕匈奴中郎將：官名。亦稱護匈奴中郎將或使匈奴中郎將。東漢置，秩比二千石，職在監護南匈奴單于，參預司法事務，並助南匈奴防禦北匈奴的侵擾。東漢末罷。魏明帝太和五年（231）復置，仍監護南匈奴事務，多以并州刺史兼任，使持節或假節，第四品。西晉沿置。

　　〔23〕孫賓碩：《後漢書》卷六四《趙岐傳》謂賓碩名嵩，北海安丘（今山東安丘市西南）人。

　　〔24〕常侍：官名。即中常侍。秩比二千石，侍從皇帝左右，傳詔令和掌理文書，權力極大。東漢時以宦官充任。

　　〔25〕延熹：漢桓帝劉志年號（158—167）。

　　〔26〕衡弟：《後漢書》卷六四《趙岐傳》作“唐衡兄玹”。京兆虎牙都尉：官名。東漢安帝永初四年（110）置，駐長安，與扶風都尉並稱二營，將兵護衛園陵，抵禦羌人進犯。

　　〔27〕京兆尹：官名。西漢，在京都長安周圍設置京兆尹、左馮翊、右扶風，合稱三輔，相當於三郡。京兆尹即京兆尹地區的長官，治所在長安，職掌如太守。東漢雖都於洛陽，但以三輔陵廟所在，仍不改其名，沿稱京兆尹。

　　〔28〕見：趙幼文《校箋》謂《太平御覽》卷八四七引作“謁”。

　　〔29〕脩主人：謂主人設宴款待。

　　〔30〕衡惜子弟：各本皆作“左惜子弟”。殿本《考證》陳浩云：“按上云‘衡弟爲京兆虎牙都尉’，此云‘左惜子弟’誤，當作‘唐衡子弟’或‘衡、惜子弟’。”校點本即從此説，改爲“衡、

悁子弟"。今從校點本。

[31] 中都官：漢代京師諸官府之統稱。

[32] 尺兒：吳金華《〈三國志〉待質錄》謂"尺兒"疑當作
"尺口"。稱嬰兒爲"尺口"，是當時常語。此作"尺兒"，當屬傳
寫者誤改。

[33] 皮氏：縣名。治所在今山西河津縣西。

[34] 河間：王國名。治所樂成縣，在今河北獻縣東南。

[35] 犢車：牛車。

[36] 望：趙幼文《校箋》謂《藝文類聚》卷一〇五引作
"狀"。

[37] 唐氏：盧弼《集解》本作"唐衡"，百衲本、殿本、校
點本均作"唐氏"。今從百衲本等。

[38] 前襜（chān）：盧弼《集解》本無"前"字，百衲本、
殿本、校點本均作"前襜"。今從百衲本等。襜，車帷。

[39] 出：趙幼文《校箋》謂《册府元龜》卷八〇一引"出"
下有"行"字。《後漢書》卷六四《趙岐傳》同。

[40] 太僕：官名。秩中二千石，掌皇帝車馬，兼管官府畜牧
業，東漢尚兼掌兵器製作，織綬等。曹魏因之，三品。

[41] 豫州：刺史治所譙縣，在今安徽亳州市。趙一清《注
補》謂《後漢書》卷六四《趙岐傳》及《水經注》皆言孫賓碩爲
青州刺史。

[42] 荆州：刺史治所本在漢壽縣，在今湖南常德市東北。劉
表爲刺史，移治所於襄陽縣，在今湖北襄陽市襄州區。

[43] 興平：漢獻帝劉協年號（194—195）。

[44] 持節：漢朝官吏奉使外出時，由皇帝授予節杖，以提高
其權威。漢末三國，則爲皇帝授予出征或出鎮的軍事長官的一種權
力。至晋代，此種權力明確爲可殺無官位之人，若軍事，可殺二千
石以下官員。如皇帝派遣大臣出巡或祭吊等事務時，加持節，則表
示權力和尊崇。

[45]年中：趙幼文《校箋》謂《太平御覽》卷四八一引無"年"字。

[46]黄昂：百衲本作"黄其"，殿本、盧弼《集解》本、校點本作"黄昂"。今從殿本等。

[47]其家：百衲本、盧弼《集解》本作"昂家"，殿本、校點本作"其家"。今從殿本等。

[48]其：殿本作"半"，百衲本、盧弼《集解》本、校點本作"其"。今從百衲本等。

[49]樂涫（guàn）：各本皆作"樂浪"。梁章鉅《旁證》云："'樂浪'當作'樂涫'。《舊唐志》肅州福禄縣，武德二年於樂涫故城置。"校點本即從梁説改"樂浪"爲"樂涫"。今從校點本。樂涫，縣名。治所在今甘肅酒泉市東南。

[50]指趨：趙幼文《校箋》謂《册府元龜》卷八四八引"指"字作"詣"。按，宋本《册府元龜》亦作"指"。

[51]謂：盧弼《集解》本誤作"爲"，百衲本、殿本、校點本皆作"謂"。今從百衲本等。

[52]慚謝：百衲本、殿本、盧弼《集解》本作"謝慚"。盧氏云："疑作'慚謝'。"校點本作"慚謝"。今從校點本。

[53]孝廉：漢代選拔官吏的主要科目。孝指孝子，廉指廉潔之士。原本爲二科，後混同爲一科，也不再限於孝子和廉士。東漢後期定制爲不滿四十歲者不得察舉；被舉者先詣公府課試，以觀其能。郡國每年要向中央推舉一至二人。曹魏定爲郡國口滿十萬者舉孝廉一人，其有優異，不拘户口，並不限年齒，老幼皆可。蜀漢、孫吳亦由郡舉孝廉。晋沿魏制，尚書郎缺，從孝廉中補。

[54]新豐：縣名。治所在今陝西臨潼縣東北。

[55]三輔：地區名。西漢都城在長安，遂以長安爲中心置京兆尹、右扶風、左馮翊，合稱三輔。東漢定都洛陽，以三輔陵廟所在，不改其號，仍稱三輔。轄區在今陝西渭水流域一帶。

[56]貫：連結。

[57] 追逐：趙幼文《校箋》謂《册府元龜》卷七五一引作"逐之"。按，宋本《册府元龜》亦作"追逐"。

[58] 到：趙幼文《校箋》謂《册府元龜》引作"至"。按，宋本《册府元龜》亦作"到"。

[59] 獨追之：殿本《考證》云："《太平御覽》作'獨持楯追之'。"趙幼文《校箋》謂此《太平御覽》見卷三五七。

[60] 斫賊：趙幼文《校箋》謂《册府元龜》卷七五一、卷八四七引"賊"上有"殺"字。

[61] 復合：趙幼文《校箋》謂《册府元龜》引"復"下有"相"字。

[62] 卿欲何得：百衲本此句下有"出曰卿欲何得"六字，殿本、盧弼《集解》本、校點本無。今從殿本等。

[63] 扶將：百衲本作"扶將"，殿本、盧弼《集解》本、校點本作"扶侍"。按，宋本《册府元龜》卷七五一、卷八四七引作"扶將"。今從百衲本。扶將，攙扶。

[64] 青龍：魏明帝曹叡年號（233—237）。

[65] 顏回：孔子弟子。孔子曾說："回也，其心三月不違仁，其餘則日月至焉而已矣。"（《論語·雍也》）

[66] 蓋：趙幼文《校箋》謂郝經《續後漢書》苟宗道注引作"善"。

[67] 濮陽周氏不敢匿迹：秦末，項羽與劉邦爭戰時，季布爲項羽將，多次圍困劉邦。及項羽敗亡，劉邦得天下後，即懸賞千金，捕捉季布，並令敢藏布者，罪及三族。時季布藏於濮陽周氏家中，周氏遂爲季布謀劃，將季布扮作刑徒，賣於魯國朱家爲奴。朱家心知是季布，遂通過滕公夏侯嬰向劉邦進言，季布因得赦免，並拜爲郎中。（見《史記》卷一〇〇《季布列傳》）

[68] 太史公：司馬遷。

[69] 泯滅：百衲本"滅"字作"威"，殿本、盧弼《集解》本、校點本作"滅"。今從殿本等。

[70] 意發：趙幼文《校箋》謂郝經《續後漢書》苟宗道注引"意"字作"義"。

[71] 亦：殿本、盧弼《集解》本、校點本作"迹"，百衲本作"亦"。從上下文理而言，張元濟百衲本《校勘記》謂應作"亦"。今從百衲本。

[72] 勇：殿本、盧弼《集解》本作"勇力"，百衲本、校點本作"勇"。今從百衲本等。

　　評曰：李典貴尚儒雅，義忘私隙，美矣。李通、臧霸、文聘、呂虔鎮衞州郡，並著威惠。許褚、典韋折衝左右，抑亦漢之樊噲也。龐惪授命叱敵，有周苛之節。[1]龐淯不憚伏劍，而誠感鄰國。閻溫向城大呼，齊解、路之烈焉。[2]

　　[1] 周苛：秦末人。劉邦爲漢王後，爲御史大夫。劉邦使與樅公守滎陽。項羽攻下滎陽後，生得周苛。羽謂苛曰："爲我將，我以公爲上將軍，封三萬戶。"周苛罵曰："若不趣降漢，漢今虜若，若非漢敵也。"項羽怒，烹殺周苛，並殺樅公。（見《史記》卷七《項羽本紀》）

　　[2] 解：指解揚。春秋晋人。鄭襄公十一年（前594），楚莊王伐宋，宋告急於晋。晋景公遣解揚告宋，毋降楚。解揚經過鄭，鄭與楚親，乃執解揚獻楚。楚莊王許解揚厚賞，令告宋速降，晋無援救。在楚威逼下，解揚登上樓車（探望敵軍之車），至宋城下，卻對宋人言："晋方悉國兵以救宋，宋雖急，慎勿降楚，晋兵今至矣！"楚莊王大怒，將殺解揚。在莊王諸弟勸阻下，解揚方得被釋返國。（見《史記》卷四二《鄭世家》）　路：指路中大夫。漢景帝時爲齊王國之中大夫。景帝前元三年（前154），吳國、楚國反，起兵西進，膠西、膠東、菑川、濟南等國已響應。叛軍至齊國城

下，欲與齊聯合。齊孝王城守不聽，並派路中大夫上告朝廷。景帝
復令路中大夫還告齊王："善堅守，吾兵今破吳、楚矣。"路中大夫
還至齊城下，被圍城叛軍所拘，逼令至城下言漢已被破，齊速與
吳、楚等聯合。路中大夫至城下望見齊王，乃曰："漢已發兵達百
萬，使太尉周亞夫擊破吳、楚，方引兵救齊，齊必堅守無下！"圍
城叛軍遂殺路中大夫。（見《史記》卷五二《齊悼惠王世家》）

三國志 卷一九

魏書十九

任城陳蕭王傳第十九

任城威王彰，[1]字子文。少善射御，膂力過人，手格猛獸，不避險阻。數從征伐，志意慷慨。太祖常抑之曰：[2]"汝不念讀書慕聖道，而好乘（汗）馬擊劍，[3]此一夫之用，[4]何足貴也！"課彰讀《詩》《書》，彰謂左右曰："丈夫一爲衞、霍，[5]將十萬騎馳沙漠，驅戎狄，立功建號耳，何能作博士邪？"[6]太祖嘗問諸子所好，使各言其志。彰曰："好爲將。"太祖曰："爲將奈何？"對曰："被堅執銳，[7]臨難不顧，爲士卒先；賞必行，[8]罰必信。"太祖大笑。建安二十一年，[9]封鄢陵侯。[10]

二十三年，代郡烏丸反，[11]以彰爲北中郎將，[12]行驍騎將軍。[13]臨發，太祖戒彰曰："居家爲父子，受事爲君臣，動以王法從事，爾其戒之！"彰北征，入涿郡界，[14]叛胡數千騎卒至。時兵馬未集，唯有步卒千人，騎數百匹。用田豫計，固守要隙，虜乃散退。[15]彰追之，身自搏戰，射胡騎，應弦而倒者前後相屬。戰過半日，彰鎧中數箭，意氣益厲，乘勝逐北，至于桑乾，[一][16]去代二百餘里。長史諸將皆以爲新涉遠，[17]士馬疲頓，又受節度，不得過代，不可深進，違令輕敵。[18]彰曰："率師而行，[19]唯利所在，何節度乎？胡走未遠，追之必破。從令縱敵，非良將也。"遂上馬，令軍中："後出者斬。"一日一夜與虜相及，[20]擊，大破之，斬首獲生以千數。彰乃倍常科大賜將士，將士無不悅喜。時鮮卑大人軻比能將數萬騎觀望彊弱，見彰力戰，所向皆破，乃請服。北方悉平。時太祖在長安，[21]召彰詣行在所。彰自代過鄴，[22]太子謂彰曰："卿新有功，今西見上，[23]宜勿自伐，應對常若不足者。"彰到，如太子言，歸功諸將。太祖喜，持彰鬚曰："黃鬚兒竟大奇也！"[二]

〔一〕臣松之案桑乾縣屬代郡，今北虜居之，[24]號爲索干之都。[25]

〔二〕《魏略》曰：太祖在漢中，[26]而劉備栖於山頭，[27]使劉封下挑戰。太祖罵曰："賣履舍兒，[28]長使假子拒汝公乎！[29]待呼我黃鬚來，令擊之。"乃召彰。彰晨夜進道，西到長安而太祖已還，從漢中而歸。彰鬚黃，故以呼之。

[1] 任城：王國名。治所任城縣，在今山東微山縣西北。威：諡號。

[2] 常：盧弼《集解》本、校點本作"嘗"，百衲本、殿本作

"常"。按，二字可通。今從百衲本等。

　　［3］好乘馬：各本"馬"上有"汗"字。趙幼文《校箋》謂《金樓子·説蕃篇》作"好乘馬"，無"汗"字。《藝文類聚》卷四五引亦無"汗"字。今據趙引删。

　　［4］用：趙幼文《校箋》謂蕭常與郝經《續後漢書》俱作"勇"。

　　［5］丈夫：趙幼文《校箋》謂《藝文類聚》卷四五、《太平御覽》卷一五〇引"丈"上有"大"字。　　衛、霍：指衛青、霍去病。皆西漢河東平陽（今山西臨汾市西南）人，漢武帝時之名將。衛青官至大將軍，霍去病官至驃騎將軍。二人均各自多次擊敗匈奴。元狩四年（前119），二人共同擊敗匈奴主力，解除了匈奴對漢朝之威脅。（見《史記》卷一一一《衛將軍驃騎列傳》）

　　［6］博士：官名。此指太學博士，掌以五經教授弟子。

　　［7］被：盧弼《集解》本作"披"，百衲本、殿本、校點本均作"被"。按，二字雖可通，今仍從百衲本等。

　　［8］賞：校點本1982年7月第2版誤作"嘗"。

　　［9］建安：漢獻帝劉協年號（196—220）。

　　［10］鄢陵：縣名。治所在今河南鄢陵縣西北。

　　［11］代郡：東漢治所高柳縣，在今山西陽高縣西北。

　　［12］北中郎將：官名。東漢靈帝時所置四中郎將之一，主率軍征伐。

　　［13］驍騎將軍：官名。東漢爲雜號將軍，掌統兵出征，事訖即罷。

　　［14］涿郡：治所涿縣，在今河北涿州市。

　　［15］散退：百衲本、盧弼《集解》本作"散退"，殿本、校點本作"退散"。趙幼文《校箋》謂《北堂書鈔》卷一一八引《魏書》作"散退"，《太平御覽》卷三一二引同。今從百衲本等。

　　［16］桑乾：縣名。治所在今河北蔚縣東北。

　　［17］長史：官名。漢代，三公府設有長史，以輔助三公。將

軍府之屬官亦有長史，以總理幕府。

　　[18] 違令：趙幼文《校箋》謂《北堂書鈔》卷六三、《白孔六帖》卷五四引“令”字俱作“命”。

　　[19] 率師而行：殿本《考證》云：“《太平御覽》作‘率師專行’。”趙幼文《校箋》謂《白孔六帖》卷五四、《太平御覽》卷三一二引“而”字俱作“專”。

　　[20] 一日一夜：盧弼《集解》本作“二日一夜”，百衲本、殿本、校點本均作“一日一夜”。今從百衲本等。

　　[21] 長安：縣名。治所在今陝西西安市西北。

　　[22] 鄴：縣名。治所在今河北臨漳縣西南鄴鎮東一里半。

　　[23] 上：盧弼《集解》云：“操時爲魏王，不得稱‘行在所’，亦不得稱‘上’。”

　　[24] 北虜：指拓跋鮮卑。

　　[25] 索干：即桑干。《宋書》卷九五《索虜傳》謂拓跋魏早年“治代郡桑干縣之平城”。周一良《宋書劄記》云：“‘索干’‘桑干’一聲之轉”（載《魏晋南北朝史劄記》，中華書局 1985 年版）。按，北魏桑干縣治所在今山西山陰縣東南。又平城本爲縣，爲北魏前期之都，在今山西大同市東北古城，非桑干縣所屬之城鎮。

　　[26] 漢中：郡名。治所南鄭縣，在今陝西漢中市東。

　　[27] 山：指定軍山，在今陝西勉縣東南。

　　[28] 賣履：販賣鞋。本書卷三三《先主傳》謂劉備少時“與母販履織席爲業”。

　　[29] 長：趙幼文《校箋》謂郝經《續後漢書》作“乃”。假子：收養之子。本書卷四〇《劉封傳》謂劉封“本羅侯寇氏之子，長沙劉氏之甥也。先主至荆州，以未有繼嗣，養封爲子”。

　　太祖東還，以彰行越騎將軍，[1]留長安。太祖至洛陽,[2]得疾,驛召彰,未至,太祖崩。〔一〕文帝即王位,彰與諸侯就國。〔二〕詔曰:"先王之道,[3]庸勳親親,[4]並建母弟,[5]開國承家,故能藩屏大宗,[6]禦侮厭難。[7]彰前受命北伐,清定朔土,厥功茂焉。增邑五千,并前萬戶。"黃初二年,[8]進爵爲公。三年,立爲任城王。四年,朝京都,疾薨于邸,[9]諡曰威。〔三〕至葬,賜鑾輅、龍旂,[10]虎賁百人,[11]如漢東平王故事。[12]子楷嗣,徙封中牟。[13]五年,改封任城縣。太和六年,[14]復改封任城國,食五縣二千五百戶。青龍三年,[15]楷坐私遣官屬詣中尚方作禁物,[16]削縣二千戶。正始七年,[17]徙封濟南,[18]三千戶。正元、景元初,[19]連增邑,凡四千四百戶。〔四〕

〔一〕《魏略》曰:彰至,謂臨菑侯植曰:"先王召我者,欲立汝也。"植曰:"不可。不見袁氏兄弟乎!"

〔二〕《魏略》曰:太子嗣立,既葬,遣彰之國。始彰自以先王見任有功,冀因此遂見授用,而聞當隨例,意甚不悅,不待遣而去。時以鄢陵堵薄,使治中牟。及帝受禪,因封爲中牟王。[20]是後大駕幸許昌,[21]北州諸侯上下,皆畏彰之剛嚴;每過中牟,不敢不速。

〔三〕《魏氏春秋》曰:初,彰問璽綬,將有異志,故來朝不即得見。彰忿怒暴薨。

〔四〕楷,泰始初爲崇化少府,[22]見《百官名》。

[1] 越騎將軍:官名。東漢初置,統兵出征。後省。建安末曹操復置,以其子曹彰行之,統兵留守長安。

[2] 洛陽:縣名。治所在今河南洛陽市東北白馬寺東。

〔3〕先王：校點本 1982 年第 2 版誤作"先生"。

〔4〕庸勳親親：《左傳·僖公二十四年》：周襄王將以狄伐鄭，富辰諫曰："庸勳親親，暱近尊賢，德之大者也。"庸勳，酬賞有功勳者。親親，親愛親人。

〔5〕建：封建，封侯。

〔6〕大宗：始祖之嫡長子一系爲大宗。《儀禮·喪服》："大宗者，尊之統也。"

〔7〕厭難：抑制禍難。

〔8〕黃初：魏文帝曹丕年號（220—226）。

〔9〕疾薨于邸：劉咸炘《知意》云："彰爲丕酖死，見《世説·尤悔》，此不當諱。"

〔10〕鑾輅：皇帝之乘車。

〔11〕虎賁（bēn）：作儀仗隊之武士。

〔12〕東平王：東漢光武帝之子，名蒼。建武十七年（41）進爵爲東平王。漢章帝建初八年（83）卒，及葬，詔"賜鑾輅乘馬，龍旂九旒，虎賁百人，奉送王行"。（《後漢書》卷四二《東平憲王蒼傳》）

〔13〕中牟：縣名。治所在今河南中牟縣東。

〔14〕太和：魏明帝曹叡年號（227—233）。

〔15〕青龍：魏明帝曹叡年號（233—237）。

〔16〕中尚方：官署名。曹魏以中尚方令主之，屬少府。主製作皇宮所用刀劍及其他貴重器物。

〔17〕正始：魏少帝齊王曹芳年號（240—249）。

〔18〕濟南：王國名。治所東平陵縣，在今山東章丘市西北。

〔19〕正元：魏少帝高貴鄉公曹髦年號（254—256）。 景元：魏元帝曹奐年號（260—264）。

〔20〕中牟王：此與《傳》云"立爲任城王"不同。

〔21〕許昌：縣名。治所在今河南許昌縣東。

〔22〕泰始：晉武帝司馬炎年號（265—274）。 崇化：宮名。

晋武帝母王皇太后所居。 少府：官名。太后三卿之一，掌皇太后
宫私府庫藏出納。皆冠以皇太后宫名。

　　陳思王植字子建。[1]年十（歲餘）〔餘歲〕，[2]誦讀
《詩》《論》及辭賦數十萬言，[3]善屬文。太祖嘗視其
文，謂植曰：“汝倩人邪？”[4]植跪曰：[5]“言出爲
論，[6]下筆成章，（顧）〔願〕當面試，[7]奈何倩人？”
時鄴銅爵臺新成，[8]太祖悉將諸子登臺，[9]使各爲賦。
植援筆立成，可觀，太祖甚異之。〔一〕性簡易，不治威
儀。輿馬服飾，不尚華麗。每進見難問，應聲而對，
特見寵愛。建安十六年，封平原侯。[10]十九年，徙封
臨菑侯。[11]大祖征孫權，使植留守鄴，戒之曰：“吾昔
爲頓丘令，[12]年二十三。思此時所行，無悔於今。今
汝年亦二十三矣，可不勉與！”植既以才見異，而丁
儀、丁廙、楊脩等爲之羽翼。太祖狐疑，幾爲太子者
數矣。而植任性而行，不自彫勵，[13]飲酒不節。文帝
御之以術，矯情自飾，宮人左右，並爲之説，故遂定
爲嗣。二十二年，增植邑五千，[14]并前萬户。植嘗乘
車行馳道中，[15]開司馬門出。[16]太祖大怒，公車令坐
死。[17]由是重諸侯科禁，而植寵日衰。〔二〕太祖既慮終
始之變，以楊脩頗有才策，而又袁氏之甥也，[18]於是
以罪誅脩。植益内不自安。〔三〕二十四年，曹仁爲關羽
所圍。太祖以植爲南中郎將，[19]行征虜將軍，[20]欲遣
救仁，呼有所敕戒。植醉不能受命，於是悔而
罷之。〔四〕

〔一〕陰澹《魏紀》載植賦曰[21]“從明后而嬉游兮,[22]登層臺以娛情。[23]見太府之廣開兮,[24]觀聖德之所營。[25]建高門之嵯峨兮,[26]浮雙闕乎太清。[27]立中天之華觀兮,[28]連飛閣乎西城。[29]臨漳水之長流兮,[30]望園果之滋榮。仰春風之和穆兮,聽百鳥之悲鳴。天雲垣其既立兮,[31]家願得而獲逞。揚仁化於宇内兮,盡肅恭於上京。[32]惟桓、文之爲盛兮,[33]豈足方乎聖明![34]休矣美矣!惠澤遠揚。翼佐我皇家兮,寧彼四方。同天地之規量兮,[35]齊日月之暉光。永貴尊而無極兮,等年壽於東王”云云。[36]太祖深異之。

〔二〕《魏武故事》載令曰:“始者謂子建,兒中最可定大事。”又令曰:“自臨菑侯植私出,開司馬門至金門,[37]令吾異目視此兒矣。”又令曰:“諸侯長史及帳下吏,[38]知吾出輒將諸侯行意否?從子建私開司馬門來,吾都不復信諸侯也。恐吾適出,便復私出,故攝將行。不可恒使吾(爾)〔以〕誰爲心腹也!”[39]

〔三〕《典略》曰:楊脩字德祖,太尉彪子也。謙恭才博。[40]建安中,舉孝廉,[41]除郎中,[42]丞相請署倉曹屬、主簿。[43]是時,軍國多事,脩總知外内,事皆稱意。自魏太子已下,並爭與交好。又是時臨菑侯植以才捷愛幸,來意投脩,[44]數與脩書,書曰:“數日不見,思子爲勞;[45]想同之也。僕少好辭賦,[46]迄至于今二十有五年矣。[47]然今世作者,可略而言也。昔仲宣獨步於漢南,[48]孔璋鷹揚於河朔,[49]偉長擅名於青土,[50]公幹振藻於海隅,[51]德璉發迹於大魏,[52]足下高視於上京。當此之時,人人自謂握靈蛇之珠,[53]家家自謂抱荆山之玉也。[54]吾王於是設天網以該之,[55]頓八紘以掩之,[56]今盡集兹國矣。然此數子,猶不能飛翰絶迹,一舉千里也。以孔璋之才,不閑辭賦,而多自謂與司馬長卿同風,[57]譬畫虎不成還爲狗者也。前爲書嘲之,[58]反作論盛道僕贊其文。夫鍾期不失聽,[59]于今稱之。吾亦不敢妄歎者,畏後之嗤余也。世人著述,不能無病。僕常好人譏彈其文;有不善者，應時改定。[60]昔丁敬禮嘗作小文，[61]使僕潤飾之，僕自以才不能過若人，辭不爲也。敬禮云：'卿何所疑難乎！文之佳麗，吾自得之。後世誰相知定吾文者邪?'吾常歎此達言，以爲美談。昔尼父之文辭，[62]與人通流；[63]至於制《春秋》，游、夏之徒不能錯一字。[64]過此而言不病者，吾未之見也。蓋有南威之容，[65]乃可以論於淑媛；有龍淵之利，[66]乃可以議於割斷。劉季緒才不逮於作者，而好詆呵文章，掎摭利病。[67]昔田巴毀五帝，[68]罪三王，呰五伯於稷下，[69]一旦而服千人，魯連一說，使終身杜口。劉生之辯未若田氏，今之仲連求之不難，可無歎息乎！[70]人各有所好尚。蘭茞蓀蕙之芳，[71]衆人之所好，而海畔有逐臭之夫；[72]《咸池》《六（英）〔莖〕》之發，[73]衆人所樂，而墨翟有非之之論：[74]豈可同哉！今往僕少小所著詞賦一通相與。夫街談巷説，必有可采，擊轅之歌，[75]有應風雅，匹夫之思，未易輕棄也。辭賦小道，固未足以揄揚大義，[76]彰示來世也。昔揚子雲，[77]先朝執戟之臣耳，猶稱'壯夫不爲'也；[78]吾雖薄德，位爲藩侯，猶庶幾戮力上國，流惠下民，建永世之業，流金石之功，豈徒以翰墨爲勳績，辭頌爲君子哉？若吾志不果，吾道不行，亦將採史官之實録，辨時俗之得失，[79]定仁義之衷，成一家之言，雖未能藏之名山，將以傳之同好，此要之白首，豈可以今日論乎！其言之不怍，[80]恃惠子之知我也。[81]明早相迎，書不盡懷。"脩答曰："不俟數日，[82]若彌年載，[83]豈獨愛顧之隆，使係仰之情深邪！損辱來命，蔚矣其文。[84]誦讀反覆，雖諷《雅》《頌》，[85]不復過也。若仲宣之擅（江）〔漢〕表，[86]陳氏之跨冀域，徐、劉之顯青、豫，[87]應生之發魏國，斯皆然矣。至如脩者，聽采風聲，仰德不暇，目周章於省覽，[88]何惶駭於高視哉？[89]伏惟君侯，少長貴盛，體旦、發之質，[90]有聖善之教，[91]遠近觀者，徒謂能宣昭懿德，光贊大業而已，不謂復能兼覽傳記，[92]留思文章。今乃含王超陳，度越數子；觀者駭視而拭目，聽者傾首而聳耳；非夫體通性達，受之自然，其誰能至於此乎？[93]又嘗親見執事握牘持筆，有所造作，若成誦在心，借書於手，曾不斯須少留思慮。仲尼日月，[94]無得踰焉。[95]脩之仰望，殆如此矣。是以對鶡而辭，[96]作《暑賦》彌日而不獻，見西施之容，歸憎其貌者也。伏想執事不知其然，猥受顧賜，教使刊定。《春秋》之成，莫能損益。《呂氏》《淮南》，[97]字直千金；[98]然而弟子鉗口，市人拱手者，聖賢卓犖，固所以殊絕凡庸也。今之賦頌，古詩之流，不更孔公，[99]風雅無別耳。[100]脩家子雲，[101]老不曉事，彊著一書，[102]悔其少作。若此，仲山、周旦之徒，[103]則皆有愆乎！君侯忘聖賢之顯迹，述鄙宗之過言，竊以爲未之思也。若乃不忘經國之大美，流千載之英聲，銘功景鍾，[104]書名竹帛，此自雅量素所蓄也，豈與文章相妨害哉？輒受所惠，竊備矇瞍誦歌而已。[105]敢望惠施，[106]以忝莊氏！季緒瑣瑣，何足以云。"其相往來，如此甚數。植後以驕縱見疏，而植故連綴脩不止，脩亦不敢自絕。至二十四年秋，公以脩前後漏泄言教，交關諸侯，乃收殺之。脩臨死，謂故人曰："我固自以死之晚也。"其意以爲坐曹植也。脩死後百餘日而太祖薨，太子立，遂有天下。初，脩以所得王髦劍奉太子，太子常服之。及即尊位，在洛陽，從容出宮，追思脩之過薄也，撫其劍，駐車顧左右曰："此楊德祖昔所說王髦劍也。髦今焉在？"及召見之，賜髦穀帛。

摯虞《文章志》曰：劉季緒名脩，劉表子。官至東安太守。[107]著詩、賦、頌六篇。

臣松之案：《呂氏春秋》曰："人有臭者，其兄弟妻子皆莫能與居，其人自苦而居海上。[108]海上人有悅其臭者，晝夜隨之而不能去。"此植所云"逐臭之夫"也。田巴事出《魯連子》，亦見《皇覽》，文多故不載。

《世語》曰：脩年二十五，以名公子有才能，爲太祖所器。與丁儀兄弟，皆欲以植爲嗣。太子患之，[109]以車載廢簏，[110]內朝歌長吳質與謀。[111]脩以白太祖，未及推驗。太子懼，告質，質曰：「何患？明日復以簏受絹車內以惑之，脩必復重白，重白必推，而無驗，則彼受罪矣。」世子從之，脩果白，而無人，[112]太祖由是疑焉。脩與賈逵、王淩並爲主簿，而爲植所友。每當就植，慮事有闕，[113]忖度太祖意，豫作答教十餘條，敕門下，教出以次答。教裁出，答已入，太祖怪其捷，推問始泄。太祖遣太子及植各出鄴城一門，密敕門不得出，[114]以觀其所爲。[115]太子至門，不得出而還。脩先戒植：「若門不出侯，侯受王命，可斬守者。」植從之。故脩遂以交搆賜死。脩子囂，囂子準，皆知名於晋世。囂，泰始初爲典軍將軍，[116]受心膂之任，早卒。準字始丘，惠帝末爲冀州刺史。[117]

荀綽《冀州記》曰：準見王綱不振，遂縱酒，不以官事爲意，逍遙卒歲而已。成都王知準不治，[118]猶以其爲名士，[119]惜而不責，召以爲軍謀祭酒。[120]府散停家，關東諸侯議欲以準補三事，[121]以示懷賢尚德之舉。事未施行而卒。準子嶠字國彥，[122]髦字士彥，並爲後出之俊。準與裴頠、樂廣善，遣往見之。頠性弘方，愛嶠之有高韻，[123]謂準曰：「嶠當及卿，然髦小減也。」廣性清淳，愛髦之有神檢，[124]謂準曰：「嶠自及卿，然髦尤精出。」準歎曰：「我二兒之優劣，乃裴、樂之優劣也。」評者以爲嶠雖有高韻，而神檢不逮，廣言爲得。傅暢云：「嶠似準而疎。」嶠弟俊，字惠彥，最清出。嶠、髦皆爲二千石。[125]俊，太傅掾。[126]

〔四〕《魏氏春秋》曰：植將行，太子飲焉，偪而醉之。王召植，植不能受王命，故王怒也。

[1] 陳：王國名。治所陳縣，在今河南淮陽縣。　字子建：趙幼文《校箋》謂《世説新語·文學篇》注引《魏志》「子建」下有「文帝同母弟也」六字。

[2] 年十餘歲：各本皆作「年十歲餘」。盧弼《集解》已有似

應作"年十餘歲"一説。吳金華《校詁》又謂《世説新語·文學篇》注引《魏志》及《藝文類聚》卷四五均作"年十餘歲",當據改。趙幼文《校箋》亦謂《世説新語·文學篇》注引《魏志》,《北堂書鈔》卷七〇,《藝文類聚》卷四五,《太平御覽》卷一五一、卷四五九、卷六〇〇引俱作"年十餘歲",是也。今從盧、吳、趙之説改爲"年十餘歲"。

〔3〕數十萬言:趙幼文《校箋》謂《世説新語·文學篇》注引"數"下無"十"字,《太平御覽》卷六〇〇、又卷六〇二引《文選人名録》引俱無"十"字,應據删。按,《藝文類聚》卷四五、《太平御覽》卷一五一引又作"數十萬言",《太平御覽》卷四九五引《曹植别傳》又作"十萬言"。故暫不删改。

〔4〕倩:借助。《方言》卷一二:倩,借也。

〔5〕植跪曰:趙幼文《校箋》謂《北堂書鈔》卷九八、《太平御覽》卷六〇二引"跪"下俱有"對"字。

〔6〕言出爲論:趙幼文《校箋》謂《北堂書鈔》卷九八引作"出言爲論",同卷引《曹植集序》同。《太平御覽》卷六〇〇、《世説新語·文學篇》注引亦同。疑此誤倒,似應據乙。

〔7〕願:各本作"顧"。趙幼文《校箋》謂《藝文類聚》卷五六、《太平御覽》卷六〇〇、卷六〇二引俱作"願",蕭常《續後漢書》同。今從趙説改。

〔8〕銅爵臺:即銅雀臺。建造於建安十五年（210）,臺高十丈,有屋一百間,在樓頂鑄有一丈五尺高的大銅雀。遺址在今河北臨漳縣西。據《藝文類聚》卷六二所録魏文帝《登臺賦序》,登臺在建安十七年春。

〔9〕登臺:趙幼文《校箋》謂《世説新語·文學篇》注引"臺"字作"之"。

〔10〕平原:縣名。治所在今山東平原縣西南。

〔11〕臨菑:縣名。治所在今山東淄博市臨淄區。

〔12〕頓丘:校點本"丘"字作"邱",百衲本、殿本、盧弼

《集解》本皆作“丘”，《續漢書·郡國志》亦作“丘”。今從百衲本等。頓丘，縣名。治所在今河南清豐縣西南。

[13] 彫勵：盧弼《集解》謂《通鑑》作“不自彫飾”。趙幼文《校箋》謂作“彫飾”者是。彫飾猶言修飾，作“彫勵”者誤。

[14] 植：校點本作“置”，百衲本、殿本、盧弼《集解》本均作“植”。盧氏云：“馮本‘植’作‘置’誤。”今從百衲本等。

[15] 馳道：帝王行車馬之道，又稱御街。

[16] 司馬門：潘眉《考證》謂宮門稱司馬門，每門由司馬主管。此司馬門指鄴城魏王宮之門。

[17] 公車令：官名。即公車司馬令。秩六百石，魏爲第六品。掌宮南闕門，凡吏民上章，四方貢獻及徵詣公車者，均由公車司馬令呈達。

[18] 袁氏之甥：《後漢書》卷五四《楊震附脩傳》謂楊脩爲袁術之甥。

[19] 南中郎將：官名。東漢末置，與東、西、北中郎將並稱四中郎將，主率軍征伐。

[20] 征虜將軍：官名。東漢爲雜號將軍，曹魏時第三品。

[21] 魏紀：《隋書·經籍志》古史類著録“《魏紀》十二卷，左將軍陰澹撰”。校點本《校勘記》云：“據《晉書·張軌傳》，陰澹爲晉人。‘左將軍’前當有‘晉’字。”

[22] 明后：尊稱曹操。后，君主。

[23] 登層臺以娛情：趙幼文《校箋》謂《藝文類聚》卷六二載植此賦文字與裴注引略異。此句作“聊登臺以娛情”。按，層臺，指銅雀臺。

[24] 太府：大府，大宮府。　廣開：趙幼文《校箋》謂《藝文類聚》引“開”字作“浦”。按，上海古籍出版社 1999 年重版汪紹楹校《類聚》（以下簡稱上海古籍出版社本）仍作“開”。

[25] 聖：指曹操。

[26] 高門：趙幼文《校箋》謂《藝文類聚》引“門”字作

"殿"。按，潘眉《考證》謂，指《鄴中記》所言鄴宮南面三門之西邊鳳陽門。門高二十五丈，距鄴城七八里，即見此門。

[27] 雙闕：趙幼文據《文選·魏都賦》謂雙闕在文昌殿外，端門左右。（見《曹植集校注》卷一《贈徐幹》注）　太清：天空。

[28] 中天：趙幼文云："中天猶半天，謂其高也。"（見《曹植集校注》卷一《贈徐幹》注）　華觀：趙幼文云："華觀，即迎風觀。華，謂彩飾也。"（見《曹植集校注》卷一《登臺賦》注）按，《文選》曹子建《贈徐幹》李善注："《地理書》曰：迎風觀在鄴。"

[29] 連飛閣：趙幼文《校箋》謂《藝文類聚》引"連"字作"臨"。按，上海古籍出版社本仍作"連"。　西城：潘眉《考證》云："鄴二城：東西六里，南北八里六十步者，鄴之南城（見《河朔訪古記》）；東西七里，南北五里者，鄴之北城（見《水經注》）。魏銅爵臺在鄴都北城西北隅（見《鄴中記》）。鄴無西城，所謂西城者，北城之西面也。臺在北城西北隅，與城之西面樓閣相接，故曰'連飛閣乎西城'。"

[30] 漳水：趙幼文《校箋》謂《藝文類聚》引"水"字作"川"。按，漳水即漳河。古漳河經今河北臨漳縣東北流。又《水經·濁漳水注》謂魏武"引漳流，自鄴城西東入，徑銅雀臺下，伏流入城東注，謂之長明溝也"。

[31] 天雲：《曹植集校注》本作"天功"。趙幼文云："天功與家願正相儷。"又引《後漢書》卷三五《張奮傳》李賢注："功謂王業。"　垣：《曹植集校注》本作"恒"。趙幼文注引《銓評》謂《藝文類聚》作"坦"。趙幼文云："恒、垣於此無義，或皆'坦'字之形誤。"坦，《文選·東京賦》薛綜注："大也。"（《曹植集校注》卷一《登臺賦》注）

[32] 上京：指漢獻帝所在之京都許縣，治所在今河南許昌市東。

[33] 桓文：春秋時之齊桓公、晉文公，相繼爲中原霸主。

[34] 聖明：指曹操。

[35] 規量：趙幼文《校箋》謂《藝文類聚》引"規"字作"矩"。

[36] 東王：東王父，傳說中的神名。《海內十洲記·聚窟洲》："扶桑在碧海之中，地方萬里，上有太帝宫，太真東王父所治處。"

[37] 司馬門至金門：潘眉《考證》疑即金明門，爲鄴城七門之一，在鄴城之西。盧弼《集解》則據《水經·穀水注》謂當爲洛陽之司馬門。趙幼文《校箋》亦謂以洛陽之司馬門爲是。又《太平御覽》卷一八三引《洛陽宫殿名》，謂洛陽有司馬門、金門。潘氏以鄴之金明門當之，或非。

[38] 諸侯長史：官名。諸侯府幕僚之長，掌諸侯府事。

[39] 以：各本皆作"爾"。殿本《考證》謂《册府元龜》作"以"。李清植謂作"爾"文甚拗，作"以"文義較順。校點本即據殿本《考證》改"爾"爲"以"。今從校點本。下段"典略"，校點本 1982 年 7 月第 2 版誤作"曲略"。

[40] 才博：趙幼文《校箋》謂郝經《續後漢書》"才"字作"辯"。

[41] 孝廉：漢代選拔官吏的主要科目。孝指孝子，廉指廉潔之士。原本爲二科，後混同爲一科，也不再限於孝子和廉士。東漢後期定制爲不滿四十歲者不得察舉；被舉者先詣公府課試，以觀其能。郡國每年要向中央推舉一至二人。

[42] 郎中：官名。秩比三百石。東漢時，分隸五官、左、右三署中郎將，名義上備宿衛，實爲後備官吏人才。

[43] 倉曹屬：官名。曹操爲丞相時，丞相府置有倉曹掾、屬，主管倉穀事。　主簿：官名。曹操爲丞相時，丞相府置主簿四人，錄省衆事。

[44] 來意：盧弼《集解》云："《文選》注作'秉意'，郝經《續漢書》作'委意'。"趙幼文《校箋》亦云："《文選·楊德祖

〈答臨淄侯牋〉》及《與楊德祖書》李善注引‘來’字俱作‘秉’。”吳金華《〈三國志〉叢考》又謂“來”字可據郝經《續後漢書》作“委”；“投”字應作“於”。按，中華再造善本影宋本以及文淵閣《四庫全書》本與《叢書集成初編》本郝經《續後漢書》卷二九中苟宗道注引《典略》仍作“來意”，故暫不改動。

[45] 爲勞：趙幼文注：“勞，《淮南子·精神訓》高注：‘病也。’爲勞，猶成病也。”（《曹植集校注》卷一《與楊德祖書》注。此篇以下引趙幼文說，均同此，不再作注）

[46] 僕少好辭賦：《文選》曹子建《與楊祖德書》及《曹植集校注》均作“僕少小好爲文章”。以下凡此類者，不再出校注。又盧弼《集解》本、校點本“辭賦”作“詞賦”，今從百衲本、殿本作“辭賦”。

[47] 二十有五年：曹植生於初平二年（191），撰此書時爲二十五歲，則此書撰於建安二十一年。

[48] 仲宣：王粲字仲宣。　獨步：謂一時無雙。　漢南：指荊州。《爾雅·釋地》：“漢南曰荊州。”當時荊州牧劉表治襄陽，王粲在襄陽依劉表。

[49] 孔璋：陳琳字孔璋。　河朔：河北。指冀州。陳琳曾在袁紹處任記室。

[50] 偉長：徐幹字偉長。　青土：指青州。《文選》李善注：“徐偉長居北海郡。《禹貢》之青州也。故云青土。”

[51] 公幹：劉楨字公幹。　海隅：《文選》李善注：“公幹東平寧陽人也。寧陽邊齊，故云海隅。《呂氏春秋》曰：東方爲海隅。青州，齊也。”

[52] 德璉：應瑒字德璉。　大魏：《文選》作“此魏”。沈家本《校記》云：“是時漢祚未移，不得稱大魏，作‘此’字爲是。”趙幼文則云：《初學記》卷二七引作“北魏”，“此”或“北”字之形誤。曹植《王仲宣誄》有“發軫北魏”之句，是當時有此稱謂，作“北”字是也。北魏，指鄴。

[53] 握：殿本作“掘”，百衲本、盧弼《集解》本、校點本作“握”。今從百衲本等。 靈蛇之珠：寶珠。即隋侯珠或明月珠。《淮南子·覽冥訓》：“譬如隋侯之珠、和氏之璧，得之者富，失之者貧。”高誘注：“隋侯，漢東之國，姬姓諸侯也。隋侯見大蛇傷斷，以藥傅之，後蛇於江中銜大珠以報之，因曰隋侯之珠。蓋明月珠也。”

[54] 荆山之玉：寶玉。荆山即楚山。《韓非子·和氏》謂楚人和氏得玉璞楚山中，奉而獻之厲王，王以和爲誑，刖其左足；後又獻之武王，王又以和爲誑而刖其右足。後文王即位，和乃抱璞痛哭於楚山之下，王異之，“乃使玉人理其璞而得寶焉”。

[55] 該：包容，包括。卷子本《玉篇·言部》：“該，《廣雅》：包也。”

[56] 八紘：八方之繩索。《漢書》卷八七上《揚雄傳》“爛六合，燿八紘”顏師古注：“八紘，八方之綱維也。”

[57] 司馬長卿：司馬相如字長卿，漢武帝時之辭賦家。

[58] 啁（tiáo）：通“嘲”，譏笑。

[59] 鍾期：又稱鍾子期，春秋楚人，善解琴音。《列子·湯問》：“伯牙善鼓琴，鍾子期善聽。伯牙鼓琴，志在登高山，鍾子期曰：‘善哉！峨峨兮若泰山！’志在流水，鍾子期曰：‘善哉！洋洋兮若江河！’”

[60] 應時：劉淇《助字辨略》卷四：“應，猶即也。”

[61] 丁敬禮：丁廙字敬禮。

[62] 尼父：指孔子。孔子名丘字仲尼。《禮記·檀弓上》：“魯哀公誄孔丘曰：‘天不遺耆老，莫相予位焉。嗚呼哀哉尼父！’”

[63] 與人通流：《史記》卷四七《孔子世家》：“孔子在位聽訟，文辭有可與人共者，弗獨有也。至於爲《春秋》，筆則筆，削則削，子夏之徒不能贊一辭。”

[64] 游夏：子游、子夏，皆孔子弟子。 錯：通“措”，置。趙幼文注引《春秋説題辭》：“孔子作《春秋》一萬八千字，九月

而成書，以授游、夏，游、夏之徒不能措一字。”

　　[65] 南威：春秋時之美女。《戰國策·魏策二》魯君曰：“晋文公得南之威，三日不聽朝，遂推南之威而遠之，曰：‘後世必有以色亡其國者。’”按，“南之威”即“南威”，之，語助辭。後文即云：“左白臺而右閭須，南威之美也。”

　　[66] 龍淵：寶劍名。《戰國策·韓策一》蘇秦曰：“宛馮、龍淵、大阿，皆陸斷馬牛，水擊鵠雁，當敵即斬。”

　　[67] 掎摭：指摘。

　　[68] 田巴：戰國時齊之辯士。《文選》李善注：“《魯連子》曰：齊辯者曰田巴，辯於狙丘而義於稷下，毀五帝，罪三王，一日而服千人。有徐劫弟子曰魯連，謂劫曰：臣願當田子，使不敢復説。”又見《史記》卷八三《魯仲連列傳》之《正義》引《魯仲連子》。

　　[69] 呰：通“訾”，詆毀。　五伯：即“五霸”。《文選》《曹植集校注》即作“五霸”。指春秋五霸。　稷下：戰國齊宣王時，於齊國國都臨淄城稷門附近建館舍，聚集學者研討學術，遂稱其地爲稷下。（見《史記》卷四六《田敬仲完世家》及《集解》引劉向《別録》）

　　[70] 歎息：《文選》無“歎”字。趙幼文謂宋刊本《曹子建文集》無“歎”字；李善所見唐本無“歎”字，故注云“息，止也”；梁章鉅《文選旁證》亦以無“歎”字爲是。有“歎”字，或習見“歎息”連文而未詳究文義妄增耳。

　　[71] 蘭茝（chǎi）蓀蕙：皆香草名。

　　[72] 逐臭之夫：見《吕氏春秋·孝行覽》，内容見後裴松之引。《文選》李善注云：“喻人評文章，愛好不同也。”

　　[73] 咸池：黄帝樂名。　六莖：各本皆作“六英”，《文選》《曹植集校注》均作“六莖”，今據改。《漢書·禮樂志》云：“昔黄帝作《咸池》，顓頊作《六莖》，帝嚳作《五英》。”

　　[74] 墨翟：戰國時思想家，墨家學派的創始人。《文選》李

善注：“《墨子》有《非樂》篇。”按，今傳本《墨子》只存《非樂》上篇，中、下篇均闕。

　　[75] 擊轅之歌：《文選》五臣注呂向曰：“擊轅，野人歌也。”

　　[76] 揄揚：闡發。

　　[77] 揚子雲：揚雄字子雲，西漢辭賦家。漢成帝時爲郎官。郎官執戟宿衛皇宮殿廊門户，出充車騎扈從。

　　[78] 壯夫不爲：揚雄撰有《法言》一書，其《吾子篇》云：“或問：‘吾子少而好賦？’曰：‘然。童子雕蟲篆刻。’俄而曰：‘壯夫不爲也。’”

　　[79] 辨：校點本作“辯”，百衲本、殿本、盧弼《集解》本作“辨”。今從百衲本等。

　　[80] 怍：慚愧。《論語·憲問》子曰：“其言之不怍，則爲之也難。”何晏《集解》：“馬融曰：怍，慚也。”

　　[81] 惠子：惠施。戰國宋人，名學家。與莊子爲知己友，常互相辯論。死後，莊子謂無人與言。《莊子·徐無鬼》：莊子送葬，過惠子之墓，顧謂從者曰：“自夫子之死也，吾無以爲質矣，吾無與言之矣。”曹植自比於莊子，而以惠施比楊脩。

　　[82] 不侍數日：《文選》亦載此文，題爲楊德祖《答臨淄侯箋》，在“不侍數日”上有“脩死罪死罪”五字。以下文字，一般不作校補。

　　[83] 彌：《文選》李善注：“毛萇《詩傳》曰：彌，終也。”

　　[84] 蔚（wèi）：形容文采華美。

　　[85] 諷：殿本作“風”，校點本1982年第2版亦作“風”；百衲本、盧弼《集解》本、校點本1959年第1版作“諷”，《文選》亦作“諷”。李善注：“《説文》曰：諷，誦也。”此諷誦與上句“誦讀”連義，作“諷”爲是。今從百衲本等。

　　[86] 漢表：各本皆作“江表”，《文選》作“漢表”。李善注：“仲宣投劉表，寓流楚壤，故云‘漢表’。”按，荆州雖也有江南之地，而劉表治所在襄陽，在漢水之南，言“漢表”爲是。“漢表”

即"漢南"，本書卷六《劉表傳評》即謂劉表"跨蹈漢南"。上文曹植即云"昔仲宣獨步於漢南"。故從《文選》改爲"漢表"。

［87］豫：州名。漢末刺史治所譙縣，在今安徽亳州市。《文選》李善注云："公幹淪飄許京，故云豫。"

［88］目：百衲本作"自"，殿本、盧弼《集解》本、校點本作"目"。今從殿本等。盧弼《集解》謂《文選》作"自"。趙幼文《校箋》謂"目"字義長，謂目用於省覽，實有應接不暇之勢也。周章：《文選》屈平《九歌·雲中君》"聊翱游兮周章"王逸注："周章猶周流也。"

［89］惶駭：《文選》作"遑"。與上句語義更合。

［90］旦：周公名旦。　發：周武王名發。

［91］聖善之教：《文選》李善注："《毛詩》曰：凱風自南，吹彼棘心。母氏聖善，我無令人。"

［92］不謂：百衲本作"不能"，殿本、盧弼《集解》本、校點本作"不謂"。今從殿本等。

［93］誰：百衲本作"言"，殿本、盧弼《集解》本、校點本作"誰"，《文選》作"孰"。今從殿本等。

［94］仲尼日月：謂孔子像日月一樣高。《論語·子張》："子貢曰：'他人之賢者，丘陵也，猶可逾也；仲尼，日月也。無得而逾焉。'"

［95］無得：殿本、盧弼《集解》本作"無所"，百衲本、校點本、《文選》均作"無得"。今從百衲本等。

［96］對鶡而辭：《文選》李善注："植爲《鶡鳥賦》，亦命脩爲之，而脩辭讓。植又作《大暑賦》，而脩亦作之，竟日不敢獻。"

［97］呂氏：即《呂氏春秋》。秦呂不韋集學士所撰。　淮南：即《淮南子》。西漢淮南王劉安集學士撰成。

［98］字直千金：《文選》李善注："桓子《新論》曰：秦呂不韋，請迎高妙，作《呂氏春秋》；漢之淮南王，聘天下辯通以著篇章。書成，皆布之都市，懸置千金，以延示衆士，而莫能有

變易者。”

　　［99］不更孔公：謂未經孔子删定。

　　［100］風雅：指《詩經》之《風》《雅》。

　　［101］脩家子雲：按，楊脩之姓作“楊”，而揚雄之姓作“揚”，後世學者對此議論紛紜，未有定説。

　　［102］一書：指《法言》一書。

　　［103］仲山：即仲山甫。周宣王時大臣。《文選》李善注，謂《詩經》中無仲山甫之作，只有吉父歌頌仲山甫功德之作，“未詳德祖何以言之”。　周旦：即周公旦。《文選》李善注：“《毛詩序》曰：《七月》，周公遭變，陳王業之艱難。”按，後世學者不以《七月》爲周公之作，而以《鴟鴞》爲周公所撰。

　　［104］景鍾：《國語·晉語七》謂晉臣魏顆擊退秦軍，俘虜杜回，“其勳銘於景鍾”。韋昭注：“景鍾，景公鍾。”後世因以景鍾爲襃功之典。

　　［105］矇瞍：樂師。古樂師以盲者爲之，善於記誦樂章。

　　［106］望：百衲本、殿本、校點本作“忘”，盧弼《集解》本作“望”。盧氏云：“官本‘望’作‘忘’，《文選》《册府》作‘望’。”今從《集解》本。《文選》李善注云：“植書云其言不慚，恃惠子之知我也。脩言己豈敢望比惠施之德，以忝辱於莊周之相知乎！莊周喻植也。惠施、莊周相知者也，故引之。”

　　［107］東安：郡名。原爲縣，建安中一度爲郡，旋廢。治所仍東安縣，在今山東沂水縣西南。趙幼文《校箋》則謂《文選》曹子建《與楊德祖書》李善注引“東安”作“樂安”，是也。按，樂安郡於東漢質帝時改樂安國置，治所高苑縣，在今山東鄒平縣東北苑城鎮。

　　［108］自苦：百衲本、殿本作“自若”，盧弼《集解》本、校點本作“自苦”。按，裴氏所引《吕氏春秋》見《孝行覽·遇合》，《遇合》即作“自苦”，高誘注：“苦，傷也。”今從《集解》本等。

　　［109］太子：趙幼文《校箋》謂蓋公侯之嫡嗣曰世子，王之

嫡嗣稱太子，此古制也。崔琰與曹丕書稱世子（見本書卷一二《崔琰傳》），時操爲魏公也。及魏國既建，遂稱太子（見卷一二《何夔傳》）。即據此注言，前稱世子，後稱太子，蓋以時日不同，情勢有殊，故其稱謂亦隨之而易也。《太平御覽》卷七〇五引"太"字作"世"字，是證此"太"字實誤。

　　[110] 簏（lù）：竹箱。

　　[111] 朝歌：趙幼文《校箋》謂《太平御覽》卷七〇五引"内"下有"詣"字。朝歌，縣名。治所在今河南淇縣。

　　[112] 而無人：趙幼文《校箋》謂此句語意不足。紹興本"白"下（即"而"上）有"推"字，《太平御覽》引同，應據補。按，百衲本亦無"推"字，《太平御覽》有。

　　[113] 闕：殿本作"關"，百衲本、盧弼《集解》本、校點本作"闕"。今從百衲本等。

　　[114] 密敕門：趙幼文《校箋》謂"門"下疑脱"者"字。

　　[115] 以觀其所爲：百衲本在此句下有"而還脩先戒植若門不得出侯侯觀其所爲"十七字，顯係錯行所致，殿本、盧弼《集解》本、校點本皆無。今從殿本等。

　　[116] 典軍將軍：官名。西晋置，掌宿衛禁軍，間亦奉宣詔命。

　　[117] 冀州：西晋時，刺史治所房子縣，在今河北高邑縣西南。

　　[118] 成都王：成都王司馬穎，先爲鎮北大將軍，繼爲征北大將軍，皆鎮鄴。

　　[119] 其爲：百衲本作"爲其"，殿本、盧弼《集解》本、校點本作"其爲"。今從殿本等。

　　[120] 軍謀祭酒：官名。此爲鎮北（或征北）大將軍府之僚屬，掌參謀軍事。

　　[121] 關東：地區名。指函谷關以東之地。　三事：三公之別稱。

　　[122] 嶠：趙幼文《校箋》謂《世説新語·賞譽篇》"嶠"作

“喬”，《品藻篇》同。

　　[123] 高韻：指人之高雅氣質。

　　[124] 神檢：指人清秀超逸的儀表。

　　[125] 二千石：本爲官吏之俸秩，而漢代太守之秩爲二千石，故多以二千石指太守。

　　[126] 太傅掾：官名。西晉太傅府之僚屬。西晉太傅位上公，在三公上，第一品。常與太宰、太保並掌朝政，開府置僚屬，爲宰相之任。

　　文帝即王位，誅丁儀、丁廙并其男口。[一][1]植與諸侯並就國。黄初二年，監國謁者灌均希指，[2]奏“植醉酒悖慢，劫脅使者”。有司請治罪，帝以太后故，貶爵安鄉侯。[二][3]其年改封鄄城侯。[4]三年，立爲鄄城王，邑二千五百户。

　　〔一〕《魏略》曰：丁儀字正禮，沛郡人也。[5]父沖，宿與太祖親善，時隨乘輿。見國家未定，乃與太祖書曰：“足下平生常喟然有匡佐之志，今其時矣。”是時張楊適還河内，[6]太祖得其書，乃引軍迎天子東詣許，[7]以沖爲司隸校尉。[8]後數來過諸將飲，[9]酒美不能止，醉爛腸死。太祖以沖前見開導，常德之。聞儀爲令士，雖未見，欲以愛女妻之，以問五官將。[10]五官將曰：“女人觀貌，而正禮目不便，誠恐愛女未必悦也。[11]以爲不如與伏波子楙。”[12]太祖從之。尋辟儀爲掾，[13]到與論議，嘉其才朗，曰：“丁掾，好士也，即使其兩目盲，尚當與女，何況但眇？[14]是吾兒誤我。”時儀亦恨不得尚公主，而與臨菑侯親善，數稱其奇才。太祖既有意欲立植，而儀又共贊之。及太子立，欲治儀罪，轉儀爲右刺姦掾，[15]欲儀自裁而儀不能。乃對中領軍夏侯尚叩頭求哀，[16]尚爲涕泣而不能救。後遂因職事收付獄，殺之。

廙字敬禮，儀之弟也。《文士傳》曰：廙少有才姿，博學洽聞。初辟公府，建安中爲黃門侍郎。[17]廙嘗從容謂太祖曰：“臨菑侯天性仁孝，發於自然，而聰明智達，其殆庶幾。[18]至於博學淵識，文章絶倫。當今天下之賢才君子，不問少長，皆願從其游而爲之死，實天之所以鍾福於大魏，[19]而永授無窮之祚也。”[20]欲以勸動太祖。太祖答曰：“植，吾愛之，安能若卿言！吾欲立之爲嗣，何如？”廙曰：“此國家之所以興衰，天下之所以存亡，非愚劣瑣賤者所敢與及。廙聞知臣莫若於君，知子莫若於父。至於君不論明闇，父不問賢愚，而能常知其臣子者何？蓋由相知非一事一物，相盡非一旦一夕。況明公加之以聖哲，[21]習之以人子。今發明達之命，吐永安之言，可謂上應天命，下合人心，得之於須臾，垂之於萬世者也。廙不避斧鉞之誅，敢不盡言！”太祖深納之。

〔二〕《魏書》載詔曰：“植，朕之同母弟。朕於天下無所不容，而况植乎？骨肉之親，舍而不誅，[22]其改封植。”

[1] 誅丁儀丁廙并其男口：胡三省云：“并其男口誅之，絶其世也。”（《通鑑》卷六九魏文帝黃初元年注）又按，《晋書》卷八三《陳壽傳》謂西晋時，陳壽向丁儀、丁廙之子索米爲其父作佳傳之説，顯係捏造。

[2] 監國謁者：官名。曹魏對諸王、侯國防制甚嚴，特遣謁者或使者監伺諸國，稱監國謁者或監國使者。

[3] 鄉侯：爵名。漢制，列侯大者食縣邑，小者食鄉、亭。東漢後期，遂以食鄉、亭者稱爲鄉侯、亭侯。曹魏因之。

[4] 鄄城：縣名。治所在今山東鄄城縣北。

[5] 沛郡：治所沛縣，在今江蘇沛縣。

[6] 河内：郡名。治所懷縣，在今河南武陟縣西南。

[7] 許：縣名。治所在今河南許昌市東。

［8］司隸校尉：官名。秩比二千石。掌糾察京師百官違法者，並治所轄各郡，相當於州刺史。

［9］來過：趙幼文《校箋》謂《北堂書鈔》卷六一、《太平御覽》卷三七六引作"歲遇"。

［10］五官將：指曹丕。曹丕當時為五官中郎將。

［11］誠：校點本1982年7月第2版誤作"誡"。

［12］伏波：指夏侯惇，當時夏侯惇為伏波將軍。

［13］掾：屬官之統稱。漢代三公府及其他重要官府皆置掾，分曹治事，掾為曹長。

［14］眇（miǎo）：單眼瞎。趙幼文《校箋》謂《太平御覽》卷七四〇、《册府元龜》卷九〇六引"眇"下有"乎"字。郝經《續後漢書》作"何況但眇耶"。"眇"下似應增"乎"字，語氣乃足。

［15］刺姦掾：官名。漢獻帝建安中，曹操置為屬官，又分為左、右，掌司法事務。

［16］中領軍：官名。第三品，掌禁軍，主五校、中壘、武衛三營。

［17］黃門侍郎：官名。即給事黃門侍郎。東漢時秩六百石。掌侍從左右，關通中外。初無員數，漢獻帝定為六員，與侍中俱出入禁中，近侍帷幄，省尚書奏事。

［18］庶幾：指賢才。《易‧繫辭下》："顏氏之子，其殆庶幾乎。"顏氏之子指顏回，後世因以"庶幾"借指賢才。

［19］實天之所以鍾福於大魏：百衲本作"實天下所以鍾福於大魏"，殿本作"實天之所以鍾福於大魏"，盧弼《集解》本作"實天下所以種福於大魏"，校點本作"實天所以鍾福於大魏"。以殿本之文義較順，故從殿本。

［20］授：盧弼《集解》本作"受"，百衲本、殿本、校點本均作"授"。今從百衲本等。

［21］明公：百衲本作"名公"，殿本、盧弼《集解》本、校

點本作“明公”。今從殿本等。　聖哲：盧弼《集解》本作“明哲”，百衲本、殿本、校點本作“聖哲”。今從百衲本等。

[22] 舍而不誅：盧弼《集解》云：“《文選》李善注引此作‘舛而不殊’。”趙幼文《校箋》謂《漢書·昌邑王傳》云“析而不殊”。曹丕詔蓋本此。“舍”“誅”二字或爲“析殊”之形訛。顏師古曰：“此‘舛’與爽、粲、散、析互異而義相同。”

四年，徙封雍丘王。[1]其年，朝京都。上疏曰：[2]

臣自抱釁歸藩，[3]刻肌刻骨，追思罪戾，晝分而食，夜分而寢。誠以天罔不可重離，[4]聖恩難可再恃。竊感《相鼠》之篇，[5]“無禮遄死”之義，形影相弔，五情愧赧。以罪棄生，則違古賢“夕改”之勸，[6]忍（活）〔垢〕苟全，[7]則犯詩人“胡顏”之譏。[8]伏惟陛下德象天地，恩隆父母，施暢春風，澤如時雨。是以不別荆棘者，慶雲之惠也；[9]七子均養者，尸鳩之仁也；[10]舍罪責功者，明君之舉也；矜愚愛能者，慈父之恩也：是以愚臣徘徊於恩澤而不能自棄者也。

前奉詔書，臣等絕朝，心離志絕，自分黃耇無復執珪之望。[11]不圖聖詔猥垂齒召，[12]至止之日，馳心輦轂。僻處西館，未奉闕廷，踊躍之懷，瞻望反仄。謹拜表獻詩二篇。其辭曰：“於穆顯考，[13]時惟武皇，[14]受命于天，寧濟四方。朱旗所拂，[15]九土披攘，玄化滂流，[16]荒服來王。[17]超商越周，與唐比蹤。篤生我皇，[18]奕世載聰，[19]武則肅烈，文則時雍，[20]受禪炎漢，臨君萬

邦。[21]萬邦既化,率由舊則;[22]廣命懿親,以藩
王國。帝曰爾侯,君兹青土,[23]奄有海濱,方周
于魯,車服有輝,旗章有斐,濟濟雋乂,[24]我弼
我輔。伊予小子,[25]恃寵驕盈,舉挂時網,動亂
國經。作藩作屏,先軌是(墮)〔隳〕,[26]傲我皇
使;犯我朝儀。國有典刑,我削我絀,[27]將寘于
理,[28]元兇是率。[29]明明天子,時篤同類,不忍
我刑,暴之朝肆,違彼執憲,哀予小子。[30]改封
兗邑,[31]于河之濱,股肱弗置,有君無臣,荒淫
之闕,誰弼予身?煢煢僕夫,[32]于彼冀方,[33]嗟
予小子,乃罹斯殃。赫赫天子,恩不遺物,冠我
玄冕,[34]要我朱紱。[35]朱紱光大,使我榮華,[36]剖
符授玉,[37]王爵是加。[38]仰齒金璽,[39]俯執聖
策,[40]皇恩過隆,祗承怵惕。咨我小子,[41]頑凶
是嬰,[42]逝慚陵墓,存愧闕廷。匪敢懱德,實恩
是恃,威靈改加,足以没齒。[43]昊天罔極,性命
不圖,常懼顛沛,抱罪黄壚。[44]願蒙矢石,建旗
東嶽,[45]庶立豪氂,[46]微功自贖。危軀授命,知
足免戾,甘赴江、湘,[47]奮戈吴、越。[48]天啓其
衷,得會京畿,遲奉聖顔,[49]如渴如饑。心之云
慕,愴矣其悲,天高聽卑,皇肯照微!"又曰:[50]
"肅承明詔,[51]應會皇都,星陳鳳駕,秣馬脂車。
命彼掌徒,[52]肅我征旅,[53]朝發鸞臺,[54]夕宿蘭
渚。芒芒原隰,[55]祁祁士女,[56]經彼公田,樂我
稷黍。爰有樛木,[57]重陰匪息;雖有餱糧,[58]飢

不遑食。望城不過，面邑匪游，[59] 僕夫警策，[60] 平路是由。玄駟藹藹，[61] 揚鑣濺沫；[62] 流風翼衡，[63] 輕雲承蓋。[64] 涉澗之濱，緣山之隈，[65] 遵彼河湄，黃阪是階。[66] 西濟關谷，[67] 或降或升；騑驂倦路，[68] 再寢再興。將朝聖皇，匪敢晏寧；弭節長騖，[69] 指日遄征。[70] 前驅舉燧，[71] 後乘抗旌；輪不輟運，鸞無廢聲。[72] 爰暨帝室，稅此西墉；[73] 嘉詔未賜，朝覲莫從。仰瞻城閾，[74] 俯惟闕廷；長懷永慕，憂心如醒。"[75]

帝嘉其辭義，優詔答勉之。[一]

〔一〕《魏略》曰：初植未到關，自念有過，宜當謝帝。乃留其從官著關東，單將兩三人微行，入見清河長公主，[76] 欲因主謝。而關吏以聞，帝使人逆之，不得見。[77] 太后以爲自殺也，對帝泣。[78] 會植科頭負鈇鑕，[79] 徒跣詣闕下，[80] 帝及太后乃喜。及見之，帝猶嚴顏色，不與語，又不使冠履。植伏地泣涕，太后爲不樂。詔乃聽復王服。

《魏氏春秋》曰：是時待遇諸國法峻。任城王暴薨，諸王既懷友于之痛。[81] 植及白馬王彪還國，[82] 欲同路東歸，以敍隔闊之思，而監國使者不聽。植發憤告離而作詩曰：[83] "謁帝承明廬，[84] 逝將歸舊疆。[85] 清晨發皇邑，日夕過首陽。[86] 伊、洛曠且深，[87] 欲濟川無梁。汎舟越洪濤，[88] 怨彼東路長。回顧戀城闕，引領情內傷。大谷何寥廓，山樹鬱蒼蒼。霖雨泥我塗，流潦浩從橫。中逵絕無軌，[89] 改轍登高岡。修阪造雲日，[90] 我馬玄以黃。[91] 玄黃猶能進，我思鬱以紆。鬱紆將何念？親愛在離居。[92] 本圖相與偕，中更不克俱。鴟梟鳴衡軛，[93] 豺狼當路衢；蒼蠅間白黑，[94] 讒巧反親疏。[95] 欲還絕無蹊，攬轡止踟躕。[96] 踟躕亦何

留，相思無終極。秋風發微凉，寒蟬鳴我側。原野何蕭條，白日
忽西匿。孤獸走索羣，銜草不遑食。[97]歸鳥赴高林，翩翩厲羽翼。
感物傷我懷，撫心長歎息。歎息亦何爲，[98]天命與我違。[99]奈何
念同生，[100]一往形不歸！[101]孤魂翔故域，靈柩寄京師。存者勿
復過，[102]亡没身自衰。[103]人生處一世，忽若朝露晞。[104]年在桑
榆間，[105]影響不能追。[106]自顧非金石，咄唶令心悲。[107]心悲動
我神，棄置莫復陳。丈夫志四海，萬里猶比鄰。恩愛苟不虧，在
遠分日親。[108]何必同衾幬，[109]然後展殷勤。倉卒骨肉情，[110]能
不懷苦辛？[111]苦辛何慮思，天命信可疑。虛無求列仙，松子久吾
欺。[112]變故在斯須，百年誰能持？離別永無會，執手將何時？王
其愛玉體，[113]俱享黄髮期。[114]收涕即長途，援筆從此辭。”

[1] 雍丘：縣名。治所在今河南杞縣。

[2] 疏：《文選》載此疏題爲《上責躬應詔詩表》，《曹植集校
注》題爲《責躬》。

[3] 此句上《文選》與《曹植集校注》均有“臣植言”三字，
以下一般不作文字校對。

[4] 罔：同“網”，《文選》《曹植集校注》即作“網”。
離：遭遇。《玉篇·隹部》：“離，遇也。”《字彙·隹部》：“離，遭
也。與罹同。”

[5] 相鼠：《詩·鄘風·相鼠》：“相鼠有體，人而無禮。人而
無禮，胡不遄死？”《文選》李善注：“《爾雅》曰：遄，速也。”

[6] 夕改：《文選》李善注：“曾子曰：君子朝有過，夕改則
與之；夕有過，朝改則與之。”

[7] 垢：各本皆作“活”，《文選》《曹植集校注》作“垢”。
錢大昭《辨疑》云：“‘活’當從《文選》作‘垢’。”按，“垢”
同“詬”。《左傳·宣公十五年》：“國君含垢，天之道也。”杜預
注：“忍垢恥。”陸德明《釋文》：“垢，本或作詬。”《玉篇·言

部》："詬，耻辱也。"今從錢説據《文選》改。

　　[8] 胡顔：《文選》李善注云："即上'胡不遄死'之義也。"

　　[9] 慶雲之惠：《文選》六臣注劉良曰："慶雲，瑞雲也。言慶蔭物不分荊棘蘭桂而覆之。"

　　[10] 尸鳩：又作"鳲鳩"，鳥名。即布穀鳥。《詩·曹風·鳲鳩》："鳲鳩在桑，其子七兮。"毛傳："鳲鳩之養其子，朝從上下，莫從下上，平均如一。"

　　[11] 黄耇：指老年人。《漢書》卷八六《師丹傳》："丹經爲世儒宗，德爲國黄耇。"顔師古注："黄耇，老人之稱也。黄謂白髮落更生黄者也。耇，老人面色不净如垢也。" 珪：《文選》李善注："珪者，古之諸侯所執。"

　　[12] 齒召：趙幼文注：《禮記·王制》鄭注："齒，猶録也。"

　　[13] 於（wū）穆：贊歎詞。《詩·周頌·清廟》："於穆清廟。"毛傳："於，歎辭也。穆，美。"

　　[14] 時：是。 惟：語助辭。 武皇：曹操。

　　[15] 朱旗：《文選》李善注："漢火德，操爲漢臣，故建朱旗也。時獻帝在故。"

　　[16] 玄化：《文選》李善注："《廣雅》曰：'玄，道也。'謂道德之化也。"

　　[17] 荒服：邊遠之地。古代王畿之外，每五百里爲一區劃，按距離遠近分爲侯服、甸服、綏服、要服、荒服。

　　[18] 我皇：指魏文帝曹丕。

　　[19] 載：百衲本、殿本、盧弼《集解》本作"再"，校點本、《文選》《曹植集校注》作"載"。按，二字可通，今從校點本等。

　　[20] 時雍：和善之意。《尚書·堯典》："百姓昭明，協和萬邦，黎民于變時雍。"傳："時，是；雍，和。"

　　[21] 受禪炎漢臨君萬邦：盧弼《集解》云："《文選》'炎'作'于'，'臨君'作'君臨'。宋本《子建集》同。朱琦曰：作'臨君'與今《書·顧命》合，是也。"趙幼文《校箋》謂李善注

引《尚書》作"君臨周邦"，是李善所見本不作"臨君"。《穀梁傳·哀公七年》"春秋有臨天下之言焉"注："臨，撫有也。"

[22]舊則：趙幼文《校箋》謂《曹子建集》"則"字作"章"。

[23]青土：曹植由平原侯徙封臨淄侯，臨淄屬齊郡，在青州，故云青土。

[24]濟濟：形容衆多。 雋乂：德才兼備之士。

[25]伊：語氣詞。 小子：曹植自稱。

[26]隮：殿本作"墜"，百衲本、盧弼《集解》本、校點本作"墮"，《文選》《曹植集校注》作"隮"。錢大昭《辨疑》云："當從《文選》作'隮'，方與'儀'韻相協。"今從錢説改。

[27]絀：《文選》《曹植集校注》作"黜"。按，二字可通，爲貶退之意。此指由縣侯貶降爲鄉侯。

[28]理：《文選》李善注："鄭玄《禮記注》曰：理，治獄之官。"

[29]率：類似。《史記》卷六三《老子韓非列傳》謂莊子"著書十餘萬言，大抵率寓言也"。《正義》："率猶類也。"

[30]哀予小子：盧弼《集解》云："梁章鉅曰：《文選》'子'作'臣'，恐誤，與下文臣復韻。"趙幼文《校箋》則謂胡紹英曰："按善本作'臣'，故引《儀禮》曰：'小臣正辭。'此與下'於河之濱'韻，下'臣'，'身'自爲韻，作'子'則失其韻矣。"

[31]改封兗邑：指曹植由安鄉侯改封爲鄄城侯。鄄城屬東郡在兗州。

[32]煢（qióng）煢：孤獨之貌。

[33]冀方：冀州。黃節《曹子建詩注》謂曹植封鄄城侯後，被東郡太守王機誣告。魏文帝遂將曹植禁閉於鄴。鄴屬冀州。

[34]玄冕：古代王侯等之黑色禮冠。

[35]要：即"腰"。 朱紱（fú）：繫印之紅絲綬。

[36] 朱紱光大使我榮華：盧弼《集解》云："《文選》作'光光大使我榮我華。'"趙幼文《校箋》云："'朱紱光大'語疑有誤。《文選》作'光光大使'，句亦不可解。竊疑此當作'光光大魏，使我榮華'。《太平御覽》卷二六二引《桓階別傳》有'光光大魏'之語可證。此'朱紱'蓋蒙上文而衍。'大'下補'魏'字，'榮'下增'我'字（按此句當無），則句意可曉矣。

[37] 剖符：帝王分封諸侯、功臣時授與之符信，剖分爲二，各存其半，故稱剖符。　授玉：盧弼《集解》云："《文選》李善注本'玉'作'土'，五臣注本作'玉'。"按，作"玉"爲是。李善注又引《喻巴蜀檄》曰："剖符而封，析珪而爵。"析珪即授玉，即分封時授與之玉圭，因爵位不同而形制大小不同。《説文‧土部》："圭，瑞玉也，上圜下方。公執桓圭，九寸；侯執信圭，伯執躬圭，皆七寸；子執穀璧，男執蒲璧，皆五寸。以封諸侯。"

[38] 王爵是加：此指曹植由鄄城侯加封爲鄄城王。

[39] 齒：承受之意。《漢書》卷五一《枚乘傳》："腐肉之齒利劍，鋒接必無事矣。"顏師古注："齒謂當之也。"　金璽：《漢書‧百官公卿表》："諸侯王，高帝初置，金璽盭綬，掌治其國。"魏承漢制，諸侯王亦授金璽。

[40] 聖策：指封授之策書。

[41] 咨：語氣詞。

[42] 嬰：《文選》李善注："《説文》：嬰，繞也。"

[43] 没齒：《文選》李善注："《論語》子曰：'管仲奪伯氏駢邑三百，没齒無怨言。'孔安國曰：'齒，年也。'"

[44] 黃壚：指地下。《淮南子‧覽冥訓》："上際九天，下契黃壚。"高誘注："黃泉下壚土也。"壚土，黑土。

[45] 東嶽：本指泰山，此指東吳之境。《文選》李善注："東岳，鎮吳之境。"

[46] 氂：通"釐"。《文選》李善注："《漢書音義》曰：十毫爲氂。"

［47］江湘：今之長江與湘江，時在孫吳境内。

［48］吳越：古吳、越之地，亦在孫吳境内。

［49］遲（zhì）：希望。《後漢書》卷三《章帝紀》建初五年詔：“朕思遲直士，側席異聞。”李賢注：“遲，猶希望也。音持二反。”

［50］又曰：《文選》載此詩題爲《應詔詩》，《曹植集校注》亦題爲《應詔》。

［51］肅：《文選》李善注：“《爾雅》曰：肅，敬也。”

［52］掌徒：主管從行僕役之官。

［53］肅：《文選》李善注：“鄭玄《禮記注》曰：肅，戒也。”

［54］鷺臺：《文選》李善注：“鷺臺、蘭渚，以美言之。”謂僅係美稱而非實地。

［55］原隰（xí）：《爾雅·釋地》：“下濕曰隰，大野曰平，廣平曰原。”

［56］祁祁：衆多的樣子。

［57］樛（jiū）木：《詩·周南·樛木》“南有樛木”毛傳：“木下曲曰樛。”

［58］餱（hóu）：百衲本、殿本作“糇”，盧弼《集解》本、校點本作“餱”。按，二字同。今從《集解》本等。餱糧，乾糧。

［59］面：《文選》李善注：“鄭玄《周禮注》曰：面猶向也。”

［60］警：《文選》李善注：“鄭玄《周禮注》曰：警，敕戒之。”　策：馬鞭。

［61］玄駟：玄，黑色。駟，四馬駕一車稱駟，爲諸侯所乘之車。　藹藹：《文選》李善注：“《廣雅》：藹藹，盛也。”

［62］鑣：馬嚼子。馬口中所銜鐵具，口中部分稱銜，露在嘴外之部分稱鑣。　潨：同“漂”，流。　沫：指馬口沫。

［63］翼：扶。　衡：車轅前端的橫木。

［64］承：接續。　蓋：車蓋。

［65］隈（wēi）：山水彎曲處。

　[66] 黃阪：盧弼《集解》引趙一清、梁章鉅、胡玉縉之説及盧弼之辨析，皆謂黃阪爲地名，但均有不可通之處。趙幼文《校箋》則云："竊疑黃阪非專名，蓋泛指黃土原也。"　階：《文選》李善注："《爾雅》曰：階，因也。"

　[67] 闞谷：《文選》李善注："陸機《洛陽記》曰：洛陽有西闞，南伊闞。谷，即太谷也。"

　[68] 騑（fēi）驂（cān）：四馬駕的車，中間夾轅的兩馬稱爲服，兩旁之馬稱爲騑或驂。

　[69] 弭節：駕馭車。《文選》張平子《東京賦》："大丙弭節，風后陪乘。"薛綜注："高誘曰：二人，太乙之御也。"　騖：奔馳。

　[70] 遄（chuán）征：疾速行進。

　[71] 燧：《文選》李善注："《西京賦》曰'升觸摽燧'，薛綜曰："燧，火也。"趙幼文注云："案燧疑爲旞字之形誤。《周禮・司常》：'道車載旞。'道車，王朝出入所乘。古代旗竿首飾有牦牛尾曰旄，再以五采全羽繫於其上曰旞。若釋爲火，恐違曹植詩原意。"

　[72] 鑾：通"鑾"，《文選》即作"鑾"，繫於車上之鈴。廢：停止。

　[73] 稅：《文選》李善注："《毛詩》曰：'召伯所稅。'毛萇曰：'稅猶舍也。'"亦即休、止之意。　西墉：《文選》李善注："墉，城也。"趙幼文注云："疑指洛陽金墉城。《太平御覽》卷一七六引《洛陽記》：'洛陽城内西北角有金墉城，東北角有樓高百尺，魏文帝造也。'《文選・西京賦》薛注：'西方稱之曰金。'則金墉或可稱曰西墉。"

　[74] 閾（yù）：門檻。

　[75] 醒（chéng）：《詩・小雅・節南山》："憂心如醒。"毛傳："酒病曰醒。"

　[76] 清河長公主：曹操女，夏侯楙妻。蔡邕《獨斷》云："帝之姊妹曰長公主。"

[77] 不得見：趙幼文《校箋》謂《太平御覽》卷一五二引無“見”字。

[78] 對帝泣：趙幼文《校箋》謂《太平御覽》引“泣”下有“下”字。

[79] 科頭：結髮不戴冠稱科頭。　鈇鑕：斬刑之具。鈇，即斧；鑕，即鐵椹。行刑時被刑人腰置鑕上，以斧斬之。

[80] 徒跣：赤足步行。

[81] 友于：兄弟。《論語·爲政》子曰：“《書》云：‘孝乎惟孝，友于兄弟，施于有政。’”後世因以“友于”稱兄弟。

[82] 白馬：縣王國名。治所在今河南滑縣東南城關鎮東。

[83] 作詩：此詩《文選》《曹植集校注》均題作《贈白馬王彪》。

[84] 承明廬：本書卷二《文帝紀》黃初元年裴松之注云：“諸書記是時帝居北宮，以建始殿朝群臣，門曰承明，陳思王植詩曰‘謁帝承明廬’是也。”

[85] 舊疆：《文選》李善注：“舊疆，鄄城也。時植雖封雍丘，仍居鄄城。”

[86] 首陽：山名。《文選》李善注：“陸機《洛陽記》曰：首陽山，在洛陽東北，去洛二十里。”

[87] 伊洛：伊水與洛水，即今河南伊河與洛河，均流經洛陽。曠：《文選》及《曹植集校注》作“廣”。

[88] 洪濤：趙幼文注云：“《水經·伊水注》：‘闕左壁有石銘云：黃初四年六月二十四日辛巳，大出水，舉高四丈五尺。’即此詩所云洪濤。”

[89] 中逵：百衲本、殿本、盧弼《集解》本作“中田”，校點本、《文選》《曹植集校注》作“中逵”。今從校點本等。中逵，中途，謂行進途中。

[90] 修阪：高坡。　造：至。　雲日：形容高峻。

[91] 玄以黃：即玄黃。以，語中助詞。　《文選》李善注：

"《毛詩》曰：'陟彼高岡，我馬玄黃。'毛萇曰：'玄馬病則黃。'"趙幼文注引王引之《經義述聞》："玄黃雙聲字，謂病貌也。傳言玄馬病則黃，失之。"

［92］親愛：指兄弟。

［93］鴟（chī）梟（xiāo）：又作"鴟鴞"，即猫頭鷹。古人常以比喻惡人、小人。何焯《義門讀書記》卷四六《文選·詩》云："鴟梟、豺狼指監國使者。"

［94］蒼蠅：《文選》李善注："《毛詩》曰：'營營青蠅，止于樊。'鄭玄曰：'蠅之爲蟲，污白使黑，污黑使白。喻佞人變亂善惡也。'《廣雅》曰：'間，毀也。'"

［95］反親疎：趙幼文注云："反親疏謂變親爲疏也。"

［96］止：語中助詞。

［97］"孤獸""銜草"兩句：《文選》《曹植集校注》在"翩翩厲羽翼"之後。

［98］亦何爲：殿本作"何所爲"，百衲本、盧弼《集解》本、校點本作"亦何爲"，《文選》《曹植集校注》作"將何爲"。今從百衲本等。

［99］天命：《文選》李善注："鄭玄《周易注》曰：命，所受天命也。"即謂人壽命乃天所授。　違：《文選》李善注："毛萇《詩傳》曰：違，離也。謂不耦也。"

［100］同生：指任城王曹彰。曹彰與曹植皆卞后所生。

［101］一往：指死亡。

［102］勿：趙幼文注云："案《説文》，勿有匆匆之意。後作'忽'。《廣雅·釋詁一》：'忽，疾也。'"

［103］亡没：盧弼《集解》引劉履曰：（上句）"存者""亡没"四字疑互誤。

［104］晞：《文選》李善注："毛萇《詩傳》曰：晞，乾也。"

［105］桑榆：《太平御覽》卷三引《淮南子》："日西垂，景在樹端，謂之桑榆。"注："言其光在桑榆樹上。"又《文選》李善注

云：“日在桑榆，以喻人之將老。”

　　[106] 影響：光影與聲響。二者皆頃刻即逝，不能追及。以比喻人生命之短暫。

　　[107] 呲吒：《文選》及《曹植集校注》作“呲喑”。李善注引《説文》曰：“呲，叱也。”《聲類》曰：“喑，大呼也。”李善云：“言人命叱呼之間，或至夭喪也。”即謂人之生命在呼吸之間就結束，形容時間易逝，人生短暫。

　　[108] 分（fèn）：情分，情誼。

　　[109] 衾幬（chóu）：被子與床帳。《文選》李善注：“《毛詩》曰：‘抱衾與裯。’毛萇曰：‘衾，被也。’鄭玄曰：‘裯，床帳也。’‘幬’與‘裯’古字同。”

　　[110] 骨肉：指兄弟。

　　[111] 苦辛：與下句“苦辛”，校點本 1982 年 7 月第 2 版均誤作“苦幸”。

　　[112] 松子：即赤松子。傳説中之僊人。《史記》卷五五《留侯世家》：“願棄人間事，欲從赤松子游耳。”《索隱》引《列僊傳》：“（赤松子）神農時雨師也，能入火自燒，崑崙山上隨風雨上下也。”

　　[113] 王：指白馬王曹彪。

　　[114] 黃髮：指高壽。《爾雅·釋詁》：“黃髮，壽也。”郭璞注：“黃髮，髮落更生黃者。”

　　六年，帝東征，還過雍丘，幸植宮，增户五百。太和元年，徙封浚儀。[1]二年，復還雍丘。植常自憤怨，抱利器而無所施，上疏求自試曰：[2]

　　　　臣聞士之生世，入則事父，出則事君；事父尚於榮親，事君貴於興國。故慈父不能愛無益之子，仁君不能畜無用之臣。[3]夫論德而授官者，成功之君也；量能而受爵者，畢命之臣也。故君無虛授，臣無虛受；虛授謂之謬舉，虛受謂之尸祿，[4]《詩》之“素餐”所由作也。[5]昔二虢不辭兩國之任，[6]其德厚也；旦、奭不讓燕、魯之封，[7]其功大也。今臣蒙國重恩，三世于今矣。[8]正值陛下升平之際，沐浴聖澤，潛潤德教，可謂厚幸矣。而竊位東藩，[9]爵在上列，[10]身被輕煖，口厭百味，目極華靡，耳倦絲竹者，爵重祿厚之所致也。退念古之（授）〔受〕爵祿者，[11]有異於此，皆以功勤濟國，輔主惠民。今臣無德可述，無功可紀，若此終年無益國朝，將挂風人“彼其”之譏。[12]是以上慚玄冕，俯愧朱紱。

方今天下一統，九州晏如，[13]而顧西有違命之蜀，東有不臣之吳，使邊境未得脫甲，謀士未得高枕者，誠欲混同宇内以致太和也。故啟滅有扈而夏功昭，[14]成克商、奄而周德著。[15]今陛下以聖明統世，將欲卒文、武之功，[16]繼成、康之隆，[17]簡賢授能，以方叔、召虎之臣鎮御四境，[18]爲國爪牙者，可謂當矣。然而高鳥未挂於輕繳，[19]淵魚未縣於鈎餌者，恐鈎射之術或未盡也。昔耿弇不俟光武，[20]而擊張步，言不以賊遺於君父。故車右伏劍於鳴轂，雍門刎首於齊境，若此二士，豈惡生而尚死哉？誠忿其慢主而陵君也。[一]夫君之寵臣，欲以除患興利；臣之事君，必以殺身靜亂，[21]以功報主也。昔賈誼弱冠，求試屬國，請係單于之頸而制其命；[22]終軍以妙年使越，欲得長纓纓其王，[23]羈致北闕。此二臣，豈好爲夸主而燿世哉？志或鬱結，欲逞其才力，輸能於明君也。昔漢武爲霍去病治第，辭曰：“匈奴未滅，臣無以家爲！”[24]固夫憂國忘家，[25]捐軀濟難，忠臣之志也。今臣居外，非不厚也。而寢不安席，食不遑味者，伏以二方未克爲念。[26]

伏見先武皇帝武臣宿將，[27]年耆即世者有聞矣。[28]雖賢不乏世，宿將舊卒，[29]猶習戰陣，竊不自量，志在効命，庶立毛髮之功，以報所受之恩。若使陛下出不世之詔，効臣錐刀之用，使得西屬大將軍，[30]當一校之隊，[31]若東屬大司馬，[32]統偏舟之任，[33]必乘危蹈險，騁舟奮驪，[34]突刃觸鋒，爲士卒先。雖未能禽權馘亮，庶將虜其雄率，殲其醜類，必效須臾之捷，以滅終身之愧，使名挂史筆，事列朝策。[35]雖身分蜀境，首縣吳闕，猶生之年也。如微才弗試，没世無聞，徒榮其軀而豐其體，生無益於事，死無損於數，虛荷上位而忝重禄，禽息鳥視，終於白首，此徒圈牢之養物，非臣之所志也。流聞東軍失備，[36]師徒小衂，輟食棄餐，奮袂攘袵，撫劍東顧，而心已馳於吳、會矣。[37]

臣昔從先武皇帝南極赤岸，[38]東臨滄海，[39]西望玉門，[40]北出玄塞，[41]伏見所以行軍用兵之勢，可謂神妙矣。故兵者不可豫言，[42]臨難而制變者也。[43]志欲自效於明時，立功於聖世。每覽史籍，觀古忠臣義士，出一朝之命，以徇國家之難，身雖屠裂，而功銘著於鼎鍾，名稱垂於竹帛，[44]未嘗不拊心而歎息也。臣聞明主使臣，不廢有罪。故奔北敗軍之將用，秦、魯以成其功；〔二〕絕纓盜馬之臣赦，楚、趙以濟其難。〔三〕臣竊感先帝早崩，威王棄世，[45]臣獨何人，以堪長久！常恐先朝露，填溝壑，墳土未乾，而身名並滅。臣聞騏驥長鳴，則伯樂照其能；[46]盧狗悲號，[47]則韓國知其才。是以效之齊、楚之路，[48]以逞千里之任；試之狡兔之捷，以驗搏噬之用。今臣志狗馬之微功，竊自惟度，終無伯樂、韓國之舉，是以於邑而竊自痛者也。[49]

夫臨博而企竦，[50]聞樂而竊抃者，或有賞音而識道也。昔毛遂，[51]趙之陪隸，猶假錐囊之喻，以寤主立功，何況魏魏大魏多士之朝，而無慷慨死難之臣乎！夫自衒自媒者，士女之醜行也。干時求進者，道家之明忌也。[52]而臣敢陳聞於陛下者，誠與國分形同氣，憂患共之者也。冀以塵（霧）〔露〕之微補益山海，[53]熒燭末光增輝日月，是以敢冒其醜而獻其忠。〔四〕

〔一〕劉向《說苑》曰：[54]越甲至齊，雍門狄請死之。齊王曰：“鼓鐸之聲未聞，矢石未交，長兵未接，子何務死？知為人臣之禮邪？”雍門狄對曰：“臣聞之，昔者王田於圃，左轂鳴，車右請死之，[55]王曰：‘子何為死？’車右曰：‘為其鳴吾君也。’王曰：‘左轂鳴者，此工師之罪也。子何事之有焉？’車右對曰：‘吾不見工師之乘，而見其鳴吾君也。’遂刎頸而死。有是乎？”王曰：“有之。”雍門狄曰：“今越甲至，其鳴吾君，豈左轂之下哉？車右可以死左轂，而臣獨不可以死越甲邪？”遂刎頸而死。是日，越人引軍而退七十里，曰：“齊王有臣，鈞如雍門狄，[56]疑使越社稷不血食。”遂歸。齊王葬雍門狄以上卿之禮。

〔二〕臣松之案：秦用敗軍之將，[57]事顯，故不注。魯連與燕將書曰：“曹子爲魯將，[58]三戰三北而亡地五百里，[59]向使曹子計不反顧，義不旋踵，刎頸而死，則亦不免爲敗軍之將矣。曹子棄三北之恥，而退與魯君計。桓公朝天子，[60]會諸侯，曹子以一劍之任，披桓公之心於壇坫之上，顏色不變，辭氣不悖。三戰之所亡，一朝而復之。天下震動，諸侯驚駭，威加吳、越。”若此二士者，非不能成小廉而行小節也。

〔三〕臣松之案：楚莊掩絕纓之罪，[61]事亦顯，故不書。[62]秦穆公有赦盜馬事，[63]趙則未聞。蓋以秦亦趙姓，故互文以避上“秦”字也。

〔四〕《魏略》曰：植雖上此表，猶疑不見用，故曰：“夫人貴生者，非貴其養體好服，終竟年壽也，貴在其代天而理物也。夫爵禄者，非虛張者也，有功德然後應之，當矣。無功而爵厚，無德而禄重，或人以爲榮，而壯夫以爲恥。故太上立德，其次立功，蓋功德者所以垂名也。名者不滅，士之所利，故孔子有夕死之論，[64]孟軻有棄生之義。[65]彼一聖一賢，豈不願久生哉？志或有不展也。是用喟然求試，必立功也。鳴呼！言之未用，欲使後之君子知吾意者也。”

[1] 浚儀：縣名。治所在今河南開封市。

[2] 上疏求自試：《文選》與《曹植集校注》載此文，均題爲《求自試表》。本注一般不作文字校對。

[3]“故慈父”句：《文選》李善注：“《墨子》曰：雖有賢君，不愛無功之臣；雖有慈父，不愛無益之子。”

[4]尸禄：祇受俸禄而不理事。

[5]素餐：《詩·魏風·伐檀》：“彼君子兮，不素餐兮！”詩之素餐，謂不勞而食。後世則多指無功而食禄。

[6]二虢（guó）：指周文王之弟虢仲、虢叔所封之東虢、西虢二國。《左傳·僖公五年》：“虢仲、虢叔，王季之穆也，爲文王卿士，勳在王室，藏于盟府。”孔穎達疏引賈逵云：“虢仲封東虢，制是也；虢叔封西虢，虢公是也。”

[7]旦：周公旦。周武王之弟，佐武王滅殷後，武王封之於魯。（見《史記》卷三三《魯周公世家》）　奭（shì）：召公奭。《史記》卷三四《燕召公世家》：“召公奭與周同姓，姓姬氏。周武王之滅紂，封召公於北燕。”

[8]三世：指武帝曹操、文帝曹丕、明帝曹叡。

[9]東藩：指爲雍丘王。

[10]上列：上位。亦指爲雍丘王。

[11]受：各本皆作“授”，《文選》《曹植集校注》作“受”。錢大昭《辨疑》云：“‘授’當從《文選》作‘受’。”徐紹楨《質疑》亦云：“以‘功勤濟國’二句觀之，則受爵禄自指臣下言之，似不當作‘授’。”今從錢、徐説改。

[12]風人：指《詩經》國風詩之作者，亦即詩人。《詩·曹風·候人》：“彼其之子，不稱其服。”鄭箋：“不稱者，言德薄而服尊。”　彼其：百衲本、殿本、盧弼《集解》本作“彼己”，校點本、《文選》作“彼其”。今從校點本。

[13]晏如：安寧。

[14]啓：夏禹之子。繼帝位後，有扈氏（在今陝西户縣一帶）不服。啓遂領兵討伐，大戰於有扈氏之南郊甘地，“遂滅有扈氏，天下咸朝”。（《史記》卷二《夏本紀》）

[15]成：周成王。周武王死後，成王幼年繼位，周公攝政。

管叔、蔡叔與商紂之子武庚叛亂，周公奉成王命，率兵東征，平定了叛亂。後成王又與周公、召公東伐淮夷及奄（在今山東曲阜境）。"成王自奄歸，在宗周，作《多方》。既絀殷命；襲淮夷，歸在豐，作《周官》。興正禮樂，度制於是改，而民和睦，頌聲興。"（《史記》卷四《周本紀》）

[16] 文武：周文王、周武王。西周之創建者。

[17] 成康：周成王、周康王。《史記》卷四《周本紀》云："康王即位，遍告諸侯，宣告以文、武之業以申之，作《康誥》，故成、康之際，天下安寧，刑錯四十餘年不用。"

[18] 方叔：周宣王時大臣，曾率軍北伐獫狁，南征荊蠻。《詩·小雅·采芑》："顯允方叔，征伐獫狁，蠻荊來威。" 召虎：亦周宣王時大臣，曾受命平定淮夷。《詩·大雅·江漢》："江漢之滸，王命召虎：'式辟四方，徹我疆土。'"

[19] 繳（zhuó）：生絲繩，繫於箭上，用以射鳥。

[20] 耿弇（yǎn）：東漢初光武帝劉秀之功臣。當光武帝即位後，張步尚盤據於齊地。光武帝遂命耿弇進討。《文選》李善注引《東觀漢記》曰："耿弇討張步，陳俊謂弇曰：'虜兵盛，可且閉營休士，以須上來。'弇曰：'乘輿且到，臣子當擊牛釃酒以待百官，反欲以賊虜遺君父邪！'及出大戰，自旦及昏，大破之。"

[21] 靜：殿本、盧弼《集解》本、校點本作"靖"，百衲本、《文選》《曹植集校注》作"靜"。按，二字雖可通，今仍從百衲本等。

[22] 賈誼：西漢初洛陽人。漢文帝時甚被賞識，二十餘歲即爲太中大夫。將被任爲公卿之時，遭舊臣讒毀，遂出爲長沙王太傅。後又被召進京，任爲梁懷王太傅。時匈奴侵邊，且制度疏闊，諸侯王又不守禮制，賈誼遂上疏陳政事。其中有云："臣竊料匈奴之眾不過漢一大縣，以天下之大，困於一縣之眾，甚爲執事者羞之。陛下何不試以臣爲屬國之官以主匈奴？行臣之計，請必係單于之頸而制其命。"（《漢書》卷四八《賈誼傳》） 屬國：指典屬國，

西漢沿秦置，掌諸屬國歸附少數民族事務，秩二千石。

[23] 終軍：西漢武帝時人，年十八即選爲博士弟子，武帝又任之爲謁者給事中。當時南越與漢和親，乃遣終軍出使南越，説其王入朝。終軍卻自請説："願受長纓，必羈南越王而致之闕下。"終軍遂往説越王，越王聽許，請舉國内屬。（《漢書》卷六四下《終軍傳》）　纓其王：校點本作"占其王"。《文選》李善注本亦作"占其王"，而五臣注本又作"纓占王"。百衲本、殿本、盧弼《集解》本皆作"纓其王"，故仍從百衲本等。

[24] 無以家爲：此語見《漢書》卷五五《霍去病傳》。

[25] 固：校點本據《文選》五臣注本删，而百衲本、殿本、盧弼《集解》本、胡刻《文選》李善注本、《曹植集校注》均有"固"字。今從百衲本等。又錢儀吉《證聞》謂"固""故"古通。

[26] 伏以：趙幼文《校箋》謂《曹子建集》"伏"字作"恒"。

[27] 伏見先武皇帝武臣宿將：盧弼《集解》云："《子建集》作'伏見先帝武臣宿兵'，《文選》同。"趙幼文《校箋》謂此作"武臣宿將"疑是。

[28] 即世：謂死亡。

[29] 宿將：各本皆作"宿將"，《文選》《曹植集校注》亦作"宿將"。趙幼文注云："'將'字疑當作'兵'。句意謂曹操時之舊將死亡，已有所聞，而老兵舊卒，猶習戰陣，語意方順，作'宿將'則與上文'宿將'複矣。"

[30] 大將軍：指曹真。太和二年（228），大將軍曹真都督關右，並進兵與蜀漢諸葛亮戰於街亭。（見本書卷三《明帝紀》）

[31] 一校：即一部。《續漢書·百官志》云："大將軍營五部，部校尉一人，比二千石。"

[32] 大司馬：指曹休。太和二年，大司馬曹休東擊吳，與吳將陸議（遜）戰於石亭。（見本書卷三《明帝紀》）

[33] 偏舟之任：盧弼《集解》云："《文選》'舟'作

'師'。"潘眉《考證》云:"'偏舟之任'當依《文選》作'偏師之任'。"

[34] 驪:黑色馬。此泛指馬。

[35] 朝策:盧弼《集解》云:"《文選》'策'作'榮'。"趙幼文《校箋》謂"榮"爲"策"字之形訛。朝策猶言國史。

[36] 東軍失備:指太和二年曹休與吳戰,敗於石亭。詳見本書卷九《曹休傳》。

[37] 吳會:吳郡與會稽郡,皆孫吳之地。

[38] 赤岸:周一良《劄記》謂汪中《廣陵曲江》引《太平寰宇記》赤岸在六合縣東三十里,高十二丈,周四里,土色皆赤,因名。朱珔《文選集釋》因采汪説,謂"舉赤岸者,地與建康隔江相對,言已臨吳境耳"。(《魏晋南北朝史劄記》)

[39] 滄海:指渤海。曹操《步出夏門行》:"東臨碣石,以觀滄海。"而此詩作於建安十二年(207)北征烏丸途中,與下云"北出玄塞"是一時之事,則不應重言。趙幼文注,謂指建安十一年曹操東征管承事,其時曹植已十五歲,或從軍行。

[40] 玉門:關名。西漢所置玉門關,在今甘肅敦煌市西北小方盤城。建安十六年,曹操西征關中之馬超、韓遂,楊秋等。關中平,馬超、韓遂走涼州,楊秋奔安定(治所在今甘肅鎮原縣東南)。同年十月,曹操又自長安北征楊秋。

[41] 玄塞:《文選》李善注:"玄塞,長城也。北方色黑故曰玄。"按,亦即盧龍塞,因當地山形似龍,土色黑,故名盧龍。在今河北遷西縣北喜峰口附近一帶。建安十二年曹操北征烏丸,由此出塞。

[42] 豫言:趙幼文《校箋》謂《北堂書鈔》卷一三引"言"字作"圖"。

[43] 臨難:趙幼文《校箋》謂《北堂書鈔》引"難"字作"敵"。

[44] 垂:百衲本作"著",殿本、盧弼《集解》本、校點本

作"垂",《文選》亦作"垂"。今從殿本等。

［45］威王：即任城威王曹彰。

［46］則：百衲本無"則"字，殿本、盧弼《集解》本、校點本有。今從殿本等。 伯樂：春秋秦穆公時人，以善相馬著稱。《文選》李善注："《戰國策》：楚客謂春申君曰：'昔騏驥駕車吳坂，遷延負轅而不能進。遭伯樂，仰而長鳴，知伯樂知己也。'"照：《文選》作"昭"。

［47］盧狗：《文選》李善注："《戰國策》曰：齊欲伐魏，淳于髡謂齊王曰：'韓子盧者，天下之壯犬也。東郭俊者，海内之狡兔也。韓子盧逐東郭俊，環山者三，騰山者五，兔極於前，犬廢於後，犬兔俱罷，各死其處。田父見之而擅其功。'高誘曰：'韓國之盧犬，古之名狗也。'然悲號之義未聞也。"《文選》五臣注劉良則注云："盧，黑也，謂黑狗也。齊人韓國相狗於市，遂有狗號鳴，而國知其善。"但不知劉良所本。

［48］齊楚：《文選》李善注："齊、楚，言遠也。"

［49］於（wū）邑：同"於悒"，謂憂悒鬱結，哽咽。

［50］博：百衲本作"捕"，校點本作"搏"，殿本、盧弼《集解》本、《文選》皆作"博"。今從殿本等。博，指博戲，又稱局戲，古代的一種游戲。《列子·說符》張湛注引《古博經》云："博法，二人相對坐，向局，局分爲十二道，兩頭當中名爲水，用棋十二。"

［51］毛遂：戰國時趙國平原君趙勝門下之食客。趙惠文王時，秦遣軍圍趙之邯鄲。趙王使平原君求救於楚，與楚聯合。平原君擬選門下食客二十人同往，而只選得十九人。毛遂因自薦。平原君曰："先生處勝之門下幾年於此矣？"毛遂曰："三年於此矣。"平原君曰："夫賢士之處世也，譬若錐之處囊中，其末立見。今先生處勝之門下三年於此矣，左右未有所稱頌，勝未有所聞，是先生無所有也。先生不能，先生留。"毛遂曰："臣乃今日請處囊中耳。使遂早得處囊中，乃穎脱而出，非特其末見而已。"平原君因令其同

往。至楚國後，平原君與楚王言聯合，從日出至日中而不能決。毛遂乃按劍上階，向楚王曉以利害，楚王因與平原君歃血而盟。（見《史記》卷七六《平原君列傳》）

　　[52] 道家之明忌：《文選》李善注："《莊子》曰：功成者墮，名成者虧。孰能去功與名，而還與衆人。"

　　[53] 塵露：各本皆作"塵霧"，《文選》李善注本作"塵露"，李善注云："謝承《後漢書》：楊喬曰：'猶塵附泰山，露集滄海，雖無補益，款誠至情，猶不敢默也。'"《曹植集校注》亦作"塵霧"，趙幼文注云："作'露'字是。"今從《文選》及趙説改。

　　[54] 劉向：西漢後期人，漢楚元王劉交之後裔。漢成帝時曾爲光禄大夫。博學。《漢書》卷三六《楚元王附向傳》謂其"采傳記行事，著《新序》《説苑》凡五十篇"。《漢書·藝文志》謂劉向所著六十七篇，其中即有《説苑》。《隋書·經籍志》謂《説苑》二十卷，《宋史·藝文志》亦同。今傳本亦二十卷。

　　[55] 車右：古時乘車，左爲尊者；中爲駕車者；右爲勇力之士，爲車之警衞，稱爲車右。

　　[56] 鈞：通"均"。

　　[57] 秦用敗軍之將：指秦穆公三十二年（前628）用孟明視、西乞術、白乙丙襲擊鄭國，因中途被鄭商人弦高騙阻，秦軍遂回師滅晉之邊邑滑（今河南偃師縣西南）。晉襄公遂發兵襲擊秦軍於殽山，大敗秦軍，俘孟明視等三將。晉釋放三將後，秦穆公不但不加罪於三將，還恢復其職務。兩年後，秦穆公更加厚賞孟明視等，並使率兵伐晉，終於大敗晉軍，報殽慘敗之仇。（見《史記》卷五《秦本紀》）

　　[58] 曹子：指曹沫。此事又見《史記》卷八六《刺客列傳》。

　　[59] 戰：指魯與齊戰。

　　[60] 桓公：指齊桓公。

　　[61] 楚莊掩絶纓之罪：《文選》李善注："《説苑》曰：楚莊王賜群臣酒，日暮，華燭滅，有引美人衣者，美人援絶冠纓，告王

知之。王曰：‘賜人酒醉，欲顯婦人之節，吾不取也。’乃命左右勿上火，‘與寡人飲，不絕纓者，不歡也’。群臣纓皆絕，盡歡而去。後與晉戰，引美人衣者五合五獲，以報莊王。”

[62] 不書：吳金華《〈三國志〉待質錄》謂當從上文裴注，“書”作“注”。

[63] 秦穆公有赦盜馬事：《文選》李善注：“《呂氏春秋》曰：昔者，秦繆公乘馬右服失之，野人取之。繆公自往求之，見野人方將食之於岐山之陽。繆公笑曰：‘食駿馬之肉，不飲酒，余恐傷汝也。’遍飲而去。韓原之戰，晉人已環繆公之車矣，晉梁靡已扣公左驂矣。野人嘗食馬於岐山之陽者三百有餘人，畢力爲繆公疾鬥於車下，遂大克晉及獲惠公以歸。”

[64] 夕死之論：《論語·里仁》：子曰：“朝聞道，夕死可也。”

[65] 棄生之義：《孟子·告子上》：孟子曰：“生，亦我所欲也；義，亦我所欲也。二者不可得兼，捨生而取義者也。”

三年，徙封東阿。[1]五年，復上疏求存問親戚，[2]因致其意曰：[3]

臣聞天稱其高者，以無不覆；地稱其廣者，以無不載；日月稱其明者，以無不照；江海稱其大者，以無不容。故孔子曰：“大哉堯之爲君！惟天爲大，惟堯則之。”[4]夫天德之於萬物，可謂弘廣矣。蓋堯之爲教，先親後疎，自近及遠。其《傳》曰：[5]“克明俊德，[6]以親九族；[7]九族既睦，平章百姓。”[8]及周之文王亦崇厥化，其《詩》曰：[9]“刑于寡妻，[10]至于兄弟，以御于家邦。”[11]是以雍雍穆穆，[12]風人詠之。昔周公弔管、蔡之不咸，[13]廣封懿親以藩屏王室，《傳》曰：[14]"周之宗盟，異姓爲後。"誠骨肉之恩爽而不離，[15]親親之義實在敦固，未有義而後其君，仁而遺其親者也。[16]

伏惟陛下資帝唐欽明之德，[17]體文王翼翼之仁，[18]惠洽椒房，[19]恩昭九族，[20]羣后百寮，[21]番休遞上，執政不廢於公朝，下情得展於私室，親理之路通，慶弔之情展，誠可謂恕己治人，推惠施恩者矣。至於臣者，人道絕緒，禁錮明時，臣竊自傷也。不敢乃望交氣類，[22]脩人事，敍人倫。近且婚媾不通，兄弟乖絕，吉凶之問塞，慶弔之禮廢，恩紀之違，甚於路人，隔閡之異，殊於胡越。[23]今臣以一切之制，永無朝覲之望，至於注心皇極，[24]結情紫闥，[25]神明知之矣。然天實爲之，[26]謂之何哉！退惟諸王常有戚戚具爾之心，[27]願陛下沛然垂詔，[28]使諸國慶問，四節得展，以敍骨肉之歡恩，全怡怡之篤義。[29]妃妾之家，膏沐之遺，歲得再通，齊義於貴宗，等惠於百司，如此，則古人之所歎，風雅之所詠，復存於聖世矣。

臣伏自惟省，[30]無錐刀之用。[31]及觀陛下之所拔授，若以臣爲異姓，竊自料度，不後於朝士矣。若得辭遠遊，[32]戴武弁，[33]解朱組，[34]佩青紱，[35]駙馬、奉車，[36]趣得一號，[37]安宅京室，執鞭珥筆，[38]出從華蓋，[39]入侍輦轂，承答聖問，拾遺左右，乃臣丹誠之至願，不離於夢想者也。遠慕《鹿鳴》君臣之宴，[40]中詠《常棣》匪他之誠，[41]下思《伐木》友生之義，[42]終懷《蓼莪》罔極之哀；[43]每四節之會，塊然獨處，左右惟僕隸，所對惟妻子，高談無所與陳，發義無所與展，未嘗不聞樂而拊心，臨觴而歎息也。臣伏以爲犬馬之誠不能動人，譬人之誠不能動天。崩城、隕霜，[44]臣初信之，以臣心況，徒虛語耳。若葵藿之傾葉，[45]太陽雖不爲之回光，然向之者誠也。[46]竊自比葵藿，[47]若降天地之施，垂三光之明者，實在陛下。

臣聞《文子》曰：[48]“不爲福始，不爲禍先。”今之否隔，[49]友于同憂，而臣獨倡言者，竊不願於聖世使有不蒙施之物。有不蒙施之物，必有慘毒之懷，故《柏舟》有“天只”之怨，[50]《谷風》有“棄予”之歎。[51]故伊尹恥其君不爲堯、舜，[52]孟子曰：[53]“不以舜之所以事堯事其君者，不敬其君者也。”臣之愚蔽，固非虞、伊；至於欲使陛下崇光被時雍之美，[54]宣緝熙章明之德者，[55]是臣慺慺之誠，[56]竊所獨守。實懷鶴立企佇之心，[57]敢復陳聞者，冀陛下儻發天聰而垂神聽也。

詔報曰：“蓋教化所由，各有隆弊，非皆善始而惡終也，事使之然。故夫忠厚仁及草木，[58]則《行葦》之詩作；[59]恩澤衰薄，不親九族，則《角弓》之章刺。[60]今令諸國兄弟，情理簡怠，妃妾之家，膏沐疏略，朕縱不能敦而睦之，王援古喻義備悉矣，[61]何言精誠不足以感通哉？夫明貴賤，崇親親，禮賢良，順少長，國之綱紀，本無禁固諸國通問之詔也。矯枉過正，下吏懼譴，以至於此耳。已敕有司，如王所訴。"

[1] 東阿：縣名。治所在今山東陽谷縣阿城鎮。

[2] 求存問親戚：《文選》及《曹植集校注》載此文，題爲《求通親親表》。本注一般不作文字校對。

[3] 因：趙幼文《校箋》謂《文選》李善注引作"自"。

[4] 孔子曰：孔子此語見《論語·泰伯》。

[5] 傳：指《尚書·堯典》。

[6] 克明：能够明舉。　俊德：殿本、盧弼《集解》本、校點本、《曹植集校注》作"峻德"，百衲本、《文選》《尚書》作"俊德"。今從百衲本等。

[7] 九族：指上自高祖下至玄孫的九代宗族。

[8] 平章：辨明。　百姓：百官族姓。

[9] 詩：此詩指《詩·大雅·思齊》。

[10] 刑：毛傳："刑，法也。"　寡妻：毛傳："寡妻，適妻也。"

[11] 御：鄭箋："御，治也。文王以禮法接待其妻，至於宗族，以此又能爲政，治於家邦也。"

[12] 雍雍：和睦的樣子。《詩·大雅·思齊》即謂文王"雝雝在宮"。"雝"同"雍"。又《詩·大雅·文王》云："穆穆文王，于緝熙敬止。"穆穆，端莊恭敬的樣子。

[13] 管蔡：管叔、蔡叔，皆周公之弟。《左傳·僖公二十四年》：富辰曰："周公弔二叔之不咸，故封建親戚以蕃屏周。"楊伯峻注：弔，傷也。二叔，管叔、蔡叔。咸，終也。不咸謂不終也。

　　〔14〕傳：指《左傳》。《左傳・隱公十一年》：滕侯、薛侯來朝，爭長行禮之先後。薛侯曰：“我先封。”滕侯曰：“我，周之卜正也。薛，庶姓也，我不可以後之。”公使羽父請於薛侯曰：“君與滕君辱在寡人，周諺有之曰：‘山有木，工則度之；賓有禮，主則擇之。’周之宗盟，異姓爲後。”楊伯峻注：“宗盟者，猶言會盟也。”

　　〔15〕爽：《大戴禮記・夏小正》：七月“爽死。爽也者，猶疏也。”

　　〔16〕仁而遺其親：《孟子・梁惠王上》：“孟子曰：未有仁而遺其親者也，未有義而後其君者也。”

　　〔17〕帝唐：唐堯。　欽明：《尚書・堯典》：“曰若稽古帝堯，曰放勳，欽明文思安安。”馬融曰：“威儀表備謂之欽，照臨四方謂之明。”

　　〔18〕翼翼：《詩・大雅・大明》：“維此文王，小心翼翼。”鄭箋：“小心翼翼，恭慎貌。”

　　〔19〕椒房：《文選》李善注：“《漢舊儀》曰：皇后稱椒房。”

　　〔20〕九族：趙幼文《校箋》謂《群書治要》卷二六、《曹子建集》“族”字作“親”，與《文選》同。

　　〔21〕羣后：指列侯。

　　〔22〕乃望：殿本、盧弼《集解》本、校點本作“過望”，百衲本、《文選》作“乃望”。今從百衲本。　氣類：胡三省云：“《易》曰：‘同聲相應，同氣相求。’此言志同道合者，謂疇昔文會之友也。”（《通鑑》卷七二魏明帝太和六年注）

　　〔23〕胡越：胡人在北方，越人在南方，言其隔離甚遠。

　　〔24〕皇極：指皇帝之所居。胡三省云：“皇極，宅中之位，人君居之。”（《通鑑》卷七二魏明帝太和六年注）

　　〔25〕紫闥：亦指皇帝所居之宮庭。

　　〔26〕天實爲之：《詩・邶風・北門》：“天實爲之，謂之何哉！”鄭箋：“詩人事君無二志，故自決歸之於天。”胡三省則謂曹

植引此詩之意，"蓋謂君者天也，天可違乎"！（《通鑑》卷七二魏明帝太和六年注）又馬瑞辰《詩經通釋》云："按'謂'猶'奈'也。'謂之何哉'，猶云'奈之何哉'。"

[27] 惟：校點本作"唯"，百衲本、殿本、盧弼《集解》本均作"惟"。雖然二字可通，仍從百衲本等。　戚戚具爾：《詩·大雅·行葦》："戚戚兄弟，莫遠具爾。"毛傳："戚戚，內相親也。"鄭箋："具，猶俱也。爾，謂進之也。"按，"爾"通"邇"，近之意。

[28] 沛然：形容迅疾。

[29] 怡怡：此指兄弟。《論語·子路》：子曰："兄弟怡怡。"

[30] 惟省：趙幼文《校箋》謂《群書治要》卷二六作"思惟"。

[31] 無錐刀之用：《文選》"無"上有"豈"字。按，有無"豈"字均可通。有"豈"字，謂自己是有能力的。無"豈"字，則謂至今還未得朝廷任用。

[32] 遠遊：指遠遊冠。《文選》李善注："蔡邕《獨斷》曰：遠遊冠者，王侯所服。"辭遠遊，謂辭去王爵。

[33] 武弁：即武冠。《續漢書·輿服志》："武冠，一曰武弁大冠，諸武官冠之。侍中、中常侍加黃金璫，附蟬爲文，貂尾爲飾，謂之'趙惠文冠'。"

[34] 朱組：即朱綬，赤綬。《廣雅·釋器》："綸，組，紱，綬也。"又《續漢書·輿服志》云："諸侯王赤綬。"

[35] 青紱：即青綬。《續漢書·輿服志》："九卿、中二千石、二千石，青綬。"

[36] 駙馬：即駙馬都尉。官名。秩比二千石，掌皇帝副車之馬，曹魏時第六品，無定員，或爲加官。　奉車：即奉車都尉。官名。秩比二千石，第六品，掌皇帝車輿。無定員，或爲加官。

[37] 趣得一號：盧弼《集解》引《文選》呂延濟注曰："趣，疾也。言將立功績疾取一勳號也。"

[38] 珥（ěr）筆：皇帝近侍之臣插筆於冠側以備記事，稱爲

珥筆。

[39] 華蓋：指皇帝所乘之車輿。

[40] 鹿鳴：《詩·小雅》篇名。其序云："《鹿鳴》，燕群臣嘉賓也。"何焯云："《鹿鳴》謂明帝。"（《義門讀書記》卷四九《文選·雜文》）

[41] 常棣：《詩·小雅》篇名。其序云："《常棣》，燕兄弟也。"　匪他：不見於《常棣》。《詩·小雅·頍弁》："豈伊異人？兄弟匪他。"何焯云："《棠棣》謂諸王。"（《義門讀書記》卷四九《文選·雜文》）

[42] 伐木：《詩·小雅》篇名。其序云："《伐木》，燕朋友故舊也。"其詩有云："矧伊人矣，不求友生？"何焯云："《伐木》謂宗族。"（《義門讀書記》卷四九《文選·雜文》）

[43] 蓼（lù）莪（é）：《詩·小雅》篇名。其詩有云："父兮生我，母兮鞠我。拊我畜我，長我育我，顧我復我，出我腹我。欲報之德，昊天罔極！"　罔極：無常。何焯云："《蓼莪》謂太皇太后四年崩。"（《義門讀書記》卷四九《文選·雜文》）

[44] 崩城：《文選》李善注："《列女傳》曰：杞梁妻者，齊杞梁殖之妻也。齊莊公襲莒，殖戰死。杞梁之妻無子，內外皆無五屬之親，既無所歸，乃就其夫屍於城下而哭之，內誠動人，道路過者莫不爲之揮涕，十日而城爲之崩。"按，此指劉向《列女傳》，事見今傳本卷四《貞順傳》。　隕霜：《文選》李善注："《淮南子》曰：鄒衍盡忠於燕惠王，惠王信譖而繫之。鄒子仰天而哭，正夏而天爲之降霜也。"

[45] 葵藿：偏指葵。即葵菜。葵性向日，比喻下對上赤心趨向。

[46] 然向之者：《文選》作"終向之者"，《群書治要》作"亦終向者"。"向"上皆有"終"字。

[47] 自比葵藿：殿本、盧弼《集解》本、校點本"比"下有"於"字，百衲本、《文選》《群書治要》皆無。今從百衲本。

[48] 文子：《漢書·藝文志》謂《文子》九篇；又謂文子乃老子弟子，與孔子同時。《文選》李善注則引《范子》曰："文子者，姓辛，葵丘濮上人也。稱曰計然，南游於越，范蠡師事。"

[49] 否（pǐ）隔：閉塞不通。

[50] 柏舟：《詩·鄘風》篇名。其詩有云："母也天只！不諒人只！"毛傳："諒，信也。母也天也尚不信我。天謂父也。"按，也、只，皆爲語氣辭。

[51] 谷風：《詩·小雅》篇名。其詩有云："習習谷風，維風及雨。將恐將懼，維予與女；將安將樂，女轉棄予！"

[52] 伊尹：《文選》李善注："《尚書》曰：昔先正保衡，作我先王，乃曰：予弗克俾厥后惟堯、舜，其心愧耻，若撻于市。"按，此乃僞古文《尚書·説命》之文，但亦有舊籍爲據，其事可信，先正保衡，指伊尹。　　不爲：趙幼文《校箋》謂《群書治要》引"爲"字作"如"。

[53] 孟子曰：此孟子語見《孟子·離婁上》。

[54] 光被：廣被。　　時雍：《尚書·堯典》："百姓昭明，協和萬邦，黎民于變時雍。"孔傳："時，是；雍，和也。言天下衆民皆變化化上，是以民俗大和。"後世則多以時雍指時世安定太平。

[55] 緝熙：《詩·大雅·文王》："穆穆文王，於緝熙敬止。"毛傳："穆穆，美也。緝熙，光明也。"　　章明：昭明，顯明。

[56] 臣：盧弼《集解》本作"爲"，百衲本、殿本、校點本、《文選》　《曹植集校注》均作"臣"。今從百衲本等。　　慺慺：恭謹。

[57] 寔：百衲本作"寔"，殿本、盧弼《集解》本、校點本作"實"。按二字義同，今從殿本等。

[58] 及：校點本作"極"，百衲本、殿本、盧弼《集解》本皆作"及"。今從百衲本等。

[59] 行葦：《詩·大雅》篇名。其序云："《行葦》，忠厚也。周家忠厚，仁及草木，故能内睦九族，外尊事黃耇，養老乞言，以

成其福禄焉。”

[60] 角弓：《詩·小雅》篇名。其序云：“《角弓》，父兄刺幽王也。不親九族而好讒佞，骨肉相怨，故作是詩也。”

[61] 備悉矣：趙幼文《校箋》謂《羣書治要》引“備”下有“矣”字。

植復上疏陳審舉之義，[1]曰：

臣聞天地協氣而萬物生，君臣合德而庶政成；五帝之世非皆智，三季之末非皆愚，[2]用與不用，知與不知也。既時有舉賢之名，而無得賢之實，必各援其類而進矣。諺曰：“相門有相，將門有將。”夫相者，文德昭者也；將者，武功烈者也。文德昭，則可以匡國朝，致雍熙，[3]稷、契、夔、龍是也；[4]武功烈，則可以征不庭，[5]威四夷，南仲、方叔是矣。[6]昔伊尹之爲媵臣，[7]至賤也，吕尚之處屠釣，[8]至陋也，及其見舉於武湯、周文，[9]誠道合志同，玄謨神通，豈復假近習之薦，因左右之介哉！書曰：“有不世之君，必能用不世之臣；用不世之臣，必能立不世之功。”殷周二王是矣。[10]若夫齷齪近步，[11]遵常守故，安足爲陛下言哉！故陰陽不和，三光不暢，官曠無人，庶政不整者，三司之責也。[12]疆埸騷動，方隅内侵，没軍喪衆，干戈不息者，邊將之憂也。豈可虚荷國寵而不稱其任哉？故任益隆者負益重，位益高者責益深，《書》稱“無曠庶官”，[13]《詩》有“職思其憂”，[14]此其義也。

陛下體天真之淑聖，登神機以繼統，冀聞"康哉"之謌，[15]偃武行文之美。[16]而數年以來，水旱不時，[17]民困衣食，師徒之發，歲歲增調，加東有覆敗之軍，[18]西有殪没之將，[19]至使蚌蛤浮翔於淮、泗，[20]鼀鼀讙譁於林木。[21]臣每念之，未嘗不輟食而揮餐，臨觴而搤腕矣。昔漢文發代，[22]疑朝有變，宋昌曰：[23]"內有朱虛、東牟之親，[24]外有齊、楚、淮南、琅邪，[25]此則磐石之宗，願王勿疑。"臣伏惟陛下遠覽姬文二虢之援，[26]中慮周成召、畢之輔，[27]下存宋昌磐石之固。昔騏驥之於吳阪，可謂困矣，及其伯樂相之，孫郵御之，[28]形體不勞而坐取千里。蓋伯樂善御馬，明君善御臣；伯樂馳千里，明君致太平；誠任賢使能之明效也。若朝司惟良，萬機內理，武將行師，方難克弭。陛下可得雍容都城，何事勞動鑾駕，暴露於邊境哉？

臣聞羊質虎皮，[29]見草則悅，見豺則戰，忘其皮之虎也。今置將不良，有似於此。故語曰："患為之者不知，知之者不得為也。"昔樂毅奔趙，[30]心不忘燕；廉頗在楚，[31]思為趙將。臣生乎亂，長乎軍，又數承教于武皇帝，伏見行師用兵之要，不必取孫、吳而闇與之合。[32]竊揆之於心，常願得一奉朝覲，排金門，[33]蹈玉陛，列有職之臣，賜須臾之間，[34]使臣得一散所懷，攄舒蘊積，[35]死不恨矣。

被鴻臚所下發士息書,[36]期會甚急。又聞豹尾已建,[37]戎軒鷺駕,[38]陛下將復勞玉躬,擾挂神思。臣誠竦息,[39]不遑寧處。願得策馬執鞭,首當塵露,撮風后之奇,[40]接孫、吳之要,追慕卜商起予左右,[41]效命先驅,畢命輪轂,雖無大益,冀有小補。然天高聽遠,情不上通,徒獨望青雲而拊心,仰高天而歎息耳。屈平曰:[42]"國有驥而不知乘,焉皇皇而更索!"昔管、蔡放誅,周、召作弼;叔魚陷刑,[43]叔向匡國。三監之釁,[44]臣自當之;二南之輔,[45]求必不遠。華宗貴族,藩王之中,必有應斯舉者。故《傳》曰:"無周公之親,不得行周公之事。"唯陛下少留意焉。

近者漢氏廣建藩王,[46]豐則連城數十,約則饗食祖祭而已,未若姬周之樹國,五等之品制也。若扶蘇之諫始皇,[47]淳于越之難周青臣,[48]可謂知時變矣。夫能使天下傾耳注目者,當權者是矣。故謀能移主,威能懾下,[49]豪右執政,不在親戚。權之所在,雖疏必重;勢之所去,雖親必輕。蓋取齊者田族,[50]非呂宗也;分晉者趙、魏,[51]非姬姓也。唯陛下察之。苟吉專其位,凶離其患者,異姓之臣也。欲國之安,祈家之貴,存共其榮,沒同其禍者,公族之臣也。今反公族疏而異姓親,臣竊惑焉。

臣聞孟子曰:[52]"君子窮則獨善其身,達則兼善天下。"今臣與陛下踐冰履炭，登山浮澗，寒溫燥濕，高下共之，豈得離陛下哉！不勝憤懣，拜表陳情。若有不合，乞且藏之書府，[53]不便滅棄，臣死之後，事或可思。若有豪氂少挂聖意者，乞出之朝堂，使夫博古之士，糾臣表之不合義者。如是，則臣願足矣。

帝輒優文答報。[一]

[一]《魏略》曰：是後大發士息，及取諸國士。植以近前諸國士息已見發，其遺孤稚弱，在者無幾，而復被取，乃上書曰：[54]"臣聞古者聖君，[55]與日月齊其明，四時等其信，是以戮凶無重，賞善無輕，怒若驚霆，喜若時雨，恩不中絕，教無二可，以此臨朝，則臣下知所死矣。受任在萬里之外，審主之所以授官，[56]必己之所以投命，[57]雖有構會之徒，[58]泊然不以爲懼者，蓋君臣相信之明效也。昔章子爲齊將，[59]人有告之反者，威王曰：'不然。'左右曰：'王何以明之？'王曰：'聞章子改葬死母；彼尚不欺死父，顧當叛生君乎？'此君之信臣也。昔管仲親射桓公，[60]後幽囚從魯檻車載，[61]使少年挽而送齊。管仲知桓公之必用己，懼魯之悔，謂少年曰：'吾爲汝唱，汝爲和，聲和聲，宜走。'於是管仲唱之，少年走而和之，日行數百里，宿昔而至。至則相齊，此臣之信君也。臣初受封，策書曰：'植受茲青社，[62]封於東土，以屏翰皇家，爲魏藩輔。'而所得兵百五十人，皆年在耳順，[63]或不踰矩，虎賁官騎及親事凡二百餘人。正復不老，皆使年壯，備有不虞，檢校乘城，顧不足以自救，況皆復耄耋罷曳乎？[64]而名爲魏東藩，使屏翰王室，臣竊自羞矣。就之諸國，國有士子，合不過五百人，伏以爲三軍益損，不復賴此。方外不定，[65]必當須辦者，[66]臣願將部曲倍道奔赴，[67]夫妻負襁，[68]子

弟懷糧，蹈鋒履刃，以徇國難，何但習業小兒哉？愚誠以揮涕增河，顰鼠飲海，[69]於朝萬無損益，於臣家計甚有廢損。又臣士息前後三送，兼人已竭。[70]惟尚有小兒，七八歲已上，十六七已還，三十餘人。今部曲皆年者，臥在牀席，非糜不食，[71]眼不能視，氣息裁屬者，凡三十七人；疲癃風靡，[72]疣盲聾聵者，[73]二十三人。惟正須此小兒，大者可備宿衞，雖不足以禦寇，粗可以警小盜；小者未堪大使，爲可使耘鉏穢草，驅護鳥雀。[74]休候人則一事廢，[75]一日獵則衆業散，不親自經營則功不攝；常自躬親，不委下吏而已。陛下聖仁，恩詔三至，[76]士子給國，長不復發。明詔之下，有若曒日，[77]保金石之恩，[78]必明神之信，晝然自固，如天如地。定習業者並復見送，[79]晻若晝晦，[80]悵然失圖。伏以爲陛下既爵臣百寮之右，居藩國之任，爲置卿士，[81]屋名爲宮，冢名爲陵，不使其危居獨立，無異於凡庶。若柏成欣於野耕，[82]子仲樂於灌園，[83]蓬戶茅牖，原憲之宅也；[84]陋巷簞瓢，[85]顏子之居也；[86]臣才不見效用，常慨然執斯志焉。若陛下聽臣悉還部曲，罷官屬，省監官，[87]使解璽釋綬，追柏成、子仲之業，營顏淵、原憲之事，居子臧之廬，[88]宅延陵之室。[89]如此，雖進無成功，退有可守，身死之日，猶松、喬也。[90]然伏度國朝終未肯聽臣之若是，固當羈絆於世繩，維繫於祿位，懷屑屑之小憂，執無已之百念，安得蕩然肆志，逍遙於宇宙之外哉？此願未從，[91]陛下必欲崇親親，篤骨肉，潤白骨而榮枯木者，惟遂仁德以副前恩詔。"[92]皆遂還之。

[1] 陳審舉之義：《曹植集校注》載此文，即題爲《陳審舉表》。

[2] 三季之末：指夏、商、周之末代。

[3] 雍熙：謂和樂升平。

[4] 稷契（xiè）夔龍：皆在舜時爲官。稷爲農官，掌教農耕；

契爲司徒，掌教化；夔爲典樂，掌教音樂詩歌；龍爲納言，掌宣教命，采納群言。（俱見《史記》卷一《五帝本紀》）

〔5〕不庭：謂不至朝廷朝拜。

〔6〕南仲：周宣王時大臣，曾在北方築城，討伐玁狁。《詩·小雅·出車》："王命南仲，往城于方"，"赫赫南仲，玁狁于襄"。

〔7〕媵（yìng）臣：諸侯嫁女，陪同隨行之臣。《史記》卷三《殷本紀》："伊尹名阿衡。阿衡欲奸湯而無由，乃爲有莘氏媵臣，負鼎俎，以滋味説湯，至於王道。"《集解》引《列女傳》曰："湯妃，有莘氏之女。"

〔8〕吕尚：殷商末，佐周文王、武王滅殷紂。《史記》卷三二《齊太公世家》："吕尚蓋嘗窮困，年老矣，以漁釣奸周西伯。"《索隱》："譙周曰：吕望嘗屠牛於朝歌，賣飲於孟津。"

〔9〕武湯：百衲本、盧弼《集解》本、校點本、《曹植集校注》均作"湯武"，殿本作"武湯"。趙幼文注云："作'武湯'是也。考《詩經·玄鳥》篇：'古帝命武湯。'《史記·殷本紀》：'於是湯曰吾甚武，號曰武王。'是成湯亦曰武湯。伊、吕爲殷湯、周文所選拔，與周武無涉。"按，此説甚是，今從殿本與趙説。

〔10〕二王：指商湯、周文王。

〔11〕齷（wò）齪（chuò）：局促，狹小。

〔12〕三司：三公。

〔13〕無曠庶官：《尚書·皋陶謨》："無曠庶官，天工人其代之。"孔傳："曠，空也。位非其人爲空官，言人代天理官，不可以天官私非其才。"

〔14〕職思其憂：《詩·唐風·蟋蟀》之句。毛傳："職，主也。"鄭箋："憂者，謂鄰國侵伐之憂。"

〔15〕康哉之謌：《尚書·皋陶謨》："乃賡載歌曰：元首明哉！股肱良哉！庶事康哉！"後世因以"康哉"之歌泛指歌頌太平之歌。

〔16〕偃武行文：殿本《考證》云："行文，《册府》作'修

文'。"趙幼文《校箋》謂《册府元龜》卷二七三引"行"字作
"修"字是。按,宋本《册府元龜》亦作"行"。

[17]水旱不時:本書卷三《明帝紀》載:太和二年五月,大
旱;四年九月,大雨,伊、洛、漢水溢;五年三月,自去冬十月至
此月不雨,辛巳,大雩。

[18]東有覆敗之軍:本書《明帝紀》太和二年云:"秋九月,
曹休率諸軍至皖,與吳將陸議戰於石亭,敗績。"

[19]西有殄没之將:本書卷三五《諸葛亮傳》謂蜀漢建興六
年(魏太和二年),"魏將王雙率騎追亮,亮與戰,破之,斬雙"。
又謂建興九年(太和五年)亮復出祁山,"與魏將張郃交戰,
射殺郃"。

[20]蚌蛤:趙幼文《校箋》謂《太平御覽》卷五七引"蚌"
字作"蜂"。按,宋本《册府元龜》卷二七三亦作"蚌"。蚌蛤,
皆係生活於水中之軟體動物,體外有殼。曹植以此指孫吳。

[21]䶄(hún)鼬(yòu):均係小動物。䶄,又名黃鼠。鼬,
善捕鼠,又名鼠狼。曹植以之指蜀漢。

[22]漢文發代:漢文,漢文帝劉恒。代,代國,漢文帝之原
封地,治所在今山西平遥縣西南。漢初,吕后死,諸吕欲爲亂,丞
相陳平、太尉周勃等平息諸吕之亂,迎立代王劉恒爲帝。

[23]宋昌:時爲代國中尉。

[24]朱虚:朱虚侯劉章,爲漢高祖劉邦子齊悼惠王劉肥之次
子。 東牟:東牟侯劉興居,劉章之弟。當時劉章、劉興居皆在長
安,故云"内"。

[25]齊:齊王劉襄,劉章之兄。 楚:楚王劉交,漢高祖弟。
淮南:淮南王劉長,漢高祖子。 琅邪:琅邪王劉澤,漢高祖之從
祖昆弟。

[26]姬文:周文王。周人姬姓。 二虢:胡三省云:"虢仲、
虢叔,文王之母弟,文王咨於二虢以成王業。(《通鑑》卷七二魏
明帝太和五年注)

［27］周成：周成王。　召、畢：召公奭、畢公高。胡三省云："召公、畢公，周同姓也。二伯分治，輔成王以成太平之功。"（《通鑑》卷七二魏明帝太和五年注）

［28］孫郵：梁履繩《左通補釋》謂即《左傳·哀公二年》，爲趙簡子御車之郵無恤，亦即《國語·晋語九》之郵無正。蓋趙簡子之子趙襄子亦名無恤，當襄子嗣承後，郵無恤遂改爲郵無正。郵無恤又號伯樂，與秦穆公時之孫陽伯樂同名（《通志·氏族略四》），遂有誤稱郵無正爲孫無政者（《吕氏春秋·審分篇》《淮南子·覽冥訓》注），又有稱孫郵者（《魏志·陳思王植傳》）。

［29］"臣聞"句：揚雄《法言·吾子篇》："羊質而虎皮，見草而說，見豺而戰，忘其皮之虎也。"戰，恐懼，發抖。

［30］樂毅：戰國時燕將，爲燕昭王所信任。曾率軍攻入齊國，下七十餘城，唯莒、即墨未下。以功封爲昌國君。而燕昭王死，子惠王立。燕惠王中齊反間計，用騎劫代樂毅爲將。樂毅懼誅，遂奔趙國。齊敗騎劫，盡復失地。燕惠王後悔使騎劫代樂毅，又恐趙用樂毅伐燕，遂使人譴責樂毅。樂毅乃致書燕惠王，示不背德。燕惠王又復以樂毅子爲昌國君。樂毅因復往來燕趙。（見《史記》卷八〇《樂毅傳》）

［31］廉頗：戰國時趙將。趙孝成王末，使廉頗拔魏之繁陽。趙孝成王卒，子悼襄王立，使樂乘代廉頗。廉頗怒，遂攻樂乘而奔魏。魏不能用，楚陰使人迎之。廉頗在楚爲將又無功，仍思爲趙將。（見《史記》卷八一一《廉頗藺相如列傳》）

［32］孫吳：孫武、吳起，春秋戰國時之著名軍事家，皆著有兵法書。

［33］金門：指皇宮門。漢代皇宮有金馬門，爲學士待詔之處。金馬門亦稱金門。《漢書》卷八七下《揚雄傳下》："歷金門上玉堂有日矣。"顏師古注引應劭曰："金門，金馬門也。"

［34］問：校點本 1982 年 7 月第 2 版作"閒"，百衲本、殿本、盧弼《集解》本、校點本 1959 年 12 月第 1 版作"問"。殿本《考

證》謂《册府元龜》作"間"。趙幼文《校箋》亦謂《群書治要》、《册府元龜》卷二七三引俱作"間"。間謂空隙之時也。按，宋本《册府元龜》卷二七三引亦作"間"，郝經《續後漢書》亦同。觀上下文，曹植意欲得應對顧問之官職，對時政有所貢獻，故云"賜須臾之間"。今仍從百衲本等。

[35] 攄舒：趙幼文《校箋》謂《群書治要》卷二六引"舒"字作"盡"。

[36] 被：趙幼文《校箋》謂《册府元龜》卷二七三引作"披"。按，宋本《册府元龜》亦作"被"。被，得到，接到之意。章炳麟《新方言·釋詞》：被，詞之受也。貱，詞之予也。　鴻臚：官名。即大鴻臚，秩中二千石，第三品。掌諸侯及少數民族朝貢、郡國上計、行禮贊導、拜授諸侯、弔諡護喪。　士息：士兵之子。曹魏施行世兵制，士兵之家稱士家或兵家，其户籍與民籍分開，單獨受政府管理；其子孫世代爲兵，未得政府允許，不得脱離兵籍。

[37] 豹尾：漢制，皇帝外行，隨行之車八十一乘，最後一車懸豹尾。（見《續漢書·輿服志》）

[38] 戎軒：兵車。　騖：疾、迅疾。

[39] 竦息：憂懼不安貌。

[40] 風后：傳説爲黄帝臣，善兵法。《漢書·藝文志》著録依託黄帝臣之《風后》十三篇，圖二卷。

[41] 卜商：姓卜名商字子夏，孔子弟子。《論語·八佾》：子曰："起予者商也。"起，啓發。

[42] 屈平曰：梁章鉅《旁證》云："此宋玉《九辯》第八章之詞，子建云'屈平'，誤。"

[43] 叔魚：春秋時晋臣，叔向之弟。晋昭公四年（前528），國内的邢侯與雍子争奪鄐地的田土已經很久，調解均未成功。值理官士景伯去楚國，叔魚代理其職。執政韓宣子命叔魚判處此案，罪在雍子。而雍子將女兒嫁給叔魚，叔魚便宣判邢侯有罪。邢侯怒，殺叔魚、雍子於朝廷。韓宣子問叔向如何處治。叔向曰："雍子自

知其罪，而嫁女爲賄賂以取勝訴；鮒出賣法律；邢侯擅自殺人，三人罪皆相同。自己有罪而掠取別人之美名是昏，貪婪而敗壞職責是墨，殺人而没有顧忌是賊。《夏書》説：'昏、墨、賊，殺。'此皋陶之刑法，請照辦。"於是殺了邢侯並將其屍與雍子、叔魚之屍體一齊暴於市。（見《左傳·昭公十四年》）

〔44〕三監：指管叔鮮、蔡叔度、霍叔處，皆周武王之弟。武王滅商紂後，封三叔以監紂子武庚，是爲三監。而武王死後，管叔、蔡叔却挾持武庚叛亂。周公奉成王命平定叛亂，誅武庚，殺管叔，放蔡叔。（見《史記》卷三五《管蔡世家》）　釁：罪。

〔45〕二南：周成王分陝以西之地命周公主之，陝以東之地命召公主之。《詩經·國風》中之《周南》《召南》稱爲二南，二南即周公、召公所治之地的民歌，故以二南指周公、召公。

〔46〕漢氏：漢朝。《漢書·諸侯王表》謂漢初"懲戒亡秦孤立之敗，於是剖裂疆土"，"藩國大者夸州兼郡，連城數十"。

〔47〕扶蘇：秦始皇長子。按，《史記》卷六《秦始皇本紀》中，只有扶蘇諫阻坑儒之言，無諫封建諸侯之論。此外，卷四八《陳涉世家》中僅言"扶蘇以數諫故，上使外將兵"；卷八七《李斯列傳》中亦僅言"長子扶蘇以數直諫上，上使監兵上郡"。而所諫之具體内容則不得而知。

〔48〕淳于越：秦博士。秦始皇三十四年（前213），在咸陽宫會宴。僕射周青臣頌揚秦始皇："以諸侯爲郡縣，人人自安樂，無戰争之患，傳之萬世。自上古不及陛下威德。"淳于越却説："臣聞殷周之王千餘歲，封子弟功臣，自爲枝輔。今陛下有海内，而子弟爲匹夫，卒有田常六卿之臣，無輔拂，何以相救哉？事不師古而能長久者，非所聞也。今青臣又面諛以重陛下之過，非忠臣。"（見《史記·秦始皇本紀》）

〔49〕懾：趙幼文《校箋》謂《群書治要》卷二六引作"慴"。

〔50〕齊：周武王滅商後，封太公望吕尚於齊，故齊國爲吕姓。齊國傳至齊康公時，被權臣田和所取代，是爲戰國時之田齊。

　　[51] 晋：晋國爲周成王弟唐叔虞之封國，故爲姬姓。晋國傳至晋静公時，被韓、趙、魏三家所瓜分。而此只言趙、魏分晋，不言韓者，因韓之祖先爲姬姓，本晋公族。（參李慈銘《札記》）

　　[52] 孟子曰：此語見《孟子·盡心上》。

　　[53] 書府：指秘書監之府。《宋書·百官志》謂魏秘書監，“掌藝文圖籍”。

　　[54] 上書：《曹植集校注》題此“上書”爲《諫取諸國士息表》。

　　[55] 古者：趙幼文《校箋》謂《群書治要》卷二六引“者”字作“之”。

　　[56] 所以：校點本無“以”字，百衲本、殿本、盧弼《集解》本、《曹植集校注》均有。今從百衲本等。　授：百衲本、殿本、盧弼《集解》本作“受”。徐紹楨《質疑》云：“此字當作‘授’，郝書正作‘授’，不誤也。”校點本、《曹植集校注》即作“授”。今從之。

　　[57] 必己之所以投命：百衲本作“必以之所投命”，殿本作“必己之所以投命”，盧弼《集解》本、校點本、《曹植集校注》作“必己之所以投命”。今從盧弼《集解》本等。

　　[58] 構會：謂設計陷害。

　　[59] 章子：戰國時齊將。《戰國策·齊策一》：秦假道韓、魏以攻齊，齊威王使章子將而應之，與秦交和而舍。使者數相往來，章子爲變其徽章以雜秦軍。候者言章子以齊入秦，威王不應。頃之間，候者復言章子以齊兵降秦，威王不應。而此者三。有司請曰：“言章子之敗者，異人而同辭。王何不發將而擊之？”王曰：“此不叛寡人明矣，曷爲擊之！”頃間，言齊兵大勝，秦軍大敗，於是秦王拜西藩之臣而謝於齊。左右曰：“何以知之？”曰：“章子之母啓得罪其父，其父殺之而埋馬棧之下。吾使章子將也，勉之曰：‘夫子之强，全兵而還，必更葬將軍之母。’對曰：‘臣非不能更葬先妾也。臣之母啓得罪臣之父，臣之父未教而死。夫不得父之教而更葬

母，是欺死父也，故不敢。’夫爲人子不欺死父，豈爲人臣欺生君哉？”

［60］管仲親射桓公：《史記》卷三二《齊太公世家》謂齊襄公荒淫，群弟恐禍及，故次弟公子糾奔魯，管仲、召忽輔之。次弟公子小白奔莒，鮑叔牙輔之。及襄公被弒，國内無君，二公子皆回國欲立。魯國發兵送公子糾時，別使管仲率兵阻截莒道，管仲親射公子小白，中其帶鈎。小白佯死而先至齊國，立爲國君，是爲桓公。齊桓公立後，即致書魯國，責其殺公子糾送回召忽、管仲。魯國懼齊，遂殺公子糾；召忽又自殺，因囚送管仲。

［61］檻車：囚車。《呂氏春秋·順説》：“管子得於魯，魯束縛而檻之，使役人載而送之，齊其謳歌而引。管子恐魯之止而殺己也，欲速至齊，因謂役人曰：‘我爲汝唱，汝爲我和。’其所唱適宜走，役人不倦，而取道甚速。”

［62］青社：《尚書·禹貢》：“厥貢惟土五色。”孔傳：“王者封五色土爲社。建諸侯則各割其方色土與之，使立社。”又《白虎通·社稷》云：“東方青色，南方赤色，西方白色，北方黑色，上冒以黄土。故將封東方諸侯，青土苴以白茅。”曹植所封之地在東方，故曰青社。

［63］耳順：六十歲。《論語·爲政》：子曰：“吾十有五而志於學，三十而立，四十而不惑，五十而知天命，六十而耳順，七十而從心所欲，不逾矩。”

［64］耄（mào）耋（dié）：老齡，高年。《禮記·曲禮上》：“八十、九十曰耄。” 罷（pí）曳：謂行動遲緩無力。

［65］方外：域外。指吳、蜀。

［66］辨：百衲本、盧弼《集解》本作“辨”，殿本、校點本作“辦”。按，二字可通。今從殿本等。

［67］部曲：軍隊。

［68］負襁：背着小兒。襁，背負小兒的背帶。

［69］鼷（xī）鼠：一種小鼠。鼷鼠飲海，比喻增損極微。

［70］兼人：超過人。指壯年人。

［71］糜：百衲本、殿本作“糜”，盧弼《集解》本、校點本作“糜”。按二字可通，今從《集解》本等。糜，粥。

［72］疲瘵（zhài）：病而體弱。　風靡：風吹即倒。

［73］疚盲：眼病而失明。　聾聵：耳聾。

［74］驅護：監看驅趕。

［75］候人：《詩·曹風·候人》：“彼候人兮，何戈與祋。”毛傳：“候人，道路迎送賓客者。”

［76］恩詔：百衲本“詔”字作“許”，殿本、盧弼《集解》本、校點本作“詔”。今從殿本等。

［77］皦（jiǎo）日：白日。《詩·王風·大車》：“謂予不信，有如皦日。”毛傳：“皦，白也。”

［78］金石：比喻堅固不可變。

［79］定：吳金華《校詁》云：“定，承接連詞，猶言‘比及’‘及至’。”

［80］晻（ǎn）：昏暗。

［81］卿士：指王國官員。

［82］柏成：即伯成子高，古代退隱之士。《莊子·天地》：“堯治天下，伯成子高立爲諸侯。堯授舜，舜授禹，伯成子高辭爲諸侯而耕。禹往見之，則耕在野。”

［83］子仲：即於陵子仲，戰國時人。《史記》卷八三《鄒陽列傳》鄒陽獄中上梁王書有云：“於陵子仲辭三公爲人灌園。”《集解》引《列士傳》曰：“楚於陵子仲，楚王欲以爲相，而不許，爲人灌園。”

［84］原憲：孔子弟子。《莊子·讓王》云：“原憲居魯，環堵之室，茨以生草，蓬戶不完，桑以爲樞，而甕牖二室，褐以爲塞，上漏下濕，匡坐而弦。”

［85］簞：百衲本作“單”，殿本、盧弼《集解》本、校點本作“簞”。今從殿本等。

[86] 顏子：姓顏名回，字子淵，孔子弟子。《論語·雍也》：子曰："賢哉，回也！一簞食，一瓢飲，在陋巷，人不堪其憂，回也不改其樂。"

[87] 監官：指監國謁者。

[88] 子臧：春秋時曹宣公之子。曹宣公隨晉、齊等國伐秦，死於軍中。曹人使公子負芻與太子留守，使子臧迎曹宣公喪。負芻遂殺太子而自立，即曹成公。其後晉侯率諸侯討曹成公，執之送於京師。諸侯欲使子臧見周天子而立之。子臧固辭，逃奔宋國。曹國人再次請求晉侯相助。晉侯謂子臧曰："反，吾歸而君。"子臧遂返回，曹成公也得釋回國。子臧將封邑與卿位全部讓出，並不再出任。（見《左傳》成公十三年、十五年、十六年）

[89] 延陵：指延陵季札，春秋時吳國公子，因封於延陵，故稱延陵季子。其父吳王壽夢，有子四人，長曰諸樊，次曰餘祭，次曰餘眜，季札最幼而賢，壽夢欲立之。季札固讓，遂立長子諸樊。壽夢卒，諸樊即位，又讓季札。季札以曹國子臧爲例，堅執不受。"吳人固立季札，季札棄其室而耕，乃捨之。"（《史記》卷三一《吳太伯世家》）

[90] 松喬：指赤松子、王子喬，皆傳説之神仙。

[91] 從：遂，如願。趙幼文注：《小爾雅·廣言》："遂也。"

[92] 詔：趙幼文《校箋》謂《群書治要》卷二六引"詔"上有"有"字。

其年冬，[1]詔諸王朝六年正月。其二月，以陳四縣封植爲陳王，[2]邑三千五百户。植每欲求別見獨談，論及時政，幸冀試用，終不能得。既還，悵然絕望。時法制，待藩國既自峻迫，寮屬皆賈豎下才，兵人給其殘老，大數不過二百人。又植以前過，事復減半，[3]十一年中而三徙都，常汲汲無歡，遂發疾薨，時年四十一。〔一〕[4]遺令薄葬。以小子志，保家之主也，欲立之。初，植登魚山，[5]臨東阿，喟然有歸焉之心，[6]遂營爲墓。子志嗣，徙封濟北王。[7]景初中詔曰：[8]“陳思王昔雖有過失，既克己慎行，以補前闕，且自少至終，篇籍不離於手，誠難能也。其收黃初中諸奏植罪狀，公卿已下議尚書、中書、秘書三府、大鴻臚者皆削除之。[9]撰録植前後所著賦、頌、詩、銘、雜論凡百餘篇，[10]副藏内外。”志累增邑，并前九百九十户。〔二〕[11]

〔一〕植常爲琴瑟調歌，[12]辭曰：[13]“吁嗟此轉蓬，[14]居世何獨然！長去本根逝，夙夜無休閒。東西經七陌，[15]南北越九阡，卒遇回風起，[16]吹我入雲間。自謂終天路，忽焉下沉淵。驚飆接我出，[17]故歸彼中田。[18]當南而更北，謂東而反西，宕宕當何依，忽亡而復存。飄颻周八澤，[19]連翩歷五山，[20]流轉無恒處，誰知吾苦艱？願爲中林草，秋隨野火燔，糜滅豈不痛，[21]願與根荄連。”[22]

孫盛曰：異哉，魏氏之封建也！不度先王之典，不思藩屏之術，違敦睦之風，[23]背維城之義。[24]漢初之封，或權偪人主，雖云不度，時勢然也。魏氏諸侯，陋同匹夫，雖懲七國，[25]矯枉過也。[26]且魏之代漢，非積德之由，風澤既微，六合未一，而彫翦枝幹，委權異族，勢同瘣木，[27]危若巢幕，[28]不嗣忽諸，[29]非天喪也。五等之制，萬世不易之典。六代興亡，[30]曹同論之詳矣。

〔二〕《志别傳》曰：[31]志字允恭，好學有才行。晉武帝爲中撫軍，[32]迎常道鄉公于鄴，志夜與帝相見，帝與語，從暮至旦，甚器之。及受禪，改封鄄城公。發詔以志爲樂平太守，[33]

歷章武、趙郡，^[34]遷散騎常侍、國子博士，^[35]後轉博士祭酒。^[36]及齊王攸當之藩，^[37]下禮官議崇錫之典，志嘆曰："安有如此之才，如此之親，而不得樹本助化，而遠出海隅者乎？"乃建議以諫，辭旨甚切。帝大怒，免志官。後復為散騎常侍。志遭母憂，居喪盡哀，因得疾病，喜怒失常，太康九年卒，^[38]諡曰定公。

[1] 其年冬：徐紹楨《質疑》謂此詔《明帝紀》及《通鑑》均在太和五年八月。此"冬"字疑"秋"字之訛。《通鑑》載詔文云"各將適子一人朝明年正月"，與此云"朝六年正月"同，蓋令其正月朝見耳。

[2] 陳：王國名。治所陳縣，在今河南淮陽縣。所轄四縣除陳縣外，還有柘縣、武平縣與長平縣。（本吳增僅《三國郡縣表附考證》）

[3] 事：百衲本作"事"，殿本、盧弼《集解》本、校點本作"事事"。趙幼文《校箋》謂郝經《續後漢書》《通志》"事"字俱不重。今從百衲本。

[4] 四十一：周壽昌《注證遺》云："四十一"下疑脫"諡曰思"三字。按，《明帝紀》太和六年十一月庚寅"陳思王植薨"，考帝紀諸王薨，例不書諡，彼特出"思"字，而本傳反不書諡，皆誤。

[5] 魚山：又名吾山。在今山東東阿縣南。徐紹楨《質疑》謂"魚""吾"二字古聲相近，多通用，故"魚山"又稱"吾山"。

[6] 歸焉：殿本、盧弼《集解》本、校點本作"終焉"，百衲本作"歸焉"。趙幼文《校箋》謂郝經《續後漢書》作"歸焉"。錢儀吉從宋本改作"歸"。考《易·說卦傳》虞注："歸，藏也。"則歸焉謂埋藏於此，作"歸"字為得。今從百衲本與趙說。

[7] 濟北：王國名。治所盧縣，在今山東濟南市長清區。

[8] 景初：魏明帝曹叡年號（237—239）。

[9] 議：李慈銘《札記》謂“議”下脱“藏”字或“在”字。尚書中書秘書三府：盧弼《集解》本、校點本作“尚書、秘書、中書三府”，百衲本、殿本作“尚書、中書、秘書三府”。今從百衲本等。

[10] 百餘篇：《隋書·經籍志》集部別集類著録《陳思王曹植集》三十卷，總集類又著録魏陳思王《畫贊》五卷，史部雜傳類又著録曹植撰《列女頌》一卷，共爲三十六卷。後世著録有所不同，可詳見趙幼文《曹植集校注》前言。

[11] 九百九十户：陳景雲《辨誤》云：按魏室諸王，至正元、景元間，普增封邑，其户皆累千，即如平陽、武成二公，亦皆逾千户矣。思王初封於陳，已有邑三千五百户，至子志嗣爵，又累增邑，乃并前計之，止有九百九十户，必傳寫脱誤也。

[12] 琴瑟：百衲本、殿本作“瑟瑟”，盧弼《集解》本、校點本作“琴瑟”。盧弼《集解》云：“宋本作‘瑟瑟’誤。”今從《集解》本等。

[13] 辭曰：《曹植集校注》題此篇爲《吁嗟篇》。

[14] 轉蓬：蓬草隨風而轉。比喻境遇之飄零。

[15] 七陌：盧弼《集解》本作“十陌”，百衲本、殿本、校點本、《曹植集校注》均作“七陌”。今從百衲本等。

[16] 回風：旋風。

[17] 飆（biāo）：暴風，狂風。

[18] 中田：即田中。

[19] 八澤：《淮南子·墜形訓》謂四面八方有無通、少海、元澤、浩澤、丹澤、泉澤、海澤、寒澤等八大水澤。

[20] 五山：五岳。

[21] 糜滅：糜爛。

[22] 根荄（gāi）：百衲本、殿本、盧弼《集解》本作“林葉”；校點本作“根荄”；盧弼《集解》云：“宋本《子建集》作

'株荄'。"《曹植集校注》亦作"株荄",趙幼文注:"疑當作'根荄'。"今從校點本。荄,草根。

［23］敦睦:親厚和睦。《尚書·堯典》:"克明俊德,以親九族,九族既睦,平章百姓。"

［24］維城:是城,像城。《詩·大雅·板》:"懷德維寧,宗子維城。"

［25］七國:指漢景帝時吳、楚、趙、膠西、膠東、濟南、菑川等七國起兵反叛。

［26］也:盧弼《集解》云:疑作"正"。趙幼文《校箋》云:"也,決定之詞,作'也'字是。"

［27］瘣(huì)木:病萎枯黃無枝葉之樹木。

［28］巢幕:築巢於帳幕之上,甚爲危險。《左傳·襄公二十九年》:吳公子季札自衛入晉,聽到孫文子之鐘聲,曰:"夫子之在此也,猶燕之巢于幕上。君又在殯,而可以樂乎?"

［29］忽諸:《左傳·文公五年》:"臧文仲聞六與蓼滅,曰:'皋陶、庭堅不祀忽諸。'"杜預注:"忽然而亡。"

［30］六代:指夏、商、周、秦及兩漢。

［31］志別傳:沈家本《三國志注所引書目》謂《隋書·經籍志》《舊唐書·經籍志》和《新唐書·藝文志》皆不著錄。

［32］中撫軍:官名。曹魏末置,司馬炎自中護軍遷任,副貳相國事,掌握朝政大權。

［33］樂平:郡名。漢末建安中置,治所沾縣,在今山西昔陽縣西南。

［34］章武:王國名。西晉武帝泰始元年置,治所東平舒縣,在今河北大城縣。 趙郡:治所房子縣,在今河北高邑縣西南。

［35］散騎常侍:官名。秩二千石,第三品。爲門下重職,侍從皇帝左右,諫靜得失,應對顧問,與侍中共平尚書奏事,有異議得駁奏。 國子博士:學官名。西晉武帝咸寧(275—280)中立國子學,置一員,以教授生徒儒學,取履行清淳、通明典義者爲之,若

散騎常侍、中書侍郎、太子中庶子以上，乃得召試，並應對殿堂，備咨詢顧問，隸國子祭酒。地位高於太學博士。

　　［36］博士祭酒：官名。西晉時，爲太學之長，與國子學之長國子祭酒并隸太常。

　　［37］齊王攸：晉武帝之弟司馬攸，賢明仁德，爲朝臣所愛戴。晉武帝晚年，太子愚昧，朝臣皆有意擁戴攸。晉武帝遂聽讒言，令諸王離京就國。

　　［38］太康：晉武帝司馬炎年號（280—289）。

　　蕭懷王熊，[1] 早薨。黃初二年追封諡蕭懷公。[2] 太和三年，又追進爵爲王。[3] 青龍二年，子哀王炳嗣。食邑二千五百户。六年薨，[4] 無子，國除。

　　［1］蕭：縣名。治所在今安徽蕭縣西北。

　　［2］追封諡：吳金華《〈三國志〉斠議》謂按史例“諡”下當有“曰”字。

　　［3］進：校點本作“封”，百衲本、殿本、盧弼《集解》本作“進”。今從百衲本等。

　　［4］六年：本書卷三《明帝紀》青龍五年（237）三月改年號爲景初，則青龍僅四年，此云“六年”，誤。

　　評曰：任城武藝壯猛，有將領之氣。陳思文才富豔，足以自通後葉，然不能克讓遠防，終致攜隙。《傳》曰“楚則失之矣，而齊亦未爲得也”，[1] 其此之謂歟！〔一〕

　　〔一〕魚豢曰：諺言“貧不學儉，卑不學恭”，非人性分也，[2] 勢使然耳。此實然之勢，信不虛矣。假令太祖防過植等，在於疇昔，此賢之心，何緣有窺望乎？彰之挾恨，尚無所至。至於植者，〔豈能興難？〕[3] 乃令楊脩以倚注遇害，丁儀以希意族滅，哀夫！余每覽植之華采，思若有神。以此推之，太祖之動心，亦良有以也。

[1] 傳曰："傳曰"之語，爲《史記》卷一一七《司馬相如列傳》載《上林賦》中無是公之言。原文無"之"字與"而"字。其下無是公還謂子虛與烏有先生："二君之論，不務明君臣之義與正諸侯之禮。"陳壽以此語比喻陳思王與魏君皆有不是之處。

[2] 人性分：趙幼文《校箋》謂《通鑑·魏紀》"分"下有"殊"字。

[3] 豈能興難：各本皆無此四字。陳景雲《辨誤》云：魚豢語，《通鑑》亦引之。"至於植者"下，《通鑑》有"豈能興難"一句。以文義求之，此語斷不可刪。此注所少四字，必非裴氏所芟，乃後來刊本脱落耳。校點本即從陳氏此説增補，今從之。

三國志 卷二〇

魏書二十

武文世王公傳第二十

武皇帝二十五男：卞皇后生文皇帝、任城威王彰、陳思王植、蕭懷王熊，劉夫人生豐愍王昂、相殤王鑠，環夫人生鄧哀王沖、彭城王據、燕王宇，杜夫人生沛穆王林、中山恭王袞，秦夫人生濟陽懷王玹、陳留恭王峻，尹夫人生范陽閔王矩，王昭儀生趙王幹，孫姬生臨邑殤公子上、楚王彪、剛殤公子勤，李姬生穀城殤公子乘、郿戴公子整、靈殤公子京，周姬生樊安公均，劉姬生廣宗殤公子棘，宋姬生東平靈王徽，趙姬生樂陵王茂。

豐愍王昂字子脩。[1]弱冠舉孝廉。[2]隨太祖南征，為張繡所害。無子。黃初二年追封，[3]謚曰豐悼公。三年，以樊安公均子琬奉昂後，[4]封中都公。[5]其年徙封長子公。[6]五年，追加昂號曰豐悼王。太和三年改昂謚曰愍王。[7]嘉平六年，[8]以琬襲昂爵為豐王。正元、景元中，[9] 累增邑，并前二千七百户。琬薨，謚曰恭王。子廉嗣。

相殤王鑠，[10] 早薨，太和三年追封謚。青龍元年，[11] 子愍王潛嗣，其年薨。二年，子懷王偃嗣，邑二千五百户，四年薨。無子，國除。正元二年，以樂陵王茂子陽都鄉公竦繼鑠後。[12]

鄧哀王沖字倉舒。[13] 少聰察岐嶷，[14] 生五六歲，智意所及，有若成人之智。[15] 時孫權曾致巨象，太祖欲知其斤重，訪之羣下，咸莫能出其理。沖曰：“置象大船之上，[16] 而刻其水痕所至，稱物以載之，則校可知矣。”太祖大悦，即施行焉。時軍國多事，用刑嚴重。太祖馬鞍在庫，而爲鼠所齧，[17] 庫吏懼必死，議欲面縛首罪，[18] 猶懼不免。沖謂曰：“待三日中，然後自歸。”沖於是以刀穿單衣，[19] 如鼠齧者，謬爲失意，貌有愁色。太祖問之，沖對曰：“世俗以爲鼠齧衣者，其主不吉。[20] 今單衣見齧，是以憂戚。”太祖曰：“此妄言耳，無所苦也。”俄而庫吏以齧鞍聞，太祖笑曰：“兒衣在側，尚齧，況鞍縣柱乎？”一無所問。沖仁愛識達，皆此類也。凡應罪戮，而爲沖微所辨理，賴以濟宥者，前後數十。〔一〕太祖數對羣臣稱述，有欲傳後意。年十三，建安十三年疾病，[21] 太祖親爲請命。及亡，哀甚。文帝寬喻太祖，太祖曰：“此我之不幸，而汝曹之幸也。”〔二〕言則流涕，爲聘甄氏亡女與合葬，贈騎都尉印綬，[22] 命宛侯據子琮奉沖後。[23] 二十二年，封琮爲鄧侯。黄初二年，追贈謚沖曰鄧哀侯，又追加號爲公。〔三〕三年，進琮爵，徙封冠軍公。[24]四年，徙封己氏公。[25]太和五年，加沖號曰鄧哀王。景初元年，[26]琮坐於中尚方作禁物，[27]削户三百，貶爵爲都鄉侯。[28]三年，復爲己氏公。正始七年，[29]轉封平陽公。[30]景初、正元、景元中，累增邑，并前千九百户。

〔一〕《魏書》曰：沖每見當刑者，輒探覗其冤枉之情而微理之。及勤勞之吏，以過誤觸罪，常爲太祖陳說，宜寬宥之。辨察仁愛，與性俱生，容貌姿美，有殊於衆，故特見寵異。

臣松之以“容貌姿美”一類之言，而分以爲三，亦敍屬之一病也。

〔二〕孫盛曰：《春秋》之義，立嫡以長不以賢。[31]沖雖存也猶不宜立，況其既没，而發斯言乎？《詩》云：“無易由言。”[32]魏武其易之也。

〔三〕《魏書》載策曰：“惟黄初二年八月丙午，皇帝曰：咨爾鄧哀侯沖，昔皇天鍾美於爾躬，俾聰哲之才，成於弱年。當永享顯祚，克成厥終。如何不禄，早世夭昏！朕承天序，享有四海，並建親親，以藩王室，惟爾不逮斯榮，且葬禮未備。追悼之懷，愴然攸傷。今遷葬于高陵，[33]使使持節兼謁者僕射、郎中陳承，[34]追賜號曰鄧公，祠以太牢。[35]魂而有靈，休兹寵榮。嗚呼哀哉！”

《魏略》曰：文帝常言“家兄孝廉，[36]自其分也。若使倉舒在，我亦無天下。”

[1] 豐：縣名。治所在今江蘇豐縣。

[2] 孝廉：漢代選拔官吏的主要科目。孝指孝子，廉指廉潔之士。原本爲二科，後混同爲一科，也不再限於孝子和廉士。東漢後期定制爲不滿四十歲者不得察舉；被舉者先詣公府課試，以觀其

能。郡國每年要向中央推舉一至二人。

　　[3] 黄初：魏文帝曹丕年號（220—226）。

　　[4] 樊：縣名。治所在今山東兖州市西南。

　　[5] 中都：縣名。治所在今山西平遥縣西南。

　　[6] 長子：縣名。治所在今山西長子縣西南。

　　[7] 太和：魏明帝曹叡年號（227—233）。

　　[8] 嘉平：魏少帝齊王曹芳年號（249—254）。

　　[9] 正元：魏少帝高貴鄉公曹髦年號（254—256）。 景元：魏元帝曹奂年號（260—264）。校點本 1982 年 7 月第 2 版誤此 "景元" 爲 "景王"。

　　[10] 相：縣名。治所在今安徽濉溪縣西北。

　　[11] 青龍：魏明帝曹叡年號（233—237）。

　　[12] 樂陵：王國名。治所厭次縣，在今山東惠民縣東桑落堡。鄉公：爵名。魏文帝黄初三年（222） "初制封王之庶子爲鄉公"。（見本書卷二《文帝紀》）

　　[13] 鄧：侯國名。治所在今湖北襄陽市西北。

　　[14] 岐嶷：形容年幼聰慧。《詩·大雅·生民》："誕實匍匐，克岐克嶷。"毛傳：岐，知意也。嶷，識也。

　　[15] 智意所及有若成人之智：趙幼文《校箋》謂《太平御覽》卷一五〇（當作一五一）引 "意" 字作 "惠"。"意" "惠" 形近，"惠" "慧" 古通。又《藝文類聚》卷四五、卷七一引無 "之智" 二字。《太平御覽》卷七六八、《事類賦》卷一六引作 "智若成人"。郝經《續後漢書》作 "志意若成人"。疑此 "之智" 二字應衍。上文已云 "智意所及"，則此句不必重出 "智" 字也。當從諸書校删。

　　[16] 置象大船之上：陳寅恪謂以船稱象乃天竺故事，見北魏吉迦夜共曇曜譯《雜寶藏經》，此經雜采諸經而成，當別有先出；或雖未譯出，亦可口傳中土。《三國志》倉舒以船稱象事，係附會天竺故事。（見《寒柳堂集·三國志曹沖華陀傳與佛教故事》）

[17] 而：趙幼文《校箋》謂《藝文類聚》卷九五、《初學記》卷二二、《太平御覽》卷三五八引無"而"字。

[18] 議欲：趙幼文《校箋》謂郝經《續後漢書》無"議"字。按，《藝文類聚》卷九五引有。

[19] 冲於是：百衲本無"冲"字，殿本、盧弼《集解》本、校點本皆有。今從殿本等。

[20] 其主：殿本、盧弼《集解》本"主"下有"者"字，百衲本、校點本無。今從百衲本等。

[21] 建安：漢獻帝劉協年號（196—220）。

[22] 騎都尉：官名。屬光禄勳，秩比二千石，掌羽林騎兵。

[23] 宛：侯國名，治所在今河南南陽市。

[24] 冠軍：公國名。治所在今河南鄧州市西北。

[25] 己氏：公國名。治所在今山東曹縣東南。

[26] 景初：魏明帝曹叡年號（237—239）。

[27] 中尚方：官署名。曹魏以中尚方令主之，屬少府。主製作皇宮所用刀劍及其他貴重器物。

[28] 都鄉侯：爵名。列侯食邑爲都鄉（近城之鄉）者，稱都鄉侯，位次於縣侯，高於鄉侯。

[29] 正始：魏少帝齊王曹芳年號（240—249）。

[30] 平陽：公國名。治所在今山西臨汾市西南。

[31] 立嫡以長：《公羊傳·隱公元年》："立適以長不以賢，立子以貴不以長。"

[32] 無易由言：見《詩·大雅·抑》，意謂不要隨口就説。

[33] 高陵：曹操之陵。在當時鄴城西。

[34] 使持節：漢末、三國，皇帝授予出征或出鎮之軍事長官的一種權力。至晉代，此種權力明確爲可誅殺二千石以下官員。若皇帝派遣大臣執行出巡或祭吊等事務時，加使持節，則表示權力和尊崇。　謁者僕射（yè）：官名。秩比千石，第五品。爲謁者臺長官，名義上屬光禄勳。掌侍從皇帝左右，關通內外，職權頗重。

郎中：官名。東漢時，秩比三百石，分隸五官、左、右三署中郎將，名義上備宿衛，實爲後備官吏人材。魏、晋雖罷五官、左、右三署中郎將，仍置郎中，州郡所舉秀才、孝廉，多先授郎中，再出補長吏。

［35］太牢：祭祀時，牛、羊、豕三牲俱備稱太牢。

［36］家兄：指豐愍王曹昂。

彭城王據，[1]建安十六年封范陽侯。[2]二十二年，徙封宛侯。黄初二年，進爵爲公。三年，爲章陵王，[3]其年徙封義陽。[4]文帝以南方下濕，又以環太妃彭城人，徙封彭城。又徙封濟陰。[5]五年，詔曰：“先王建國，隨時而制。漢祖增秦所置郡，至光武以天下損耗，并省郡縣。以今比之，益不及焉。其改封諸王，皆爲縣王。”據改封定陶縣。太和六年，改封諸王，皆以郡爲國，據復封彭城。景初元年，據坐私遣人詣中尚方作禁物，削縣二千户。〔一〕三年，復所削户邑。正元、景元中累增邑，并前四千六百户。

〔一〕《魏書》載璽書曰：[6]“制詔彭城王：有司奏，王遣司馬董和，[7]齎珠玉來到京師中尚方，多作禁物，交通工官，出入近署，踰侈非度，慢令違制，繩王以法。朕用憫然，不寧于心。王以懿親之重，處藩輔之位，典籍日陳於前，勤誦不輟於側。加雅素奉脩，恭肅敬慎，務在蹈道，孜孜不衰，豈忘率意正身，考終厥行哉？若然小疵，或謬于細人，忽不覺悟，以斯爲失耳。《書》云：[8]‘惟聖罔念作狂，惟狂克念作聖。’古人垂誥，乃至於此，故君子思心無斯須遠道焉。常慮所以累德者而去之，則德明矣；開心所以爲塞者而通之，則心夷矣；慎行所以爲尤者而脩之，則行全矣：三者，王之所能備也。今詔有司宥王，削縣二千户，以彰八柄與奪之法。[9]昔羲、文作《易》，[10]著休復之誥，[11]仲尼論行，既過能改。[12]王其改行，茂昭斯義，率意無怠。”

[1] 彭城：王國名。治所彭城縣，在今江蘇徐州市。

[2] 范陽：侯國名。治所在今河北定興縣西南固城鎮。

[3] 章陵：王國名。治所章陵縣，在今湖北襄陽市南。

[4] 義陽：王國名。治所安昌縣，在今湖北襄陽市東南。

[5] 濟陰：王國名。治所定陶縣，在今山東定陶縣西北。

[6] 魏書：殿本、盧弼《集解》本作“列書”，殿本《考證》云：“疑作‘魏書’。”百衲本、校點本作“魏書”，今從之。

[7] 司馬：官名。此王國司馬，第七品。

[8] 書云：見《尚書·多方》。孔傳云：“惟聖人無念於善，則爲狂人；惟狂人能念於善，則爲聖人。”

[9] 八柄：古代帝王駕馭臣下的八種手段，即爵、祿、予、置、生、奪、廢、誅。《周禮·天官·太宰》云：“以八柄詔王馭群臣。”

[10] 羲文：伏羲氏、周文王。傳說伏羲氏作八卦，文王演《周易》。

[11] 誥：百衲本、盧弼《集解》本作“誥”，殿本、校點本作“語”。趙幼文《校箋》謂《册府元龜》卷二九七引亦作“誥”。今從百衲本等。

[12] 既過能改：《論語·學而》：“子曰：過，則勿憚改。”

燕王宇字彭祖。[1]建安十六年，封都鄉侯。二十二年，改封魯陽侯。[2]黃初二年，進爵爲公。三年，爲下邳王。[3]五年，改封單父縣。[4]太和六年，改封燕王。明帝少與宇同止，常愛異之。及即位，寵賜與諸王殊。

青龍三年，徵入朝。景初元年，還鄴。^[5]二年夏，復徵
詣京都。冬十二月，明帝疾篤，拜宇爲大將軍，^[6]屬以
後事。受署四日，宇深固讓；帝意亦變，遂免宇官。
三年夏，還鄴。景初、正元、景元中，累增邑，并前
五千五百户。常道鄉公奐，宇之子，入繼大宗。

沛穆王林，^[7]建安十六年封饒陽侯。^[8]二十二年，
徙封譙。^[9]黃初二年，進爵爲公。三年，爲譙王。^[10]五
年，改封譙縣。七年，徙封鄄城。^[11]太和六年，改封
沛。景初、正元、景元中，累增邑，并前四千七百户。
林薨，^[12]子緯嗣。〔一〕

〔一〕案《嵇氏譜》：^[13]嵇康妻，林子之女也。

[1] 燕：王國名。治所薊縣，在今北京城西南。
[2] 魯陽：侯國名。治所在今河南魯山縣。
[3] 下邳：王國名。治所下邳縣，在今江蘇睢寧縣西北。
[4] 單父：縣王國名。治所在今山東單縣南。
[5] 鄴：縣名。治所在今河北臨漳縣西南鄴鎮東一里半。
[6] 大將軍：官名。東漢時，常兼錄尚書事，與太傅、太尉等
共同主持政務。漢末，位在三公上。曹魏時，仍爲上公，第一品。
[7] 沛：王國名。治所相縣，在今安徽濉溪縣西北。
[8] 饒陽：侯國名。治所在今河北饒陽縣東北。
[9] 譙：侯國名。治所在今安徽亳州市。
[10] 譙：王國名。治所即譙縣。
[11] 鄄城：縣王國名。治所在今山東鄄城縣北。
[12] 林薨：本書卷四《少帝高貴鄉公紀》載沛王林薨於甘露
元年（256）正月乙巳，則上云正元、景元中之增邑，乃沛王林卒

後之事。此處記載不够確切。

[13] 嵇氏譜：《隋書·經籍志》《舊唐書·經籍志》《新唐書·藝文志》，均未著録。

中山恭王衮，[1]建安二十一年封平鄉侯。[2]少好學，年十餘歲能屬文。每讀書，文學左右常恐以精力爲病，[3]數諫止之，然性所樂，不能廢也。二十二年，徙封東鄉侯，[4]其年又改封贊侯。[5]黄初二年，進爵爲公，官屬皆賀，衮曰："夫生深宮之中，不知稼穡之艱難，多驕逸之失。諸賢既慶其休，宜輔其闕。"每兄弟游娱，衮獨覃思經典。[6]文學、防輔相與言曰：[7]"受詔察公舉錯，有過當奏，及有善，亦宜以聞，不可匿其美也。"遂共表稱陳衮美。衮聞之，大驚懼，[8]責讓文學曰："脩身自守，常人之行耳，而諸君乃以上聞，是適所以增其負累也。且如有善，何患不聞，而遽共如是，是非益我者。"其戒慎如此。[9]三年，爲北海王。[10]其年，黄龍見鄴西漳水，衮上書贊頌。詔賜黄金十斤，詔曰："昔唐叔歸禾，[11]東平獻頌，[12]斯皆骨肉贊美，以彰懿親。王研精墳典，耽味道真，文雅焕炳，朕甚嘉之。王其克慎明德，以終令聞。"[13]四年，改封贊王。七年，徙封濮陽。[14]太和二年就國，尚約儉，[15]教敕妃妾紡績織紝，習爲家人之事。五年冬，入朝。[16]六年，改封中山。

初，衮來朝，犯京都禁。青龍元年，有司奏衮。詔曰："王素敬慎，邂逅至此，其以議親之典議之。"[17]有司固執。詔削縣二，户七百五十。[一]衮憂懼，戒敕官屬愈謹。帝嘉其意，二年，復所削縣。三年秋，衮得疾病，詔遣太醫視疾，殿中虎賁齎手詔、賜珍膳相屬，[18]又遣太妃、沛王林並就省疾。衮疾困，[19]敕令官屬曰："吾寡德忝寵，大命將盡。吾既好儉，而聖朝著終誥之制，[20]爲天下法。吾氣絕之日，自殯及葬，務奉詔書。昔衛大夫蘧瑗葬濮陽，[21]吾望其墓，常想其遺風，願託賢靈以弊髮齒，[22]營吾兆域，[23]必往從之。《禮》：[24]男子不卒婦人之手。亟以時成東堂。"堂成，名之曰遂志之堂，興疾往居之。又令世子曰："汝幼少，未聞義方，早爲人君，但知樂，不知苦；不知苦，必將以驕奢爲失也。接大臣，務以禮。雖非大臣，老者猶宜答拜。事兄以敬，恤弟以慈；兄弟有不良之行，當造膝諫之。諫之不從，流涕喻之；喻之不改，乃白其母。若猶不改，當以奏聞，并辭國土。與其守寵罹禍，不若貧賤全身也。此亦謂大罪惡耳，其微過細故，[25]當掩覆之。嗟爾小子，慎脩乃身，奉聖朝以忠貞，事太妃以孝敬。閨闈之內，[26]奉令於太妃；閫閾之外，[27]受教於沛王。無怠乃心，以慰予靈。"其年薨。詔沛王林留訖葬，使大鴻臚持節典護喪事，[28]宗正弔祭，[29]贈賵甚厚。凡所著文章二萬餘言，才不及陳思王而好〔學〕與之侔。[30]子孚嗣。景初、正元、景元中，累增邑，并前三千四百戶。

〔一〕《魏書》載璽書曰："制詔中山王：有司奏，王乃者來朝，犯交通京師之禁。[31]朕惟親親之恩，用寢吏議。然法者，所與天下共也，不可得廢。今削王縣二，戶七百五十。夫克己復

禮，[32]聖人稱仁，朝過夕改，君子與之。王其戒諸，無貳

咎悔也。"

[1] 中山：王國名。治所盧奴縣，在今河北定州市。　袞：趙
幼文《校箋》謂《藝文類聚》卷六五，《太平御覽》卷二四八、卷
五八八引作"褒"。按，上海古籍出版社 1999 年重印汪紹楹校《藝
文類聚》卷六五作"衷"，卷四五又作"袞"。

[2] 平鄉：侯國名。治所在今河北平鄉縣西南。

[3] 文學：官名。侯國所置。此當爲文學侍從之官。魏文帝代
漢後，則爲監視諸侯之官。

[4] 東鄉：侯國名。西漢時沛郡有東鄉縣，治所當在今安徽鳳
陽縣境。(本盧弼《集解》引李兆洛説)

[5] 酇：即"酇"，侯國名。盧弼《集解》謂《續漢書·郡國
志》有兩酇縣，一在豫州沛國，一在荆州南陽郡。魏國既建，分沛
國爲譙郡，選用王觀、陳群、劉放爲酇令，則曹袞所封當爲南陽郡
之酇縣。此酇縣治所在今湖北光化縣西北。

[6] 覃：百衲本、殿本作"譚"，盧弼《集解》本、校點本作
"覃"。殿本《考證》云："'譚'疑當作'覃'。"今從《集解》本
等。覃，孔安國《尚書序》："研精覃思，博考經籍。"陸德明《釋
文》："覃，深也。"

[7] 防輔：官名。潘眉《考證》云："魏制，諸王在國，禁防
嚴密，朝廷特設防輔監國之官以伺察之。此文學、防輔是也。"

[8] 驚懼：趙幼文《校箋》謂《藝文類聚》卷四五、《太平御
覽》卷二四八引俱無"懼"字。

[9] 戒：百衲本、盧弼《集解》本作"誡"，殿本、校點本作
"戒"。今從殿本等。

[10] 北海：王國名。治所劇縣，在今山東昌樂縣西。

[11] 唐叔：唐叔虞，周成王弟。《史記》卷三三《魯周公世
家》云："天降祉福，唐叔得禾，異母同穎，獻之成王，成王命唐

叔以饋周公於東土，作《饋禾》。"

[12] 東平：指東漢東平王劉蒼，漢明帝弟。漢明帝永平十五年（72），"帝以所作《光武本紀》示蒼，蒼因上《光武受命中興頌》。帝甚善之，以其文典雅，特令校書郎賈逵爲之訓詁"。（《後漢書》卷四二《東平憲王蒼傳》）

[13] 聞（wèn）：百衲本、盧弼《集解》本作"問"，殿本、校點本作"聞"。按，二字可通，均爲聲譽之意，今從殿本等。

[14] 濮陽：縣王國名。治所在今河南濮陽縣西南。

[15] 約儉：趙幼文《校箋》謂《藝文類聚》卷六五引作"儉約"，《太平御覽》卷四三一引《魏武別傳》同。

[16] 入朝：徐紹楨《質疑》據本書《陳思王植傳》太和五年（231）"詔諸王朝六年正月"之記載，謂此"入朝"，乃"承詔赴京都之時，非此時即入朝也"。

[17] 議親：周代以後之八辟（八議）之一。親，指帝王五屬內外之親族，有罪則可減免刑罰。

[18] 殿中虎賁（bēn）：宮殿中之宿衛士。

[19] 疾：趙幼文《校箋》謂《群書治要》卷二六引作"病"。

[20] 終誥之制：指魏文帝黃初五年所作節儉埋葬的終制，詳見本書卷二《文帝紀》黃初五年冬十月。

[21] 蘧瑗：字伯玉，春秋時衛大夫，是位善於改過之人，孔子説他"欲寡其過而未能"。（《論語·憲問》）《淮南子·原道訓》又云："蘧伯玉年五十而有四十九年非。"高誘注："今年所行是也，則還顧知去年之所行非也。歲歲悔之，以至於死。"

[22] 弊：盧弼《集解》本作"敝"，百衲本、殿本、校點本作"弊"。今從百衲本等。

[23] 兆域：本指墓地四周的界限，後通指墳墓。

[24] 禮：此指《禮記·喪大記》。

[25] 微過細故：趙幼文《校箋》謂《群書治要》卷二六引"細"下有"愆"字，"故"字屬下讀。

［26］閨闈（wéi）：内室，亦即婦女居室。

［27］閫（kǔn）閾（yù）：婦女所居内室之門户。

［28］大鴻臚：官名。漢列卿之一，秩中二千石。掌少數民族君長、諸侯王、列侯之迎送、接待、安排朝會、封授、襲爵及奪爵削土之典禮；諸侯王死，則奉詔護理喪事，宣讀誄策謚號；百官朝會，掌贊襄引導；兼管京都之郡國邸舍及郡國上計吏之接待；又兼管少數民族之朝貢使節及侍子。三國沿之，魏爲三品。　持節：漢朝官吏奉使外出時，由皇帝授予節杖，以提高其威權。魏晉以後，軍事長官出征或出鎮時，加持節，可殺無官位人；若軍事，可殺二千石以下官員。如官員或使臣外出，加持節，則表示權力和尊崇。

［29］宗正：官名。漢代九卿之一，秩中二千石，由宗室擔任。掌皇族親屬事務，登記宗室王國譜牒，以別士庶；凡宗室有罪，須先報宗正，方得處治。曹魏沿置，多任皇族，或暫以他姓代理。第三品。

［30］好學與之伴：各本皆無“學”字。盧弼《集解》謂郝經《續後漢書》有“學”字。趙幼文《校箋》謂有“學”字者是，今本脱。張采《三國文》引亦有“學”字。今從盧、趙説增補。

［31］交通：交往勾結。

［32］克己復禮：《論語·顏淵》：“顏淵問仁，子曰：‘克己復禮爲仁。一日克己復禮，天下歸仁焉。’”

　　濟陽懷王玹，[1]建安十六年封西鄉侯。[2]早薨，無子。二十年，以沛王林子贊襲玹爵邑，早薨，無子。文帝復以贊弟壹紹玹後。黄初二年，改封濟陽侯。四年，進爵爲公。太和四年，追進玹爵，謚曰懷公。六年，又進號曰懷王，追謚贊曰西鄉哀侯。壹薨，謚曰悼公。子恒嗣。景初、正元、景元中，累增邑，并前千九百户。

　　陳留恭王峻字子安，[3]建安二十一年封郿侯。[4]二十二年，徙封襄邑。[5]黃初二年，進爵爲公。三年，爲陳留王。五年，改封襄邑縣。太和六年，又封陳留。甘露四年薨。[6]子澳嗣。景初、正元、景元中，累增邑，并前四千七百户。

　　范陽閔王矩，[7]早薨，無子。建安二十二年，以樊安公均子敏奉矩後，[8]封臨晋侯。[9]黃初三年追封諡矩爲范陽閔公。五年，改封敏范陽王。七年，徙封句陽，[10]太和六年，追進矩號曰范陽閔王，改封敏琅邪王。[11]景初、正元、景元中，累增邑，并前三千四百户。敏薨，諡曰原王。子焜嗣。

　　趙王幹，[12]建安二十年封高平亭侯。[13]二十二年，徙封賴亭侯。其年改封弘農侯。[14]黃初二年，進爵，徙封燕公。〔一〕三年，爲河間王。[15]五年，改封樂城縣。七年，徙封鉅鹿。[16]太和六年，改封趙王。幹母有寵於太祖。及文帝爲嗣，幹母有力。文帝臨崩，有遺詔，是以明帝常加恩意。青龍二年，私通賓客，爲有司所奏，賜幹璽書誡誨之，曰："《易》稱'開國承家，小人勿用'，[17]《詩》著'大車惟塵'之誡。[18]自太祖受命創業，深覩治亂之源，鑒存亡之機，初封諸侯。訓以恭慎之至言，輔以天下之端士，常稱馬援之遺誡，[19]重諸侯賓客交通之禁，乃使與犯妖惡同。夫豈以此薄骨肉哉？徒欲使子弟無過失之愆，士民無傷害之悔耳。高祖踐阼，[20]祗慎萬機，申著諸侯不朝之令。朕感詩人《常棣》之作，[21]嘉《采菽》之義，[22]亦緣詔文曰‘若有詔得詣京都’，故命諸王以朝聘之禮。而楚、中山並犯交通之禁，趙宗、戴捷咸伏其辜。近東平王復使屬官毆壽張吏，[23]有司舉奏，朕裁削縣。（令）〔今〕有司以曹纂、王喬等因九族時節，[24]集會王家，或非其時，皆違禁防。朕惟王幼少有恭順之素，[25]加受先帝顧命，欲崇恩禮，延乎後嗣，況近在王之身乎？且自非聖人，孰能無過？已詔有司宥王之失。古人有言：[26]‘戒慎乎其所不覩，恐懼乎其所弗聞，莫見乎隱，莫顯乎微，故君子慎其獨焉。’[27]叔父茲率先聖之典，[28]以纂乃先帝之遺命，戰戰兢兢，靖恭厥位，稱朕意焉。”景初，正元、景元中，[29]累增邑，并前五千户。

〔一〕《魏略》曰：幹一名良。良本陳妾子，良生而陳氏死，太祖令王夫人養之。良年五歲而太祖疾困，遺令語太子言：[30]“此兒三歲亡母，五歲失父，以累汝也。”太子由是親待，隆於諸弟。良年小，常呼文帝為阿翁，帝謂良曰：“我，汝兄耳。”文帝又愍其如是，每為流涕。

臣松之案：此傳以母貴賤為次，[31]不計兄弟之年，故楚王彪年雖大，傳在幹後。尋《朱建平傳》，知彪大幹二十歲。

[1] 濟陽：侯國名。治所在今河南蘭考縣東北堌陽鎮。

[2] 西鄉：侯國名。西漢有西鄉侯國，治所在今北京房山區西南。東漢省。蓋此時又恢復。

[3] 陳留：王國名。治所陳留縣，在今河南開封市東南。

[4] 郿：侯國名。治所在今陝西眉縣東北。

[5] 襄邑：侯國名。治所在今河南睢縣。

〔6〕甘露：魏少帝高貴鄉公曹髦年號（256—260）。

〔7〕范陽：王國名。黃初七年改涿郡置范陽郡，治所涿縣，在今河北涿州市。

〔8〕樊：侯國名。治所在今山東兗州市西南。盧弼《集解》云：“建安二十二年均尚未死，不應稱‘樊安公均’。”

〔9〕臨晉：侯國名。治所在今陝西大荔縣。

〔10〕句陽：侯國名。治所在今山東菏澤市北。

〔11〕琅邪：王國名。治所開陽縣，在今山東臨沂市北。

〔12〕趙：王國名。治所房子縣，在今河北高邑縣西南。

〔13〕亭侯：爵名。漢制，列侯大者食縣邑，小者食鄉、亭。東漢後期遂以食鄉、亭者稱爲鄉侯、亭侯。

〔14〕弘農：侯國名。治所在今河南靈寶市東北。

〔15〕河間：王國名。治所樂成縣，在今河北獻縣東南。

〔16〕鉅鹿：侯國名，治所在今河北平鄉縣西南平鄉。

〔17〕小人勿用：此《易·師》上六爻辭。

〔18〕大車惟塵：《詩·小雅·無將大車》：“無將大車，維塵冥冥。”鄭箋：“冥冥者，蔽人目明，令無所見也。猶進舉小人，蔽傷己之功德也。”

〔19〕馬援：東漢光武帝時曾任隴西太守，後爲伏波將軍，率兵南征交阯等郡，以功封新息侯。馬援在交阯時，曾修書誡兄子馬嚴、馬敦，其中有云：“吾欲汝曹聞人過失，如聞父母之名，耳可得聞，口不可得言也。好論議人長短，妄是非正法，此吾所大惡也，寧死不願聞子孫有此行也。”（《後漢書》卷二四《馬援傳》）

〔20〕高祖：魏文帝曹丕。

〔21〕常棣：《詩·小雅》篇名。其序云：“《常棣》，燕兄弟也。閔管、蔡之失道，故作《常棣》焉。”

〔22〕采菽：《詩·小雅》篇名。其序云：“《采菽》，刺幽王也。侮慢諸侯，諸侯來朝，不能錫命，以禮數徵會之，而無信義，君子見微而思古焉。”

〔23〕東平：王國名。治所無鹽縣，在今山東東平縣東。　毆：
百衲本、殿本作"歐"，盧弼《集解》本、校點本作"毆"。錢大
昭《辨疑》謂"歐"當作"毆"，《東平王傳》作"摳"。今從
《集解》本等。　壽張：縣名。治所在今山東東平縣西南。

〔24〕今：各本皆作"令"，盧弼《集解》謂何焯校改作
"今"，校點本即從何焯校改。今從之。

〔25〕幼少：趙幼文《校箋》謂《册府元龜》卷二九七引
"少"字作"小"。

〔26〕古人有言：此古人言見《禮記·中庸》。

〔27〕慎其獨焉：趙幼文《校箋》謂《册府元龜》卷二九七引
"慎"上有"必"字。

〔28〕先聖之典：趙幼文《校箋》謂《册府元龜》引"典"上
有"要"字，疑當據增，與下句"遺命"相儷。

〔29〕景元中：李慈銘《札記》謂《少帝紀》景元二年八月戊
寅"趙王幹薨"，此失載；且幹應有謚及嗣子，皆傳寫所脱。

〔30〕言：校點本作"曰"，百衲本、殿本、盧弼《集解》本
均作"言"。今從百衲本等。

〔31〕此傳：校點本1982年7月第2版誤作"如傳"。

　　臨邑殤公子上，[1] 早薨。太和五年，追封
謚。無後。

　　楚王彪字朱虎。[2] 建安二十一年，封壽春侯。黃初
二年，進爵，徙封汝陽公。[3] 三年，封弋陽王。[4] 其年
徙封吳王。[5] 五年，改封壽春縣。七年，[6] 徙封白
馬。[7] 太和五年冬，朝京都。[8] 六年，改封楚。初，彪
來朝，犯禁，〔青龍〕元年，[9] 爲有司所奏，詔削縣
三，戶千五百。二年，大赦，復所削縣。景初三年，

增戶五百，并前三千戶。嘉平元年，兗州刺史令狐愚與太尉王淩謀迎彪都許昌。[10] 語在《淩傳》。乃遣傅及侍御史就國案驗，[11] 收治諸相連及者。廷尉請徵彪治罪。[12] 於是依漢燕王旦故事，[13] 使兼廷尉、大鴻臚持節賜彪璽書切責之，使自圖焉。[一] 彪乃自殺。[14] 妃及諸子皆免爲庶人，徙平原。[15] 彪之官屬以下及監國謁者，[16] 坐知情無輔導之義，皆伏誅。國除爲淮南郡。正元元年詔曰：[17] “故楚王彪，背國附姦，身死嗣替，雖自取之，猶哀矜焉。夫含垢藏疾，親親之道也，其封彪世子嘉爲常山真定王。”[18] 景元元年，增邑，并前二千五百戶。[二]

〔一〕孔衍《漢魏春秋》載璽書曰：“夫先王行賞不遺仇讎，用戮不違親戚，至公之義也。故周公流涕而決二叔之罪，[19] 孝武傷懷而斷昭平之獄，[20] 古今常典也。惟王，國之至親，作藩于外，不能祗奉王度，表率宗室，而謀於姦邪，乃與太尉王淩、兗州刺史令狐愚構通逆謀，[21] 圖危社稷，有悖忒之心，無忠孝之意。宗廟有靈，王其何面目以見先帝？朕深痛王自陷罪辜，既得王情，深用憮然。有司奏王當就大理，[22] 朕惟公族宥師之義，[23] 不忍肆王市朝，故遣使者賜書。王自作孽，匪由於他，燕刺之事，[24] 宜足以觀。王其自圖之！”

〔二〕臣松之案：嘉入晉，封高邑公。[25] 元康中，[26] 與石崇俱爲國子博士。[27] 嘉後爲東莞太守，[28] 崇爲征虜將軍，[29] 監青、徐軍事，[30] 屯於下邳，嘉以詩遺崇曰：“文武應時用，兼才在明哲。嗟嗟我石生，[31] 爲國之俊傑。入侍於皇闈，[32] 出則登九列。[33] 威檢肅青、徐，風發宣吳裔。[34] 疇昔謬同位，情至過魯、衞。[35] 分離踰十載，思遠心增結。願子鑒斯誠，寒暑不踰契。”崇答曰："昔常接羽儀，俱游青雲中，敦道訓胄子，儒化渙以融，同聲無異響，故使恩愛隆。豈惟敦初好，款分在令終。孔不陋九夷，[36] 老氏適西戎。[37] 逍遙滄海隅，可以保王躬。[38] 世事非所務，周公不足夢。[39] 玄寂令神王，是以守至沖。"王隱《晉書》載吏部郎李重啓云：[40]"魏氏宗室屈滯，每聖恩所存。東莞太守曹嘉，才幹學義，不及志、翕，[41] 而良素脩潔，性業踰之；又已歷二郡。臣以爲優先代之後，[42] 可以嘉爲員外散騎侍郎。"[43]

[1] 臨邑：縣名。治所在今山東東阿縣。

[2] 楚：王國名。治所壽春縣，在今安徽壽縣。錢大昕云："漢之楚國治彭城，魏之楚國蓋治壽春，即九江郡也。"（《廿二史考異》卷一五）

[3] 汝陽：公國名。治所在今河南商水縣西北。

[4] 弋陽：王國名。治所弋陽縣，在今河南潢川縣西。

[5] 吳：王國名。治所吳縣，在今江蘇蘇州市。按，當時吳郡屬吳國，此乃僑置。

[6] 七年：《曹植集校注・贈白馬王彪詩序》云："黃初四年五月，白馬王、任城王與余俱朝京師，會節氣。到洛陽，任城王薨。至七月，與白馬王還國。"遂作《贈白馬王彪詩》。本書卷一九《陳思王植傳》黃初四年"朝京都"後裴注引《魏氏春秋》亦謂其年"任城王暴薨，諸王既懷友于之痛。植及白馬王彪還國，欲同路東歸，以叙闊別之思，而監國使者不聽，植發憤告離而作詩"。則曹彪在黃初四年已爲白馬王，此作"七年"，恐誤。（參徐紹楨《質疑》引洪亮吉説）

[7] 白馬：縣王國名。治所在今河南滑縣東南城關鎮東。

[8] 朝京都：徐紹楨《質疑》謂此乃"承詔赴京都之時，非此時即入朝也"。

[9] 青龍元年：各本"元年"上皆無"青龍"二字。錢大昕

云：“當是青龍元年，史脱‘青龍’二字。”（《廿二史考異》卷一五）錢大昭《辨疑》亦有同説。校點本即從錢大昕説增補，今從之。

　　[10] 兖州：刺史治所廩邱縣，在今山東鄆城縣西北。　太尉：官名。曹魏後期，仍列三公之首。第一品。爲名譽宰相，無實際職掌，多爲加官。　許昌：縣名。治所在今河南許昌市東。

　　[11] 傅：官名。或稱王傅，王國之屬官，第六品，爲諸王之師，掌輔導之事。　侍御史：官名。秩六百石，第七品。掌察舉非法，受公卿群吏奏事，有違失者舉劾之。

　　[12] 廷尉：官名。秩中二千石，第三品，掌司法刑獄。

　　[13] 漢燕王旦：漢武帝之子，昭帝之兄。漢武帝時即封爲燕王。昭帝即位後，即與中山哀王子劉長、齊孝王孫劉澤結謀，準備謀反。後劉澤等謀泄被誅，劉旦得不治罪。後上官桀等又與之結謀，企圖除霍光、廢昭帝、立劉旦，謀又泄，上官桀等被誅，旦得璽書自縊而死，其子免爲庶人。　（見《漢書》卷六三《燕剌王旦傳》）

　　[14] 彪乃自殺：按本書卷四《少帝齊王芳紀》彪被賜死在嘉平三年六月。

　　[15] 平原：縣名。治所在今山東平原縣西南。

　　[16] 監國謁者：官名。曹魏對諸王、侯國防制甚嚴，特遣謁者或使者監伺諸國，故稱監國謁者或監國使者。

　　[17] 正元元年：盧弼《集解》本無此四字，盧氏謂吳本、毛本亦無；百衲本、殿本、校點本有，今從之。

　　[18] 常山：郡名。魏治所真定縣，在今河北正定縣南。

　　[19] 二叔：指管叔、蔡叔，皆周武王之弟。周武王死後，成王繼位。成王年幼，周公攝政，管叔、蔡叔遂與紂子武庚叛亂。周公奉成王命征平之，遂殺武庚，誅管叔，放蔡叔。（見《史記》卷三三《魯周公世家》）

　　[20] 昭平：即漢武帝妹隆慮公主之子昭平君。昭平君娶漢武

帝女夷安公主。後日漸驕横，醉殺公主傅姆，被逮入獄。廷尉上請武帝定罪，武帝以其妹晚得此子，隆慮公主又爲子預續死罪，武帝垂涕嘆息，不忍斷決。良久乃曰："法令者，先帝所造也，用弟故而誣先帝之法，吾何面目入高廟乎！又下負萬民。"乃可其奏，哀不能自止。（見《漢書》卷六五《東方朔傳》）

[21] 逆謀：盧弼《集解》本作"邪謀"，百衲本、殿本、校點本作"逆謀"。今從百衲本等。

[22] 大理：官名。即漢之廷尉，魏國建立後改稱大理，掌司法刑獄。

[23] 甸師：官名。《周禮》天官之屬。《周禮·天官·甸師》："王之同姓有罪，則死刑焉。"鄭玄注引鄭司農云："王同姓有罪當刑者，斷其獄於甸師之官也。"

[24] 燕剌：即漢燕剌王劉旦。

[25] 高邑：縣名。治所在今河北柏鄉縣北。

[26] 元康：晉惠帝司馬衷年號（291—299）

[27] 國子博士：學官名。西晉武帝咸寧（275—280）中立國子學，置一員，以教授生徒儒學，取履行清淳、通明典義者爲之，若散騎常侍、中書侍郎、太子中庶子以上，乃得召試，並應對殿堂，備咨詢顧問，隸國子祭酒。地位高於太學博士。

[28] 東莞：郡名。治所莒縣，在今山東莒縣。

[29] 征虜將軍：官名。東漢爲雜號將軍，魏、晉沿置，皆第三品。

[30] 青：州名。刺史治所臨淄縣，在今山東淄博市東北臨淄鎮北。　徐：州名。刺史治所彭城縣，在今江蘇徐州市。　監青徐軍事：即爲青州、徐州的軍政長官。

[31] 嗟嗟：感嘆詞，表示贊美。

[32] 皇闈：皇宮門。指石崇爲散騎郎、黄門郎、侍中等官。（見《晉書》卷三三《石苞附崇傳》）

[33] 九列：九卿之位。指石崇爲大司農、太僕等官。

［34］宣吳裔：石崇曾爲荆州刺史，又爲征虜將軍，督青、徐軍事，鎮下邳，統轄有原孫吳之地。

［35］魯衞：指周代之魯國與衞國，二國之封君魯周公與衞康叔，皆周武王之弟，情誼極深。

［36］孔：指孔子。《論語・子罕》：“子欲居九夷。或曰：‘陋，如之何？’子曰：‘君子居之，何陋之有？’”

［37］老氏：老子。《史記》卷六三《老子列傳》謂老子西出關，莫知其所終。《集解》引劉向《列僊傳》又謂關令尹喜“與老子俱之流沙西，服巨勝實，莫知其所終”。

［38］王躬：趙幼文《校箋》謂郝經《續後漢書》“躬”字作“公”。

［39］周公不足夢：《論語・述而》：“子曰：甚矣吾衰也！久矣吾不復夢見周公！”

［40］吏部郎：官名。尚書吏部曹之長官，屬吏部尚書，主管官吏選任銓叙調動事務，可建議任免五品以下官吏。秩四百石，第六品。

［41］志：指曹志，魏陳思王曹植子。 翕：指曹翕，魏東平靈王曹徽子。

［42］臣以爲：趙幼文《校箋》謂郝經《續後漢書》“爲”下有“宜”字。

［43］員外散騎侍郎：官名。初爲正員之外添差之散騎侍郎，無定員，後遂爲定員。晋武帝時始置。

剛殤公子勤，[1]早薨。太和五年追封謚。無後。

穀城殤公子乘，[2]早薨。太和五年追封謚。無後。

郿戴公子整，奉從叔父郎中紹後。建安二十二年，封郿侯。二十三年薨。無子。黄初二年追進爵，謚曰戴公。以彭城王據子範奉整後。三年，封平氏侯。[3]四年，徙封成武。[4]太和三年，進爵爲公。青龍三年薨。
謚曰悼公。無後。四年，詔以範弟東安鄉公闡爲郿公，
奉整後。正元、景元中，累增邑，并前千八百戶。

靈殤公子京，[5]早薨。太和五年追封謚。無後。

樊安公均，奉叔父薊恭公彬後。[6]建安二十二年，
封樊侯。二十四年薨。子抗嗣。黃初二年，追進公爵，
謚曰安公。[7]三年，徙封抗薊公。四年，徙封屯留
公。[8]景初元年薨，謚曰定公。子諶嗣。景初、正元、
景元中，累增邑，并前千九百戶。

廣宗殤公子棘，[9]早薨。太和五年追封謚。無後。

東平靈王徽，奉叔父朗陵哀侯玉後。[10]建安二十
二年，封歷城侯。[11]黃初二年，進爵爲公。三年，爲
廬江王。[12]四年，徙封壽張王。五年，改封壽張縣。
太和六年，改封東平。青龍二年，徽使官屬撾壽張縣
吏，爲有司所奏。詔削縣一，戶五百。其年復所削縣。
正始三年薨。子翕嗣。景初、正元、景元中，累增邑，
并前三千四百戶。〔一〕

〔一〕臣松之案：翕入晉，封廩丘公。[13]魏宗室之中，名次
鄄城公（至）〔志〕。[14]泰始二年，翕遣世子琨奉表來朝。詔曰：
"翕秉德履道，魏宗之良。今琨遠至，其假世子印綬，加騎都
尉，[15]賜朝服一具，[16]錢十萬，隨才敍用。"翕撰《解寒食散
方》，[17]與皇甫謐所撰並行於世。

[1] 剛：縣名。治所在今山東寧陽縣東北。
[2] 穀城：縣名。漢魏時有二穀城縣，其一治所在今河南洛陽

市西北；其二治所在今山東平陰縣西南舊東阿縣。未知曹子乘追封何地。

[3] 平氏：侯國名。治所在今河南桐柏縣西北平氏鎮。

[4] 成武：侯國名。治所在今山東成武縣。

[5] 靈：縣名。治所在今山東高唐縣南南鎮。

[6] 薊：縣名。治所在今北京城西南部。

[7] 謚曰安公：百衲本、殿本、盧弼《集解》本作“謚曰樊安公”。趙一清《注補》云：“《後漢書·郡國志》任城國樊。則樊是封邑，安其謚也。‘樊’字衍。”盧弼《集解》又云：“局本無‘樊’字。”校點本亦無“樊”字，今從之。

[8] 屯留：公國名。治所在今山西屯留縣南古城。

[9] 廣宗：縣名。治所在今河北威縣東。

[10] 朗陵：侯國名。治所在今河南確山縣西南。　玉：百衲本、殿本作“王”；殿本《考證》云：“一本作‘玉’。”盧弼《集解》本、校點本作“玉”，今從之。

[11] 歷城：侯國名。治所在今山東濟南市。

[12] 廬江：王國名。魏時治所陽泉縣，在今安徽霍邱縣西。（本洪亮吉《補三國疆域志》）

[13] 廩丘：公國名。治所在今山東鄆城縣西北。

[14] 志：各本均作“至”，盧弼《集解》云：“‘至’當作‘志’。曹植子志，晋封鄄城公，見前。”按，盧說正確。本書卷一九《陳思王植傳》裴注引《曹志別傳》及《晉書》卷五〇《曹志傳》均謂晋封曹志爲鄄城公；並且此鄄城公無名，“泰始二年翕遺世子琨奉表來朝”前亦不須“至”字，又郝經《續後漢書》正作“魏宗室中名次鄄城公志”。故從盧說改“至”爲“志”。

[15] 騎都尉：官名。魏、晋時與奉車都尉、駙馬都尉並號“三都尉”，皆爲皇帝親近侍從武官，多用爲皇族、外戚的加官，奉朝請。第六品。

[16] 賜朝服一具：殿本、校點本作“賜服一具”，盧弼《集

解》本作“賜服二具”。盧氏又云：“何焯校改作‘賜朝服’。”百衲本正作“賜朝服一具”。今從百衲本。

[17] 解寒食散方：梁章鉅《旁證》云：“《隋書·經籍志》梁有皇甫謐、曹歙《論寒食散方》二卷。即此。然則‘翕’亦作‘歙’也。”

樂陵王茂，建安二十二年封萬歲亭侯。二十三年，改封平輿侯。[1]黃初三年，進爵，徙封乘氏公。[2]七年，徙封中丘。[3]茂性儱悷，少無寵於太祖。及文帝世，又獨不王。太和元年，徙封聊城公，[4]其年爲王。詔曰：“昔象之爲虐至甚，[5]而大舜猶侯之有庳。近漢氏淮南、阜陵，[6]皆爲亂臣逆子，而猶或及身而復國，或至子而錫土。有虞建之於上古。漢文、明、章行之乎前代，斯皆敦敍親親之厚義也。聊城公茂少不閑禮教，長不務善道。先帝以爲古之立諸侯也，皆命賢者，故姬姓有未必侯者，[7]是以獨不王茂。太皇太后數以爲言。如聞茂頃來少知悔昔之非，[8]欲脩善將來。君子與其進，不保其往也。今封茂爲聊城王，[9]以慰太皇太后下流之念。”[10]六年，改封曲陽王。[11]正始三年，東平靈王薨，茂稱嗌痛，不肯發哀，居處出入自若。有司奏除國土，詔削縣一，戶五百。五年，徙封樂陵，詔以茂租奉少，諸子多，復所削戶，又增戶七百。嘉平、正元、景元中，累增邑，并前五千戶。

[1] 平輿：侯國名。治所在今河南平輿縣北。

[2] 乘氏：公國名。治所在今山東巨野縣西南。

　　[3]中丘：公國名。治所在今河北內丘縣西。趙幼文《校箋》則謂《册府元龜》卷二六三引"中丘"作"中山"。

　　[4]聊城：公國名。治所在今山東聊城市西北。

　　[5]象：舜之異母弟，與其父瞽叟多次謀害舜而未得逞。舜繼堯即位後，卻封象於有庳（bì）爲諸侯。（見《史記》卷一《五帝本紀》及《集解》引《孟子》）有庳，古地名。也作"有鼻"（見《史記正義》引《帝王紀》），在今湖南道縣北，曾立有象祠。下句"有庳"，百衲本、殿本、盧弼《集解》本作"有鼻"，校點本作"有庳"。今從校點本。

　　[6]淮南：指西漢淮南王劉長。劉長爲漢高帝少子。漢文帝時驕橫無禮，後又謀反，事覺，被召入長安，丞相、宗正、廷尉等議當棄市，漢文帝不忍，遂廢徙蜀郡嚴道（今四川滎經縣）。劉長至嚴道，絕食而死。後漢文帝憐憫淮南王失國早亡，遂三分淮南故地，封其三子爲王，即劉安爲淮南王，劉勃爲衡山王，劉賜爲廬江王。（見《漢書》卷四四《淮南厲王長傳》）　阜陵：指東漢阜陵王劉延。劉延爲漢光武帝子，建武（25—56）末封爲淮南王。性驕奢不仁，漢明帝永平（58—75）中，因招聚奸滑之徒，作圖讖，被徙爲阜陵王，並因此心懷怨恨。漢章帝時遂欲謀反，被人告發，因貶爲阜陵侯。後章帝在壽春接見劉延及其妻子，甚爲憫之，以阜陵低濕，徙遷壽春，並賜錢千萬、布萬匹。（見《後漢書》卷四二《阜陵質王延傳》）

　　[7]未必侯者：梁章鉅《旁證》云："沈欽韓曰：《荀子·儒效篇》周公兼制天下，立七十一國，姬姓獨居五十三人。周之子孫苟不狂惑者，莫不爲天下顯諸侯。按此，則姬姓固有未封者也。"

　　[8]如聞：周壽昌《注證遺》云："如聞，猶恍惚聞之也。此二字唐以後詩文多承用之。"吳金華《校詁》又補充云："'如聞'乃魏晉南北朝習語，其用例亦不限於詔文。"

　　[9]今：殿本、盧弼《集解》本作"合"，百衲本、校點本作"今"。今從百衲本等。

[10] 下流：魏晉人稱子孫爲下流。周壽昌《注證遺》云："下流訓爲子孫，必魏晉間有此語。"

[11] 曲陽：王國名。治所在今江蘇沭縣東南。

文皇帝九男：甄氏皇后生明帝，[1]李貴人生贊哀王協，潘淑媛生北海悼王蕤，朱淑媛生東武陽懷王鑒，仇昭儀生東海定王霖，徐姬生元城哀王禮，蘇姬生邯鄲懷王邕，張姬生清河悼王貢，宋姬生廣平哀王儼。

贊哀王協，[2]早薨。太和五年追封謚曰經殤公。[3]青龍二年，更追改號謚。三年，子殤王尋嗣。景初三年，增戶五百，并前三千戶。正始九年薨。無子。國除。

北海悼王蕤，黃初七年，明帝即位，立爲陽平縣王。[4]太和六年，改封北海。青龍元年薨。二年，以琅邪王子贊奉蕤後，[5]封昌鄉公。[6]景初二年，立爲饒安王。[7]正始七年，徙封文安。[8]正元、景元中，累增邑，并前三千五百戶。

東武陽懷王鑒，[9]黃初六年立。其年薨。青龍三年賜謚。無子。國除。

東海定王霖，[10]黃初三年立爲河東王。[11]六年，改封館陶縣。[12]明帝即位，以先帝遺意，愛寵霖異於諸國。而霖性麤暴，閨門之內，[13]婢妾之間，多所殘害。太和六年，改封東海。嘉平元年薨。[14]子啓嗣。景初、正元、景元中，累增邑。并前六千二百戶。高貴鄉公髦，霖之子也。入繼大宗。[15]

元城哀王禮，[16]黃初二年封秦公，以京兆郡爲國。[17]三年，改爲京兆王。六年，改封元城王。太和三年薨。五年，以任城王楷子悌嗣禮後。[18]六年，改封梁王。[19]景初、正元、景元中，累增邑，并前四千五百戶。

邯鄲懷王邕，[20]黄初二年封淮南公，以九江郡爲國。[21]三年，進爲淮南王。四年，改封陳。[22]六年，改封邯鄲。太和三年薨。五年，以任城王楷子温嗣邕後。六年，改封魯陽。景初、正元、景元中，累增邑，并前四千四百戶。

清河悼王貢，[23]黄初三年封。四年薨。無子。國除。

廣平哀王儼，[24]黄初三年封。四年薨。無子。國除。

[1] 甄氏皇后：盧弼《集解》謂以前文"卞皇后生文皇帝"例之，"氏"字疑衍文。

[2] 贊：即"鄼"。此鄼縣亦南陽郡之鄼縣，在今湖北光化縣西北。

[3] 經：公國名。治所在今河北廣宗縣東北。

[4] 陽平：縣王國名。治所在今山東莘縣。

[5] 琅邪王：錢大昭《辨疑》云："魏惟范陽閔王矩之嗣王敏，於太和六年改封瑯邪，此瑯邪王子即敏之子也。'子贊'上當有'敏'字。"

[6] 昌鄉：不詳。

[7] 饒安：王國名。治所在今河北鹽山縣西南。

[8] 文安：王國名。治所在今河北文安縣東北。

[9] 東武陽：王國名。魏治所在今山東莘縣西南朝城。

[10] 東海：王國名。治所郯縣，在今山東郯城縣北。

[11] 河東：王國名。治所安邑縣，在今山西夏縣西北禹王城。

[12] 館陶縣：治所在今河北館陶縣。

[13] 闓：盧弼《集解》本作"闓"，百衲本、殿本、校點本作"闈"。今從百衲本等。

[14] 嘉平元年薨：錢大昭《辨疑》云："本紀（指《少帝齊王芳紀》）嘉平二年十二月甲辰東海王霖薨。傳作'元年'誤。"梁章鉅《旁證》、潘眉《考證》亦有同説。

[15] 大宗：周代的宗法制度，始祖的嫡長子爲大宗，其他爲小宗。

[16] 元城：王國名。治所在今河北大名縣東北。

[17] 京兆郡：治所長安縣，在今陝西西安市西北。

[18] 任城：王國名。治所任城縣，在今山東微山縣西北。

[19] 梁：王國名。治所睢陽縣，在今河南商丘市睢陽區南。

[20] 邯鄲：王國名。治所在今河北邯鄲市西南。

[21] 九江郡：治所壽春縣，在今安徽壽縣。

[22] 陳：王國名。治所陳縣，在今河南淮陽縣。

[23] 清河：王國名。治所清河縣，在今山東清河市北。

[24] 廣平：王國名。治所曲梁縣，在今河北永年縣東南永年。

評曰：魏氏王公，既徒有國土之名，[1]而無社稷之實，又禁防壅隔，同於囹圄；位號靡定，大小歲易；骨肉之恩乖，《常棣》之義廢。爲法之弊，一至于此乎！〔一〕

〔一〕《袁子》曰：[2]魏興，承大亂之後，民人損減，不可則以古始。[3]於是封建侯王，皆使寄地，空名而無其實。王國使有老兵百餘人，以衞其國。雖有王侯之號，而乃儕於匹夫。[4]縣隔千里之外，無朝聘之儀，鄰國無會同之制。諸侯游獵不得過三十里，又爲設防輔監國之官以伺察之。王侯皆思爲布衣而不能得。既違宗國藩屏之義，又虧親戚骨肉之恩。

《魏氏春秋》載宗室曹冏上書曰：[5]“臣聞古之王者，必建同姓以明親親，必樹異姓以明賢賢。故《傳》曰‘庸勳親親，[6]昵近尊賢’；《書》曰‘克明俊德，[7]以親九族’；[8]《詩》云‘懷德維寧，[9]宗子維城’。[10]由是觀之，[11]非賢無與興功，非親無與輔治。[12]夫親親之道，專用則其漸也微弱；賢賢之道，偏任則其弊也劫奪。先聖知其然也，故博求親疎而並用之；近則有宗盟藩衞之固，遠則有仁賢輔弼之助，盛則有與共其治，衰則有與守其土，安則有與享其福，危則有與同其禍。夫然，故能有其國家，保其社稷，歷紀長久，本枝百世也。今魏尊尊之法雖明，親親之道未備。《詩》不云乎，[13]‘鶺鴒在原，[14]兄弟急難’。以斯言之，明兄弟相救於喪亂之際，同心於憂禍之間，雖有閱牆之忿，[15]不忘禦侮之事。何則？憂患同也。[16]今則不然，或任而不重，或釋而不任，一旦疆場稱警，關門反拒，股肱不扶，胸心無衞。臣竊惟此，寢不安席，思獻丹誠，貢策朱闕。[17]謹撰合所聞，敍論成敗。論曰：[18]昔夏、殷、周歷世數十，[19]而秦二世而亡。何則？三代之君，與天下共其民，[20]故天下同其憂。[21]秦王獨制其民，故傾危而莫救。夫與民共其樂者，人必憂其憂；與民同其安者，人必拯其危。先王知獨治之不能久也，故與人共治之；知獨守之不能固也，故與人共守之。兼親疎而兩用，參同異而並建。是以輕重足以相鎮，親疎足以相衞，并兼路塞，逆節不生。及其衰也，桓、文帥禮，[22]苞茅不貢，[23]齊師伐楚；宋不城周，[24]晉戮其宰。[25]王綱弛而復張，諸侯傲而復肅。二霸之後，浸以陵遲。吳、楚憑江，[26]負固方城，[27]雖心希九鼎，[28]而畏迫宗姬，[29]姦情散於胸懷，逆謀消於脣吻；斯豈非信重親戚，任用賢能，枝葉碩茂，本根賴之與？自此之後，轉相攻伐；吳并於越，晉分爲三，[30]魯滅於楚，鄭兼於韓。暨于戰國，諸姬微矣，惟燕、衞獨存，然皆弱小，西迫彊秦，南畏齊、楚，憂懼滅亡，匪遑相恤。至於王赧，[31]降爲庶人，猶枝幹相持，得居虛位，海內無主，四十餘年。[32]秦據勢勝之地，[33]騁譎詐之術，征伐關東，[34]蠶食九國，[35]至於始皇，乃定天位。曠日若彼，用力若此，豈非深固根蔕不拔之道乎？[36]《易》曰：[37]'其亡其亡，繫于苞桑。'[38]周德其可謂當之矣。秦觀周之弊，以爲小弱見奪，於是廢五等之爵，[39]立郡縣之官，棄禮樂之教，任苛刻之政；子弟無尺寸之封，功臣無立錐之地，內無宗子以自毗輔，外無諸侯以爲藩衞，仁心不加於親戚，惠澤不流於枝葉；譬猶芟刈股肱，獨任胸腹，浮舟江海，捐棄楫櫂，觀者爲之寒心，而始皇晏然自以爲關中之固，金城千里，子孫帝王萬世之業也，豈不悖哉！是時淳于越諫曰：[40]'臣聞殷、周之王，封子弟功臣千有餘（城）〔歲〕。[41]今陛下君有海內而子弟爲匹夫，卒有田常、六卿之臣，[42]而無輔弼，何以相救？事不師古而能長久者，非所聞也。'始皇聽李斯偏説而絀其議，至於身死之日，無所寄付，[43]委天下之重於凡夫之手，託廢立之命於姦臣之口，至令趙高之徒，誅鉏宗室。胡亥少習刻薄之教，[44]長遵凶父之業，[45]不能改制易法，寵任兄弟，而乃師譚申、商，[46]諮謀趙高；自幽深宮，委政讒賊，身殘望夷，[47]求爲黔首，豈可得哉？遂乃郡國離心，衆庶潰叛，[48]勝、廣倡之於前，[49]劉、項弊之於後。[50]向使始皇納淳于之策，抑李斯之論，割裂州國，分王子弟，封三代之後，報功臣之勞，士有常君，民有定主，枝葉相扶，首尾爲用，雖使子孫有失道之行，時人無湯、武之賢，姦謀未發，而身已屠戮，何區區之陳、項而復得措其手足哉？故漢祖奮三尺之劍，驅烏集之衆，[51]五年之中，[52]遂成帝業。自開闢以來，其興立功勳，[53]未有若漢祖之易也。[54]夫伐深根者難爲功，摧枯朽者易爲力，理勢然也。漢監秦之失，封殖子弟，及諸呂擅權，[55]圖危劉氏，而天下所以不傾動，百姓所以不易心者，徒以諸侯彊大，盤石膠固，東牟、朱虛受命於内，[56]齊、代、吳、楚作衞於外故也。向使高祖蹈亡秦之法，忽先王之制，則天下已傳，非劉氏有也。然高祖封建，地過古制，大者跨州兼郡，小者連城數十，上下無別，權侔京室，故有吳、楚七國之患。賈誼曰：[57]‘諸侯彊盛，長亂起姦。夫欲天下之治安，莫若衆建諸侯而少其力，令海内之勢，若身之使臂，臂之使指，則下無背叛之心，上無誅伐之事。’文帝不從。至於孝景，猥用鼂錯之計，[58]削黜諸侯，親者怨恨，疎者震恐，吳、楚倡謀，五國從風。[59]兆發高帝，[60]釁鍾文、景，[61]由寬之過制，急之不漸故也。所謂末大必折，尾大難掉。尾同於體，猶或不從，況乎非體之尾，其可掉哉？武帝從主父之策，[62]下推恩之令，自是之後，齊分爲七，[63]趙分爲六，[64]淮南三割，[65]梁、代五分，[66]遂以陵遲，子孫微弱，衣食租税，不預政事，或以酎金免削，或以無後國除。至于成帝，王氏擅朝。[67]劉向諫曰：[68]‘臣聞公族者，國之枝葉；枝葉落則本根無所庇蔭。方今同姓疎遠，母黨專政，排擯宗室，孤弱公族，非所以保守社稷，安固國嗣也。’其言深切，多所稱引，成帝雖悲傷歎息而不能用。至於哀、平，[69]異姓秉權，[70]假周公之事，[71]而爲田常之亂，[72]高拱而竊天位，[73]一朝而臣四海。漢宗室王侯，解印釋綬，[74]貢奉社稷，猶懼不得爲臣妾，或乃爲之符命，頌莽恩德，豈不哀哉！由斯言之，非宗子獨忠孝於惠、文之間，而叛逆於哀、平之際也，徒權輕勢弱，不能有定耳。賴光武皇帝挺不世之姿，禽王莽於已成，紹漢嗣於既絕，斯豈非宗子之力也？而曾不監秦之失策，襲周之舊制，蹈王國之法，[75]而徼倖無疆之期。至於桓、靈，[76]閹豎執衡，朝無死難之臣，外無同憂之國，君孤立於上，臣弄權於下，本末不能相御，身首不能相使。由是天下鼎沸，姦凶並爭，宗廟焚爲灰燼，[77]宮室變爲榛藪，居九州之地，而身無所安處，悲夫！魏太祖武皇帝躬聖明之資，兼神武之略，恥王綱之廢絕，愍漢室之傾覆，龍飛譙、沛，鳳翔兗、豫，掃除凶逆，翦滅鯨鯢，迎帝西京，定都潁邑，[78]德動天地，義感人神。漢氏奉天，禪位大魏。大魏之興，于今二十有四年矣，[79]觀五代之存亡而不用其長策，覩前車之傾覆而不改於轍迹；[80]子弟王空虛之地，君有不使之民，[81]宗室竄於閭閻，不聞邦國之政，權均匹夫，勢齊凡庶；內無深根不拔之固，外無盤石宗盟之助，非所以安社稷，爲萬世之業也。[82]且今之州牧、郡守，古之方伯、諸侯，皆跨有千里之土，兼軍武之任，或比國數人，或兄弟並據；而宗室子弟曾無一人間廁其間，與相維持，非所以彊幹弱枝，備萬一之虞也。今之用賢，或超爲名都之主，或爲偏師之帥，而宗室有文者必限小縣之宰，有武者必置百人之上，[83]使夫廉高之士，畢志於衡軛之內，[84]才能之人，恥與非類爲伍，非所以勸進賢能、褒異宗室之禮也。夫泉竭則流涸，根朽則葉枯；枝繁者蔭根，條落者本孤。故語曰‘百足之蟲，至死不殭’，以扶之者衆也。[85]此言雖小，可以譬大。且墉基不可倉卒而成，[86]威名不可一朝而立，皆爲之有漸，建之有素。譬之種樹，久則深固其本根，茂盛其枝葉，若造次徙於山林之中，[87]植於宮闕之下，雖壅之以黑墳，[88]煖之以春日，猶不救於枯槁，而何暇繁育哉？夫樹猶親戚，土猶士民，建置不久，則輕下慢上，平居猶懼其離叛，危急將若之何？是以聖王安而不逸，以慮危也，存而設備，以懼亡也。故疾風卒至而無摧拔之憂，天下有變而無傾危之患矣。”同，中常侍兄叔興之後，[89]少帝族祖也。[90]是時天子幼稚，[91]同冀以此論感悟曹爽，爽不能納。

[1] 既徒有：趙幼文《校箋》謂《群書治要》卷二六引無“既”字。

[2] 袁子：沈家本《三國志注所引書目》謂《隋書‧經籍志》著錄《袁子正論》十九卷，袁準撰；梁又有《袁子正書》二十五卷，袁準撰，亡。《舊唐書‧經籍志》《新唐書‧藝文志》著錄

《正論》二十卷、《正書》二十五卷，是《正書》先亡後出矣。《文選》注中，二書並引。準字孝尼，袁渙子，見本書卷一一《袁渙傳》裴注引《袁氏世紀》，《晋書》附見《袁瓌傳》。裴氏但稱《袁子》，所引多評論之語，當是《正論》。

[3] 古始：趙幼文《校箋》謂嚴可均《全晋文》卷五五引"始"字作"治"。

[4] 儕於：校點本作"儕爲"，今從百衲本、殿本、盧弼《集解》本作"儕於"。

[5] 曹冏：《文選》曹元首《六代論》李善注引《魏氏春秋》謂曹冏字元首，爲弘農太守。

[6] 傳曰：見《左傳·僖公二十四年》。　庸勳：謂酬勞有功勛者。

[7] 書曰：見《尚書·堯典》。　克明俊德：謂能明舉俊德之士而用之。

[8] 九族：指上自高祖下至玄孫的九代宗族。

[9] 詩云：見《詩·大雅·板》。

[10] 宗子：指周王之嫡子。

[11] 由是：趙幼文《校箋》謂《群書治要》卷二六引"是"字作"斯"。

[12] 輔治：趙幼文《校箋》謂《群書治要》引"治"下有"也"字。

[13] 詩：此詩見《詩·小雅·常棣》。

[14] 鶺鴒：《詩·小雅·常棣》作"脊令"，亦名雝渠，水鳥名。毛傳云："脊令，雝渠也。"鄭箋："雝渠，水鳥。而今在原，失其常處，則飛則鳴。求其類，天性也。猶兄弟之急難。"

[15] 鬩（xì）：爭訟，爭鬥。《詩·小雅·常棣》："兄弟鬩于墻，外禦其務。"鄭箋："務，侮也。兄弟雖內鬩，而外禦侮也。"

[16] 同也：趙幼文《校箋》謂《册府元龜》卷二八三引"同"下有"心"字。按，《群書治要》引亦無。

　　［17］朱闕：趙幼文《校箋》謂《册府元龜》引"朱"字作"天"。

　　［18］論：此論，《文選》題爲曹元首《六代論》，李善注："論夏、殷、周、秦、漢、魏也。"按，此文與《文選》之不同字詞，一般不作校注。

　　［19］歷世數十：《文選》李善注：《紀年》曰：凡夏自禹以至於桀，十七王；殷自成湯滅夏以至於受，二十九王。《大戴禮》曰：殷爲天子二十餘世而周受之；周爲天子三十餘世而秦受之；秦爲天子二世而亡。

　　［20］共其民：謂與天下諸侯共制其民。

　　［21］同其憂：趙幼文《校箋》謂《群書治要》引"憂"下有"也"字。

　　［22］桓文：指春秋時齊桓公與晋文公。當東周微弱時，齊桓公首舉"尊王攘夷"之旗，成爲春秋第一霸主。後來晋文公也爲霸主。

　　［23］苞茅：束成捆的菁茅。菁茅是有刺之茅。古人將菁茅束成捆用以濾酒去滓；祭神時又將成捆之菁茅豎立，將酒自上澆下，其糟留在茅中，酒汁漸漸滲透下流，象徵神飲，此種儀式稱爲縮酒。春秋時楚國產菁茅，並例向周王室上貢。公元前 659 年齊軍伐楚的原因之一，即管仲向楚使所言："爾貢苞茅不入，王祭不共，無以縮酒，寡人是征。"（《左傳·僖公四年》）

　　［24］宋不城周：公元前 509 年，晋國派魏舒在狄泉（在今河南洛陽市内）召集諸國大夫議事，準備增築成周城墻。工程開始時，魯國大夫孟懿子參加了，而宋國大夫仲幾卻不接受工程任務，晋大夫士彌牟便與韓簡子決議，將仲幾扣押送京都。（見《左傳·定公元年》）

　　［25］戮：侮辱。

　　［26］憑江：趙幼文《校箋》謂《群書治要》引"江"下有"漢"字。

　　[27] 方城：《左傳·僖公四年》：楚屈完曰："楚國方城以爲城，漢水以爲池。"楊伯峻注："凡今之桐柏、大別諸山，楚統名之曰方城。"

　　[28] 九鼎：《史記》卷一二《武帝本紀》云："禹收九牧之金，鑄九鼎。"相傳商湯滅夏桀，遷九鼎於商邑；周武王滅商又遷於洛邑。九鼎遂成爲象徵國家政權的傳國寶。春秋、戰國時，秦、楚皆有興師至周求鼎之事。

　　[29] 宗姬：姬姓諸侯。

　　[30] 晉分爲三：戰國初，晉國分爲韓、趙、魏三國。

　　[31] 王赧：即周赧王延。赧王時，周分裂爲東周、西周兩小國。赧王雖名爲天子，實則寄居西周。傳說赧王負債，無法歸還，便逃於宮內臺上，後人遂名此臺爲逃債臺。《漢書·諸侯王表》云："（周）歷載八百餘年，數極德盡，既於王赧，降爲庶人，用天年終。號位已絕於天下，尚猶枝葉相持，莫得居其虛位，海內無主，三十餘年。"

　　[32] 四十餘年：《漢書·諸侯年表》作"三十餘年"。顏師古注："秦昭襄王五十二年周初亡，五十六年昭襄王卒，孝文王立一年而卒，莊襄王立四年而卒，子政立二十六年而乃并天下，自號始皇帝。是爲三十五年無主也。"

　　[33] 勢勝：趙幼文《校箋》謂《群書治要》引"勢"字作"形"。按，《文選》及《藝文類聚》卷一一引亦作"勢"。

　　[34] 關東：指函谷關以東之地。

　　[35] 蠶食：百衲本作"於食"、殿本《考證》云："元本作'薦食'。"殿本、盧弼《集解》本、校點本作"蠶食"。今從殿本等。　九國：《文選》賈誼《過秦論》"九國之師遁逃而不敢進"李善注："九國，謂齊、楚、韓、魏、燕、趙、宋、衛、中山也。"

　　[36] 深固根蒂：盧弼《集解》本作"深根固蒂"，百衲本、殿本、校點本作"深固根蒂"。今從百衲本等。趙幼文《校箋》謂《藝文類聚》卷一一引作"深根固蒂"。郝經《續後漢書》同。按，

《文選》亦作“深根固蒂”，而《群書治要》又作“深固根蒂”。

[37] 易：見《易·否》九五爻辭。

[38] 繫于苞桑：《文選》李善注：“鄭玄曰：苞，植也。否世之人，不知聖人有命，咸云‘其將亡矣，其將亡矣’！而聖乃自繫於植桑不亡也。”

[39] 五等之爵：公、侯、伯、子、男五等。

[40] 淳于越：齊人，秦時爲博士。其言見《史記》卷六《秦始皇本紀》。

[41] 千有餘歲：各本皆作“千有餘城”。《史記·秦始皇本紀》作“千餘歲”，校點本即據《史記》改“城”爲歲。今從之。按，《史記·秦始皇本紀》此兩句作“臣聞殷周之王千餘歲，封子弟功臣”，文義較順，疑當從此。

[42] 田常：春秋時齊國之大臣，繼續推行田氏爭取民衆之措施，以大斗貸出，小斗收進。齊簡公四年（前481），殺簡公，立平公，任相國，盡殺公族中之強者，擴大封邑，從此齊國由田氏專權。至其後裔田和，遂代齊而自立。（見《史記》卷四六《田敬仲完世家》） 六卿：指春秋時晉國之范氏、智氏、中行氏、趙氏、韓氏、魏氏。前三家被滅，後三家終分晉國。

[43] 無所寄付：秦始皇於三十七年（前210）東巡，回至平原津（在今山東平原縣西南古黃河上）而病，乃爲璽書賜公子扶蘇曰：“與喪會咸陽而葬。”至沙丘（在今河北廣宗縣西北大平臺）始皇死。宦官趙高、左丞相李斯與少子胡亥遂篡改詔書，賜扶蘇死而立胡亥。（見《史記·秦始皇本紀》）

[44] 刻薄之教：胡亥少時曾從趙高學書及獄律法令等。（見《史記·秦始皇本紀》）

[45] 遵：校點本作“遭”，百衲本、殿本、盧弼《集解》本、《文選》均作“遵”。今從百衲本等。

[46] 譚：《文選》作“謨”。譚，同“談”。 申：申不害。戰國時爲韓昭侯相，韓國因之而強。主刑名之學，著有《申子》。

（見《史記》卷六三《老子韓非列傳》）　　商：商鞅。戰國時爲秦孝公所用，實行變法，奠定了秦國富强的基礎。主張法治。其學説保存在《商君書》中。

〔47〕望夷：秦宮名。在今陝西咸陽市東北涇河南岸。秦二世胡亥即位後，趙高專權，並使二世深居宮中，少與公卿朝臣見面，事皆決於趙高。及項羽、劉邦軍勝，逼近關中，趙高遂與其婿閻樂等謀殺胡亥。值二世至望夷宮祠祀，閻樂即率兵入宮逼殺。二世表白願退位爲王、爲侯，閻樂皆不許，最後二世曰：“願與妻子爲黔首，比諸公子。”閻樂亦不允，揮其兵進。二世遂自殺。（見《史記》卷六《秦始皇本紀》）

〔48〕潰叛：百衲本作“憒叛”，殿本、盧弼《集解》本、校點本作“潰叛”。今從殿本等。

〔49〕勝廣：即陳勝、吳廣。首先起兵反秦者。

〔50〕劉項：即劉邦、項羽。　　弊：字本作“獘”，亦作“斃”；仆，倒下。

〔51〕驅烏集之衆：趙幼文《校箋》謂《藝文類聚》引作“騁烏合之衆”。按，《文選》亦作“驅烏集之衆”。

〔52〕五年：公元前206年劉邦入關爲漢王，稱元年；至前202年項羽戰敗自殺，劉邦即皇帝位爲五年。

〔53〕興立功勳：趙幼文《校箋》謂《藝文類聚》引作“興功立勳”。按，《文選》亦作“興功立勳”。

〔54〕易也：趙幼文《校箋》謂《藝文類聚》《群書治要》引“易”下俱有“者”字。郝經《續後漢書》同。

〔55〕諸呂：指呂后兄子呂臺、呂産、呂禄、臺子通等。

〔56〕東牟：即東牟侯劉興居，齊悼惠王劉肥之子。　　朱虚：即朱虚侯劉章，東牟侯興居之兄。呂后時，弟兄二人皆在長安宿衞。呂后病危時，懼大臣不服諸呂，乃以呂禄爲上將軍統北軍，呂産爲相國統南軍。呂后死後，呂禄、呂産雖握兵權專政，仍懼大臣諸侯王爲變誅己，因謀作亂。朱虚侯劉章爲呂禄婿，知其謀，遂使

人告其兄齊王劉襄，使發兵平亂；又與太尉周勃、丞相陳平謀爲内應。齊王劉襄起兵後，周勃、陳平又設計奪得北軍與南軍，遂誅除諸吕。（見《漢書》卷三《高后紀》）

〔57〕賈誼：西漢政論家。二十餘歲即被漢文帝召爲博士，不久又爲太中大夫。後文帝擬以誼爲公卿，卻被周勃、灌嬰等誹毁，出爲長沙王太傅，後又爲梁懷王太傅。曾多次上疏論時政。以下所引即賈誼"上疏陳事"之一的節録。（見《漢書》卷四八《賈誼傳》）

〔58〕鼂錯：亦西漢政論家。漢文帝時曾任太常掌故、博士、太子家令等，曾多次上疏論政事，爲文帝所稱贊。鼂錯爲太子家令時，即得太子（即景帝）之信任。景帝即位後，爲内史，深得景帝之倚重，多次更改法令；後爲御史大夫，又建議削减諸侯王封地，吴、楚等國遂起兵反叛。爰盎等人乘機譖之，鼂錯被殺。（見《漢書》卷四九《鼂錯傳》）

〔59〕五國：指趙、濟南、膠西、膠東、菑川等五國。

〔60〕兆發高帝：謂漢高帝時諸侯王封地過大。

〔61〕釁鍾文景：鼂錯爲太子家令時，即多次上書漢文帝，言當削吴國，漢文帝不忍，至使吴王更加驕横；景帝即位後，鼂錯又上言曰："昔高帝初定天下，昆弟少，諸子弱，大封同姓，故孽子悼惠王王齊七十二城，庶弟元王王楚四十城，兄子王吴五十餘城。封三庶孽，分天下半。今吴王前有太子之際，詐稱病不朝，於古法當誅。文帝不忍，因賜几杖，德至厚也。不改過自新，乃益驕恣，公即山鑄錢，煮海爲鹽，誘天下亡人謀作亂逆。今削之亦反，不削亦反。削之，其反亟，禍小；不削之，其反遲，禍大。"景帝亦未即時采納。（見《漢書》卷三五《吴王濞傳》）

〔62〕主父：即主父偃。漢武帝時爲中大夫，仍建議武帝削减諸侯王封地，但鑒於鼂錯之教訓，遂提出新措施曰："今諸侯子弟或十數，而適嗣代立，餘雖骨肉，無尺地之封，則仁孝之道不宣。願陛下令諸侯推恩分子弟，以地侯之。彼人人喜得所願，上以德

施，實分其國，必稍自銷弱矣。”漢武帝從其計，下“推恩令”。從此王國封地愈來愈小，名存實亡。（見《漢書》卷六四上《主父偃傳》）

　　［63］齊分爲七：盧弼《集解補》：“郝經曰：謂齊、城陽、濟北、濟南、淄川、膠西、膠東也。”

　　［64］趙分爲六：《集解補》：“郝經曰：謂平原、真定、中山、廣川、河間也。”

　　［65］淮南三割：《集解補》：“郝經曰：謂淮南、衡山、廬江也。”

　　［66］梁代五分：《集解補》：“郝經曰：謂梁、濟川、濟東、山陽、濟陰也。代未嘗分。此言五分未詳。”

　　［67］王氏：指王太后之弟兄王鳳等。漢成帝即位後，即以王鳳爲大司馬、大將軍、領尚書事。

　　［68］劉向：漢楚元王劉交之後。漢成帝時爲光禄大夫，見王氏貴盛專權，曾多次上書進諫。以下所引，即數次進諫之内容。（見《漢書》卷三六《楚元王附向傳》）

　　［69］哀平：漢哀帝與漢平帝。

　　［70］異姓秉權：漢哀帝時任用佞幸董賢與外戚丁氏、傅氏。平帝時則王莽秉權專政。

　　［71］假周公之事：《漢書》卷九九上《王莽傳》謂漢平帝元始五年（5），泉陵侯劉慶上書言：“周成王幼少，稱孺子，周公居攝。今帝富於春秋，宜令安漢公行天子事，如周公。”

　　［72］田常之亂：指田常殺齊簡公。此指王莽用毒酒殺漢平帝。

　　［73］竊天位：指王莽篡漢建立新朝。

　　［74］釋紱：趙幼文《校箋》謂《群書治要》引“紱”作“綬”。

　　［75］王國：殿本、《文選》作“亡國”，百衲本、盧弼《集解》、校點本作“王國”。今從百衲本等。

　　［76］桓靈：漢桓帝、漢靈帝時，宦官、外戚竊權亂政。

　　［77］宗廟焚爲灰燼：《後漢書》卷七二《董卓傳》謂董卓挾持

漢獻帝從京都洛陽西遷長安時，"悉燒宮廟官府居家，二百里内無復孑遺"。

　　〔78〕潁邑：指許縣。因許縣屬潁川郡。

　　〔79〕二十有四年：何焯云："云二十四年，則此論當齊王芳正始四年上也。"（《義門讀書記》卷四九《文選·雜文》）

　　〔80〕改於轍迹：趙幼文《校箋》謂《藝文類聚》引"於"字作"其"。按，《群書治要》亦作"其"。

　　〔81〕君有不使之民：趙幼文《校箋》謂《群書治要》引"君"下無"有"字。

　　〔82〕安社稷爲萬世之業：趙幼文《校箋》謂《群書治要》引"安"上有"保"字，"業"字作"策"字。

　　〔83〕必置：趙幼文《校箋》謂《群書治要》引"置"下有"於"字。郝經《續後漢書》同。

　　〔84〕衡軛：車轅前端的橫木稱衡，連接車轅套在駕車牛馬脖頸上的器具稱軛。《文選》李善注："衡軛，車之衡軛也，言王者之御群臣，猶人之御牛馬，故以衡軛喻焉。"

　　〔85〕以扶之者：趙幼文《校箋》謂《群書治要》引"扶"上無"以"字。郝經《續後漢書》同。

　　〔86〕墉（yōng）基：墙基。

　　〔87〕造次：倉猝，匆忙。

　　〔88〕黑墳（fèn）：肥沃的黑土。

　　〔89〕中常侍：指曹騰。曹騰四弟兄，長兄伯興，次兄仲興，三兄叔興，騰字季興。（見本書《武帝紀》裴注引司馬彪《續漢書》）

　　〔90〕少帝：此指齊王曹芳。

　　〔91〕幼稚：盧弼《集解》本作"幼弱"，百衲本、殿本、校點本作"幼稚"。今從百衲本等。趙幼文《校箋》則謂作"幼弱"者是也。"幼稚"非當時語。按，《漢書》卷九九上《王莽傳上》謂王舜等共令太后下詔，詔中有云："君年幼稚，必有寄託而居攝焉。"是漢代已有"幼稚"之言，不得謂非當時語。

三國志 卷二一

魏書二十一

王衞二劉傅傳第二十一

　　王粲字仲宣，山陽高平人也。[1]曾祖父龔，祖父暢，皆爲漢三公。〔一〕父謙，爲大將軍何進長史。[2]進以謙名公之冑，欲與爲婚，見其二子，使擇焉。謙弗許。以疾免，卒于家。

　　〔一〕張璠《漢紀》曰：龔字伯宗，有高名於天下。順帝時爲太尉。[3]初，山陽太守薛勤喪妻不哭，將殯，臨之曰：“幸不爲夭，復何恨哉？”及龔妻卒，龔與諸子並杖行服，時人或兩譏焉。暢字叔茂，名在八俊。[4]靈帝時爲司空，[5]以水災免，而李膺亦免歸故郡，二人以直道不容當時。天下以暢、膺爲高士，諸危言危行之徒皆推宗之，願涉其流，惟恐不及。會連有災異，而言事者皆言三公非其人，宜因其變，以暢、膺代之，則禎祥必至。由是宦豎深怨之，及膺誅死而暢遂廢，終于家。

　　[1]山陽：郡名。治所昌邑縣，在今山東金鄉西北。　　高平：

侯國名。治所在今山東微山縣西北。

[2] 長史：官名。漢代，三公府設有長史，以輔助三公。將軍府之屬官亦有長史，以總理幕府。

[3] 太尉：官名。東漢時與司徒、司空並爲三公，共同行使宰相職能，而位列三公之首，名位甚重。或與太傅並録尚書事，綜理全國軍政事務。

[4] 八俊：《後漢書》卷六七《黨錮列傳序》謂東漢後期，“正直廢放，邪枉熾結，海内希風之流，遂共相標榜，指天下名士，爲之稱號，上曰‘三君’，次曰‘八俊’”，“李膺、荀翌、杜密、王暢、劉祐、魏朗、趙典、朱寓爲‘八俊’。俊者，言人之英也”。

[5] 司空：官名。東漢時，與太尉、司徒並爲三公，共同行使宰相職能，而位列三公之末。本職掌土木營建與水利工程。

　　獻帝西遷，粲徙長安，[1] 左中郎將蔡邕見而奇之。[2] 時邕才學顯著，貴重朝廷，常車騎填巷，賓客盈坐。聞粲在門，倒屣迎之。[3] 粲至，年既幼弱，容狀短小，一坐盡驚。邕曰：“此王公孫也，有異才，吾不如也。吾家書籍文章，盡當與之。”年十七，司徒辟，[4] 詔除黃門侍郎，[5] 以西京擾亂，皆不就。乃之荆州依劉表。[6] 表以粲貌寢而體弱通悦，[7] 不甚重也。[一] 表卒。粲勸表子琮，令歸太祖。[二] 太祖辟爲丞相掾，[8] 賜爵關内侯。[9] 太祖置酒漢濱，粲奉觴賀曰：“方今袁紹起河北，[10] 仗大衆，志兼天下，然好賢而不能用，故奇士去之。劉表雍容荆楚，[11] 坐觀時變，自以爲西伯可規。[12] 士之避亂荆州者，皆海内之儁傑也；表不知所任，故國危而無輔。明公定冀州之日，[13] 下車即繕其甲卒，收其豪傑而用之，以横行天下；及平江、漢，[14]引其賢儁而置之列位，使海內回心，望風而願治，文武並用，英雄畢力，此三王之舉也。"後遷軍謀祭酒。[15]魏國既建，拜侍中。[16]博物多識，問無不對。時舊儀廢弛，興造制度，粲恒典之。〔三〕

〔一〕臣松之曰：貌寢，謂貌負其實也。通侻者，簡易也。

〔二〕《文士傳》載粲説琮曰："僕有愚計，願進之於將軍，可乎？"琮曰："吾所願聞也。"粲曰："天下大亂，豪傑並起，在倉卒之際，彊弱未分，故人各各有心耳。當此之時，家家欲爲帝王，人人欲爲公侯。觀古今之成敗，能先見事機者，則恒受其福。今將軍自度，何如曹公邪？"琮不能對。粲復曰："如粲所聞，曹公故人傑也。雄略冠時，智謀出世，摧袁氏於官渡，[17]驅孫權於江外，逐劉備於隴右，破烏丸於白登，其餘梟夷蕩定者，往往如神，不可勝計。今日之事，去就可知也。將軍能聽粲計，卷甲倒戈，應天順命，以歸曹公，曹公必重德將軍。保己全宗，長享福祚，垂之後嗣，此萬全之策也。粲遭亂流離，託命此州，蒙將軍父子重顧，敢不盡言！"琮納其言。

臣松之案：孫權自此以前，尚與中國和同，未嘗交兵，何云"驅權於江外"乎？魏武以十三年征荊州，劉備卻後數年方入蜀，備身未嘗涉於關、隴。[18]而於征荊州之年，便云逐備於隴右，[19]既巳乖錯；又白登在平城，[20]亦魏武所不經，北征烏丸，與白登永不相豫。以此知張騭假偽之辭，而不覺其虛之自露也。凡騭虛偽妄作，不可覆疏，如此類者，不可勝紀。

〔三〕摯虞《決疑要注》曰：[21]漢末喪亂，絶無玉珮。魏侍中王粲識舊珮，始復作之。今之玉珮，受法於粲也。

[1] 長安：縣名。治所在今陝西西安市西北。

[2] 左中郎將：官名。秩比二千石。漢代光禄勳下設五官、

左、右三署，各置中郎將統領一署，各主其署郎官，爲皇帝侍衛。

〔3〕倒屣（xǐ）：屣，鞋。古人在家中，脱鞋席地而坐，貴重客到，急於出迎，可能將鞋穿倒。

〔4〕司徒：官名。東漢時，與太尉、司空並爲三公。共同行使宰相職能，位次太尉。本職掌民政。

〔5〕黄門侍郎：官名。即給事黄門侍郎。東漢時秩六百石。掌侍從左右，關通中外。初無員數，漢獻帝定爲六員，與侍中俱出入禁中，近侍帷幄，省尚書奏事。

〔6〕荆州：刺史的治所本在漢壽縣，在今湖南常德市東北。劉表爲刺史，移治所於襄陽縣，在今湖北襄陽市襄州區。 依劉表：劉表亦山陽高平人，且年十七受學於王暢，時又爲荆州刺史，故王粲往依之。（見本書卷六《劉表傳》及裴注引謝承《後漢書》）

〔7〕貌寢而體弱通侻：趙幼文《校箋》謂"體弱"二字疑爲後旁注而闌入正文者。考裴注惟釋"貌寢通侻"，而不及"體弱"。《册府元龜》卷八三五引無"體弱"二字，《世説新語·傷逝篇》注引同。貌寢謂形容，通侻指其性格，無緣再加"體弱"二字，而句意已足矣。按，宋本《册府元龜》作"貌寢而體通侻"。

〔8〕丞相掾：官名。丞相府之屬吏。丞相府設有諸曹，掾即分曹治事。如有東曹掾、户曹掾、金曹掾、兵曹掾等等。未書曹之掾，不知屬於何曹。

〔9〕關内侯：爵名。漢制二十級爵之十九級，次於列侯，衹有封户收取租税而無封地。魏文帝定爵制爲十等，關内侯在亭侯下，仍爲虚封，無食邑。

〔10〕方今：向時；往時。《文選》張平子《南都賦》："方今天地之睢剌，帝亂其政，豺虎肆虐，真人革命之秋也。"李善注："《漢書音義》曰：方，向也。謂高祖之時。"劉良注："向今，猶向時也。"

〔11〕荆楚：即荆州。荆州爲古楚國之地。楚亦稱荆。

〔12〕西伯：即周文王。周文王在殷商末爲西方諸侯之長，故

稱西伯。

[13] 冀州：東漢末，州牧刺史治所常設在鄴，在今河北臨漳縣西南鄴鎮東一里半。

[14] 江漢：長江與漢水，指荆州。

[15] 軍謀祭酒：官名。即軍師祭酒，晋人避諱，改"師"爲"謀"。此爲曹操丞相府之軍師祭酒，掌軍務，位在長史上。

[16] 侍中：官名。曹魏時，第三品。爲門下侍中寺長官。職掌門下衆事，侍從左右，顧問應對，拾遺補闕，與散騎常侍、黄門侍郎等共平尚書奏事。晋沿置，爲門下省長官。

[17] 官渡：地名。在今河南中牟縣東北。

[18] 關隴：區域名。泛指關中和隴西地區。

[19] 隴右：地區名。指隴山以西之地，約當今甘肅隴山、六盤山以西和黄河以東一帶。

[20] 平城：縣名。在今山西大同市東北。

[21] 摯虞：西晋人，曾爲秘書監、衛尉卿、光禄勳、太常卿等。《隋書・經籍志》史部儀注類著録《决疑要注》一卷，摯虞撰。

初，粲與人共行，讀道邊碑，人問曰："卿能闇誦乎?"曰："能。"因使背而誦之，不失一字。觀人圍棊，局壞，粲爲覆之。棊者不信，以帕蓋局，[1]使更以他局爲之。用相比校，不誤一道。其彊記默識如此。性善算，作算術，略盡其理。善屬文，舉筆便成，無所改定，時人常以爲宿構；然正復精意覃思，亦不能加也。[一]著詩、賦、論、議垂六十篇。[2]建安二十一年，[3]從征吴。二十二年春，道病卒，時年四十一。粲二子，爲魏諷所引，[4]誅。後絶。[二]

〔一〕《典略》曰：粲才既高，辯論應機。鍾繇、王朗等雖名爲魏卿相，[5]至於朝廷奏議，皆閣筆不能措手。[6]

〔二〕《文章志》曰：太祖時征漢中，聞粲子死，歎曰："孤若在，不使仲宣無後。"

[1] 帊：《廣雅·釋器》："帊，幞也。"王念孫《疏證》："巾屬，所以覆物也。"

[2] 六十篇：《隋書·經籍志》著録《王粲集》十一卷，《漢末英雄記》八卷，王粲撰。

[3] 建安：漢獻帝劉協年號（196—220）。

[4] 魏諷：魏諷建安二十四年謀反事，見本書卷一《武帝紀》建安二十四年及裴注引《世語》。

[5] 名：殿本、盧弼《集解》本、校點本 1959 年 12 月第 1 版作"各"，百衲本、校點本 1982 年 7 月第 2 版作"名"；殿本《考證》云："宋本作'名'。"今從百衲本等。

[6] 閣：同"擱"。

　　始文帝爲五官將，[1]及平原侯植皆好文學，粲與北海徐幹字偉長、廣陵陳琳字孔璋、陳留阮瑀字元瑜、汝南應瑒字德璉、瑒，音徒哽反，一音暢。東平劉楨字公幹並見友善。[2]

　　幹爲司空軍謀祭酒掾屬，[3]五官將文學。[4]〔一〕

〔一〕《先賢行狀》曰：幹清玄體道，六行脩備，[5]聰識洽聞，操翰成章，輕官忽禄，不耽世榮。建安中，太祖特加旌命，[6]以疾休息。後除上艾長，[7]又以疾不行。

[1] 五官將：即五官中郎將。官名。漢代五官中郎將主管五官

郎，屬光禄勳，不置官屬，秩比二千石。曹丕爲五官中郎將置官屬。

　　[2]北海：郡名。治所劇縣，在今山東昌樂縣西。徐幹即劇縣人。　廣陵：郡名。治所廣陵縣，在今江蘇揚州市西北蜀岡上。陳琳即廣陵縣人。　陳留：郡名。治所陳留縣，在今河南開封市東南。而阮瑀爲尉氏縣人，尉氏縣即今河南尉氏縣。　汝南：郡名。治所平輿縣，在今河南平輿縣北。而應瑒爲南頓縣人，南頓縣治所在今河南項城市西南南頓集。　東平：王國名。治所無鹽縣，在今山東東平縣東。而劉楨爲寧陽縣人，寧陽縣治所在今山東寧陽縣南。

　　[3]掾屬：屬官之統稱。漢代，三公府與其他重要官府以及郡縣官府皆分曹治事，各曹置掾屬。正曰掾，副曰屬。

　　[4]五官將：此指曹丕。　文學：官名。此指太子文學，爲太子屬官，亦稱太子文學掾，員數品秩不詳。

　　[5]六行：《周禮・地官・大司徒》："六行：孝、友、睦、姻、任、恤。"鄭玄注："善於父母爲孝；善於兄弟爲友；睦，親於九族；姻，親於外親；任，信於友道；恤，振憂貧者。"

　　[6]旌命：表揚徵召。

　　[7]上艾：縣名。治所在今山西平定縣南新城村。

　　琳前爲何進主簿。[1]進欲誅諸宦官，太后不聽，進乃召四方猛將，並使引兵向京城，欲以劫恐太后。琳諫進曰："《易》稱'即鹿無虞'。[2]諺有'掩目捕雀'。夫微物尚不可欺以得志，況國之大事，其可以詐立乎？今將軍總皇威，握兵要，龍驤虎步，高下在心；以此行事，無異於鼓洪爐以燎毛髮。但當速發雷霆，行權立斷，違經合道，[3]天人順之；而反釋其利器，更徵於他。[4]大兵合聚，強者爲雄，所謂倒持干戈，授人以柄；必不成功，[5]祇爲亂階。"進不納其言，竟以取禍。琳避難冀州，袁紹使典文章。袁氏敗，琳歸太祖。太祖謂曰："卿昔爲本初移書，[6]但可罪狀孤而已，惡惡止其身，何乃上及父祖邪？"琳謝罪，太祖愛其才而不咎。

瑀少受學於蔡邕。建安中都護曹洪欲使掌書記，[7]瑀終不爲屈。太祖並以琳、瑀爲司空軍謀祭酒，管記室，〔一〕[8]軍國書檄，多琳、瑀所作也。〔二〕琳徙門下督，[9]瑀爲倉曹掾屬。[10]

〔一〕《文士傳》曰：太祖雅聞瑀名，辟之，不應，連見偪促，乃逃入山中。太祖使人焚山，得瑀，送至，召入。太祖時（征）〔在〕長安，[11]大延賓客，怒瑀不與語，使就技人列。瑀善解音，能鼓琴，遂撫弦而歌，因造歌曲曰："奕奕天門開，[12]大魏應期運。青蓋巡九州，[13]在西東人怨。[14]士爲知己死，女爲悅者玩。恩義苟敷暢，他人焉能亂？"爲曲既捷，音聲殊妙，當時冠坐，太祖大悅。

臣松之案：魚氏《典略》、摯虞《文章志》並云瑀建安初辭疾避役，不爲曹洪屈。得太祖召，即投杖而起。不得有逃入山中，焚之乃出之事也。

又《典略》載太祖初征荆州，使瑀作書與劉備，及征馬超，又使瑀作書與韓遂，此二書今具存。至長安之前，遂等破走，太祖始以十六年得入關耳。而張騭云初得瑀時太祖在長安，此又乖戾。[15]瑀以十七年卒，太祖十八年策爲魏公，而云瑀歌舞辭稱"大魏應期運"，愈知其妄。[16]又其辭云"他人焉能亂"，了不成語。瑀之吐屬，必不如此。

〔二〕《典略》曰：琳作諸書及檄，[17]草成呈太祖。太祖先苦頭風，[18]是日疾發，臥讀琳所作，翕然而起曰：“此愈我病。”[19]數加厚賜。太祖嘗使瑀作書與韓遂，時太祖適近出，瑀隨從，因於馬上具草，書成呈之。太祖擥筆欲有所定，而竟不能增損。

[1] 主簿：官名。時何進爲大將軍，此即大將軍府主簿，主典領文書，辦理事務。

[2] 即鹿無虞：盧弼《集解》引《後漢書》卷六九《何進傳》李賢注曰：“《易·屯卦》六三爻辭也。虞，掌山澤之官。即鹿猶從禽也。無虞，言不可得。”趙幼文《校箋》謂王念孫《廣雅疏證》曰：“《淮南子·繆稱訓》引《屯》六三‘即鹿無虞’高誘注：‘虞，欺也。’高誘、陳琳皆以‘無虞’爲無欺，蓋漢時師説如此。”考李賢據王弼注爲説，與琳本義有違。如下文云“夫微物尚不可欺以得志，況國之大事其可以詐立乎”，正承此句而言。若釋虞爲掌山之官，失琳原意矣。

[3] 違：《尚書·酒誥》“薄違農父”注：“馬云：違，行也。”趙幼文《校箋》謂《册府元龜》卷七二三引“違”字作“遵”。按，《太平御覽》卷四五二引亦作“違”。

[4] 於他：趙幼文《校箋》謂《太平御覽》卷四五二、《册府元龜》引作“外助”。

[5] 必不成功：校點本作“功必不成”，百衲本、殿本、盧弼《集解》本皆作“必不成功”。今從百衲本等。

[6] 本初：袁紹字本初。　移書：即本書卷六《袁紹傳》裴注引《魏氏春秋》所載袁紹《檄州郡文》。

[7] 都護：即都護將軍。官名。胡三省云：“都護將軍，以盡護諸將而立號，光武始以命賈復。”（《通鑑》卷六七漢獻帝建安二十年注）

[8] 記室：官名。漢代公府置記室令史，簡稱記室。主管文書表報。

[9] 門下督：官名。漢代郡縣官府置門下督，主盜賊事，亦稱門下督盜賊。東漢末，丞相府、將軍府亦置。

[10] 倉曹掾屬：官名。曹操爲丞相時，丞相府置有倉曹掾、屬，主管倉穀事。

[11] 時在：殿本無"時"字作"征"，百衲本等作"時征"，而下文裴松之言"張騭云初得瑪時太祖在長安"，則此"征"字當爲"在"之訛。又建安三年（198）曹操已派鍾繇鎮長安，建安十六年前不得有曹操征長安之事，故從百衲本等改"時征"爲"時在"。

[12] 奕奕：形容高大。

[13] 青蓋：青色車蓬。漢制，王車用青蓋。

[14] 在西東人怨：百衲本作"在西東人怨"，殿本、盧弼《集解》本、校點本皆作"在東西人怨"。宋本《册府元龜》卷八五六引作"西東人怨"。今從百衲本。謂巡行在西，東邊的人就抱怨爲何不早來西邊。《孟子·梁惠王下》：孟子曰："《書》曰：湯一征自葛始，天下信之。東面而征西夷怨，南面而征北狄怨。曰：奚爲後我？民望之若大旱之望雲霓也。"

[15] 乖戾：百衲本作"乖矣"，殿本、盧弼《集解》本、校點本作"乖戾"。今從殿本等。

[16] 愈：百衲本作"逾"，殿本、盧弼《集解》本、校點本作"愈"。今從殿本等。

[17] 諸書：盧弼《集解》本作"中書"，百衲本、殿本、校點本作"諸書"。今從百衲本等。

[18] 頭風：趙幼文《校箋》謂《太平御覽》卷七四一引無"頭"字，"風"下有"眩"字。

[19] 病：趙幼文《校箋》謂《太平御覽》、《草堂詩箋補遺》卷一〇引作"疾"。

瑒、楨各被太祖辟，爲丞相掾屬。瑒轉爲平原侯庶子，[1]後爲五官將文學。〔一〕[2]楨以不敬被刑，刑竟署吏。〔二〕咸著文賦數十篇。

〔一〕華嶠《漢書》曰：瑒祖奉，字世叔。才敏善諷誦，故世稱"應世叔讀書，五行俱下"。著《後序》十餘篇，[3]爲世儒者。延熹中，[4]至司隸校尉。[5]子劭字仲遠，[6]亦博學多識，尤好事。諸所撰述《風俗通》等，[7]凡百餘篇，辭雖不典，世服其博聞。

《續漢書》曰：劭又著《中漢輯敘》《漢官儀》及《禮儀故事》，[8]凡十一種，百三十六卷。朝廷制度，百官儀式，所以不亡者，由劭記之。官至泰山太守。[9]劭弟珣，字季瑜，司空掾，即瑒之父。

〔二〕《文士傳》曰：楨父名梁，字曼山，一名恭。少有清才，以文學見貴，終於野王令。[10]

《典略》曰：文帝嘗賜楨廓落帶，[11]其後師死，[12]欲借取以爲像，因書嘲楨云："夫物因人爲貴。故在賤者之手，不御至尊之側。今雖取之，勿嫌其不反也。"楨答曰："楨聞荊山之璞，[13]曜元后之寶；[14]隨侯之珠，[15]燭衆士之好；[16]南垠之金，[17]登窈窕之首；[18]驩貂之尾，[19]綴侍臣之幘：此四寶者，伏朽石之下，潛汙泥之中，而揚光千載之上，發彩疇昔之外，亦皆未能初自接於至尊也。夫尊者所服，卑者所脩也；貴者所御，賤者所先也。故夏屋初成而大匠先立其下，[20]嘉禾始熟而農夫先嘗其粒。恨楨所帶，無他妙飾，若實殊異，尚可納也。"楨辭旨巧妙皆如是，由是特爲諸公子所親愛。其後太子嘗請諸文學，酒酣坐歡，命夫人甄氏出拜。坐中衆人咸伏，而楨獨平視。[21]太祖聞之，乃收楨，減死輸作。[22]

　　[1] 庶子：官名。漢代列侯國之家臣，管理列侯家事務。魏、晋沿置，兼攝祠祭。

　　[2] 後爲：趙幼文《校箋》謂《初學記》卷一〇引“後”字作“俱”。

　　[3] 後序：《隋書·經籍志》子部儒家類謂梁有《後序》十二卷，後漢司隸校尉應奉撰，亡。《後漢書》卷四八《應奉傳》則謂應奉“著《漢書後序》，多所述載”。姚振宗《隋書經籍志考證》引章宗源說，謂《後序》即《漢書後序》。

　　[4] 延熹：漢桓帝劉志年號（158—167）。

　　[5] 司隸校尉：官名。秩比二千石。掌糾察京師百官違法者，並治所轄各郡，相當於州刺史。

　　[6] 仲遠：《後漢書》卷四八《應奉附劭傳》亦作“仲遠”。惠棟《後漢書補注》謂《劉寬碑》陰作“仲瑗”，當從之。

　　[7] 風俗通：《四庫全書總目提要》謂：《隋書·經籍志》著録《風俗通義》三十一卷，注云録一卷，應劭撰；《新唐書·藝文志》著録爲三十卷；《崇文總目》等爲十卷，與今傳本同。

　　[8] 中漢輯敍：《後漢書·應奉附劭傳》謂應劭著有《中漢輯序》《漢官禮儀故事》《狀人記》，又删定《漢儀》，集解《漢書》等。《隋書·經籍志》又著録《漢官》五卷應劭著、《漢官儀》十卷應劭撰、《漢書集解音義》二十四卷應劭撰（盧弼《集解》引錢大昕說“應劭”下當有“等”字）。

　　[9] 泰山：郡名。治所奉高縣，在今山東泰安市東。

　　[10] 野王：縣名。治所在今河南沁陽市。

　　[11] 廓落帶：潘眉《考證》云：“廓落帶即鈎絡帶，革帶之有鈎者。”

　　[12] 師：潘眉《考證》云：“師，工師也。”

　　[13] 荆山之璞：即《韓非子·和氏》中所說楚人和氏得璞於楚山中之璞，後經楚王命玉工治理，成爲珍貴之和氏璧。

　　[14] 元后：天子。

［15］隨侯之珠：《淮南子·覽冥訓》："譬如隋侯之珠、和氏之璧，得之者富，失之者貧。"高誘注："隋侯，漢東之國，姬姓諸侯也。隋侯見大蛇傷斷，以藥敷之，後蛇於江中銜大珠以報之，因曰隋侯珠。蓋明月珠也。"

［16］衆士：趙幼文《校箋》謂《藝文類聚》卷二五、《太平御覽》卷六九六引"士"字作"女"。

［17］南垠：即南方。南方之金，自古有名。《詩·魯頌·泮水》："元龜象齒，大賂南金。"毛傳："南謂荆揚也。"鄭箋："荆揚之州貢金三品。"

［18］窈窕：指美女。《詩·周南·關雎》："窈窕淑女，君子好逑。"

［19］鼲（hún）貂：鼲和貂。均鼠屬，其皮毛珍貴，可製衣裘。古代侍臣以其尾爲冠飾。

［20］夏屋：大屋。

［21］平視：沈欽韓《補注訓詁》云："《曲禮注》：平視，謂視面也。"

［22］輸作：罰作苦工。

瑀以十七年卒。幹、琳、瑒、楨二十二年卒。文帝書與元城令吳質曰：[1]"昔年疾疫，親故多離其災，[2]徐、陳、應、劉，一時俱逝。觀古今文人，類不護細行，鮮能以名節自立。而偉長獨懷文抱質，[3]恬淡寡欲，有箕山之志，[4]可謂彬彬君子矣。[5]著《中論》二十餘篇，辭義典雅，足傳于後。德璉常斐然有述作意，[6]其才學足以著書，美志不遂，良可痛惜！孔璋章表殊健，微爲繁富。公幹有逸氣，[7]但未遒耳。元瑜書記翩翩，[8]致足樂也。仲宣獨自善於辭賦，惜其體弱,[9]不起其文;[10]至於所善,古人無以遠過也。昔伯牙絕絃於鍾期,[11]仲尼覆醢于子路,[12]痛知音之難遇,傷門人之莫逮也。諸子但爲未及古人,自一時之儁也。"〔一〕

〔一〕《典論》曰:今之文人,魯國孔融、廣陵陳琳、山陽王粲、北海徐幹、陳留阮瑀、汝南應瑒、東平劉楨,[13]斯七子者,於學無所遺,於辭無所假,咸自以騁騏驥於千里,仰齊足而並馳。粲長於辭賦。幹時有逸氣,然非粲匹也。[14]如粲之《初征》《登樓》《槐賦》《征思》,幹之《玄猨》《漏卮》《圓扇》《橘賦》,雖張、蔡不過也,[15]然於他文未能稱是。琳、瑀之章表書記,今之儁也。應瑒和而不壯;劉楨壯而不密。孔融體氣高妙,[16]有過人者,然不能持論,[17]理不勝辭,至于雜以嘲戲;及其所善,[18]揚、班之儔也。[19]

[1]元城:縣名。治所今河北大名縣東北。

[2]離:遭逢。

[3]抱質:持守名節。

[4]箕山:在今河南登封縣東南。相傳堯讓天下於許由,許由不受,"遂之箕山之下,潁水之陽,耕而食"。(《呂氏春秋·慎行論·求人》)後世遂以箕山代稱隱退。

[5]彬彬:文雅有禮貌。《論語·雍也》:子曰:"質勝文則野,文勝質則史。文質彬彬,然後君子。"文質彬彬本指文雅而又樸實,後世多指文雅有禮貌。

[6]斐然:形容甚有文采。

[7]逸氣:謂詞氣奔放灑脱。

[8]翩翩:形容美好,有文采。

[9]體弱:謂文章的氣魄不足,風格纖弱。

[10] 不起其文：趙幼文《校箋》謂《文選》曹丕《與吳質書》"不"下有"足"字，此脱，當據增。

[11] 伯牙：春秋時楚人，善鼓琴，而只有鍾子期能解其琴音，鍾子期死後，伯牙終身不再鼓琴。（見《吕氏春秋·孝行覽·本味》）

[12] 醢（hǎi）：肉醬。孔子弟子子路爲衛大夫孔悝之邑宰，衛國内亂，子路被殺。孔子得知後，在中庭哭子路。有衛使者至，孔子問子路之死況，使者曰："醢之矣。"孔子遂命倒棄家中之肉醬，不再食之。（見《史記》卷六七《仲尼弟子列傳》及《禮記·檀弓上》）

[13] 魯國：治所魯縣，在今山東曲阜市東古城。

[14] 非粲匹也：上兩句《文選》，魏文帝《典論·論文》作"徐幹時有齊氣，然粲之匹也"。沈家本謂似以《文選》爲長。徐幹北海人，故云"齊氣"。此"幹"，或因正文"公幹有逸氣"而致誤。（本盧弼《集解》引沈家本説）

[15] 張蔡：指張衡、蔡邕。皆東漢著名的辭賦家。

[16] 體氣：指文章之"體度風格"，乃六朝人評文習用語，或曰"骨氣"或曰"風骨"。（劉永濟《文心雕龍校釋·風骨》）

[17] 不能持論：謂孔融之論説文，文辭雖美而説理不透，不能立其論。

[18] 及其：趙幼文《校箋》謂《册府元龜》卷八三七引"及"字作"乃"。按，《文選》亦作"及"。

[19] 揚班：指揚雄、班固。揚雄，西漢人；班固，東漢人。皆以辭賦著稱。

　　自潁川邯鄲淳、〔一〕繁欽、繁，音婆。〔二〕陳留路粹、〔三〕沛國丁儀、丁廙、弘農楊脩、河内荀緯等，[1]亦有文采，而不在此七人之例。〔四〕[2]

〔一〕《魏略》曰：淳一名竺，字子叔。[3]博學有才章，又善《蒼》《雅》、蟲、篆、許氏字指。[4]初平時，[5]從三輔客荆州。[6]荆州內附，太祖素聞其名，召與相見，甚敬異之。時五官將博延英儒，亦宿聞淳名，因啓淳欲使在文學官屬中。會臨菑侯植亦求淳，太祖遣淳詣植。植初得淳甚喜，延入坐，不先與談。時天暑熱，植因呼常從取水自澡訖，傅粉，[7]遂科頭拍袒，[8]胡舞五椎鍛，[9]跳丸擊劍，[10]誦俳優小説數千言訖，謂淳曰："邯鄲生何如邪？"於是乃更著衣幘，整儀容，與淳評説混元造化之端，[11]品物區別之意，然後論羲皇以來賢聖名臣烈士優劣之差，[12]次頌古今文章賦誄及當官政事宜所先後，又論用武行兵倚伏之勢。乃命廚宰，酒炙交至，[13]坐席默然，無與伉者。及暮，淳歸，對其所知歎植之材，謂之"天人"。而于時世子未立。太祖俄有意於植，而淳屢稱植材。由是五官將頗不悦。及黃初初，[14]以淳爲博士、給事中。[15]淳作《投壺賦》千餘言奏之，[16]文帝以爲工，賜帛（千）〔十〕匹。[17]

〔二〕《典略》曰：欽字休伯，以文才機辯，少得名於汝、潁。[18]欽既長於書記，又善爲詩賦。其所與太子書，記喉轉意，[19]率皆巧麗。爲丞相主簿。[20]建安二十三年卒。

〔三〕《典略》曰：粹字文蔚，少學於蔡邕。初平中，隨車駕至三輔。建安初，以高才與京兆嚴像擢拜尚書郎。[21]像以兼有文武，出爲揚州刺史。[22]粹後爲軍謀祭酒，與陳琳、阮瑀等典記室。及孔融有過，太祖使粹爲奏，承指數致融罪，其大略言："融昔在北海，見王室不寧，招合徒衆，欲圖不軌，言'我大聖之後也，而滅於宋。[23]有天下者何必卯金刀'？"[24]又云："融爲九列，[25]不遵朝儀，秃巾微行，[26]唐突宫掖。又與白衣禰衡言論放蕩，[27]衡與融更相贊揚。衡謂融曰：'仲尼不死也。'融答曰：'顏淵復生。'"凡説融諸如此輩，[28]辭語甚多。融誅之後，人覩粹所作，無不嘉其才而畏其筆也。至十九年，粲轉爲秘書令，[29]從大軍至漢中，[30]坐違禁賤請驢伏法。太子素與粲善，聞其死，爲之歎惜。及即帝位，特用其子爲長史。

魚豢曰：尋省往者，魯連、鄒陽之徒，[31]援譬引類，以解締結，誠彼時文辯之儁也。今覽王、繁、阮、陳、路諸人前後文旨，亦何肯不若哉？[32]其所以不論者，時世異耳。余又竊怪其不甚見用，以問大鴻臚卿韋仲將。[33]仲將云：“仲宣傷於肥戇，[34]休伯都無格檢，[35]元瑜病於體弱，孔璋實自麤疏，文蔚性頗忿鷙，[36]如是彼爲，非徒以脂燭自煎糜也，其不高蹈，[37]蓋有由矣。然君子不責備于一人，譬之朱漆，雖無楨幹，其爲光澤亦壯觀也。”

〔四〕儀、廙、脩事，並在《陳思王傳》。荀勗《文章敍録》曰：緯字公高。少喜文學。建安中，召署軍謀掾、魏太子庶子，[38]稍遷至散騎常侍、越騎校尉。[39]年四十二，黄初四年卒。

[1] 潁川：郡名。治所陽翟縣，在今河南禹州市。　沛國：治所相縣，在今安徽濉溪縣西北。　弘農：郡名。治所弘農縣，在今河南靈寶市東北。　河内：郡名。治所懷縣，在今河南武涉縣西南。

[2] 七人：趙一清《注補》云：“《典論》七子數孔融，今傳無文舉，而云七人，未知所數更屬何人。詳傳仲宣以下只得六人耳。”劉咸炘《知意》則云：“尚曰：建安七子，孔融在其中，壽以融附見《崔琰傳》，而不與粲等同列，蓋以融爲漢臣也。徐幹有箕山之志，評中亦特表之。”

[3] 子叔：盧弼《集解》謂《後漢書》卷八四《列女曹娥傳》李賢注引《會稽典録》作“子禮”。趙幼文《校箋》謂《太平御覽》卷七五三引作“元淑”，《藝文類聚》卷四八、卷七四引作“子淑”。按，《藝文類聚》卷七四引作“淑”，無“子”字。

[4] 蒼：《太平御覽》卷七四九引《魏略》作“蒼頡”。指

《蒼頡篇》，古字書，秦丞相李斯作。（見《漢書·藝文志》）　雅：指《爾雅》，古辭書。　蟲篆：即蟲書、篆書，漢字之兩種形體。《漢書·藝文志》小學類“古文、奇字、篆書、隸書、繆篆、蟲書”顏師古注：“篆書，謂小篆，蓋秦始皇使陳邈所作也”；“蟲書，謂爲蟲鳥之形，所以書幡信也”。　許氏：指許慎所著《説文解字》。　字指：錢大昭《辨疑》謂即本卷《劉劭傳》裴注引《魏略》中所説的“古今字指”。

[5] 初平：漢獻帝劉協年號（190—193）。

[6] 三輔：地區名。西漢都城在長安，遂以長安爲中心置京兆尹、右扶風、左馮（píng）翊（yì），合稱三輔。東漢定都洛陽，以三輔陵廟所在，不改其號，仍稱三輔。轄區在今陝西渭水流域一帶。

[7] 傅粉：趙幼文《校箋》謂《北堂書鈔》卷三五引作“以粉自傅之”，《太平御覽》卷七一九引無“之”字。又梁章鉅《旁證》引沈欽韓説：“《後漢書·方術傳》：‘怡而汗出，因此著粉。’按，恐汗出風濕反入毛孔，著粉使燥也。”

[8] 科頭：結髮不戴冠。　拍（bó）：通“膊”，胳膊，肩臂。《周禮·天官·醢人》“豚拍、魚醢”鄭玄注：“鄭大夫杜子春皆以‘拍’爲‘膊’，謂脅也。或曰豚拍，肩也。今河間名豚脅聲如鍛鎛。”拍袒，胳膊裸露。

[9] 五椎鍛：殿本作“五椎鍜”，百衲本、盧弼《集解》本、校點本作“五椎鍛”。今從百衲本等。梁章鉅《旁證》引沈欽韓曰：“五椎鍛，蓋即華佗之五禽戲。”

[10] 跳丸：抛弄彈丸。古雜戲之一。

[11] 混元：指天地。

[12] 羲皇：伏羲氏。《白虎通》等以爲三皇之一。

[13] 酒炙：酒與菜肴。

[14] 黃初：魏文帝曹丕年號（220—226）。

[15] 博士：官名。魏太學博士秩比六百石，第五品，掌以五

經教諸弟子。　給事中：官名。第五品，位在散騎常侍下，給事黄門侍郎上，或爲加官，或爲正官，無定員。

［16］投壺賦：《藝文類聚》卷七四載有此賦之節文。

［17］十匹：各本皆作"千匹"。盧弼《集解》謂《太平御覽》卷八一八引《魏略》作"十匹"。趙幼文《校箋》亦謂《藝文類聚》卷五六，《太平御覽》卷五八七、卷七五三，《册府元龜》卷五五〇引"千"字俱作"十"，"千"字蓋誤。今從盧、趙説改。

［18］汝潁：指汝南郡與汝川郡，亦即汝水與潁水流經之地。

［19］記喉轉意：趙幼文《校箋》云："《册府》卷七一八引'喉'上有'發'字。'意'疑爲'音'字之譌。"梁章鉅《旁證》云："《文帝集序》云：西征，余守譙，繁欽從。時薛訪車子能喉囀，與箎同，箋還與余盛嘆之，雖過其實，而其文甚麗。按，此注，'記'下疑有誤，當即是薛訪車子事而訛脱其字也。"《文選》繁休伯《與魏文帝箋》即云："時都尉薛訪車子年始十四，能喉囀引聲，與箎同音。"喉囀，蓋一種特殊的發聲技藝，類似現代的口技。

［20］丞相主簿：官名。曹操爲丞相後，於丞相府置主簿四人，皆省録衆事。

［21］京兆：即京兆尹。治所長安縣，在今陝西西安市西北。嚴像：錢大昭《辨疑》謂本書《荀彧傳》作"嚴象"。　尚書郎：官名。東漢之制，取孝廉之有才能者入尚書臺，初入臺稱守尚書郎中，滿一年稱尚書郎，三年稱侍郎，統稱尚書郎，秩四百石。凡置三十六員，分隸六曹尚書治事，主要掌文書起草。

［22］揚州：東漢末刺史治所在壽春縣，在今安徽壽縣。

［23］宋：周代之宋國。周成王初，周公平武庚之亂後，誅武庚，遂封微子於宋，以統殷餘民，是爲宋國。孔子即宋人。孔氏之祖乃宋襄公子弗父何，傳至孔父嘉時始以孔爲氏。（見《史記》卷三八《宋微子世家》、卷四七《孔子世家》及《索隱》引《家語》）

　　[24] 卯金刀：漢代人指“劉”字。《漢書》卷九九中《王莽傳中》云：“夫‘劉’之爲字，‘卯、金、刀’也。”

　　[25] 九列：九卿。

　　[26] 禿巾：古人以幘包髮，戴巾不加幘稱禿巾。

　　[27] 白衣：未曾做官之人稱白衣。

　　[28] 此輩：盧弼《集解》云：“官本《考證》云‘宋本輩作章’。”趙幼文《校箋》云：“作‘章’字是，此章謂路粹所爲章奏也。”

　　[29] 秘書令：官名。建安十八年曹操爲魏公後置，典尚書奏事，兼掌圖書秘記，爲親近機要之職。

　　[30] 漢中：郡名。治所南鄭縣，在今陝西漢中市東。

　　[31] 魯連：即魯仲連，戰國齊人。趙孝成王時，魯仲連至趙都邯鄲，正值秦軍圍困邯鄲。而魏安釐王已遣將軍晉鄙救趙，晉鄙畏秦軍，至湯陰而止。魏王遂使新垣衍至趙，説趙尊秦爲帝，則邯鄲之圍可解。魯仲連遂見新垣衍，援引歷史和現實的不少例證説明尊秦爲帝之危害。新垣衍無言以對，佩服魯仲連之卓識。會魏信陵君奪晉鄙軍擊秦軍救趙，終解邯鄲之圍。又燕將攻下齊國之聊城後，聊城人在燕國讒毀燕將，燕將懼誅，遂保守聊城不敢歸。魯仲連遂援引史例與今證，作書與燕將，説明固守聊城之不可行。燕將得書，進退兩難，因自殺。齊田單遂奪回聊城。　　鄒陽：西漢齊人，至梁國投梁孝王府下，而羊勝等讒毀之。梁王怒，遂將鄒陽下獄，將殺之。鄒陽在獄中上書梁王，援引歷史上忠心信義而被讒毀之例證，説明自己之忠反被讒忌。梁王閲書後，即釋之，並待爲上客。(見《史記》卷八三《魯仲連鄒陽列傳》)

　　[32] 肯：殿本、盧弼《集解》本、校點本作“昔”，百衲本作“肯”，今從百衲本。

　　[33] 大鴻臚卿：官名。漢列卿之一，秩中二千石。掌少數民族君長、諸侯王、列侯之迎送、接待、安排朝會、封授、襲爵及奪爵削土之典禮；諸侯王死，則奉詔護理喪事，宣讀誄策謚號；百官

朝會，掌贊襄引導；兼管京都之郡國邸舍及郡國上計吏之接待；又兼管少數民族之朝貢使節及侍子。三國沿之，魏爲三品。　韋仲將：韋誕字仲將。見後裴注引《文章叙録》。

[34] 肥戇（zhuàng）：太剛直。

[35] 格檢：檢點。

[36] 忿鷙：殘忍凶狠。

[37] 高蹈：謂升居高位。

[38] 軍謀掾：官名。東漢末曹操置爲司空、丞相府之僚屬，以參議軍政。　太子庶子：官名。東漢時隸屬太子少傅，秩四百石。值宿東宮，職比郎官，無定員。曹魏沿襲，第五品。

[39] 散騎常侍：官名。秩比二千石，第三品，爲門下重職，侍從皇帝左右，諫諍得失，應對顧問，與侍中等共平尚書奏事，有異議得駁奏。　越騎校尉：官名。東漢時秩比二千石，掌宿衛兵。魏、晉沿置，四品。

　　瑒弟璩，璩子貞，咸以文章顯。璩官至侍中。貞咸熙中參相國軍事。〔一〕[1]

　　〔一〕《文章叙録》曰：璩字休璉，博學好屬文，善爲書記。文、明帝世，歷官散騎常侍。齊王即位，稍遷侍中、大將軍長史。曹爽秉政，多違法度，璩爲詩以諷焉。其言雖頗諧合，多切時要，世共傳之。復爲侍中，典著作。嘉平四年卒，[2] 追贈衛尉。[3] 貞字吉甫，少以才聞，能談論。正始中，[4] 夏侯玄盛有名勢，貞嘗在玄坐作五言詩，玄嘉玩之。舉高第，[5] 歷顯位。晉武帝爲撫軍大將軍，[6] 以貞參軍事。晉室踐阼，遷太子中庶子、散騎常侍。[7] 又以儒學與太尉荀顗撰定新禮，事未施行。泰始五年卒。[8] 貞弟純。純子紹，永嘉中爲黃門侍郎，[9] 爲司馬越所殺。純弟秀。秀子詹，鎮南大將軍、江州刺史。[10]

［1］咸熙：魏元帝曹奂年號（264—265）。　參相國軍事：參預相國府之軍事事務。相國，曹魏末位尊於丞相，職權品秩略同，非尋常人臣之職。

［2］嘉平：魏少帝齊王曹芳年號（249—254）。

［3］衛尉：官名。秩中二千石，第三品，掌宮門及宮中警衛。西晉時尚兼管武庫、冶鑄。

［4］正始：魏少帝齊王曹芳年號（240—249）。

［5］高第：官吏考課成績第一者稱高第。《後漢書》卷一五《鄧晨傳》：“晨好樂郡職，由是復拜爲中山太守，吏民稱之，常爲冀州高第。”李賢注：“中山屬冀州，於冀州所部課常爲第一。”

［6］撫軍大將軍：官名。第二品。晉武帝司馬炎於魏元帝咸熙元年任此職執掌朝政。

［7］太子中庶子：官名。東宮官屬，晉置四員，與中舍人共掌文翰。

［8］泰始：晉武帝司馬炎年號（265—274）。

［9］永嘉：晉懷帝司馬熾年號（307—313）。

［10］鎮南大將軍：官名。晉爲二品，禄賜與特進同。如開府，則從公位，假金章紫綬，升爲一品。　江州：西晉惠帝元康元年（291）置，刺史治所南昌縣，在今江西南昌市。東晉成帝咸康六年（340），徙治所於尋陽縣，在今湖北黄梅縣西南。

瑀子籍，才藻豔逸，而倜儻放蕩，行己寡欲，以莊周爲模則。官至步兵校尉。〔一〕[1]

〔一〕籍字嗣宗。《魏氏春秋》曰：籍曠達不羈，[2]不拘禮俗。性至孝，居喪雖不率常檢，而毀幾至滅性。兖州刺史王昶請與相見，[3]終日不得與言，昶歎賞之，[4]自以不能測也。太尉蔣濟聞而辟之，後爲尚書郎、曹爽參軍，^[5]以疾歸田里。歲餘，爽誅，太傅及大將軍乃以爲從事中郎。^[6]後朝論以其名高，欲顯崇之，籍以世多故，祿仕而已，聞步兵校尉缺，廚多美酒，營人善釀酒，^[7]求爲校尉，遂縱酒昏酣，遺落世事。嘗登廣武，^[8]觀楚、漢戰處，乃歎曰：“時無英才，使豎子成名乎！”時率意獨駕，^[9]不由徑路，車迹所窮，輒慟哭而反。^[10]籍少時嘗遊蘇門山，^[11]蘇門山有隱者，^[12]莫知姓名，^[13]有竹實數斛、臼杵而已。^[14]籍從之，^[15]與談太古無爲之道，及論五帝三王之義，蘇門生蕭然曾不經聽。^[16]籍乃對之長嘯，^[17]清韻響亮，^[18]蘇門生逌爾而笑。^[19]籍既降，蘇門生亦嘯，若鸞鳳之音焉。^[20]至是，籍乃假蘇門先生之論以寄所懷。^[21]其歌曰：“日没不周西，^[22]月出丹淵中，^[23]陽精蔽不見，^[24]陰光代爲雄。^[25]亭亭在須臾，^[26]厭厭將復隆。^[27]富貴俯仰間，貧賤何必終。”又歎曰：“天地解兮六合開，^[28]星辰隕兮日月頹，我騰而上將何懷？”籍口不論人過，而自然高邁，故爲禮法之士何曾等深所讎疾。大將軍司馬文王常保持之，^[29]卒以壽終。子渾字長成。《世語》曰：渾以閒澹寡欲，^[30]知名京邑。爲太子庶子。^[31]早卒。

[1] 步兵校尉：官名。秩比二千石，第四品。領宿衞兵。

[2] 曠達：殿本、盧弼《集解》本作“曠遠”，百衲本、校點本作“曠達”。今從百衲本等。

[3] 兗州：魏兗州刺史治所廩邱縣，在今山東鄆城縣西北。

[4] 歎賞之：百衲本作“歎貴之”，殿本、盧弼《集解》本、校點本作“歎賞之”。今從殿本等。趙幼文《校箋》謂《世說新語·德行篇》注引作“愧歎之”。

[5] 參軍：官名。曹魏時，大將軍、大司馬、太尉及諸開府將軍，均置參軍，爲重要幕僚。當時曹爽爲大將軍，故有參軍。

[6] 太傅：指司馬懿。當時爲太傅。　大將軍：指司馬師。魏

少帝齊王曹芳嘉平三年（251）司馬懿死後，嘉平四年司馬師即爲大將軍。　從事中郎：官名。魏晉時三公府、將軍府皆置爲屬吏，秩六百石，第六品。其職依時依府而異，或爲主吏，或分掌諸曹，或掌機密，或參謀議，地位較高，員不定。

[7] 善釀酒：趙幼文《校箋》謂《北堂書鈔》卷六一引"釀"下無"酒"字，是也。《晋書》卷四九《阮籍傳》亦作"善釀"。按，《北堂書鈔》"釀"下實有"酒"字。

[8] 廣武：山名。在今河南滎陽市東北黃河南岸。《漢書》卷一上《高帝紀上》謂漢王劉邦四年（前203），與項羽爭戰，"漢王引兵渡河，復取成皋，軍廣武"。顏師古注引孟康曰："於滎陽築兩城而相對，名爲廣武城，在敖倉西三室山上。"

[9] 時：趙幼文《校箋》謂《世説新語·棲逸篇》注引作"常"。

[10] 反：盧弼《集解》本作"返"，百衲本、殿本、校點本作"反"。按，二字可通，今從百衲本等。

[11] 蘇門山：又名蘇嶺，一名百門山，在今河南輝縣市西北。

[12] 蘇門山：趙幼文《校箋》謂《世説新語·棲逸篇》注引無"蘇門山"三字，《太平御覽》卷三九二引無"蘇門"二字。隱者：《晋書》卷四九《阮籍傳》謂即孫登。

[13] 姓名：校點本作"名姓"，百衲本、殿本、盧弼《集解》本均作"姓名"。今從百衲本等。趙幼文《校箋》謂《太平御覽》卷三九二引"姓名"上有"其"字。

[14] 竹實：某些竹結實，狀如小麥，又名竹米，可食。

[15] 籍從之：趙幼文《校箋》謂《世説新語·棲逸篇》注引作"籍聞而從之"。

[16] 蘇門生蕭然曾不經聽：趙幼文《校箋》謂《世説新語·棲逸篇》注引作"蘇門先生翛然曾不眄之"。按，蕭然，冷落貌。不經聽，不注意聽。

[17] 對之：趙幼文《校箋》謂《世説新語·棲逸篇》注引作

“嘐然”。按，嘐同“哮”。　嘯：撮口吹出聲音。

[18] 清韻響亮：趙幼文《校箋》謂《世說新語·棲逸篇》注引作“韻響寥亮”。

[19] 逌（yóu）爾：笑貌。

[20] 蘇門生亦嘯若鸞之鳳音焉：趙幼文《校箋》謂《世說新語·棲逸篇》注引作“蘇門先生喟然高嘯有如鳳音”。

[21] 籍乃：趙幼文《校箋》謂《世說新語·棲逸篇》注引“籍”下有“素知音”三字。

[22] 不周：山名。《淮南子·原道訓》：“昔共工之力，觸不周之山，使地東南傾。”高誘注：“不周山，崑崙西北。”

[23] 丹淵：傳說中的水名。

[24] 陽精：指太陽。　蔽：趙幼文《校箋》謂《世說新語·棲逸篇》注引作“晦”。

[25] 陰光：指月亮。

[26] 亭亭：遥遠貌。

[27] 厭（yān）厭：同“奄奄”，微弱。

[28] 六合：天地與四方。

[29] 司馬文王：司馬昭。

[30] 閒澹：趙幼文《校箋》謂《世說新語·賞譽篇》注引作“清虚”。

[31] 太子庶子：趙幼文《校箋》謂《世說新語·賞譽篇》注引“太子”下有“中”字。

　　時又有譙郡嵇康，[1]文辭壯麗，好言老、莊，而尚奇任俠。至景元中，[2]坐事誅。〔一〕

〔一〕康字叔夜。案《嵇氏譜》：康父昭，字子遠，督軍糧治書侍御史。[3]兄喜，字公穆，晋揚州刺史、宗正。[4]喜爲康傳曰：

"家世儒學，少有儁才，曠邁不羣，高亮任性，[5]不脩名譽，寬簡有大量。學不師授，博洽多聞，長而好老、莊之業，恬靜無欲。性好服食，[6]嘗採御上藥。善屬文論，彈琴詠詩，自足于懷抱之中。以爲神仙者，稟之自然，非積學所致。至於導養得理，以盡性命，若安期、彭祖之倫，[7]可以善求而得也；著《養生篇》。[8]知自厚者所以喪其所生，其求益者必失其性，超然獨達，遂放世事，縱意於塵埃之表。撰録上古以來聖賢、隱逸、遁心、遺名者，集爲傳贊，[9]自混沌至于管寧，凡百一十有九人，蓋求之於宇宙之内，而發之乎千載之外者矣。故世人莫得而名焉。"

虞預《晋書》曰：[10]康家本姓奚，會稽人。[11]先自會稽遷于譙之銍縣，[12]改爲嵇氏，取"稽"字之上，[13]〔加〕"山"以爲姓，[14]蓋以志其本也。一曰銍有嵇山，家于其側，遂氏焉。

《魏氏春秋》曰：康寓居河内之山陽縣，[15]與之游者，未嘗見其喜愠之色。與陳留阮籍、河内山濤、河南向秀、籍兄子咸、琅邪王戎、沛人劉伶相與友善，[16]遊於竹林，號爲七賢。[17]鍾會爲大將軍所昵，[18]聞康名而造之。會，名公子，以才能貴幸，乘肥衣輕，[19]賓從如雲。康方箕踞而鍛，[20]會至，不爲之禮。康問會曰："何所聞而來？何所見而去？"會曰："有所聞而來，有所見而去。"會深銜之。大將軍嘗欲辟康。康既有絶世之言，又從子不善，避之河東，[21]或云避世。及山濤爲選曹郎，[22]舉康自代，康答書拒絶，[23]因自説不堪流俗，而非薄湯、武。大將軍聞而怒焉。初，康與東平吕昭子巽及巽弟安親善。會巽淫安妻徐氏，而誣安不孝，囚之。安引康爲證，康義不負心，保明其事，安亦至烈，[24]有濟世志力。鍾會勸大將軍因此除之，遂殺安及康。康臨刑自若，援琴而鼓，[25]既而歎曰："雅音於是絶矣！"時人莫不哀之。初，康採藥於汲郡共北山中，[26]見隱者孫登。康欲與之言，登默然不對。踰時將去，康曰："先生竟無言乎？"登乃曰："子才多識寡，難乎免於今之世。"及遭吕安事，爲詩自責曰："欲寡其過，謗議沸騰。性不傷物，頻致怨憎。昔慚柳下，[27]今愧孫登。內負宿心，外恧良朋。”康所著諸文論六七萬言，[28]皆爲世所玩詠。

《康別傳》云：[29]孫登謂康曰：“君性烈而才儁，其能免乎？”稱康臨終之言曰：“袁孝尼嘗從吾學《廣陵散》，[30]吾每固之不與。《廣陵散》於今絶矣！”與盛所記不同。

又《晉陽秋》云：康見孫登，登對之長嘯，踰時不言。康辭還，曰：“先生竟無言乎？”登曰：“惜哉！”此二書皆孫盛所述，而自爲殊異如此。

《康集目録》曰：[31]登字公和，不知何許人，無家屬，於汲縣北山土窟中得之。[32]夏則編草爲裳，冬則被髮自覆。好讀《易》鼓琴，[33]見者皆親樂之。每所止家，輒給其衣服食飲，得無辭讓。

《世語》曰：毌丘儉反，康有力，且欲起兵應之，以問山濤，濤曰：“不可。”儉亦已敗。

臣松之案《本傳》云康以景元中坐事誅，而干寶、孫盛、習鑿齒諸書，[34]皆云正元二年，[35]司馬文王反自樂嘉，[36]殺嵇康、呂安。蓋緣《世語》云康欲舉兵應毌丘儉，故謂破儉便應殺康也。其實不然。山濤爲選官，欲舉康自代，康書告絶，事之明審者也。案《濤行狀》，濤始以景元二年除吏部郎耳。景元與正元相覺七八年，[37]以《濤行狀》檢之，如《本傳》爲審。[38]又《鍾會傳》亦云會作司隸校尉時誅康；[39]會作司隸，景元中也。干寶云呂安兄巽善於鍾會，巽爲相國掾，[40]俱有寵於司馬文王，故遂抵安罪。尋文王以景元四年鍾、鄧平蜀後，[41]始授相國位；若巽爲相國掾時陷安，焉得以破毌丘儉年殺嵇、呂？此又干寶之疏謬，自相違伐也。

康子紹，字延祖，少知名。山濤啓以爲秘書郎，[42]稱紹平簡温敏，有文思，又曉音，當成濟者。帝曰：“紹如此，便可以爲丞，不足復爲郎也。"遂歷顯位。

《晉諸公贊》曰：紹與山濤子簡、弘農楊準同好友善，而紹最有忠正之情。以侍中從惠帝北伐成都王，[43] 王師敗績，百官皆走，[44] 惟紹獨以身扞衞，遂死於帝側。故累見襃崇，追贈太尉，謚曰忠穆公。

[1] 譙郡：治所譙縣，在今安徽亳州市。

[2] 景元：魏元帝曹奐年號（260—264）。

[3] 督軍糧治書侍御史：官名。又稱督軍糧御史。曹魏置，掌出征時督運軍糧。第七品。隸御史臺。

[4] 宗正：盧弼《集解》本作"中正"，百衲本、殿本、校點本均作"宗正"。今從百衲本等。宗正，漢代九卿之一，秩中二千石，由宗室擔任，掌皇族親屬事務。登記宗室王國譜諜，以別士庶；凡宗室有罪，須先報宗正，方得處治。曹魏沿置，多任皇族，或暫以他姓代理。第三品。西晉則兼用庶姓。

[5] 性：盧弼《集解》本作"信"，百衲本、殿本、校點本作"性"。今從百衲本等。

[6] 服食：指服用丹藥，道家之養生法。

[7] 安期：即安期生。傳說的長壽僊人。漢武帝時李少君對武帝說："安期生僊者，通蓬萊中，合則見人，不合則隱。"（《史記》卷二八《封禪書》）　彭祖：傳說爲顓頊帝玄孫陸終氏之第三子，堯封之於彭。善導引養生，年八百歲。（見劉向《列僊傳》）

[8] 養生篇：《隋書·經籍志》謂梁有《養生論》三卷，嵇康撰，亡。《文選》卷五三載有嵇叔夜《養生論》一篇。

[9] 傳贊：《隋書·經籍志》史部雜傳類著録有《聖賢高士傳贊》三卷，嵇康撰，周續之注。

[10] 虞預：東晉初，曾爲佐著作郎，後又爲秘書丞、著作郎、散騎常侍等。著有《晉書》四十餘卷、《會稽典録》二十篇、《諸

虞傳》十二篇等。（見《晉書》卷八二《虞預傳》）《隋書·經籍志》史部正史類云："《晉書》二十六卷，本四十四卷，訖明帝，今殘缺。晉散騎常侍虞預撰。"《舊唐書·經籍志》《新唐書·藝文志》均著録虞預《晉書》五十八卷。

［11］會稽：郡名。治所山陰縣，在今浙江紹興市。

［12］銍縣：治所在今安徽宿州市西南。

［13］上：百衲本作"土"，殿本、盧弼《集解》本、校點本皆作"上"。今從殿本等。

［14］加：各本皆無"加"字。殿本《考證》云："元本作'加山以爲姓'，多'加'字。"何焯校亦有"加"字。校點本即從何焯説增"加"字，今從之。

［15］山陽縣：治所在今河南焦作市東南。

［16］河南向秀：錢大昭《辨疑》云："秀，河内懷人，此作'河南'誤。"按，《晉書》卷四九《向秀傳》向秀乃河内懷縣人。琅邪：郡名。治所開陽縣，在今山東臨沂市北。　劉伶：百衲本作"劉靈"，殿本、盧弼《集解》本、校點本、《晉書》等皆作"劉伶"。今從殿本等。

［17］七賢：陳寅恪云："所謂'竹林七賢'者，先有'七賢'，即取《論語》'作者七人'之事數，實與東漢末三君、八厨、八及等名，同爲標榜之義。迨西晉之末僧徒比附内典外書之'格義'風氣盛行，東晉初年乃取天竺'竹林'之名加於'七賢'之上，至東晉中葉以後江左名士孫盛、袁宏、戴逵輩遂著之於書（《魏氏春秋》《竹林名士傳》《竹林名士論》），而河北民間亦以其説附會地方名勝。"（陳寅恪《金明館叢稿·陶淵明之思想與清談之關係》，上海古籍出版社 1980 年版，第 181 頁）

［18］大將軍：指司馬昭。

［19］乘肥衣輕：謂駕乘肥馬，穿著輕裘。《論語·雍也》："赤之適齊也，乘肥馬，衣輕裘。"

［20］箕踞：古人席地而坐，坐即跪，兩足在後。若前伸張兩

足，隨意坐着，形似簸箕，稱爲箕踞、箕坐，爲輕慢不恭的姿態。

［21］河東：郡名。治所安邑縣，在今山西夏縣西北禹王城。

［22］選曹郎：官名。"吏部郎"之別稱。尚書吏部曹之長官，屬吏部尚書，主管官吏選任銓叙調動事務，可建議任免五品以下官吏。秩四百石，第六品。

［23］康答書：即《文選》卷四三所載嵇叔夜《與山巨源絶交書》。

［24］至烈：盧弼《集解》本作"性烈"，百衲本、殿本、校點本作"至烈"。今從百衲本等。趙幼文《校箋》則謂下文孫登謂康曰"君性烈而才俊"，則作"性"爲是。按，至烈亦謂性至烈。

［25］鼓：盧弼《集解》本作"歌"，百衲本、殿本、校點本作"鼓"。今從百衲本等。

［26］汲郡：胡三省云："晋泰始二年始分河内爲汲郡，史追書也。"（《通鑑》卷七八魏元帝景元三年注）汲郡治所汲縣，在今河南衛輝市西南。　共：縣名。治所在今河南輝縣市。

［27］柳下：即柳下惠，亦即展禽。春秋魯大夫，因食邑柳下，謚惠，故稱柳下惠。孟子説柳下惠"不羞污君，不辭小官，進不隱賢，必以其道，遺佚而不怨，厄窮而不憫"。"故聞柳下惠之風者，鄙夫寬，薄夫敦"。（《孟子·萬章下》）

［28］著諸文論：《隋書·經籍志》著録有"魏中散大夫《嵇康集》十三卷，梁十五卷，録一卷"；又有"《春秋左氏傳音》三卷，魏中散大夫嵇康撰"。

［29］康別傳：沈家本《三國志注所引書目》謂《嵇康別傳》，《隋書·經籍志》《舊唐書·經籍志》《新唐書·藝文志》未著録。

［30］袁孝尼：袁準字孝尼。西晋時官至給事中，以儒學知名。（見《晋書》卷八三《袁瓌附準傳》）。　廣陵散：琴曲名。散，曲類名稱，如操、弄、引之類。

［31］康集目録：趙幼文《校箋》謂《世説新語·棲逸篇》注引作"康集序"。按，《太平御覽》卷六九六引作"嵇康集目録"。

[32] 於汲縣北山土窟中得之：趙幼文《校箋》謂《世說新語》注引"縣"字作"郡"，"窟"下有"住"字，無"中得之"三字。《太平御覽》卷六九六引"縣"字亦作"郡"，又作"北山中爲土窟"。《晉書》卷九四《隱逸傳》作"於郡北山爲土窟居之"。按，汲縣置於西漢，治所在今河南衛輝市西南。《晉書·地理志》謂西晉秦始二年始置汲郡，治所汲縣。若嵇康之文，當稱汲縣，稱汲郡，應晉人之説，而二説皆指同一地。

[33] 鼓琴：趙幼文《校箋》謂《世説新語》注引作"鼓一弦琴"。

[34] 諸書：百衲本、殿本、盧弼《集解》本、校點本1959年12月第1版作"諸書"，校點本1982年7月第2版改爲"諸事"，不知何據。今仍從百衲本等作"諸書"。

[35] 正元：魏少帝高貴鄉公曹髦年號（254—256）。

[36] 樂嘉：西漢時爲汝南郡之博陽侯國，王莽時改名樂嘉（今本《漢書》作"樂家"）。東漢時雖未設縣，樂嘉之名卻一直保存。其地在今河南商水縣東南。

[37] 相覺：百衲本作"相覺"，殿本、盧弼《集解》本、校點本作"相較"。中華再造善本影宋本亦作"相覺"。今從百衲本。《孟子·盡心下》"《春秋》無義戰"趙岐注："《春秋》所載戰伐之事，無應王義者也。彼此相覺，有善惡耳。"孫奭疏："覺，音教。義與校同。"

[38] 如：趙一清《注補》謂何焯校改作"知"。

[39] 司隷校尉：官名。秩比二千石，第三品。掌糾察京師百官違法者，並治所轄各郡，相當於州刺史。

[40] 相國掾：官名。相國府之屬官。魏相國府有諸曹掾。

[41] 鄧：指鄧艾。

[42] 秘書郎：官名。建安十八年（213）曹操爲魏公後置，屬秘書令、丞，掌管文書機要，職任頗重。

[43] 成都王：成都王司馬穎。晉"八王之亂"中的一王。

[44] 皆走：百衲本、殿本作“奔走”，盧弼《集解》本、校
點本作“皆走”。今從《集解》本等。

景初中，[1]下邳桓威出自孤微，[2]年十八而著《渾
輿經》，[3]依道以見意。從齊國門下書佐、司徒署
吏，[4]後爲安成令。[5]

吳質，濟陰人，[6]以文才爲文帝所善，官至振威將
軍，[7]假節、都督河北諸軍事，[8]封列侯。[一][9]

〔一〕《魏略》曰：質字季重，以才學通博，爲五官將及諸侯
所禮愛；質亦善處其兄弟之間，若前世樓君卿之游五侯矣。[10]及
河北平定，（大將軍）〔五官將〕爲世子，[11]質與劉楨等並在坐
席。楨坐譴之際，質出爲朝歌長，[12]後遷元城令。其後大軍西
征，[13]太子南在孟津小城，[14]與質書曰：[15]“季重無恙！途路雖
局，[16]官守有限，願言之懷，[17]良不可任。足下所治僻左，書問
致簡，益用增勞。每念昔日南皮之游，[18]誠不可忘。既妙思六經，
逍遙百氏，彈棋間設，[19]終以博弈，[20]高談娛心，哀箏順耳。馳
騖北場，旅食南館，[21]浮甘瓜於清泉，沈朱李於寒水。瞰日既没，
繼以朗月，同乘並載，以游後園，輿輪徐動，賓從無聲，清風夜
起，悲笳微吟，樂往哀來，淒然傷懷。余顧而言，兹樂難常，足
下之徒，咸以爲然。今果分別，各在一方。元瑜長逝，化爲異物，
每一念至，何時可言？方今蕤賓紀辰，[22]景風扇物，[23]天氣和暖，
衆果具繁。時駕而游，北遵河曲，從者鳴笳以啓路，文學託乘於
後車，節同時異，物是人非，我勞如何！今遣騎到鄴，[24]故使枉
道相過。行矣，自愛！”二十三年，太子又與質書曰：[25]“歲月
易得，別來行復四年。[26]三年不見，《東山》猶歎其遠，[27]況乃
過之，思何可支？雖書疏往反，未足解其勞結。昔年疾疫，[28]親
故多離其災，徐、陳、應、劉，[29]一時俱逝，痛何可言邪！昔日

游處，行則同輿，止則接席，何嘗須臾相失！每至觴酌流行，絲竹並奏，酒酣耳熱，仰而賦詩。當此之時，忽然不自知樂也。謂百年己分，[30]長共相保，何圖數年之間，零落略盡，[31]言之傷心。頃撰其遺文，都爲一集。觀其姓名，已爲鬼錄，追思昔游，猶在心目，而此諸子化爲糞壤，可復道哉！觀古今文人，類不護細行，鮮能以名節自立。而偉長獨懷文抱質，恬淡寡欲，有箕山之志，可謂彬彬君子矣。著《中論》二十餘篇，成一家之業，辭義典雅，足傳于後，此子爲不朽矣。德璉常斐然有述作意，才學足以著書，美志不遂，良可痛惜。閒歷觀諸子之文，對之技淚，既痛逝者，行自念也。孔璋章表殊健，微爲繁富。公幹有逸氣，但未遒耳，至其五言詩，妙絕當時。元瑜書記翩翩，致足樂也。仲宣獨自善於辭賦，惜其體弱，不足起其文，至於所善，古人無以遠過也。昔伯牙絕絃於鍾期，仲尼覆醢於子路，愍知音之難遇，傷門人之莫逮也。諸子但爲未及古人，自一時之儁也，今之存者已不逮矣。後生可畏，來者難誣，然吾與足下不及見也。行年已長大，所懷萬端，時有所慮，至乃通夕不瞑。何時復類昔日！已成老翁，但未白頭耳。光武言‘年已三十，[32]在軍十年，所更非一’，吾德雖不及，年與之齊。以犬羊之質，服虎豹之文，無衆星之明，假日月之光，動見瞻觀，[33]何時易邪？恐永不復得爲昔日游也。少壯真當努力，年一過往，何可攀援？古人思秉燭夜游，[34]良有以也。頃何以自娛？頗復有所造述不？東望於邑，[35]裁書敍心。”

臣松之以本傳雖略載太子此書，美辭多被刪落，今故悉取《魏略》所述以備其文。太子即王位，又與質書曰：“南皮之游，存者三人，烈祖龍飛，[36]或將或侯。今惟吾子，棲遲下土，[37]從我游處，[38]獨不及門。瓶罄罍恥，[39]能無懷愧。[40]路不云遠，今復相聞。”初，曹真、曹休亦與質等俱在渤海游處，[41]時休、真亦以宗親並受爵封，出爲列將，而質故爲長史。[42]王顧質有望，[43]故稱二人以慰之。始質爲單家，[44]少游遨貴戚間，蓋不與鄉里相沈浮。故雖已出官，本國猶不與之士名。及魏有天下，文帝徵質，與車駕會洛陽。到，拜北中郎將，[45]封列侯，使持節督幽、并諸軍事，[46]治信都。[47]太和中，[48]入朝。質自以不爲本郡所饒，謂司徒董昭曰：[49]"我欲溺鄉里耳。"[50]昭曰："君且止，我年八十，不能老爲君溺攬也。"[51]

《世語》曰：魏王嘗出征，世子及臨菑侯植並送路側。植稱述功德，發言有章，左右屬目，王亦悅焉。世子悵然自失，吳質耳曰："王當行，流涕可也。"及辭，世子泣而拜，王及左右咸歔欷，於是皆以植辭多華，而誠心不及也。

《質別傳》曰：[52]帝嘗召質及曹休歡會，命郭后出見質等。帝曰："卿仰諦視之。"其至親如此。質黃初五年朝京師，詔上將軍及特進以下皆會質所，[53]大官給供具。酒酣，質欲盡歡。時上將軍曹真性肥，[54]中領軍朱鑠性瘦，[55]質召優，[56]使說肥瘦。真負貴，恥見戲，怒謂質曰："卿欲以部曲將遇我邪？"[57]驃騎將軍曹洪、輕車將軍王忠言：[58]"將軍必欲使上將軍服肥，即自宜爲瘦。"真愈志，拔刀瞋目，言："俳敢輕脫，[59]吾斬爾。"遂罵坐。質案劍曰："曹子丹，[60]汝非屠机上肉，[61]吳質吞爾不搖喉，咀爾不搖牙，何敢恃勢驕邪？"鑠因起曰："陛下使吾等來樂卿耳，乃至此邪！"質顧叱之曰："朱鑠，敢壞坐！"諸將軍皆還坐。鑠性急，愈志，還拔劍斬地。遂便罷也。及文帝崩，質思慕作詩曰："愴愴懷殷憂，殷憂不可居。徙倚不能坐，[62]出入步踟躕。念蒙聖主恩，榮爵與衆殊。自謂永終身，志氣甫當舒。何意中見棄，棄我歸黃壚。[63]熒熒靡所恃，[64]淚下如連珠。隨没無所益，身死名不書。慷慨自俛仰，庶幾烈丈夫。"太和四年，入爲侍中。時司空陳羣錄尚書事，[65]帝初親萬機，質以輔弼大臣，安危之本，對帝盛稱"驃騎將軍司馬懿，忠智至公，社稷之臣也。陳羣從容之士，非國相之才，處重任而不親事。"帝甚納之。明日，有切詔以督責羣，而天下以司空不如長文，[66]即羣，言無實也。質其年夏卒。

質先以怙威肆行，謚曰醜侯。質子應仍上書論枉，至正元中乃改
謚威侯。應字溫舒，晉尚書。[67]應子康，字子仲，知名於時，亦
至大位。

[1] 景初：魏明帝曹叡年號（237—239）。

[2] 下邳：郡名。治所下邳縣，在今江蘇睢寧縣西北。

[3] 渾輿經：《隋書·經籍志》謂梁有《渾輿經》一卷，魏安
城令桓威撰。

[4] 門下書佐：官名。爲郡國府屬吏，職責是繕寫文書。　司
徒署吏：謂司徒府之屬吏。

[5] 安成：縣名。治所在今河南汝南縣東南。

[6] 濟陰：郡名。治所定陶縣，在今山東定陶縣西北。

[7] 振威將軍：官名。東漢爲雜號將軍，統兵出征。魏、晉沿
之，第四品。

[8] 假節：漢末三國時期，皇帝賜予臣下的一種權力。至晉
代，此種權力明確爲因軍事可殺犯軍令者。

[9] 列侯：爵名。漢代二十級爵之最高者。金印紫綬，有封
邑，食租稅。功大者食縣邑，功小者食鄉、亭。曹魏初亦沿襲
有列侯。

[10] 樓君卿：姓樓名護字君卿，西漢後期人。《漢書》卷九
二《游俠傳》云：“是時王氏方盛，賓客滿門，五侯兄弟爭名，其
客各有所厚，不得左右，唯護盡入其門，咸得其歡心”；“與谷永俱
爲五侯上客，長安號曰‘谷子云筆札，樓君卿脣舌’，言其見信用
也”。五侯：漢成帝河平二年（前27）封舅父王譚爲平阿侯、王商
爲成都侯、王立爲紅陽侯、王根爲曲陽侯、王逢時爲高平侯。（見
《漢書》卷一〇《成帝紀》及卷九七下《外戚孝元王皇后傳》顏師
古注）

[11] 五官將：各本皆作“大將軍”。李慈銘《札記》謂“大

將軍"當作"五官將"。校點本即從李説改爲"五官將"。今從之。

[12] 朝歌：縣名。治所在今河南淇縣。

[13] 大軍：百衲本、殿本、盧弼《集解》本均作"大將軍"，殿本《考證》云："'將'字疑衍。"校點本即作"大軍"。今從之。

[14] 孟津：津渡名。在今河南孟津縣東北黃河上。東漢末又於此地置關隘，爲河南八關之一。　小城：即孟津關。

[15] 與質書：《文選》卷四二載此書，題爲魏文帝《與朝歌令吳質書》。二者若有文字之差異，一般不作校正。

[16] 局：《文選》李善注："《爾雅》曰：局，近也。"

[17] 願言：代指思念。《詩·邶風·二子乘舟》："二子乘舟，泛泛其景。願言思子，中心養養。"毛傳："願，每也。"言，語中助詞。

[18] 南皮：縣名。治所在今河北南皮縣東北。

[19] 彈棊：古之博戲。《後漢書》卷三四《梁統附冀傳》"能挽滿、彈棊"李賢注："《藝經》曰：彈棊，兩人對局，白黑棊各六枚，先列棊相當，更先彈也。其局以石爲之。"

[20] 博弈：局戲與圍棋。

[21] 旅：《文選》李善注：《儀禮》曰："尊士旅食於門。"鄭玄注："旅，衆也。"

[22] 蕤（ruí）賓：指夏天。《禮記·月令》："仲夏之月，律中蕤賓。"

[23] 景風：立夏後之暖風。《淮南子·天文訓》："清明風至四十五日，景風至。"

[24] 鄴：縣名。治所在今河北臨漳縣西南鄴鎮東一里半。

[25] 又與質書：《文選》卷四二載此書，題爲魏文帝《與吳質書》。二者若文字之差異，一般不作校正。

[26] 行：《文選》李善注："行，猶且也。"

[27] 東山：《詩·豳風·東山》："我徂東山，慆慆不歸"。"自我不見，于今三年。"

[28] 昔年疾疫：指建安二十二年（217）大疫。（見《後漢書》卷九《獻帝紀》）

[29] 徐陳應劉：指徐幹、陳琳、應瑒、劉楨。

[30] 己分：百衲本、殿本、盧弼《集解》本作"已分"，校點本、《文選》作"己分"。今從校點本等。

[31] 零落：謂死亡。

[32] 光武言：《文選》李善注，謂漢光武帝此言，見《東觀漢紀》光武賜隗囂書。

[33] 瞻觀：校點本作"觀瞻"，百衲本、殿本、盧弼《集解》本、《文選》皆作"瞻觀"。今從百衲本等。

[34] 秉燭夜游：《文選》載《古詩十九首》之十四："生年不滿百，常懷千歲憂。晝短苦夜長，何不秉燭游。"

[35] 於邑：即嗚咽。悲哀氣塞。

[36] 烈祖：對祖先之敬稱。此指曹操。《詩·商頌·那》："奏鼓簡簡，衎我烈祖。" 龍飛：比喻皇帝興起。《易·乾卦》九五爻辭："飛龍在天，利見大人。"

[37] 下土：百衲本作"下土"，殿本、盧弼《集解》本、校點本作"下仕"。趙幼文《校箋》則謂《冊府元龜》卷一七一引亦作"下土"。竊疑作"下土"爲是，下土指任濟陰郡長吏而言。今從百衲本。

[38] 我：盧弼《集解》本作"吾"，百衲本、殿本、校點本作"我"。今從百衲本等。

[39] 瓶：百衲本、殿本作"瓶"，盧弼《集解》本、校點本作"瓶"。按二字同。今從《集解》本等。《詩·小雅·蓼莪》："瓶之罄矣，維罍之恥。"毛傳："瓶小而罍大。罄，盡也。"鄭箋："瓶小而盡，罍大而盈。言爲罍恥者，刺王不使富分貧，眾恤寡。"

[40] 懷愧：趙幼文《校箋》謂《冊府元龜》卷一七一引作"愧懷"。

[41] 渤海：郡名。治所南皮縣，在今河北南皮縣東北。

［42］故爲長史：指爲五官中郎將長史。東漢五官中郎將不置官屬，而建安中曹丕爲五官中郎將卻置官屬，故有長史。

［43］望：怨恨。

［44］單家：孤寒之家。與豪族大姓相對而言。

［45］北中郎將：官名。東漢末所置四中郎將之一，主率軍征伐。魏、晋沿置，多有較固定的轄區和治所。西晋時多鎮鄴。

［46］使持節：漢末三國，皇帝授予出征或出鎮的軍事長官的一種權力。至晋代，此種權力明確爲可誅殺二千石以下官員。若皇帝派遣大臣執行出巡或祭吊等事務時，加使持節，則表示權力和尊崇。

［47］信都：縣名。治所在今河北冀縣。

［48］太和：魏明帝曹叡年號（227—233）。

［49］司徒：官名。曹魏恢復三公制，改相國爲司徒，仍與太尉、司空並爲三公，共同行使宰相職能，位次太尉。本職掌民政，第一品。

［50］溺（niào）：同“尿”。小便。

［51］溺攢（zǎn）：百衲本作“溺欑”，殿本、盧弼《集解》本、校點本作“溺攢”，殿本《考證》云：“宋本作‘襸’。”今暫從殿本等。錢大昕《諸史拾遺》云：“案董昭、吳質皆濟陰人，質欲溺鄉里，則昭亦在應溺之列，故云溺攢。”吳金華《校詁》謂“攢”爲“灒”之借字，《説文·水部》：“灒，污灑也。”即以污水揮灑也。“溺攢”即撒溺以污人，必當時俗語。又疑原文本作“灒”，傳寫而誤作“攢”“灒”“襸”。

［52］質別傳：沈家本《三國志注所引書目》謂《吳質別傳》，《隋書·經籍志》《舊唐書·經籍志》《新唐書·藝文志》皆不著録。

［53］上將軍：即上軍大將軍。黃初三年（222）置，第二品，後不常設。特進：官名。漢制，凡諸侯大臣功德優盛，朝廷所敬異者，加位特進，朝會時位在三公下，車服俸禄仍從本官。魏、晋沿

襲之。

［54］性：《吕氏春秋·貴直論·雍塞》："夫登山而視牛若羊，視羊若豚，牛之性不若羊，羊之性不若豚。"高誘注："性猶體也。"

［55］中領軍：官名。第三品，掌禁衛軍，主五校、中壘、武衛三營。

［56］優：俳優，樂舞諧戲藝人。

［57］部曲將：官名。屬部曲督，軍中及州郡皆置，爲低級武官。

［58］驃騎將軍：官名。東漢時位比三公，地位尊崇。魏、晉沿置，居諸名號將軍之首，僅作爲將軍名號，加授大臣、重要州郡長官，無具體職掌，二品。開府者位從公，一品。 輕車將軍：官名。爲將軍名號，第五品。

［59］俳敢輕脫：趙幼文《校箋》謂《太平御覽》卷四六六、卷八四六引作"俳敢説"。按，《太平御覽》卷八四六作"俳敢輕説"。

［60］曹子丹：曹真字子丹。

［61］机：校點本作"几"，百衲本、殿本、盧弼《集解》本作"机"。按二字通，皆謂小桌。今從百衲本等。

［62］徙倚：百衲本、殿本、盧弼《集解》本、校點本 1959 年 12 月第 1 版作"徙倚"，校點本 1982 年 7 月第 2 版誤作"徒倚"，不知何據。徙倚，留連徘徊之意。

［63］黄壚：指地下。《淮南子·覽冥訓》："上際九天，下契黄壚。"高誘注："黄泉下壚土也。"壚土，黑土。

［64］嵤（qióng）嵤：孤獨。

［65］録尚書事：職銜名義。録爲總領之意。東漢以後，政歸尚書，録尚書事，則總攬朝政，位在三公上，爲上公。自魏晉以後，公卿權重者亦爲之。（本《晉書》卷二四《職官志》）

［66］長文：陳群字長文。

［67］尚書：官名。西晉初，置吏部、三公、客曹、駕部、屯

田、度支六曹尚書，秩皆六百石，第三品。其中吏部職要任重，徑稱吏部尚書，其餘諸曹均稱尚書。

衛覬字伯儒，河東安邑人也。少夙成，以才學稱。太祖辟爲司空掾屬，除茂陵令、尚書郎。[1]太祖征袁紹，而劉表爲紹援，關中諸將又中立。[2]益州牧劉璋與表有隙，[3]覬以治書侍御史使益州，[4]令璋下兵以綴表軍。[5]至長安，道路不通，覬不得進，遂留鎮關中。時四方大有還民，關中諸將多引爲部曲，[6]覬書與荀彧曰：“關中膏腴之地，頃遭荒亂，人民流入荆州者十萬餘家，[7]聞本土安寧，皆企望思歸。而歸者無以自業，諸將各競招懷，以爲部曲。郡縣貧弱，不能與争，兵家遂彊。[8]一旦變動，必有後憂。夫鹽，[9]國之大寶也，自亂來散放，[10]宜如舊置使者監賣，[11]以其直益市犁牛。若有歸民，以供給之。勤耕積粟，以豐殖關中。遠民聞之，必日夜競還。[12]又使司隸校尉留治關中以爲之主，則諸將日削，官民日盛，此彊本弱敵之利也。”[13]或以白太祖。太祖從之，始遣謁者僕射監鹽官，[14]司隸校尉治弘農。[15]關中服從，乃白召覬還，稍遷尚書。[一][16]魏國既建，拜侍中，與王粲並典制度。文帝即王位，徙爲尚書。頃之，還漢朝爲侍郎，[17]勸贊禪代之義，爲文誥之詔。[18]文帝踐阼，復爲尚書，封陽吉亭侯。[19]

　　〔一〕《魏書》曰：初，漢朝遷移，臺閣舊事散亂。[20]自都許之後，[21]漸有綱紀，覬以古義多所正定。[22]是時關西諸將，[23]外雖懷附，内未可信。司隸校尉鍾繇求以三千兵入關，[24]外託討張魯，内以脅取質任。[25]太祖使荀彧問覬，覬以爲“西方諸將，皆豎夫屈起，[26]無雄天下意，苟安樂目前而已。今國家厚加爵號，得其所志，非有大故，不憂爲變也。宜爲後圖。若以兵入關中，當討張魯，魯在深山，道徑不通，彼必疑之；一相驚動，地險衆彊，殆難爲慮！”或以覬議呈太祖。太祖初善之，而以繇自典其任，遂從繇議。兵始進而關右大叛，[27]太祖自親征，僅乃平之，死者萬計。太祖悔不從覬議，由是益重覬。

[1] 茂陵：縣名。治所在今陝西興平縣東北。

[2] 關中：地區名。指函谷關以内之地。包括今陝西和甘肅、寧夏、内蒙古之部分地區。

[3] 益州：漢末刺史治所成都縣，在今四川成都市舊東西城區。

[4] 治書侍御史：官名。秩六百石，職掌依據法律審理疑獄，與符節郎共平廷尉奏事。以明習法律者充任。

[5] 下兵：謂發兵順長江而下。

[6] 部曲：私家軍隊。

[7] 十萬餘家：盧弼《集解》本作“十餘萬家”，百衲本、殿本、校點本作“十萬餘家”。今從百衲本等。

[8] 兵家：此指擁有私人武裝之豪强。

[9] 鹽：胡三省云：“河東安邑鹽池，舊有鹽官。鹽之爲利厚矣。”（《通鑑》卷六三漢獻帝建安四年注）

[10] 自亂來散放：趙幼文《校箋》謂《晉書·食貨志》“亂”上有“喪”字，“來”上有“以”字，此脱則語意不相屬，當據增。《太平御覽》卷八六三（當作八六五）引“來”上有“以”字，可證。

[11] 宜如：趙幼文《校箋》謂《晉書·食貨志》“宜”上有

"今"字。

[12] 日夜：趙幼文《校箋》謂《晋書·食貨志》作"多"。

[13] 彊本弱敵之利：趙幼文《校箋》謂蕭常《續後漢書》"敵"字作"枝"，"利"字作"訓"。

[14] 謁者僕射（yè）：官名。秩比千石。爲謁者臺長官，名義上屬光禄勳。掌侍從皇帝左右。關通内外，職權頗重。

[15] 治弘農：胡三省云："時以鍾繇爲司隸校尉，據《魏略》及《三國志》，繇實治洛陽。蓋暫治弘農，以招撫關中也。"（《通鑑》卷六三漢獻帝建安四年注）

[16] 尚書：官名。東漢有六曹尚書，即三公曹、民曹、客曹、二千石曹、吏曹、中都官曹等。秩皆六百石，皆稱尚書，不加曹號。（本《晋書》卷二四《職官志》）

[17] 侍郎：指黄門侍郎。趙幼文《校箋》則謂《太平御覽》卷二〇〇引"侍郎"作"侍中"。

[18] 詔：趙幼文《校箋》謂《太平御覽》引作"命"，蕭常《續後漢書》作"辭"。

[19] 陽吉：《太平御覽》卷二〇〇作"陽告"。　亭侯：爵名。漢制，列侯大者食縣邑，小者食鄉、亭。東漢後期遂以食鄉、亭者稱爲鄉侯、亭侯。

[20] 臺閣：尚書臺。

[21] 許：縣名。治所在今河南許昌市東。

[22] 正定：趙幼文《校箋》謂《册府元龜》卷四六七引作"訂正"。

[23] 關西：地區名。指函谷關以西之地。

[24] 關：即指函谷關。在今河南靈寶市東北。

[25] 質任：人質。

[26] 屈起：趙幼文《校箋》謂《册府元龜》卷四七七引"屈"字作"崛"。郝經《續後漢書》同。

[27] 關右：即關西。　大叛：趙幼文《校箋》謂郝經《續後

漢書》“大”字作“皆”。

明帝即位，進封閿鄉侯，[1]三百户。[2]閿音聞。覬奏曰：“九章之律，[3]自古所傳，斷定刑罪，其意微妙。百里長吏，皆宜知律。刑法者，國家之所貴重，而私議之所輕賤；獄吏者，百姓之所縣命，而選用者之所卑下。王政之弊，未必不由此也。請置律博士，[4]轉相教授。”事遂施行。時百姓凋匱而役務方殷，覬上疏曰：“夫變情屬性，彊所不能，人臣言之既不易，人主受之又艱難。且人之所樂者富貴顯榮也，所惡者貧賤死亡也，然此四者，君上之所制也，君愛之則富貴顯榮，君惡之則貧賤死亡；順指者愛所由來，[5]逆意者惡所從至也。故人臣皆爭順指而避逆意，非破家爲國，殺身成君者，誰能犯顏色，觸忌諱，建一言，開一說哉？陛下留意察之，則臣下之情可見矣。今議者多好悦耳，其言政治則比陛下於堯舜，[6]其言征伐則比二虜於貍鼠。[7]臣以爲不然。昔漢文之時，諸侯彊大，賈誼累息以爲至危。[8]況今四海之内，分而爲三，羣士陳力，各爲其主。其來降者，未肯言舍邪就正，咸稱迫於困急，是與六國分治，無以爲異也。當今千里無煙，遺民困苦，陛下不善留意，將遂凋弊難可復振。[9]禮，天子之器必有金玉之飾，飲食之肴必有八珍之味，至於凶荒，則徹膳降服。然則奢儉之節，必視世之豐約也。武皇帝之時，後宮食不過一肉，衣不用錦繡，茵蓐不緣飾，[10]器物無丹漆，用能平定天下，遺福子孫。此皆陛下之所親覽也。當今之務，宜君臣上下，並用籌策，計校府庫，量入爲出。深思句踐滋民之術，[11]由恐不及，[12]而尚方所造金銀之物，[13]漸更增廣，工役不輟，侈靡日崇，帑藏日竭。昔漢武信求神仙之道，[14]謂當得雲表之露以餐玉屑，故立仙掌以承高露。[15]陛下通明，[16]每所非笑。漢武有求於露，而由尚見非，陛下無求於露而空設之；不益於好而糜費功夫，[17]誠皆聖慮所宜裁制也。”覬歷漢、魏，時獻忠言，率如此。

受詔典著作，又爲《魏官儀》，[18]凡所撰述數十篇。[19]好古文、鳥篆、隸草，無所不善。建安末，尚書右丞河南潘勖，[一][20]黃初時，散騎常侍河內王象，亦與覬並以文章顯。[二]覬薨，謚曰敬侯。子瓘嗣。瓘咸熙中爲鎮西將軍。[三][21]

〔一〕《文章志》曰：勖字元茂，[22]初名芝，改名勖，後避諱。[23]或曰勖獻帝時爲尚書郎，遷右丞。詔以勖前在二千石曹，才敏兼通，明習舊事，敕并領本職，數加特賜。二十年，遷東海相。[24]未發，留拜尚書左丞。其年病卒，時年五十餘。魏公九錫策命，[25]勖所作也。勖子滿，平原太守，[26]亦以學行稱。

滿子尼，[27]字正叔。《尼別傳》曰：[28]尼少有清才，文辭溫雅。初應州辟，後以父老歸供養。居家十餘年，父終，晚乃出仕。尼嘗贈陸機詩，機答之，其四句曰：“猗歟潘生，世篤其藻，仰儀前文，丕隆祖考。”位終太常。[29]

尼從父岳，字安仁。《岳別傳》曰：岳美姿容，夙以才穎發名。其所著述，清綺絶倫。爲黃門侍郎，爲孫秀所殺。[30]尼、岳文翰，[31]並見重於世。

尼從子滔，字湯仲。《晉諸公贊》：滔以博學才量爲名。永嘉末，爲河南尹，[32]遇害。

〔二〕王象事別見《楊俊傳》。

〔三〕《晋陽秋》曰：瓘字伯玉。清貞有名理，少爲傅嘏所知。弱冠爲尚書郎，遂歷位内外，爲晋尚書令、司空、太保。[33]惠帝初輔政，爲楚王瑋所害。

《世語》曰：瓘與扶風内史燉煌索靖，[34]並善草書。瓘子恒，字巨山，黄門侍郎。恒子玠，字叔寶，有盛名，爲太子洗馬，[35]早卒。

[1] 閿（wén）：字又作“閺”。漢代湖縣之鄉名，即今河南靈寶市西北之文鄉。 鄉侯：爵名。漢制，列侯大者食縣邑，小者食鄉、亭。東漢後期，遂以食鄉、亭者稱爲鄉侯、亭侯。曹魏因之。

[2] 三百户：趙一清《注補》云：“三百户”上落“邑”字。

[3] 九章之律：漢律。漢高祖劉邦入關後，與民約法三章。其後三章之法不足用，相國蕭何遂作律九章，是爲漢律。（見《漢書》卷二三《刑法志》）

[4] 律博士：官名。後又稱律學博士。職在教授刑律，咨詢法律。

[5] 愛所由來：趙幼文《校箋》謂《初學記》卷一八引“來”字作“生”。《册府元龜》卷五三九引“所”上有“之”字，下文“惡”下亦有“之”字。

[6] 政治：趙幼文《校箋》謂《册府元龜》卷五三九引作“治政”。

[7] 二虜：指蜀、吳二國。

[8] 賈誼：西漢初政論家。漢文帝時賈誼爲梁懷王太傅，曾上疏陳政事，其中有云：“臣竊惟事勢。可爲痛哭者一，可爲流涕者二，可爲長太息者六。”（《漢書》卷四八《賈誼傳》）

[9] 難可：校點本作“不可”，百衲本、殿本、盧弼《集解》本均作“難可”。郝經《續後漢書》卷六六下《衛覬傳》亦作“難可”。今從百衲本等。

[10] 茵蓐：褥墊，褥子。

[11] 句踐：春秋末越國國君。曾被吳國打敗，屈服求和。遂臥薪嘗膽，刻苦圖強。爲發展人口，令壯者無娶老婦，令老者無娶壯妻。女子十七不嫁，其父母有罪；男子二十不娶，其父母有罪。並獎勵多生子女。（見《國語·越語上》）

[12] 由：盧弼《集解》云：“《通鑑》‘由’作‘猶’。”趙幼文《校箋》謂郝經《續後漢書》《通志》俱作“猶”，應據改。按劉淇《助字辨略》卷二云：“由，與猶通。”

[13] 尚方：官署名。有中、左、右三尚方，各置令一人，秩皆六百石，第七品。掌管製造供應皇帝所用器物。

[14] 信求：趙幼文《校箋》謂《群書治要》卷二六引無“求”字。

[15] 承高露：《漢書·郊祀志上》謂漢武帝“又作柏梁、銅柱、承露僊人掌之屬矣”。顏師古注云：“《三輔故事》云：建章宮承露盤高二十丈，大七圍，以銅爲之，上有僊人掌承露，和玉屑飲之。蓋張衡《西京賦》所云‘立修莖之僊掌，承雲表之清露，屑瓊蕊以朝餐，必性命之可度’也。”

[16] 通明：趙幼文《校箋》謂《群書治要》引作“至通”。

[17] 功夫：盧弼《集解》本作“工夫”，百衲本、殿本、校點本均作“功夫”。今從百衲本等。

[18] 魏官儀：《隋書·經籍志》謂梁有荀攸《魏官儀》一卷，亡，《舊唐書·經籍志》則著錄《魏官儀》一卷荀攸撰，是又復出。姚振宗《三國藝文志》謂衛覬《魏官儀》於《三國志》本傳中有明確記載，而衛覬卒於魏明帝時，荀攸卒於建安中；荀書作於魏國初建，衛書似作於文、明之世，當比荀書爲備。

[19] 撰述數十篇：嚴可均《全三國文》輯有衛覬文一卷。嚴

氏據牟準《魏敬侯衛覬碑陰文》云“所著述注解故訓及文筆等甚多，皆已失墜”，謂衛覬仕漢入魏，卒於明帝時；子衛瓘仕魏入晋，至惠帝永平初，家世烜赫，何至失墜？此必賈后矯詔殺害衛瓘後之言。則衛覬之著述除《孝經固》與《魏官儀》外，全散於衛瓘被害後。

［20］尚書右丞：官名。東漢始置，爲尚書臺佐貳官，居尚書左丞下，秩四百石。掌授廩假錢穀，假署印綬，管理尚書臺專用文具及諸財用庫藏，並與左丞通掌臺內庶務，保管文書章奏。　河南：即河南尹。東漢建都洛陽，將京都附近二十一縣合爲一行政區，稱河南尹，相當於一郡。治所在洛陽。

［21］鎮西將軍：官名。第二品，位次四征將軍，領兵如征西將軍。多爲持節都督，出鎮方面。

［22］元茂：百衲本作“加茂”，殿本、盧弼《集解》本、校點本作“元茂”，本書卷一《武帝紀》裴松之注亦作“元茂”，又《文選·册魏公九錫文》李善注引《文章志》亦作“元茂”。今從殿本等。

［23］後避諱：盧弼《集解》云：“後避諱”三字，當在“改名勛”上。勛卒於建安末，究避何人之諱？疑有誤。

［24］東海：王國名。治所郯縣，在今山東郯城縣北。　相：官名。王國相，由朝廷直接委派，執掌王國行政大權，相當於郡太守。

［25］九錫策命：見本書卷一《武帝紀》。

［26］平原：郡名。治所平原縣，在今山東平原縣西南。

［27］滿：百衲本作“潘”，殿本、盧弼《集解》本、校點本作“滿”。今從殿本等。

［28］尼別傳：沈家本《三國志注所引書目》謂《潘尼別傳》《潘岳別傳》，《隋書·經籍志》《舊唐書·經籍志》《新唐書·藝文志》皆未著録。

［29］太常：官名。秩中二千石，第三品。掌禮儀祭祀，選試

博士。

[30] 孫秀：西晉趙王司馬倫之親信。八王之亂中，趙王倫擅權後，諸事皆決於孫秀。孫秀因私怨誅殺潘岳等。（見《晉書》卷五五《潘岳傳》）

[31] 文翰：《隋書·經籍志》著録有晉黄門郎《潘岳集》十卷、晉太常卿《潘尼集》十卷。

[32] 河南尹：官名。秩二千石。東漢建都洛陽，將京都附近二十一縣合爲一行政區，稱河南尹。相當於一郡；河南尹的長官亦稱河南尹，地區名與官名相同。魏晉因之，第三品。

[33] 尚書令：官名。晉代仍爲尚書臺長官，第三品。仍綜理朝廷政務，爲政務長官，參議大政，職如宰相。 太保：官名。西晉時與太宰、太傅並爲上公，第一品。爲榮譽虚銜，無職掌。

[34] 扶風：西晉時爲王國，治所槐里縣，在今陝西興平市東南。 内史：即王國相，晉武帝太康十年（289）改稱内史，職仍如太守，掌民政。 燉煌：郡名。治所敦煌縣，在今甘肅敦煌市西。

[35] 太子洗（xiǎn）馬：官名。東宫屬官。“洗”亦作“先”。先馬，即前驅。秩比六百石，掌賓贊受事，太子出行則爲前導。東漢屬太子少傅。曹魏因之，第七品。

劉廙字恭嗣，南陽安衆人也。[1]年十歲，戲於講堂上，[2]潁川司馬德操拊其頭曰：[3]“孺子，孺子，‘黄中通理’，[4]寧自知不？”[5]廙兄望之，有名於世，荆州牧劉表辟爲從事。[6]而其友二人皆以讒毁，爲表所誅。望之又以正諫不合，投傳告歸。[7]廙謂望之曰：“趙殺鳴、犢，仲尼回輪。[一]今兄既不能法柳下惠和光同塵於内，[8]則宜模范蠡遷化於外。[9]坐而自絶於時，殆不可也！”望之不從，尋復見害。廙懼，奔揚州，[二]遂歸太祖。太祖辟爲丞相掾屬，轉五官將文學。文帝器之，命廙通草書。廙答書曰：“初以尊卑有踰，禮之常分也。是以貪守區區之節，不敢脩草。必如嚴命，誠知勞謙之素，[10]不貴殊異若彼之高，而惇白屋如斯之好，[11]苟使郭隗不輕於燕，[12]九九不忽於齊，樂毅自至，霸業以隆。〔三〕虧匹夫之節，成巍巍之美，雖愚不敏，何敢以辭？”魏國初建，爲黃門侍郎。

〔一〕劉向《新序》曰：[13]趙簡子欲專天下，謂其相曰：“趙有犢犨，晋有鐸鳴，魯有孔丘，吾殺三人者，天下可王也。”於是乃召犢犨、鐸鳴而問政焉，已即殺之。使使者聘孔子於魯，以胖牛肉迎於河上。使者謂船人曰：“孔子即上船，中河必流而殺之。”孔子至，使者致命，進胖牛之肉。孔子仰天而歎曰：“美哉水乎，洋洋乎，使丘不濟此水者，命也夫！”子路趨而進曰：“敢問何謂也？”孔子曰：“夫犢犨、鐸鳴，晋國之賢大夫也，趙簡子未得意之時，須而後從政，及其得意也，殺之。黃龍不反于澗澤，鳳皇不離其爵羅。[14]故剖胎焚林，則麒麟不臻；覆巢破卵，則鳳皇不翔；竭澤而漁，則龜龍不見。鳥獸之於不仁，猶知避之，況丘乎？故虎嘯而谷風起，龍興而景雲見，[15]擊庭鐘於外，而黃鐘應於內。夫物類之相感，精神之相應，若響之應聲，影之象形，故君子違傷其類者。今彼已殺吾類矣，何爲之此乎？”于是遂回車不渡而還。

〔二〕《廙別傳》載廙道路爲牋謝劉表曰：[16]“考菊過蒙分遇榮授之顯，[17]未有管、狐、桓、文之烈，[18]孤德隕命，精誠不遂。兄望之見禮在昔，既無堂構昭前之績，[19]中規不密，用墜禍辟。斯乃明神弗祐，天降之災。悔咎之負，哀號靡及。廙之愚淺，言行多違，懼有浸潤三至之間。[20]考菊之愛已衰，望之之責猶存，必傷天慈既往之分，[21]門戶殄滅，取笑明哲。是用逆竄，永涉川路，即日到廬江尋陽。[22]昔鍾儀有南音之操，[23]椒舉有班荊之思，[24]雖遠猶邇，敢忘前施？"

《傅子》曰：表既殺望之，荊州士人皆自危也。夫表之本心，於望之不輕也，以直迕情，而讒言得入者，以無容直之度也。據全楚之地，不能以成功者，未必不由此也。夷、叔迕武王以成名，[25]丁公順高祖以受戮，[26]二主之度遠也。若不遠其度，惟褊心是從，難乎以容民畜眾矣。

〔三〕《戰國策》曰：有以九九求見齊桓公，[27]桓公不納。其人曰："九九小術，而君納之，況大於九九者乎？"於是桓公設庭燎之禮而見之。[28]居無幾，隰朋自遠而至，[29]齊遂以霸。

[1] 南陽：郡名。治所宛縣，在今河南南陽市。　安眾：縣名。治所在今河南鎮平縣東南。

[2] 年十歲戲於講堂上：趙幼文《校箋》謂《太平御覽》卷三八四引"十"字作"七"，"戲"下無"於"字。

[3] 司馬德操：司馬徽字德操。主要見本書卷三七《龐統傳》與裴注引《襄陽記》。

[4] 黃中通理：《易·坤卦》文言之辭。孔穎達《正義》云："黃中通理者，以黃居中，兼四方之色，奉承臣職，是通曉物理也。"

[5] 寧自知不：百衲本作"寧自不知不"，殿本、盧弼《集解》本、校點本作"寧自知不"。今從殿本等。

[6] 從事：官名。漢代州牧刺史的佐史，有別駕從事史、治中從事史、兵曹從事史、部從事史等，均可簡稱爲從事。

[7] 投傳：謂棄官。《後漢書》卷六六《陳蕃傳》"投傳而去"李賢注："投，棄也。傳，謂符也。"

[8] 和光同塵：《老子》第四章："和其光，同其塵。"王弼

注：“和光而不污其體，同塵而不渝其真。”後世遂指與世沉浮，隨俗而處。

[9] 范蠡：春秋末楚人，爲越國大夫。越王勾踐被吳王夫差大敗後，范蠡助勾踐刻苦圖强，滅掉吳國。其後離越出遊，變易姓名。至齊，稱鴟夷子皮；至陶，又稱朱公。世遂稱之爲陶朱公。（見《史記》卷一二九《貨殖列傳》）

[10] 勞謙：勤謹而謙虚。《易·謙卦》九三爻辭：“勞謙君子，有終吉。”

[11] 白屋：茅屋。《漢書》卷七八《蕭望之傳》“致白屋之意”顔師古注：“白屋，謂白蓋之屋，以茅覆之，賤人所居。”

[12] 郭隗：戰國時燕人。燕昭王即位後，欲報齊仇，擬招賢納士，遂問計於郭隗。郭隗曰：“王必欲致士，先從隗始。況賢於隗者，豈遠千里哉！”昭王即爲隗改築宫室，並敬以爲師。於是樂毅自魏往，鄒衍自齊往，劇辛自趙往，其他士人也相繼而至。（見《史記》卷三四《燕召公世家》）

[13] 新序：以下所引，不見於今傳本《新序》。

[14] 離：遭逢。罻（wèi）羅：捕鳥網。

[15] 景雲：祥雲。

[16] 廙别傳：沈家本《三國志注所引書目》謂《劉廙别傳》，《隋書·經籍志》《舊唐書·經籍志》《新唐書·藝文志》，皆不著録。

[17] 考匊（jū）：潘眉《考證》云：“此兩云‘考匊’，當是廙父名匊耳。”

[18] 管：指管仲。管仲曾助齊桓公成就霸業。 狐：指狐偃。晉文公之舅父，字子犯，故亦稱舅犯。文公即位前，狐偃曾隨之在外流亡十九年；文公即位後，又助文公成霸業。

[19] 堂構：謂築堂基，造屋宇。《尚書·大誥》：“若考作室，既底法，厥子乃弗肯堂，矧肯構？”孔傳：“以作室喻治政也。父已致法，子乃不肯爲堂基，況肯構立屋乎？”

　　[20]浸潤：指讒言。《論語·顏淵》：“子張問明。子曰：‘浸潤之譖，膚受之愬不行焉，可謂明也已矣。’”後世因以“浸潤”指讒言。　三至：謂多則使人相信。《史記》卷七一《甘茂列傳》：“昔曾參之處費，魯人有與曾參同姓名者殺人，人告其母曰‘曾參殺人’，其母織自若也。頃之，一人又告之曰‘曾參殺人’，其母尚織自若也。頃之又一人告之曰‘曾參殺人’，其母投杼下機，踰墙而走。”

　　[21]天慈：指父親。即此文之“考匄”。

　　[22]廬江：郡名。治所本在舒縣，在今安徽廬江縣西南。建安四年劉勳移於皖縣，在今安徽潛山縣。　尋陽：縣名。治所在今湖北黄梅縣西南。

　　[23]鍾儀：春秋時楚國之樂官。楚共王七年（前584），攻打鄭國，鍾儀被鄭人俘虜而送於晉。晉人囚之於軍庫。晉景公察看軍庫，見戴南方帽子的囚人，問庫吏，知是鄭人獻的楚俘，即令釋其縛，問知身世，遂令彈琴。鍾儀即奏樂，操南音。范文子得知後，盛稱鍾儀爲君子，奏樂都不忘故鄉之南音。（見《左傳》成公七年、九年）

　　[24]椒舉：即伍舉，春秋楚臣，娶王子牟之女爲妻。王子牟畏罪逃亡後，楚人謂伍舉護送其出逃。伍舉亦懼而逃鄭國，並欲乘機再往晉國。時值好友聲子亦欲去晉國，於鄭國郊外相遇，遂拔草鋪地，坐而飲食，並商議回楚之事。（見《左傳·襄公二十六年》）班荆：即拔草鋪地。班，布，鋪。荆，草名。

　　[25]夷叔：指伯夷、叔齊。殷商末孤竹君之子，因避位出逃，遇周武王起兵伐紂，攔馬諫阻，武王不究。及武王滅紂後，伯夷、叔齊耻食周粟，餓死於首陽山。（見《史記》卷六一《伯夷列傳》）

　　[26]丁公：楚漢相争時，爲項羽將。曾在彭城西與漢王劉邦相遇。時短兵相接，劉邦危急，遂謂丁公曰：“兩賢豈相厄哉！”丁公因放劉邦，引兵而還。至項羽滅，丁公前往見劉邦，劉邦却縛丁公示衆曰：“丁公爲項王臣不忠，使項王失天下者也。”因斬之，又

曰："使後爲人臣無效丁公也！"（《漢書》卷三七《季布傳》）

[27] 九九：指算術。《漢書》卷六七《梅福傳》："臣聞齊桓公之時有以九九見者，桓公不逆，欲以致大也。"顏師古注："九九，算術，若今《九章》《五曹》之輩。"

[28] 庭燎之禮：國家舉行的盛大儀式。《周禮·秋官·司烜氏》："凡邦之大事，共墳燭庭燎。"鄭玄注："墳，大也。樹於門外曰大燭，於門內曰庭燎，皆所以照衆爲明。"

[29] 隰（xí）朋：春秋時齊桓公之大夫。《史記》卷三二《齊太公世家》："桓公既得管仲，與鮑叔、隰朋、高傒修齊國政。"

太祖在長安，欲親征蜀，廙上疏曰："聖人不以智輕俗，王者不以人廢言。故能成功於千載者，必以近察遠，智周於獨斷者，不恥於下問，亦欲博采必盡於衆也。且韋弦非能言之物，[1] 而聖賢引以自匡。臣才智闇淺，願自比於韋弦。昔樂毅能以弱燕破大齊，[2] 而不能以輕兵定即墨者，[3] 夫自爲計者雖弱必固，欲自潰者雖彊必敗也。自殿下起軍以來，三十餘年，敵無不破，彊無不服。今以海內之兵，百勝之威，而孫權負險於吳，劉備不賓於蜀。夫夷狄之臣，不當冀州之卒，權、備之籍，不比袁紹之業，然本初以亡，而二寇未捷，非闇弱於今而智武於昔也。斯自爲計者，與欲自潰者異勢耳。故文王伐崇，[4] 三駕不下，歸而脩德，然後服之。秦爲諸侯，所征必服，及兼天下，東向稱帝，匹夫大呼而社稷用隳。[5] 是力斃於外，而不卹民於內也。臣恐邊寇非六國之敵，而世不乏才，土崩之勢，此不可不察也。天下有重得，有重失：勢可得而我勤之，此重得也；勢不可得而我勤之，此重失也。於今之計，莫若料四方之險，擇要害之處而守之，選天下之甲卒，隨方面而歲更焉，殿下可高枕於廣夏，潛思於治國；廣農桑，[6]事從節約，脩之旬年，則國富民安矣。”太祖遂進前而報廙曰：“非但君當知臣，臣亦當知君。今欲使吾坐行西伯之德，[7]恐非其人也。”

魏諷反，廙弟偉爲諷所引，當相坐誅。太祖令曰：“叔向不坐弟虎，[8]古之制也。”特原不問，〔一〕徙署丞相倉曹屬。廙上疏謝曰：“臣罪應傾宗，禍應覆族。遭乾坤之靈，值時來之運，揚湯止沸，使不燋爛；起烟於寒灰之上，生華於已枯之木。物不答施於天地，子不謝生於父母，可以死效，難用筆陳。”〔二〕廙著書數十篇，[9]及與丁儀共論刑禮，皆傳於世。文帝即王位，爲侍中，賜爵關內侯。黃初二年卒。〔三〕無子。帝以弟子阜嗣。〔四〕

〔一〕《廙別傳》曰：初，廙弟偉與諷善，廙戒之曰：“夫交友之美，在於得賢，不可不詳。而世之交者，不審擇人，務合黨衆，違先聖人交友之義，此非厚己輔仁之謂也。[10]吾觀魏諷，不脩德行，[11]而專以鳩合爲務，華而不實，此直攪世沽名者也。[12]卿其慎之，勿復與通。”偉不從，[13]故及於難。

〔二〕《廙別傳》載廙表論治道曰：“昔者周有亂臣十人，[14]有婦人焉，九人而已，孔子稱‘才難，不其然乎’！明賢者難得也。況亂弊之後，百姓凋盡，士之存者蓋亦無幾。股肱大職，及州郡督司，[15]邊方重任，雖備其官，亦未得人也。[16]此非選者之不用意，蓋才匱使之然耳。況於長吏以下，[17]羣職小任，能皆簡練備得其人也?[18]其計莫如督之以法。不爾而數轉易,往來不已,送迎之煩,不可勝計。轉易之間,輒有姦巧,既於其事不省,而爲政者亦以其不得久安之故,知惠益不得成於己,而苟且之可免於患,皆將不念盡心於卹民,而夢想於聲譽,此非所以爲政之本意也。今之所以爲黜陟者,近頗以州郡之毀譽,聽往來之浮言耳。(亦)〔非〕皆得其事實而課其能否也?[19]長吏之所以爲佳者,奉法也,憂公也,卹民也。此三事者,或州郡有所不便,往來者有所不安。而長吏執之不已,於治雖得計,其聲譽未爲美;屈而從人,[20]於治雖失計,其聲譽必集也。長吏皆知黜陟之在於此也,亦何能不去本而就末哉?以爲長吏皆宜使小久,足使自展。歲課之能,三年總計,乃加黜陟。課之皆當以事,不得依名。事者,皆以戶口率其墾田之多少,及盜賊發興,民之亡叛者,爲得負之計。如此行之,則無能之吏,脩名無益;有能之人,無名無損。法之一行,雖無部司之監,姦譽妄毀,可得而盡。」事上,太祖甚善之。

〔三〕《廙別傳》云:時年四十二。

〔四〕案《劉氏譜》:[21]阜字伯陵,陳留太守。阜子喬,字仲彥。

《晉陽秋》曰:喬有贊世志力。惠帝末,爲豫州刺史。[22]喬冑胤丕顯,貴盛至今。

[1] 韋弦:韋,去毛柔製的熟皮,柔軟而有韌性。弦,弓之弦,緊而直。《韓非子·觀行》:「西門豹之性急,故佩韋以自緩;董安於之心緩,故佩弦以自急。」

[2] 樂毅:樂毅至燕後,燕昭王以之爲亞卿,後又以爲上將軍,聯合趙、楚、韓、魏等國攻伐齊國。齊國破,諸侯軍罷歸。樂毅繼續攻齊城,五年間,共破齊七十餘城。唯莒(今山東莒縣)、即墨(今山東平度市東南)二城不下,因莒有淖齒堅守,即墨有田

單堅守。(見《史記》卷八〇《樂毅列傳》)

[3]輕兵：趙幼文《校箋》謂《册府元龜》卷五二七（當作五二六）引"輕"字作"齊"。按，宋本《册府元龜》亦作"輕"。

[4]文王：周文王。 崇：殷商時的諸侯國，其地在今陝西户縣東五里。殷商末其君名虎，史稱崇侯虎。《左傳·僖公十九年》：子魚言於宋公曰："文王聞崇德亂而伐之，軍三旬而不降。退修教而復伐之，因壘而降。"

[5]匹夫：指陳勝、吳廣。

[6]廣農桑：趙幼文《校箋》謂郝經《續後漢書》"廣"下有"務"字。

[7]西伯：即周文王。殷商末爲西伯，爲西方諸侯之長。

[8]叔向：春秋時晋大夫。羊舌氏，名肸。晋平公六年（前552），其弟羊舌虎與欒盈同黨，被范宣子所殺。范宣子又囚禁叔向。已經告老在家的祁奚得知後，即往見范宣子，列舉"鯀殛而禹興；伊尹放太甲而相之，卒無怨色；管、蔡爲戮，周公右王"。説明父子不相及，君臣不相怨，兄弟不相同。范宣子遂與祁奚見晋平公，釋放了叔向。(見《左傳·襄公二十一年》)

[9]廙著書：《隋書·經籍志》子部法家類謂梁有《政論》五卷，魏侍中劉廙撰，亡。《舊唐書·經籍志》又著録《劉氏正論》五卷，劉廙撰。《隋書·經籍志》集部別集類又謂梁有《劉廙集》二卷，亡。《舊唐書·經籍志》又著録《劉廙集》二卷。

[10]厚己輔仁：趙幼文《校箋》謂《册府元龜》卷八一六引"己"字作"德"。按，宋本《册府元龜》亦作"己"。

[11]德行：趙幼文《校箋》謂郝經《續後漢書》"行"字作"義"。按，宋本《册府元龜》亦作"行"。

[12]沽名：百衲本"沽"字作"治"，殿本、盧弼《集解》本、校點本作"沽"。今從殿本等。趙幼文《校箋》謂《册府元龜》引"沽"字作"治"。按，宋本《册府元龜》亦作"沽"。

[13] 偉不從：趙幼文《校箋》謂《册府元龜》引此下有"復爲諷所引"五字。按，宋本《册府元龜》作"後爲諷所引"。

[14] 昔者：趙幼文《校箋》謂《群書治要》引"昔"下無"者"字。按，宋本《册府元龜》卷六三五引亦有"者"字。　亂臣：善於治理國家之臣。《論語·泰伯》："武王曰：'予有亂臣十人。'孔子曰：'才難，不其然乎？唐虞之際，於斯爲盛。有婦人焉，九人而已。"何晏《集解》："馬曰：亂，治也。治官者十人，謂周公旦、召公奭、太公望、畢公、榮公、太顛、閎夭、散宜生、南宮适，其一人謂文母。"邢昺疏："文母，文王之后太姒也，從夫之諡。武王之母謂之文母。"

[15] 股肱大職及州郡督司：趙幼文《校箋》謂《群書治要》引"股"上有"其"字，"及"下有"至"字。《册府元龜》卷六三五引"郡"字作"都"。按，宋本《册府元龜》亦作"郡"。

[16] 未得人：各本皆作"未得人"。吳金華《校詁》謂語較生硬，《群書治要》卷二六"人"上有"其"字，與下文"能皆簡練備得其人"相吻。

[17] 長吏：此指縣令、長。

[18] 也：趙幼文《校箋》謂《群書治要》引作"乎"。

[19] 非：各本皆作"亦"。盧弼《集解》謂"亦"當作"非"。吳金華《校詁》亦謂《群書治要》卷二六正作"非"。今從盧、吳説改。

[20] 屈：百衲本作"闕"，殿本、盧弼《集解》本、校點本作"屈"。今從殿本等。

[21] 劉氏譜：沈家本《三國志注所引書目》謂《隋書·經籍志》《舊唐書·經籍志》《新唐書·藝文志》，皆未著録。而《世説新語注》多引《劉氏譜》。

[22] 豫州：西晉刺史治所陳縣，在今河南淮陽縣。

劉劭字孔才，[1]廣平邯鄲人也。[2]建安中，爲計吏，[3]詣許。太史上言：[4]“正旦當日蝕。”[5]劭時在尚書令荀彧所，[6]坐者數十人，或云當廢朝，或云宜卻會。劭曰：“梓慎、裨竈，[7]古之良史，猶占水火，錯失天時。《禮記》曰諸侯旅見天子，[8]（及）〔入〕門不得終禮者四，[9]日蝕在一。然則聖人垂制，不爲變〔異〕豫廢朝禮者，[10]或災消異伏，或推術謬誤也。”或善其言。敕朝會如舊，日亦不蝕。[一]

〔一〕晋永和中，[11]廷尉王彪之與揚州刺史殷浩書曰：[12]“太史上元日合朔，[13]談者或有疑，應卻會與不？昔建元元年，[14]亦元日合朔，庾車騎寫劉孔才所論以示八座，[15]于時朝議有謂孔才所論爲不得禮（議）〔意〕，[16]荀令從之，是勝人之一失也。何者？《禮》云，諸侯旅見天子，入門不得終禮而廢者四：太廟火，日蝕，后之喪，雨霑服失容。尋此四事之指，自謂諸侯雖已入門而卒暴有之，則不得終禮。非爲先存其事，而徵倖史官推術錯謬，故不豫廢朝禮也。夫三辰有災，[17]莫大日蝕，史官告譴，而無懼容，不脩豫防之禮，而廢消救之術，方大饗華夷，君臣相慶，豈是將（處）〔虔〕天災罪己之謂？[18]且檢之事實，合朔之儀，至尊静躬殿堂，不聽政事，冕服御坐門闥之制，與元會禮異，[19]自不得兼行，則當權其事宜。合朔之禮，不輕於元會。元會有可卻之準，[20]合朔無可廢之義。謂應依建元故事，卻元會。”浩從之，竟卻會。

[1] 劭：潘眉《考證》云：“《楊慎集》引宋庠曰：‘卲’從‘卩’，《說文》：‘高也。’故字孔才。《揚子》‘周公之才之卲’是也。《三國志》作‘劭’，或作‘邵’從‘邑’，皆非。眉按：本傳

作‘劉劢’,《荀彧傳注》作‘劉邵’,皆傳寫之誤。《晋（書）·
刑法志》‘散騎常侍劉卲’,從‘卪’作‘卲’。"按,"劢"通
"卲"。《説文通訓定聲·小部》:"劢,假借爲卲。"

[2] 廣平: 郡名。治所曲梁縣, 在今河北永年縣東南永年。
邯鄲: 縣名。治所在今河北邯鄲市西南。

[3] 計吏: 官名。漢代郡國, 遣吏至京都向朝廷呈上計簿, 彙
報本郡國的户口、錢糧、獄訟、盜賊等情況, 稱爲上計。所遣之吏
稱爲計吏或上計吏。

[4] 太史: 官名。即太史令。秩六百石, 屬太常。掌天時、星
曆, 歲終奏新曆, 國祭、喪、嫁、娶奏良日及時節禁忌, 有瑞應、
災異則記之。

[5] 正旦: 正月初一。

[6] 尚書令: 官名。東漢時爲尚書臺長官, 秩千石。掌奏、下
尚書曹文書衆事, 選用署置官吏; 總典臺中綱紀法度, 無所不統。
名義上仍隸少府。

[7] 梓慎: 春秋魯臣。《左傳·昭公二十四年》:"夏五月乙未
朔, 日有食之。梓慎曰:‘將水。’昭子曰:‘旱也。日過分而陽猶
不克, 克必甚, 能無旱乎?'"　裨竈: 春秋鄭臣。鄭定公五年
(前525), 裨竈向執政子産説:"宋、衛、陳、鄭將同日有火灾,
若用瓘斝玉瓚祭神, 則鄭國可免灾。"子産不聽取。次年裨竈又向
子産説:"不用吾言, 鄭又將有火灾。"子産仍然不聽取, 而鄭國終
無火灾。(見《左傳》昭公十七年、十八年)

[8] 禮記曰: 見《禮記·曾子問》:"曾子問曰:‘諸侯旅見天
子, 入門, 不得終禮, 廢者幾?'孔子曰:‘四。’‘請問之。’曰:
‘大廟火, 日食、后之喪、雨霑服失容則廢。如諸侯皆在而日食,
則從天子救日, 各以其方色與其兵; 大廟火, 則從天子救火, 不以
方色與兵。'"　旅見: 共見, 同見。

[9] 入門: 各本皆作"及門"。梁章鉅《旁證》、盧弼《集解》
謂《宋書·禮志一》、《通典》卷七八均作"入門"。又按,《禮記》

亦作入門。今從梁、盧説及《禮記》改。

　　[10] 變異：各本皆無"異"字。盧弼《集解》謂《宋書·禮志一》有"異"字，《通典》同。校點本即據《宋書·禮志》增"異"字。今從之。

　　[11] 晋永和：趙幼文《校箋》云："此注脱書名。考《御覽》卷二九引《晋起居注》與此文同，疑此'晋'下脱'起居注曰'四字。"永和，晋穆帝司馬聃年號（345—356）。

　　[12] 廷尉：官名。秩中二千石，第三品，掌司法刑獄。

　　[13] 合朔：日月運行處于同宫同度時稱合朔。《續漢書·律曆志下》："日月相推，日舒月速，當其同，謂之合朔。"

　　[14] 建元：晋康帝司馬岳年號（343—344）。

　　[15] 庾車騎：指車騎將軍庾冰。　八座：東漢稱尚書令、僕射、六曹尚書爲八座。魏晋稱尚書令、左右僕射、諸曹尚書，無論共幾人，皆沿稱八座。

　　[16] 禮意：各本作"禮議"。《晋書·禮志上》叙此事作"禮意"，《太平御覽》卷二九引《晋起居注》作"禮"。吴金華《〈三國志〉待質録》謂《宋書·禮志一》作"禮意"，即禮儀的義旨，與本文的意思　　　今從吴説，據《宋書》《晋書》改。

　　[17] 三辰：日、月、星。

　　[18] 虔：　　皆作"處"。趙幼文《校箋》謂《太平御覽》卷二九、《册府元龜》卷一〇七引"處"字作"虔"。《詩·商頌·殷武》"方斲是虔"毛傳："虔，敬也。"敬天灾與罪己義相應。按，趙説有理有據，今從改。

　　[19] 元會：皇帝元旦（正月初一）朝會群臣稱元會。

　　[20] 準：《太平御覽》卷二九引作"禮"。其下"合"字上《太平御覽》有"唯"字。

　　御史大夫郗慮辟劭，[1]會慮免，拜太子舍人，[2]遷

秘書郎。黃初中，爲尚書郎、散騎侍郎。受詔集五經
羣書，以類相從，作《皇覽》。[3]明帝即位，出爲陳留
太守，敦崇教化，百姓稱之。徵拜騎都尉，[4]與議郎庾
嶷、荀詵等定科令，[5]作《新律》十八篇，[6]著《律略
論》。[7]遷散騎常侍。時聞公孫淵受孫權燕王之號，議
者欲留淵計吏，遣兵討之。劭以爲“昔袁尚兄弟歸淵
父康，康斬送其首，是淵先世之效忠也。又所聞虛實，
未可審知。古者要荒未服，[8]脩德而不征，重勞民也。
宜加寬貸，使有以自新”。後淵果斬送權使張彌等首。
劭嘗作《趙都賦》，[9]明帝美之，詔劭作《許都》《洛
都賦》。[10]時外興軍旅，内營宮室，劭作二賦，皆
諷諫焉。

青龍中，[11]吳圍合肥，[12]時東方吏士皆分休，征
東將軍滿寵表請中軍兵，[13]并召休將士，須集擊之。
劭議以爲“賊衆新至，心專氣銳。寵以少人自戰其
地，[14]若便進擊，不必能制。寵求待兵，未有所失也。
以爲可先遣步兵五千，精騎三千，軍前發，揚聲進道，
震曜形勢。騎到合肥，疏其行隊，多其旌鼓，曜兵城
下，引出賊後，擬其歸路，要其糧道。賊聞大軍來，
騎斷其後，必震怖遁走，不戰自破賊矣”。帝從之。兵
比至合肥，賊果退還。

時詔書博求衆賢。散騎侍郎夏侯惠薦劭曰：“伏見
常侍劉劭，深忠篤思，體周於數，凡所錯綜，源流弘
遠，是以羣才大小，咸取所同而斟酌焉。故性實之士
服其平和良正，清静之人慕其玄虛退讓，文學之士嘉

其推步詳密，[15]法理之士明其分數精比，意思之士知其沈深篤固，文章之士愛其著論屬辭，制度之士貴其化略較要，策謀之士贊其明思通微，凡此諸論，皆取適己所長而舉其支流者也。臣數聽其清談，覽其篤論，漸漬歷年，服膺彌久，實爲朝廷奇其器量。以爲若此人者，宜輔翼機事，納謀幃幄，當與國道俱隆，非世俗所常有也。惟陛下垂優游之聽，使劭承清閒之歡，[16]得自盡於前，則德音上通。輝燿日新矣。"〔一〕

〔一〕臣松之以爲凡相稱薦，率多溢美之辭，能不違中者或寡矣。惠之稱劭云"玄虛退讓"及"明思通微"，近於過也。[17]

[1]御史大夫：官名。建安十八年（213）魏國初建時置御史大夫，黃初元年（220）改稱司空，掌水土事，與太尉、司徒並爲三公，第一品。

[2]太子舍人：官名。秩二百石，第七品。輪流宿衛如三署郎中。無定員。

[3]皇覽：詳見本書卷二《文帝紀》黃初七年注。

[4]騎都尉：官名。屬光禄勳，秩比二千石，掌羽林騎兵。

[5]議郎：官名。魏、晋時，不再參議諫諍，爲後備官員。秩六百石，第七品。品秩雖低，名義清高，即三品將軍、九卿亦有拜之者。

[6]新律十八篇：《晋書・刑法志》亦謂魏明帝"命司空陳群、散騎常侍劉邵、給事黃門侍郎韓遜、議郎庾嶷、中郎黃休、荀詵等删約舊科，傍采漢律，定爲魏法，制《新律》十八篇"。

[7]律略論：《隋書・經籍志》史部刑法類謂梁有劉邵《律略論》五卷，亡。《舊唐書・經籍志》則著録《律略論》五卷，

劉邵撰。

[8] 要荒：要服與荒服。指邊遠地。《尚書·禹貢》分王城以外之地爲甸服、侯服、綏服、要服、荒服。荒服距王城最遠。

[9] 趙都賦：侯康《補注續》謂《藝文類聚》卷六一載有此賦。

[10] 許都、洛都賦：盧弼《集解》云：“《許都賦》《洛都賦》文俱佚。”

[11] 青龍：魏明帝曹叡年號（233—237）。

[12] 合肥：縣名。魏時治所在今安徽合肥市西。

[13] 征東將軍：官名。秩二千石，第二品。位次三公，資深者爲大將軍。　中軍：中央軍，包括駐守京都周圍之軍隊和宿衛禁軍。

[14] 自戰其地：《孫子兵法·九地篇》云：“諸侯自戰其地爲散地。”李筌注：“卒恃土，懷妻子，急則散，是爲散地。”

[15] 文學：指經學。　推步：推算天文曆法。

[16] 承清閒：吳金華《校詁》云：凡君主願與臣下個別面談而賜以時機者，謂之“賜閒”，或“賜清閒”。若臣下得此機遇，則謂之“承閒”或“承清閒”。

[17] 也：殿本、盧弼《集解》本作“矣”，百衲本、校點本作“也”。今從百衲本等。

景初中，受詔作《都官考課》。劭上疏曰：“百官考課，王政之大較，然而歷代弗務，是以治典闕而未補，能否混而相蒙。陛下以上聖之宏略，愍王綱之弛頹，神慮內鑒，明詔外發。臣奉恩曠然，得以啓矇，輒作《都官考課》七十二條，又作《説略》一篇。[1]臣學寡識淺，誠不足以宣暢聖旨，著定典制。”又以爲宜制禮作樂，以移風俗，著《樂論》十四篇，[2]事成未上，會明帝崩，不施行。正始中，執經講學，賜爵關內侯。凡所撰述，《法論》《人物志》之類百餘篇。[3]卒，追贈光禄勳。[4]子琳嗣。

劭同時東海繆襲亦有才學，多所述敍，官至尚書、光禄勳。〔一〕

〔一〕《先賢行狀》曰：繆斐字文雅。該覽經傳，事親色養。徵博士，六辟公府。漢帝在長安，公卿博舉名儒。時舉斐任侍中，並無所就。即襲父也。

《文章志》曰：襲字熙伯。辟御史大夫府，歷事魏四世。正始六年，年六十卒。子悦字孔懌，晉光禄大夫。[5]襲孫紹、播、徵、胤等，並皆顯達。

[1] 説略：胡三省云："《説略》者，説《考課》之大略也。"（《通鑑》卷七三魏明帝景初元年注）

[2] 樂論：姚振宗《三國藝文志》云：《玉海》音樂類劉邵《樂論》二十四篇，《文選注》《太平御覽》並引之。

[3] 百餘篇：《隋書·經籍志》經部孝經類謂梁有劉邵《孝經注》一卷，亡；子部法家類謂梁有《法論》十卷，劉邵撰，亡；名家類著録《人物志》三卷，劉邵撰；集部別集類謂梁有《劉邵集》二卷、録一卷，亡。《舊唐書·經籍志》則在同類著録《古文孝經》一卷，劉邵注；《劉氏法言》十卷，劉邵撰；《人物志》三卷，劉邵撰，另一本爲劉炳注；《劉邵集》二卷。是劉邵在隋已亡佚之著作，至唐代又復出。

[4] 光禄勳：官名。秩中二千石，第三品。掌宿衛宮殿門户，朝會則皆禁止，及主諸郎之在殿中侍衛者。

[5] 光禄大夫：官名。西晉時位在諸卿上，第三品，多授予年老有病的致仕官員，無具體職掌。

襲友人山陽仲長統，漢末爲尚書郎，早卒。著
《昌言》，詞佳可觀省。[一]

　　〔一〕襲撰統《昌言》表，稱統字公理，少好學，博涉書記，
贍於文辭。年二十餘，游學青、徐、并、冀之間，[1]與交者多異
之。并州刺史高幹素貴有名，招致四方游士，多歸焉。統過幹，
幹善待遇之，訪以世事。統謂幹曰："君有雄志而無雄才，好士而
不能擇人，所以爲君深戒也。"幹雅自多，[2]不納統言。統去之，
無幾而幹敗。并、冀之士，以是識統。[3]大司農常林與統共在上
黨，[4]爲臣道統性倜儻，敢直言，不矜小節，每（列）〔州〕郡命
召，[5]輒稱疾不就。默語無常，時人或謂之狂。漢帝在許，尚書
令荀彧領典樞機，好士愛奇，聞統名，啓召以爲尚書郎。後參太
祖軍事，復還爲郎。延康元年卒，[6]時年四十餘。統每論説古今
世俗行事，發憤歎息，輒以爲論，名曰《昌言》，凡二十四篇。[7]

　　[1] 青：州名。刺史治所臨菑縣，在今山東淄博市臨淄區。
徐：州名。東漢刺史治所郯縣，在今山東郯城縣。　并：州名。刺
史治所晋陽縣，在今山西太原市西南古城營西古城。
　　[2] 雅自多：甚自高自大。
　　[3] 以是識統：趙幼文《校箋》謂《册府元龜》卷八四二引
"識"字作"異"。按，宋本《册府元龜》亦作"識"。
　　[4] 大司農：官名。秩中二千石，漢列卿之一。掌全國租賦收
入和國家財政開支；原屬少府管理的帝室財政開支，東漢時亦并歸
大司農。　　上黨：郡名。東漢末治所在壺關縣，在今山西長
治市北。
　　[5] 州郡：各本皆作"列郡"。趙幼文《校箋》謂《太平御
覽》卷七三九引"列"字作"州"，是也。今從趙説改。

[6] 延康元年：漢獻帝建安二十五年（220）三月改元延康；十月，獻帝退位，魏文帝曹丕即位，又改元黃初。

[7] 二十四篇：《後漢書》卷四三《仲長統傳》謂《昌言》凡三十四篇，十餘萬言。《隋書·經籍志》子部雜家類著録《仲長子昌言》十二卷，録一卷，漢尚書郎仲長統撰。《舊唐書·經籍志》又著録爲十卷。嚴可均《全後漢文》謂《昌言》佚於北宋。嚴氏輯有二卷，僅萬餘言，較之十餘萬言，亡者十八九。

　　散騎常侍陳留蘇林、〔一〕光禄大夫京兆韋誕、〔二〕樂安太守譙國夏侯惠、〔三〕陳郡太守任城孫該、〔四〕郎中令河東杜摯等亦著文賦，[1]頗傳於世。〔五〕

　〔一〕《魏略》曰：林字孝友，博學多通，古今字指，[2]凡諸書傳文閒危疑，林皆釋之。建安中，爲五官將文學，甚見禮待。黃初中，爲博士、給事中。文帝作《典論》所稱蘇林者是也。以老歸第，國家每遣人就問之，數加賜遺。年八十餘卒。

　〔二〕《文章敍録》曰：誕字仲將，太僕端之子。[3]有文才，善屬辭章。[4]建安中，爲郡上計吏，特拜郎中，[5]稍遷侍中、中書監，[6]以光禄大夫遜位，年七十五卒於家。初，邯鄲淳、衞覬及誕並善書，有名。覬孫恒撰《四體書勢》，[7]其序古文曰：“自秦用篆書，焚燒先典，而古文絶矣。漢武帝時，魯恭王壞孔子宅，[8]得《尚書》《春秋》《論語》《孝經》，時人已不復知有古文，謂之科斗書，[9]漢世秘藏，希得見之。魏初傳古文者，出於邯鄲淳。敬侯寫淳《尚書》，後以示淳，而淳不別。至正始中，立三字石經，[10]轉失淳法。因科斗之名，遂效其法。[11]太康元年，[12]汲縣民盜發魏襄王冢，得策書十餘萬言。案敬侯所書，猶有髣髴。”敬侯謂覬也。其序篆書曰：“秦時李斯號爲工篆，[13]諸山及銅人銘皆斯書也。漢建初中，[14]扶風曹喜少異於斯而亦稱善。

邯鄲淳師焉，略究其妙。章誕師淳而不及也。太和中，誕為武都
太守，[15]以能書留補侍中，魏氏寶器銘題皆誕書云。[16]漢末又有
蔡邕采斯、喜之法，為古今雜形，然精密簡理不如淳也。"[17]其序
錄隸書，已略見《武紀》。又曰："師宜官為大字，[18]邯鄲淳為小
字。梁鵠謂淳得次仲法，[19]然鵠之用筆盡其勢矣。"其序草書曰：
"漢興而有草書，不知作者姓名。至章帝時，齊相杜度號善作
篇，[20]後有崔瑗、崔寔亦皆稱工。[21]杜氏結字甚安而書體微
瘦，[22]崔氏甚得筆勢而結字小疏。弘農張伯英者因而轉精其
巧，[23]凡家之衣帛，必書而後練之，[24]臨池學書，池水盡黑。下
筆必為楷則，號'忽忽不暇草'，寸紙不見遺，至今世人尤寶之，
章仲將謂之草聖。伯英弟文舒者，[25]次伯英。又有姜孟穎、梁孔達、
田彥和及章仲將之徒，皆伯英弟子，有名於世，然殊不及文舒也。"

〔三〕惠，淵子。事在《淵傳》。

〔四〕《文章敍錄》曰：該字公達。彊志好學。年二十，上計
掾，召為郎中。著《魏書》。[26]遷博士、司徒右長史，復還入著
作。[27]景元二年卒官。

〔五〕《文章敍錄》曰：摯字德魯。初上《笳賦》，[28]署司徒
軍謀吏。[29]後舉孝廉，[30]除郎中，轉補校書。[31]摯與毌丘儉鄉里
相親，故為詩與儉，求仙人藥一九，欲以感切儉求助也。其詩曰：
"騏驥馬不試，婆娑槽櫪間。壯士志未伸，坎軻多辛酸。伊摯為媵
臣，[32]呂望身操竿；[33]夷吾困商販，[34]甯戚對牛歎；[35]食其處監
門，[36]淮陰飢不餐；[37]買臣老負薪，[38]妻畔呼不還，釋之宦十
年，[39]位不增故官。才非八子倫，而與齊其患。無知不在此，[40]
袁盎未有言。被此篤病久，榮衛動不安，聞有韓衆藥，[41]信來給
一九。"儉答曰："鳳鳥翔京邑，哀鳴有所思。才為聖世出，德音
何不怡！八子未遭遇，今者邁明時。[42]胡康出壟畝，楊偉無根基，
飛騰沖雲天，奮迅協光熙。駿驥骨法異，伯樂觀知之，[43]但當養
羽翮，鴻舉必有期。體無纖微疾，安用問良醫？聯翩輕栖集，還

爲燕雀嗤。韓衆藥雖良，或更不能治。悠悠千里情，薄言答嘉詩。信心感諸中，中實不在辭。"摯竟不得遷，卒於秘書。

《盧江何氏家傳》曰：[44]明帝時，有譙人胡康，年十五，以異才見送，[45]又陳損益，求試劇縣。詔特引見。衆論翕然，號爲神童。詔付秘書，使博覽典籍。帝以問秘書丞何禎：[46]"康才何如？"禎答曰："康雖有才，性質不端，必有負敗。"後果以過見譴。

臣松之案：魏朝自微而顯者，不聞胡康；疑是孟康。[47]康事見《杜恕傳》。楊偉見《曹爽傳》。

[1]京兆：郡名。治所長安縣，在今陝西西安市西北。　樂安：郡名。治所高苑縣，在今山東鄒平縣東苑城鎮。　陳郡：治所陳縣，在今河南淮陽縣。　任城：王國名。治所任城縣，在今山東微山縣西北。　郎中令：官名。秦朝置郎中令，漢初沿置，漢武帝時改稱光禄勳，爲九卿之一，秩中二千石，掌宿衛宮殿門户及侍從左右。建安十八年（213）曹操爲魏公建魏國，又置郎中令，黄初元年（220）又改稱光禄勳，第三品。

[2]字指：百衲本"字"字作"寄"，殿本、盧弼《集解》本、校點本作"字"。今從殿本等。

[3]太僕：官名。秩中二千石，掌皇帝車馬，兼管官府畜牧業，東漢尚兼掌兵器製作、織綬等。曹魏因之，三品。

[4]有文才善屬辭章：趙幼文《校箋》謂《世説新語·巧藝篇》注引"才"字作"學"，"辭"下無"章"字。

[5]郎中：官名。秩比三百石，東漢時，分隸五官、左、右三署中郎將，名義上備宿衛，實爲後備官吏人才。

[6]中書監：官名。秩千石，第三品。黄初中改秘書令爲中書令；又置中書監，並高於令，掌贊詔命，作文書，典尚書奏事。若密詔下州郡及邊將，則不由尚書。與中書令並掌機密。

［7］四體書勢：《晋書》卷三六《衛覬附恒傳》載有此文。

［8］魯恭王：漢景帝子劉餘。景帝前元二年（前155）立爲淮陽王，次年徙封魯王。"好治宫室苑囿狗馬"。（《漢書》卷五三《魯恭王餘傳》）

［9］科斗書：謂形似蝌蚪的字。

［10］三字石經：亦稱三體石經。即用古文、篆書、隸書三種字體書於石碑上之五經文字。

［11］其法：趙幼文《校箋》謂《晋書·衛恒傳》"法"字作"形"，郝經《續後漢書》同。《册府元龜》卷八六一引亦作"形"。

［12］太康：晋武帝司馬炎年號（280—289）。

［13］李斯：秦始皇統一六國後，任丞相，善於篆書，泰山、琅邪等石刻傳説爲其所書，並著有字書《倉頡篇》。

［14］建初：漢章帝劉炟年號（76—84）。

［15］武都：郡名。治所下辯縣，在今甘肅成縣西。

［16］皆誕書云：趙幼文《校箋》謂《藝文類聚》卷七四、《册府元龜》卷八六一引"云"字作"也"，郝經《續後漢書》同。

［17］簡理：《晋書》卷三六《衛瓘附恒傳》作"閒理"，語義較順。

［18］師宜官：南陽人，漢靈帝時至京師。（見張懷瓘《書斷》）

［19］梁鵠：安定烏氏（今寧夏固原縣東南）人，受法于師宜官。（見張懷瓘《書斷》）　次仲：王次仲，秦代上谷（治所沮陽縣，在今河北懷南縣東南）人。善書法，工隸書。（見張懷瓘《書斷》）

［20］杜度：京兆杜陵（今西安市東南）人。（見張懷瓘《書斷》）

［21］崔瑗：琢郡安平（今河北安平縣）人，漢順帝時曾爲濟北相。子寔。（見《後漢書》卷五二《崔駰附瑗傳》）

［22］結字：百衲本作"然字"，殿本、盧弼《集解》本、校

點本作"結字"。今從殿本等。

　　[23] 張伯英：張芝字伯英。（見張懷瓘《書斷》）　其巧：《晉書·衛瓘附恒傳》作"甚巧"。

　　[24] 必書：趙幼文《校箋》謂《藝文類聚》卷七四、《白孔六帖》卷三二引"必"下有"先"字。　練：指染色。

　　[25] 文舒：張昶字文舒。（見張懷瓘《書斷》）

　　[26] 魏書：據《史通·古今正史》，此《魏書》即王沈《魏書》，孫該乃參撰人之一。

　　[27] 著作：官署名。魏明帝太和中置，設著作郎爲其長官，下設佐著作郎、著作令史等，掌國史修撰，隸中書省。

　　[28] 箭賦：侯康《補注續》謂《藝文類聚》卷四四載有杜摯《箭賦》，又《太平御覽》卷五八一載有杜摯《箭賦序》。

　　[29] 司徒軍謀吏：洪飴孫《三國職官表》謂即司徒府之屬官軍師，第五品。趙幼文《校箋》謂郝經《續後漢書》"吏"字作"掾"。

　　[30] 孝廉：漢代選拔官吏的主要科目。孝指孝子，廉指廉潔之士。原本爲二科，後混同爲一科，也不再限於孝子和廉士。東漢後期定制爲不滿四十歲者不得察舉；被舉者先詣公府課試，以觀其能。郡國每年要向中央推舉一至二人。曹魏定爲郡國口滿十萬者舉孝廉一人，其有優異，不拘户口，並不限年齒，老幼皆可。蜀漢、孫吳亦由郡舉孝廉。晉沿魏制，尚書郎缺，從孝廉中補。

　　[31] 校書：即校書郎。官名。屬秘書監，典校秘書，第八品。

　　[32] 伊摯：即伊尹。《史記》卷三《殷本紀》：伊尹名阿衡。《索隱》："《孫子兵書》：'伊尹名摯。'孔安國亦曰'伊摯'。"
媵（yìng）臣：諸侯嫁女，陪同隨行之臣。《史記·殷本紀》："伊尹名阿衡。阿衡欲奸湯而無由，乃爲有莘氏媵臣，負鼎俎，以滋味説湯，至於王道。"《集解》引《列女傳》曰："湯妃，有莘氏之女。"

　　[33] 操竿：謂操釣魚竿。《史記》卷三二《齊太公世家》云：

"吕尚蓋嘗窮困，年老矣，以漁釣奸周西伯。"

　　[34] 夷吾：管仲字夷吾。《史記》卷六二《管晏列傳》："管仲貧困，常欺鮑叔。"《索隱》引《呂氏春秋》："管仲與鮑叔同賈南陽，及分財利，而管仲嘗欺鮑叔，多自取。鮑叔知其有母而貧，不以爲貪也。"

　　[35] 甯戚：《呂氏春秋·離俗覽·舉難》："甯戚欲干齊桓公，窮困無以自進，於是爲商旅，將任車以至齊，暮宿於郭門之外。桓公郊迎客，夜開門，辟任車，爝火甚盛，從者甚衆，甯戚飯牛居車下，望桓公而悲，擊牛角疾歌。"甯戚後爲桓公所用。

　　[36] 食（yì）其（jī）：《史記》卷九七《酈生列傳》："酈生食其者，陳留高陽人也。好讀書，家貧落魄，無以爲衣食，爲里監門吏。"食其後爲漢高祖劉邦之謀士。

　　[37] 淮陰：指淮陰侯韓信。《史記》卷九二《淮陰侯列傳》："淮陰侯韓信者，淮陰人也。始爲布衣時，貧無行，不得推擇爲吏，又不能治生商賈，常從人寄食飲，人多厭之者。常數從其下鄉南昌亭長寄食，數月，亭長之妻患之，乃晨炊蓐食。食時信往，不爲具食。"韓信後爲漢高祖劉邦大將。

　　[38] 買臣：朱買臣。《漢書》卷六四上《朱買臣傳》："朱買臣字翁子，吳人也。家貧，好讀書，不治產業，常艾薪樵，賣以給食，擔束薪，行且誦書。其妻亦負戴相隨，數止買臣毋歌謳道中。買臣愈益疾歌，妻羞之，求去。買臣笑曰：'我年五十當富貴，今已四十餘矣。女苦日久，待我富貴報女功。'妻恚怒曰：'如公等，終餓死溝中耳，何能富貴？'買臣不能留，即聽去。"漢武帝元狩中買臣爲會稽太守，後又爲主爵都尉，列於九卿。

　　[39] 釋之：張釋之。《史記》卷一〇二《張釋之列傳》："張廷尉釋之者，堵陽人也，字季。有兄仲同居。以訾爲騎郎，事孝文帝，十年不得調，無所知名。"後得中郎將袁盎之薦，漢文帝以之爲謁者僕射。後官至廷尉。

　　[40] 無知：魏無知。秦末陳勝起義後，立魏咎爲魏王。陳平

初投魏王，又投項羽，後因魏無知引薦，得見漢王劉邦，成爲劉邦的重要謀士。漢王朝建立後，陳平官至丞相。（見《史記》卷五六《陳丞相世家》）

[41] 韓衆：又作“韓終”。秦始皇時之方士。《史記》卷六《秦始皇本紀》：三十二年，“因使韓終、侯公、石生求僊人不死之藥”。後亡去不歸。始皇大怒曰：“今聞韓衆去不報，徐市等費以巨萬計，終不得藥。”

[42] 遭：校點本作“遭”，百衲本、殿本、盧弼《集解》本均作“遭”。按，此不當與上句之“遭”重複，今從百衲本等。

[43] 伯樂：春秋秦穆公時善相馬者。

[44] 盧江何氏家傳：沈家本《三國志注所引書目》謂《隋書·經籍志》著録《何氏家傳》三卷，不題“盧江”，無撰人。《舊唐書·經籍志》《新唐書·藝文志》又別有《何氏家傳》二卷。

[45] 見送：趙幼文《校箋》謂《册府元龜》卷八四二引“送”字作“選”。按，宋本《册府元龜》亦作“送”。

[46] 秘書丞：官名。魏文帝黃初初，置秘書署管理藝文圖籍，初屬少府，魏明帝時獨立。長官爲秘書監，下設秘書丞、秘書郎、秘書校書郎等。

[47] 孟康：何焯云：“孟康，郭后外屬，始仕見輕，晚爲良二千石，又冀部安平人，當時自有胡康也。”（《義門讀書記》卷二六《三國志·魏志》）

　　傅嘏字蘭石，[1]北地泥陽人，[2]傅介子之後也。[3]伯父巽，黃初中爲侍中、尚書。[一]嘏弱冠知名，[二]司空陳羣辟爲掾。時散騎常侍劉劭作考課法，事下三府。[4]嘏難劭論曰：“蓋聞帝制宏深，聖道奧遠，苟非其才，則道不虛行，神而明之，存乎其人。暨乎王略虧頹而曠載罔綴，微言既没，[5]六籍泯玷。[6]何則？道弘致遠而衆才莫晞也。[7]案勊考課論，雖欲尋前代黜陟之文，然其制度略以闕亡。禮之存者，惟有周典，[8]外建侯伯，藩屏九服，[9]内立列司，筦齊六職，[10]土有恒貢，[11]官有定則，百揆均任，[12]四民殊業，[13]故考績可理而黜陟易通也。大魏繼百王之末，承秦、漢之烈，制度之流，靡所脩采。自建安以來，至于青龍，神武撥亂，[14]肇基皇祚，掃除凶逆，芟夷遺寇，旌旗卷舒，日不暇給。及經邦治戎，權法並用，百官羣司，軍國通任，隨時之宜，以應政機。以古施今，事雜義殊，難得而通也。所以然者，制宜經遠，或不切近，法應時務，不足垂後。夫建官均職，清理民物，所以立本也；循名考實，糾勵成規，所以治末也。本綱未舉而造制未呈，[15]國略不崇而考課是先，懼不足以料賢愚之分、精幽明之理也。昔先王之擇才，必本行於州間，講道於庠序，[16]行具而謂之賢，道脩則謂之能。鄉老獻賢能于王，[17]王拜受之，[18]舉其賢者，出使長之，科其能者，入使治之，此先王收才之義也。方今九州之民，爰及京城，未有六鄉之舉，其選才之職，專任吏部。[19]案品狀則實才未必當，[20]任薄伐則德行未爲敘，[21]如此則殿最之課，未盡人才。述綜王度，敷贊國式，[22]體深義廣，難得而詳也。”

　　〔一〕　《傅子》曰：毓祖父睿，代郡太守。[23]父充，黃門侍郎。

　　〔二〕《傅子》曰：是時何晏以材辯顯於貴戚之間，[24]鄧颺好變通，[25]合徒黨，驅聲名於閭閻，而夏侯玄以貴臣子少有重名，爲之宗主，求交於嘏而不納也。[26]嘏友人荀粲，有清識遠心，[27]然猶怪之。謂嘏曰：“夏侯泰初一時之傑，[28]虛心交子，[29]合則好成，[30]不合則怨至。[31]二賢不睦，非國之利，[32]此藺相如所以下廉頗也。”[33]嘏答之曰：“泰初志大其量，[34]能合虛聲而無實才。何平叔言遠而情近，[35]好辯而無誠，所謂利口覆邦國之人也。[36]鄧玄茂有爲而無終，[37]外要名利，内無關鑰，貴同惡異，多言而妒前；[38]多言多釁，妒前無親。以吾觀此三人者，[39]皆敗德也。遠之猶恐禍及，況昵之乎？”

［1］蘭石：盧弼《集解》謂《世説新語·文學篇》注引《魏志》作“蘭碩”。沈家本《釋詁》：“嘏，碩大也。”則作“碩”爲是。趙幼文則引端方《陶齋藏石記》三：《曹真殘碑》碑陰“□空茂才北地傅芬蘭石”。跋云：“是惟名不同，且亦司空茂材，當即係陳群所舉，或其時年尚少，後更名嘏歟？”趙幼文云：“蓋嘏初名芬，故字曰蘭石，是名與字義相應也。後易名而字未改，宜其不相應矣，不必牽合而爲之説也。”（《三國志集解辨證》）

［2］北地：郡名。東漢屬涼州，治所富平縣，在今寧夏吴忠市西南。漢末，郡徙寓左馮翊境内，寓治所於今陝西富平縣東。（本王先謙《後漢書郡國志集解》）

［3］傅介子：西漢人。漢昭帝時，西域之龜兹、樓蘭曾聯合匈奴殺漢官員。傅介子爲平樂監，奉命以賞賜爲名，至樓蘭刺殺了樓蘭王，因功封爲義陽侯。（見《漢書》卷七〇《傅介子傳》）

［4］三府：三公府。

［5］微言：《漢書·藝文志》云：“昔仲尼没而微言絶，七十子喪而大義乖。”顏師古注：“精微要妙之言耳。”

［6］泯玷：泯亂，雜亂。

［7］晞（xī）：通曉。

［8］周典：指《周禮》。

[9] 九服：《周禮·夏官》將天子所居京都以外的地方按遠近分爲九等，稱爲九服，即侯服、甸服、男服、采服、衛服、蠻服、夷服、鎮服、藩服。

[10] 六職：指《周禮》之天官、地官、春官、夏官、秋官、冬官等六類官職。

[11] 土：殿本、盧弼《集解》本作"士"，百衲本、校點本作"土"。今從百衲本等。

[12] 百揆：百官。

[13] 四民：指士、農、工、商。

[14] 神武：英明而威武。指曹操。

[15] 末舉：校點本作"末舉"，百衲本、殿本、盧弼《集解》本均作"末舉"。今從百衲本等。　末呈：《通鑑》卷七三魏明帝景初元年載傅嘏此言作"末程"，胡三省注云："十髮爲程，一程爲分，言其細也。又曰：程，品式也。"則以"末程"指考課法。

[16] 庠序：學校。《孟子·梁惠王上》趙岐注："庠序者，教化之宮也。殷曰庠，周曰序。"

[17] 鄉老：古三公之別稱。《周禮·地官》："鄉老，二鄉則公一人。"鄭玄注："老，尊稱也。王置六鄉，則公有三人也。三公者，內與王論道，中參六官之事，外與六鄉之教。"

[18] 王拜受之：《周禮·地官·鄉老》："鄉老及鄉大夫群吏，獻賢能之書于王。王再拜受之，登於天府，內史貳之。""此謂使民興賢，出使長之；使民興能，入使治之。"出使長之，謂派出爲民之長官。

[19] 吏部：官署名。魏尚書臺（省）設有吏部，掌文職官吏之任免考選，兼典法制，置尚書爲其長官。

[20] 品狀：曹魏施行九品中正制（亦稱九品官人法），於每郡設中正一人，負責品評本郡之士人，然後向吏部推薦，由吏部任以官職。中正例由本郡之中央官兼任。其品評士人的內容有三項，一是家世，二是狀，三是品。家世，指士人家父、祖等的爲官情

況，這是中正處有記録的。此種記録又稱簿世或簿閥。狀，是中正根據士人之道德、才能所下的簡短評語。品，是中正根據家世（簿閥）和狀評定的品級。品有九級，從一品至九品，但祇分爲高品、卑品兩類。二品以上爲高品，餘皆爲卑品。在實際執行中，並無定爲一品者，則二品即高品，三品及以下即卑品。

［21］薄伐：梁章鉅《旁證》引何焯曰：“薄伐疑作簿閥，謂官簿閥閱也。古字或通。”梁氏又云：“伐，勞也。薄伐，謂微勞也，似不必改字而可通。”按，當以何説得實。

［22］敷贊：陳奏。《文選》傅季友《爲宋公求加贈劉前軍表》：“敷贊百揆，翼新大猷。”張銑注：“敷，佈。贊，奏。”

［23］代郡：東漢治所高柳縣，在今山西陽高縣西北。曹魏移治所於代縣，在今河北蔚縣東北。

［24］材辯：趙幼文《校箋》謂《世説新語·識鑒篇》注引“材”字作“才”。

［25］變通：趙幼文《校箋》謂《世説新語》注引“變”字作“交”，是也。交通猶交游。

［26］求交於嘏而不納：趙幼文《校箋》謂《世説新語》注引“求”上有“皆”字，“而”字作“嘏”。

［27］遠心：趙幼文《校箋》謂《世説新語》注引“心”字作“志”。吳金華《〈三國志〉校詁及〈外編〉訂補》謂“遠心”，玄遠之心，即超脱世俗的哲人之思。魏晉時，或稱“遠情”“遠志”“遠意”“遠想”等。

［28］夏侯泰初：夏侯玄字泰初。　傑：趙幼文《校箋》謂《世説新語》注引“傑”下有“士”字。按此爲《世説新語》之文，非劉孝標之注文。以下徑改之。

［29］交子：趙幼文《校箋》謂《世説新語》　“交”字作“于”。

［30］合則好成：趙幼文《校箋》謂《世説新語》此句上有“而卿意懷不可交”七字。

［31］怨至：趙幼文《校箋》謂《世説新語》作"致隙"。

［32］二賢不睦非國之利：趙幼文《校箋》謂《世説新語》作"二賢若穆則國之休"。

［33］藺相如：戰國時趙大夫。趙惠文王時，秦向趙索和氏璧，相如奉命帶璧入秦，經力爭，終完璧歸趙。趙王以之爲上大夫。後又隨趙王至澠池（今河南澠池縣西）與秦王會，使趙王免受秦辱，回國後因功爲上卿。趙將廉頗因此不滿相如，揚言必辱之。相如卻以忍讓、回避處之，使廉頗感動。二人終精誠團結，同禦外侮。（見《史記》卷八一《廉頗藺相如列傳》）

［34］量：謂才量。

［35］何平叔：何晏字平叔。

［36］利口覆邦國：《論語·陽貨》子曰"惡利口之覆邦家者"。

［37］鄧玄茂：鄧颺字玄茂。

［38］妒前：謂妒忌勝己之人。

［39］以吾觀：趙幼文《校箋》謂《世説新語》"觀"下有"之"字，《通志》同。　三人者：百衲本無"者"字，殿本、盧弼《集解》本、校點本皆有。今從殿本等。

正始初，除尚書郎，遷黄門侍郎。時曹爽秉政，何晏爲吏部尚書，毓謂爽弟羲曰："何平叔外静而内銛巧，[1]好利，不念務本。吾恐必先惑子兄弟，仁人將遠，而朝政廢矣。"晏等遂與毓不平，因微事以免毓官。起家拜滎陽太守，[2]不行。太傅司馬宣王請爲從事中郎。[3]曹爽誅，爲河南尹，[一]遷尚書。毓常以爲"秦始罷侯置守，設官分職，不與古同。漢、魏因循，以至于今。然儒生學士，咸欲錯綜以三代之禮，禮弘致遠，[4]不應時務，事與制違，名實未附，[5]故歷代而不至於治者，蓋由是也。欲大改定官制，依古正本，今遇帝室多難，[6]未能革易"。

〔一〕《傅子》曰：河南尹内掌帝都，外統京畿，兼古六鄉六遂之士。[7]其民異方雜居，多豪門大族，商賈胡貊，[8]天下四（方）會，[9]利之所聚，而姦之所生。[10]前尹司馬芝，舉其綱而太簡，次尹劉靜，[11]綜其目而太密，後尹李勝，毀常法以收一時之聲。嘏立司馬氏之綱統，裁劉氏之綱目以經緯之，[12]李氏所毀以漸補之。郡有七百吏，半非舊也。河南俗黨五官掾、功曹典選職，[13]皆授其本國人，無用異邦人者，嘏各舉其良而對用之，[14]官曹分職，而後以次考核之。[15]其治以德教爲本，然持法有恒，簡而不可犯，[16]見理識情，獄訟不加棰楚而得其實。[17]不爲小惠，有所薦達及大有益於民事，[18]皆隱其端迹，若不由己出。故當時無赫赫之名，吏民久而後安之。[19]

[1] 銛（tiǎn）巧：取巧。《方言》："銛，取也。"

[2] 滎陽：郡名。魏少帝齊王曹芳正始三年（242）分河南尹置，治所滎陽縣，在今河南滎陽市東北。

[3] 太傅：官名。黃初七年（226）置，爲上公，位在三公上，第一品，掌善導，無常職。不常設。

[4] 禮：趙幼文《校箋》謂蕭常《續後漢書》作"理"。

[5] 附：趙幼文《校箋》謂蕭常《續後漢書》作"副"，是也。按二字義通，皆符合之義。《史記》卷七〇《張儀列傳》："是我一舉而名實附也。"

[6] 依古正本今遇帝室多難：盧弼《集解》云："似應以'今'字斷句，'本'字疑衍。"趙幼文《校箋》謂《册府元龜》卷四六五引無"本"字。

［7］兼古：趙幼文《校箋》謂《太平御覽》卷二五二引"古"字作"主"。按，宋本《册府元龜》卷六八〇引亦作"古"。　六鄉六遂：《周禮》之制，京城之外百里之内，分爲六鄉，鄉之外百里之内，又分爲六遂。每鄉由鄉大夫管理，每遂由遂人管理。

［8］胡貊（mò）：百衲本"貊"作"貌"，殿本、盧弼《集解》本、校點本皆作"貊"。今從殿本等。胡貊，北方少數民族之泛稱。

［9］四會：各本"四"下皆有"方"字。殿本《考證》云："《太平御覽》無'方'字。"盧弼《集解》亦謂《太平御覽》《北堂書鈔》《白孔六帖》均無"方"字。校點本則從何焯說刪"方"字，今並從之。

［10］姦：趙幼文《校箋》謂《北堂書鈔》卷七六引"姦"下有"宄"字。郝經《續後漢書》同。按《北堂書鈔》引"姦"下實無"宄"字；郝經書雖有"宄"字，卻是《傅嘏傳》之文。

［11］劉静：何焯云："按《劉馥傳》載劉靖爲河南尹，初如碎密，終於百姓便之。則'静'當爲'靖'也。"殿本《考證》亦有同説。盧弼《集解》則謂《夏侯玄傳》注引《魏略》作"劉静"。

［12］綱目：殿本、盧弼《集解》本作"綱目"，百衲本、校點本作"網目"。趙幼文《校箋》謂《册府元龜》卷六八〇作"細目"。按，宋本《册府元龜》亦作"網目"。今從百衲本等。

［13］五官掾：官名。漢代郡國之屬吏，地位僅次於功曹，祭祀時居諸吏之首；無固定職掌，凡功曹及諸曹吏出缺，即代理其職務。魏、晋沿置。　功曹：官名。漢代郡太守下設功曹吏，簡稱功曹，爲郡太守之佐吏，除分掌人事外，並得參與一郡之政務。魏、晋沿置。

［14］對用之：趙幼文《校箋》謂《太平御覽》卷二五二引無"對"字。按，《册府元龜》卷六八〇引亦有"對"字。

［15］考核：盧弼《集解》本作"考校"，百衲本、殿本、校

點本均作"考核"。今從百衲本等。

　　[16] 持法有恒簡而不可犯：趙幼文《校箋》謂《太平御覽》卷二五二引無"有恒簡"三字。按，《册府元龜》卷六八〇引亦有三字，僅"恒"字作"常"。

　　[17] 加：趙幼文《校箋》謂《北堂書鈔》卷七八、《藝文類聚》卷六、《太平御覽》卷二五二引"加"字作"任"。按《太平御覽》實作"枉"。　　櫕（jiǎ）楚：百衲本作"賈楚"，殿本作"榎楚"，盧弼《集解》本、校點本作"櫕楚"。按"櫕"通"榎"。今從盧弼《集解》本等。櫕楚，用櫕木荆條製作的鞭打刑具。

　　[18] 及大有益於民事：趙幼文《校箋》謂《藝文類聚》卷六引作"及有大益於民"，《太平御覽》卷二五二引"大"下亦無"有"字。

　　[19] 久而後安之：趙幼文《校箋》謂《北堂書鈔》卷七八引無"後"字，"之"下有"也"字。《太平御覽》引"之"字作"者"，下亦有"也"字。按，《北堂書鈔》引實有"後"字。

　　時論者議欲自伐吳，三征獻策各不同。[1]詔以訪䂊，䂊對曰："昔夫差陵齊勝晋，[2]威行中國，終禍姑蘇；[3]齊閔兼土拓境，[4]闢地千里，身蹈顛覆。有始不必善終，古之明效也。孫權自破關羽并荆州之後，志盈欲滿，凶宄以極，是以宣文侯深建宏舉大舉之策。[5]今權以死，[6]託孤於諸葛恪。若矯權苛暴，蠲其虐政，民免酷烈，偷安新惠，外内齊慮，有同舟之懼，雖不能終自保完，猶足以延期挺命於深江之外矣。而議者或欲汎舟徑濟，横行江表；或欲四道並進，攻其城壘；或欲大佃疆場，[7]觀釁而動：誠皆取賊之常計也。然自治兵以來，出入三載，非掩襲之軍也。賊之爲寇，幾六十年矣，[8]君臣僭立，吉凶共患，又喪其元帥，上下憂危，設令列船津要，堅城據險，橫行之計，其殆難捷。惟進軍大佃，最差完牢。（隱）兵出民表，[9]寇鈔不犯；坐食積穀，不煩運士；乘釁討襲，無遠勞費：此軍之急務也。昔樊噲願以十萬之衆，[10]橫行匈奴，季布面折其短。今欲越長江，涉虜庭，亦向時之喻也。未若明法練士，錯計於全勝之地，振長策以禦敵之餘燼，斯必然之數也。"〔一〕後吳大將諸葛恪新破東關，[11]乘勝揚聲欲向青、徐，朝廷將爲之備。嘏議以爲"淮海非賊輕行之路，又昔孫權遣兵入海，漂浪沉溺，略無孑遺，恪豈敢傾根竭本，寄命洪流，以徼乾沒乎？〔二〕恪不過遣偏率小將素習水軍者，乘海泝淮，示動青、徐，恪自并兵來向淮南耳。"[12]後恪果（圖）〔圍〕新城，[13]不克而歸。

〔一〕司馬彪《戰略》載嘏此對，詳於本傳，今悉載之以盡其意。彪曰：嘉平四年四月，孫權死。征南大將軍王昶、征東將軍胡遵、鎮南將軍毌丘儉等表請征吳。朝廷以三征計異，詔訪尚書傅嘏，嘏對曰："昔夫差勝齊陵晋，威行中國，不能以免姑蘇之禍；齊閔辟土兼國，開地千里，不足以救顛覆之敗：有始不必善終，古事之明效也。孫權自破蜀兼平荆州之後，志盈欲滿，罪戮忠良，誅及胤嗣，元凶已極。相國宣文侯先識取亂侮亡之義，深建宏圖大舉之策。今權已死，託孤於諸葛恪。若矯權苛暴，蠲其虐政，民免酷烈，偷安新惠，外内齊應，有同舟之懼，雖不能終自保完，猶足以延期挺命於深江之表矣。昶等或欲汎舟徑渡，橫行江表，收民略地，因糧於寇，或欲四道並進，臨之以武，誘間攜貳，待其崩壞；或欲進軍大佃，偪其項領，積穀觀釁，相時而動：凡此三者，皆取賊之常計也。然施之當機，則功成名立，苟不應節，必貽後患。自治兵已來，出入三載，非掩襲之軍也。賊喪元帥，利存退守，若撰飾舟楫，羅船津要，堅城清野，以防卒攻，橫行之計，殆難必施。賊之爲寇，幾六十年，君臣偪立，吉凶同患，若恪蠲其弊，天去其疾，崩潰之應，不可卒待。今邊壤之守，與賊相遠，賊設羅落，[14]又持重密，[15]間諜不行，耳目無聞。夫軍無耳目，校察未詳，而舉大衆以臨巨險，此爲希幸徼功，先戰而後求勝，非全軍之長策也。唯有進軍大佃，最差完牢。可詔昶、遵等擇地居險，審所錯置，及令三方一時前守。奪其肥壤，使還耕墝土，一也；兵出民表，寇鈔不犯，二也；招懷近路，降附日至，三也；羅落遠設，間構不來，四也；賊退其守，羅落必淺，佃作易之，[16]五也；坐食積穀，士不運輸，六也；釁隙時聞，討襲速決，七也：凡此七者，軍事之急務也。不據則賊擅便資，據之則利歸於國，不可不察也。夫屯壘相偪，形勢已交，智勇得陳，巧拙得用，策之而知得失之計，角之而知有餘不足，虜之情僞，將焉所逃？夫以小敵大，則役煩力竭，以貧敵富，則斂重財匱。[17]故‘敵逸能勞之，飽能飢之’，[18]此之謂也。然後盛衆屬兵以震之，參惠倍賞以招之，多方廣似以疑之。由不虞之道，以閒其不戒；比及三年，左提右挈，[19]虜必冰散瓦解，安受其弊，可坐算而得也。昔漢氏歷世常患匈奴，朝臣謀士早朝晏罷，介胄之將則陳征伐，搢紳之徒咸言和親，勇奮之士思展搏噬。故樊噲願以十萬之衆橫行匈奴，季布面折其短。李信求以二十萬獨舉楚人，[20]而果辱秦軍。今諸將有陳越江陵險，獨步虜庭，即亦向時之類也。以陛下聖德，輔相忠賢，法明士練，錯計於全勝之地，振長策以禦之，虜之崩潰，必然之數。故兵法曰：‘屈人之兵，而非戰也；拔人之城，而非攻也。’[21]若釋廟勝必然之理，而行萬一

不必全之路，誠愚臣之所慮也。故謂大佃而偪之計最長。”時不從
毓言。其年十一月，詔昶等征吳。五年正月，[22]諸葛恪拒戰，大
破衆軍於東關。

〔二〕《漢書·張湯傳》曰：湯始爲小吏，乾没，與長安富賈
田甲、魚翁叔之屬交私。服虔説曰：“乾没，射成敗也。”如淳曰：
“得利爲乾，失利爲没。”

臣松之以虔直以乾没爲射成敗，而不説乾没之義，[23]於理猶
爲未暢。淳以得利爲乾，又不可了。愚謂乾讀宜爲乾燥之乾。蓋
謂有所徼射，不計乾燥之與沈没而爲之。

[1] 三征：指征南大將軍王昶、征東將軍胡遵、鎮南將軍毌丘
儉。洪飴孫云：“魏時征北不常置，故云三征也。《毓傳》注引司
馬彪《戰略》云，三征蓋指王昶、胡遵、毌丘儉，儉以鎮南列三征
中，蓋征、鎮同；《毌丘儉傳》亦云‘三征同進’。”（《三國職官
表》魏征東將軍條）

[2] 夫差：春秋末吳國君主，吳王闔閭之子。闔閭與越國戰，
受傷而死。夫差即位後，次年即興兵報復，擊敗越國。後又向北發
展，擊敗齊軍於艾陵（今山東萊蕪市東北），且於黃池（今河南封
丘縣西南）與諸侯會盟，與晉國爭霸。越國因乘虛攻入吳都，吳雖
求和，終被越滅。夫差自殺而死。　（見《史記》卷三一《吳太
伯世家》）

[3] 姑蘇：山名。在今江蘇吳縣西南。春秋時吳國在山上築有
臺，稱姑蘇臺。後越軍圍吳王夫差於此臺；夫差請和，越不許，即
自殺於此。（見《國語·吳語》）

[4] 齊閔：即齊湣王。戰國時齊國君。曾聯合韓、魏，先後戰
勝楚、秦、燕三國。一度與秦昭王並稱中西帝。繼又攻滅宋國。於
是“齊南割楚之淮北，西侵三晉，欲以并周室，爲天子。泗上諸侯
鄒、魯之君皆稱臣，諸侯恐懼”。後因燕、秦、楚、韓、趙、魏聯

合攻齊，燕將樂毅攻破臨淄，湣王出奔莒（今山東莒縣），不久被殺。（見《史記》卷四六《田敬仲完世家》）

［5］宣文侯：司馬懿。司馬懿死後，初謚爲文侯，後又改謚爲宣文侯。司馬昭爲晉王後，又追尊爲宣王。（見《晉書》卷一《宣帝紀》）

［6］以：盧弼《集解》本作"已"，百衲本、殿本、校點本作"以"。按，二字可通，今從百衲本等。

［7］佃（tián）：耕作。此指軍隊屯田。

［8］幾六十年：自建安元年（196）曹操迎漢獻帝都許，孫策已繼父孫堅在江東建立政權，至魏嘉平四年（252），凡五十七年。

［9］兵：各本"兵"字上皆有"隱"字。盧弼《集解》引沈家本説注引無"隱"字。校點本即據下注引司馬彪《戰略》刪"隱"字。今從之。

［10］樊噲：西漢初漢高祖劉邦之功臣，其妻爲呂后妹呂須，故深得呂后信任。漢惠帝時，匈奴致書侮辱呂后，呂后大怒。樊噲曰："臣願得十萬衆，橫行匈奴中。"季布曰："樊噲可斬也！夫高帝將兵四十餘萬，困於平城，今噲奈何以十萬衆橫行匈奴中，面欺！且秦以事於胡，陳勝等起。於今創痍未瘳，噲又面諛，欲搖動天下。"（《史記》卷一〇〇《季布列傳》）

［11］東關：地名。在今安徽巢湖市東南裕溪河東岸。詳解見本書卷四《三少帝紀》齊王芳嘉平四年"東關"注。

［12］淮南：郡名。治所壽春縣，在今安徽壽縣。

［13］圍：各本作"圖"。趙一清《注補》："何云'圖'當依《諸葛恪傳》作'圍'"。按本書多次言及諸葛恪圍新城事，尤以卷六四《諸葛恪傳》言之甚明。《傳》云："恪意欲曜威淮南，驅略民人，而諸將或難之曰：'今引軍深入，疆場之民，必相率遠遁，恐兵勞而功少，不如止圍新城。新城困，救必至，至而圖之，乃可大獲。'恪從其計，迴軍還圍新城。攻守連月，城不拔。"今從趙引何説改。 新城：指合肥新城，在今安徽合肥市西北，爲曹魏所

築。舊合肥城在今合肥市西。

[14] 羅落：周一良《魏晉南北朝史劄記》："羅落，當即《六韜》所謂天羅虎落。羅落蓋竹制藩籬之類，後世院落、籬落之落，皆是此意。"（周一良《魏晉南北朝史札記》，中華書局 1985 年版，第 23 頁）

[15] 持：盧弼《集解》云："《通鑑》'持'作'特'。"按，作"特"語義較順。

[16] 之：盧弼《集解》云："《通鑑》'之'作'立'。"

[17] 斂重：趙幼文《校箋》謂《册府元龜》卷四七〇引"斂"字作"費"。

[18] 飽能飢之：此及上句係《孫子兵法·虛實篇》之言。

[19] 左提：百衲本作"左持"，殿本、盧弼《集解》本、校點本作"左提"。今從殿本等。

[20] 李信：戰國末秦將。秦始皇滅韓、趙、魏等國後，欲發兵滅楚。始皇以李信年輕壯勇，問李信曰："吾欲攻取荊，於將軍度用幾何人而足？"李信曰："不過用二十萬人。"始皇又問老將王翦，王翦曰："非六十萬不可。"始皇曰："王將軍老矣，何怯也！李將軍果勢壯勇，其言是也。"遂使李信及蒙恬將二十萬兵伐楚，結果被楚軍大敗。始皇聞之大怒，乃親往見王翦曰："寡人不用將軍計，李信果辱秦軍。今聞荊兵日進而西，將軍雖病，獨忍棄寡人乎！"王翦推辭不了，乃曰："大王必不得已用臣，非六十萬人不可。"始皇遂使王翦將六十萬大軍伐楚，終滅楚國。（見《史記》卷七三《王翦列傳》）

[21] 而非攻也：此及上句係《孫子兵法·謀攻篇》之言。

[22] 五年正月：潘眉《考證》云："《少帝紀》東關之敗在嘉平四年十二月，《吳志》云十二月戊午大破魏軍。是年十二月丙申朔，戊午二十三日也。司馬彪《戰略》作'五年正月'誤。"

[23] 乾沒之義：周壽昌《注證遺》云："蓋'乾沒'二字當串説，不宜對舉。射利者之取人財，如入水之取物，有水而沒之，

是沉没也，然尚爲有因也。今無故而攫取人之資，亦猶無水而强没其物。以乾燥之地而行沉溺之法，故謂之乾没也。”盧弼《集解補》又引顧炎武曰：“乾没，大抵是徼幸取利之意。”

　　毓常論才性同異，[1]鍾會集而論之。〔一〕嘉平末，賜爵關内侯。高貴鄉公即尊位，進封武鄉亭侯。正元二年春，毌丘儉、文欽作亂。或以司馬景王不宜自行，[2]可遣太尉孚往，惟毓及王肅勸之。景王遂行。〔二〕以毓守尚書僕射，[3]俱東。儉、欽破敗，毓有謀焉。及景王薨，毓與司馬文王徑還洛陽，[4]文王遂以輔政。語在《鍾會傳》。〔三〕會由是有自矜色，毓戒之曰：“子志大其量，[5]而勳業難爲也。可不慎哉！”毓以功進封陽鄉侯，增邑六百户，并前千二百户。是歲薨，時年四十七，追贈太常，謚曰元侯。〔四〕子祇嗣。咸熙中開建五等，[6]以毓著勳前朝，改封祇涇原子。〔五〕[7]

　　〔一〕《傅子》曰：毓既達治好正，而有清理識要，好論才性，原本精微，鮮能及之。司隸校尉鍾會年甚少，毓以明智交會。
　　臣松之案：《傅子》前云毓了夏侯之必敗，不與之交，而此云與鍾會善。愚以爲夏侯玄以名重致患，釁内外至；鍾會以利動取敗，禍自己出。然則夏侯之危兆難覩，而鍾氏之敗形易照也。毓若了夏侯之必危，而不見鍾會之將敗，則爲識有所蔽，難以言通；若皆知其不終，而情有彼此，是爲厚薄由于愛憎，[8]奚豫於成敗哉？以愛憎爲厚薄，又虧於雅體矣。《傅子》此論，非所以益毓也。
　　〔二〕《漢晉春秋》曰：毓固勸景王行，景王未從。毓重言曰：“淮、楚兵勁，[9]而儉等負力遠鬬，其鋒未易當也。若諸將戰

有利鈍，大勢一失，則公事敗矣。"是時景王新割目瘤，創甚，聞
嘏言，蹶然而起曰：[10]"我請輿疾而東。"

　　〔三〕《世語》曰：景王疾甚，以朝政授傅嘏，嘏不敢受。及
薨，嘏秘不發喪，以景王命召文王於許昌，[11]領公軍焉。

　　孫盛《評》曰：晉宣、景、文王之相魏也，權重相承，王業
基矣。豈蕞爾傅嘏所宜間廁？《世語》所云，斯不然矣。

　　〔四〕《傅子》曰：初，李豐與嘏同州，[12]少有顯名，早歷大
官，內外稱之，嘏又不善也。謂同志曰："豐飾僞而多疑，矜小失
而昧於權利，[13]若處庸庸者可也，自任機事，遭明者必死。"豐後
爲中書令，[14]與夏侯玄俱禍，卒如嘏言。嘏自少與冀州刺史裴徽、
散騎常侍荀𩖚善，徽、𩖚早亡。又與鎮北將軍何曾、司空陳泰、
尚書僕射荀顗、後將軍鍾毓並善，[15]相與綜朝事，[16]俱爲名臣。

　　〔五〕《晉諸公贊》曰：祗字子莊，嘏少子也。晉永嘉中至司
空。祗子宣，字世弘。

　　《世語》稱宣以公正知名，位至御史中丞。[17]宣弟暢，字世
道，秘書丞，沒在胡中。著《晉諸公贊》及《晉公卿禮秩故
事》。[18]

　　[1] 才性：指人的才能與德性。這是魏晉之際清談的重要內容
之一。大體可分爲才性相同和相異兩種說法，細分則爲四種，《世
說新語·文學》鍾會撰《四本論》"始畢"條劉孝標注《魏志》
曰："四本者：言才性同，才性異，才性合，才性離也。尚書傅嘏
論同，中書令李豐論異，侍郎鍾會論合，屯騎校尉王廣論離。"論
異、離者，遵循曹操才德不統一之人才觀，在魏末政爭中爲忠於曹
魏之黨，司馬氏之政敵；論同、合者，則爲司馬氏之黨，助顛覆曹
魏政權者。（詳見陳寅恪《金明館叢稿初編·書世說新語文學類鍾
會撰四本論始畢條後》）
　　[2] 司馬景王：司馬師。魏元帝咸熙初司馬昭爲晉王後，追尊

他爲晉景王。

[3] 尚書僕射：官名。魏、晉時爲尚書省次官，秩六百石，第三品。或單置，或並置左、右。左、右並置時，左僕射居右僕射上。輔助尚書令執行政務，參議大政，諫諍得失，監察糾彈百官，可封還詔旨，常受命主管官吏選舉。

[4] 司馬文王：司馬昭。司馬昭死後謚爲文。

[5] 子志大其量：趙幼文《校箋》謂《太平御覽》卷四五八引作"子志大量小"，無"其"字。《册府元龜》卷八四二引作"子志大而量小"。按，宋本《册府元龜》亦作"子志大其量"。

[6] 五等：公、侯、伯、子、男五等封爵。

[7] 涇原：梁章鉅《旁證》引沈欽韓説，《漢書·地理志》《續漢書·郡國志》《晉書·地理志》安定郡無涇原縣。

[8] 愛憎：盧弼《集解》引姜辰英曰："嘏黨於司馬氏，故策夏侯之敗而深交鍾會，厚薄由於愛憎，得之矣。"

[9] 淮楚：指淮南郡。胡三省云："壽春故楚都，時爲淮南重鎮，以南備吳，勁兵聚焉。"（《通鑑》卷七六魏高貴鄉公正元二年注）

[10] 蹶（guì）然：胡三省云："蹶然，急遽而起之貌。"（《通鑑》卷七六魏高貴鄉公正元二年注）

[11] 許昌：縣名。治所在今河南許昌市東。

[12] 同州：盧弼《集解》云："《夏侯玄傳》中書令李豐與皇后父張緝俱馮翊人，北地郡漢末寄寓馮翊，同屬雍州。"

[13] 小失：趙幼文《校箋》謂郝經《續後漢書》"失"字作"智"。

[14] 中書令：官名。秩千石，第三品。魏文帝黃初初，改秘書令置，與中書監並掌樞密。

[15] 鎮北將軍：魏時二品，位次四征將軍，領兵如征北將軍。多爲持節都督，出鎮方面。　後將軍：官名。東漢時位如上卿，與前、左、右將軍掌京師兵衛與邊防屯警。魏、晉亦置，第三品。權

位漸低，略高於一般雜號將軍，不典禁兵，不與朝政，僅領兵征戰。

［16］相與：百衲本“與”字作“友”，殿本、盧弼《集解》本、校點本均作“與”。今從殿本等。

［17］御史中丞：官名。秩千石，第四品，爲御史臺長官，掌監察、執法。

［18］晋諸公贊：《晋書》卷四七《傅玄附暢傳》謂傅暢“作《晋諸公叙贊》二十二卷，又爲《公卿故事》九卷”。《隋書·經籍志》史部雜史類著録《晋諸公贊》二十一卷，晋秘書監傅暢撰；又職官篇著録《晋公卿禮秩故事》九卷，傅暢撰。《舊唐書·經籍志》又著録《晋諸公贊》二十二卷，傅暢撰；《晋公卿禮秩》九卷，傅暢撰。

評曰：昔文帝、陳王以公子之尊，博好文采，同聲相應，才士並出，惟粲等六人最見名目。而粲特處常伯之官，[1]興一代之制，然其沖虛德宇，[2]未若徐幹之粹也。衞覬亦以多識典故，相時王之式。劉劭該覽學籍，文質周洽。劉廙以清鑒著，傅嘏用才達顯云。〔一〕

〔一〕臣松之以爲傅嘏識量名輩，寔當時高流。而此評但云“用才達顯”，既於題目爲拙，又不足以見嘏之美也。

［1］常伯：先秦爲帝王近臣之泛稱；秦漢以後，常爲侍中之别稱。

［2］沖虛：淡泊虛静。